문예신서
331

스리마드 바가바드 기타

스리 브야사

박지명 역·주석

東文選

스리마드 바가바드 기타

추천의 글

스리마드 바가바드 기타(Srimad Bhagavad Gita)는 인간적으로 가장 치열하고 극단적인 전쟁의 상황 안에서 절대적인 지혜를 보여주는 경전이다. 또한 한계된 인간의 의식을 한계 없는 신성 의식으로 이끌어 주는 데 있어 가장 전체적인 시야를 가질 수 있게 하는 경전이다. 그렇기에 오랜 세월 동안 수많은 사람들이 이 경전을 통하여 삶의 안목을 도모하는 데 큰 도움을 받아왔다.

바가바드 기타는 인도에서 가장 위대한 경전인 베다를 정립한 성인 브야사(Vyasa)에 의해서 씌어졌다. 이 경전 안에는 우파니샤드의 직관적인 지혜와 그것에 도달할 수 있는 인도의 여섯 수행 체계인 다르사한(Darsahan)이 포함되어 있으며, 여러 방식의 요가와 명상 수행법을 가르치고 있다.

바가바드 기타는 대중적으로 널리 알려져 있는 경전이지만 철학적인 이론 뿐만 아니라 올바른 수행의 기초를 가지고 바라보아야만 정확한 해석을 할 수 있다고 알려진 경전이기도 하다. 그것은 경전을 해석하는 사람의 의식 수준과 수행 방식의 정확도에 따라 다르게 보이도록 짜여져 있기 때문이다. 그렇기에 기타의 내용을 이해하고 그것을 해석하고, 또한 독자적인 주석을 표현한다는 것은 자신의 수준과 수행 체계를 모두 드러내는 일이며 내면적인 확고함 없이 정밀한 해석을 하기란 쉽지 않은 일이다.

바가바드 기타는 단순히 초월적이고 천상의 체험만을 다루는 신비적인 이야기가 아니다. 그것은 우리가 딛고 있는 지상의 가장 처절하고 현실적인 삶을 바탕으로 하고 있으며, 또한 우리의 삶에서 일어나는 모든 긴박한 상황에서부터 그것을 딛고 올라갈 수 있는 가장 높은 곳까지의 모든 과정들을 포함하고 있다.

바가바드 기타에서 펼쳐지는 상황은 그리스의 고전인 호메로스의 《일리아드》처럼 고대 인도에서 벌어졌던 가장 큰 전쟁을 배경으로 하고 있다. 그것은 지금 현재에 살고 있는 우리의 인간사를 표현하는 것과 같다고도 볼 수 있다. 삶은 고통이라고 단정지을 수는 없지만 큰 의미로 보았을 때 삶 자체는 전쟁터와 다르지 않을 것이다. 그것은 우리가 자신의 삶을 지혜롭게 훈련하지 않으면 언제나 상대적인 작용인 구나에 의해 자신이 죽임당할 수 있다는 이야기이기도 하다. 크리쉬나의 가르침은 외부적으로 긴박한 변화의 상황에서도 자신의 확고한 내면을 직시하고 휘말리지 않는 자신을 찾으라는 것이다. 기타는 그러한 삶을 살기 위한 다양한 방법론을 제시하고 있으며 그것을 찾기 위한 이론과 실기를 말하고 있다. 궁극적으로 어떠한 방식이 올바르게 살 수 있는 길을 제시할 수 있는가라고 한다면 그것은 바로 자신을 내면으로 돌릴 수 있는 자아회귀명상, 즉 스바삼 비드야 드야나(Sva Sam Vidya Dyana)을 통한 길일 것이다. 이 자아회귀명상은 바로 수천 년 전의 크리쉬나로부터 내려온 라자 요가(Raja Yoga) 또는 명상 수행 방법이다. 크리쉬나가 가르치고 수천 년을 이어온 우리의 라자요가명상 수행의 법맥에서 나의 구루바이(Guru Bhai), 즉 사제(師弟)인 박지명은 오랜 기간 동안 인도철학의 이론과 라자요가명상 또는 자아회귀명상을 실천하여 왔다. 그는 라자요가 법맥을 이어온 스승님인 스와미 사르바다난드 마하라즈(Swami Sarvadanand Maharaj) 아래에서 오랫동안 라자요가 명상 수행을 하였으며 산스크리트 경전을 실천적으로 공부하였다. 바가바드 기타는 사제 박지명이 수행적인 바탕하에 늘 가까이하며 암송하고 사색한 경전 중의 하나이다. 그리고 그는 스승님과 함께 인도철학 체계인 다르사한을 공부하면서 그것을 어떻게 하면 일반적으로 체계화할 수 있을까 고심하여 왔다. 그렇기에 나는 언젠가 그가 기타를 해석한다면 다르사한인 여섯 수행 체계인 니야야·바이쉐시카·삼크야·요가·미맘사·베탄타를 통찰하고 인간의 의식 구조와 다양한 삼매의 수준을 대입하여 바라보고 해석할 것이라고 생각하여 왔었다. 바가바드 기타는 철학적인 이론뿐만 아니라 수행적인 기초를 가지고 보아야만 정확한 해석을 할 수 있다고 알려진 경전이다. 그러나 그의 확고한 수행의 경험과 이론을 통해서 기타의 해석서의 지혜인 기타 바스야(Gita Bhasya)가 많은 사람들에게 전달 될 것이라고 생각한다.

바가바드 기타의 해석서는 고대의 성현인 삼카라[1]와 라마누자로부터 근대와 현대에 이르기까지 인도를 포함한 여러 나라에서 출간되어 왔다. 그러나 현대에 들어올수록 많은 바가바드 기타의 해석서들이 쏟아져 나옴에도 불구하고 기타의 그 심오하고 전체적인 지혜를 아울러 해석된 것은 매우 드물다. 전근대의 많은 수행자들과 종교가들이 자신의 입장에 따라 다양한 언어로 해석하였고 독자적인 주석을 달기도 하였으나 앞서 말한 바와 같이 전체적인 시야로 기타의 위대성을 이해하고 있는 경우는 많지가 않다.

  바가바드 기타는 전통적인 여섯 철학의 수행 체계를 통하여 세밀하게 검증되어야만 한다. 그 이유는 바가바드 기타는 이미 고대의 선지자들에 의해 직관적으로 밝혀진 베다, 우파니샤드, 푸라나 경전인 수르티(Surti)의 핵심이기 때문이다. 그렇기에 기타의 전체적인 지식을 파악하기 위해서는 반드시 그 여섯 수행 체계를 공부하고 실천하여야만 한다. 이것이 인도철학과 명상 수행이 양분될 수 없는 이유이다. 또한 크리쉬나가 아르주나에게 반복적으로 가르친 바와 같이 우주의 이론 체계인 삼크야와 다양한 수행 방법인 요가가 병행되어야 한다는 이유이기도 하다.

  바가바드 기타는 내면 의식의 수준을 단계별로 표현하고 있는데 일상의 식과 초월 의식인 삼매의 수준을 파악하여야만 그것을 이해할 수 있다. 일상 의식에서 수행을 통하여 넘어선 초월 의식인 사비칼파 삼매, 자신의 삶을 자유롭게 살 수 있는 우주 의식인 니르비칼파 삼매 그리고 온전히 해탈한 통일 의식인 사하자 삼매 그 모두를 삶을 바탕으로 표현하고 있기 때문이다.

  바가바드 기타는 인도 고대 산스크리트 문화의 정수인 대표적인 경전이다. 산스크리트 경전들은 고대로부터 지금까지 인도에서는 구전으로 전달되어 오고 있다. 그런 이유는 산스크리트 문화를 가능한 순수하게 보존하고 이해하기 위해서이다. 그러한 오랜 전통으로 이어져 온 바가바드 기타와 그 산스크리트의 향기와 뜻이 정신적인 문화가 깊은 한국인들에게 전달된다는 것이 정말 기쁘다. 나의 사제 박지명은 산스크리트 문화의 비전과 그 풍요로움과 아름다움을 경험하고 깊이 체득한 사람이다. 이 책을 보는 한국인들이 더 많은 삶의 지혜를 얻기를 바란다.

온전한 지혜가 가득하기를.
옴 타트 사트(OM TAT SAT).

스와미 시바난드 푸리(Swami Sivanand Puri)

"그는 인도 수도 뉴델리 근처인 북인도 라자요가의 오래된 정통 법맥인 나글리 아드바이타 스바루파 라자요가 켄드라(Nagli Advaita Svarupa Rajayoga Kendra)의 책임자이며 무자파나가르 산스크리트 베다 학교(Muzaffanagar Sanskrit Veda Kendra)의 설립자이다."

추천의 글

고대 인도의 최고의 수행자였으며 학자였던 삼카라는 일찍이 그의 바가바드 기타의 주석에서 이렇게 말을 하였다. "이 위대하고 유명한 바가바드 기타는 방대한 베다 지혜의 축소판이기에 그 의미는 심오하고 파악하기 어렵다. 그러므로 바가바드 기타에서 자신의 가르침을 분명하고 명확하게 펼치려고 하면 산스크리트의 단어와 단어, 그리고 구절과 구절을 날카롭게 파악하지 않으면 안 되는 것이다. 그렇게 날카롭게 파악한다고 하여도 다양하고 대조적인 입장은 언제나 존재하는 것이 이 경전이다."

나는 인도철학의 정수인 베다와 그 수행 체계인 다르사한을 실천하고 공부하였던 박지명과 오래전부터 깊은 인연을 맺고 수행을 같이하고 있다. 그러한 그가 이제 적당한 시기를 맞이하여 오랜 시간 동안 함께 사색하고 암송하여 왔던 바가바드 기타를 자신의 고국이자 동양의 고전적인 전통을 가지고 있는 한국에 출간한다고 하니 감회가 새롭다.

나는 이제까지 인도의 많은 수행자들과는 깊이 있는 친교를 가지고 여러 수행 방식과 그 이론들을 교환하여 왔다. 그리고 그들 중에 많은 사람들은 수행단체를 세워 세계적으로 활동하고 있다.

인도라는 거대한 나라 안에는 수많은 단체의 학자나 수행자들이 있으며 그들은 인도 국내에서 뿐만 아니라 국제적으로도 많은 활동을 하고 있다. 그러한 많은 단체나 수행자들 또한 위대한 경전 바가바드 기타를 해석하였는데 기타의 전체적이고 수행적인 인간 의식의 다양한 면모를 파악하고 있는 해석서들은 많지 않다. 그들이 인도인이라 할지라도 산스크리트 문화와 언어를 제대로 파악하며 해석할 수 있는 경우는 드물기 때문이다.

그러한 바가바드 기타를 외국인의 입장으로서 통찰한다는 것은 결코 쉬운 일이 아니었을 것이다. 거기에는 고대로부터 내려오는 인도의 방대한 문화와 산스크리트의 깊이 있는 정신이 담겨져 있다. 인도의 경전은 엄청난 포괄성을 가지기 때문에 제대로 접근하지 못하면 신비적으로 빠져들기 쉬우며 주관적인 혼란을 겪을 수도 있다. 그렇기에 인도의 철학과 수행 체계의 진수를 얻고 그것을 자기화하기 위해서는 반드시 명료하고 예리하게 단순하게 접근해 들어가지 않으면 불가능하다.

나는 많은 바가바드 기타의 주석서를 보아왔지만 박지명이 해석한 이 경전이 오랫동안 나와 산스크리트어의 주제와 인도철학을 토론하고 사색했던 핵심 정수인 것으로 알고 있다. 그는 운이 좋게도 산스크리트 문화를 이해하는 데 좋은 조건을 가지고 있다. 그는 좋은 스승의 배경을 가지고 있으며 일찍이 산스크리트 문화의 핵심을 경험적으로 수행하면서 30년 넘게 같이 살아왔기 때문이다.

그의 바가바드 기타 해석서가 인도 고대의 문화의 정수를 이해하게 하고 더불어 현대적인 삶을 사는 데 가장 필요한 지혜를 가져다주며 한국 사회의 문화에 풍요로움을 더하는 역할을 될 것이라고 생각한다.

브라마차리 라젠드라(Bramachari Rajendra)

"그는 북인도의 히말라야 자락인 리시케시에서 브라마 비드야 아카데미(Brama Vidya Academy)를 설립하여 전세계인들에게 그의 가르침을 펼치고 있다."

서 문

　바가바드 기타는 내가 30년 넘게 인도 명상과 만날 때부터 인연이 있었던 경전이었다. 처음에는 본문의 산스크리트어와 그 해석들이 독특하고 이해가 되지 않았던 점이 많았다. 오랜 시간 계속해서 이 바가바드 기타를 보고 사색하면서 바라보는 시각마다 달라지는 위대한 경전임을 이해하게 되었다. 나는 이 경전을 해석하고 주석하는 데 다만 하나의 교량 역할에 만족할 뿐이다. 수천 년 동안 수많은 수행자들이 브야사와 크리쉬나의 초월적인 표현에 의해 그들은 자신의 다양한 상황에서 영감을 받았다. 크리쉬나가 가장 긴급한 전쟁의 상황에서 가장 아끼는 장수 아르주나에게 준 가르침은 "삶은 끊임없이 변화하니 너의 참자아를 찾아 네 자신의 길을 전진하라." 그것이 삶의 목표이다라는 것을 가르쳐 주었다. 그러나 그 가르침의 세부적인 세세함은 어떠한 경전이나 교과서보다 실질적이다. 도대체 누가 이 책을 썼을까? 물론 알려지기로는 브야사가 5000년 전에 이 책을 시바신의 아들인 가네샤에게 구술하여 썼다고 한다. 그러나 그것은 시대가 지나면서 많은 수정이 가해진 이야기일 것이다. 일반인들이 보았을 때 인도인들의 전설은 다른 나라의 전설보다 훨씬 더 황당하다. 그러나 그러한 신화나 전설이 얼마나 인간적인 기초하에 씌어졌는지 그것이 더 새롭게 느껴진다. 왜냐하면 모든 전설이나 가르침이나 전개되는 상황은 인간의 의식을 높이기 위한 구성으로 짜여졌기 때문이다. 뜻깊은 전설과 그 배경하에 씌어진 이 바가바드 기타의 구절구절들이 모든 사람들의 수많은 상황들에 따라 다 적용될 수 있다는 것은 너무나 놀라울 따름이다.
　바가바드 기타는 인도의 모든 경전들을 포용하고 흡수한다. 그것은 다양한 종교나 정신 세계 그리고 직업이나 인종을 가리지 않고 적용될 수 있는 경전이다. 더 중요한 것은 그 사람의 의식 수준에 맞추어 보여지기 때문에 더 위대하다고 말할 수가 있다. 바가바드 기타의 구절들은 사람들을 매일매일 사색하고 명상하게 한다. 많은 수행자들이 이것을 해석하면서 자신의 살림살이를 드러내었다. 원래 이 바가바드 기타를 해석하고 주석을 달면 이미 그 자신이 드러나게 되는 것이다. 바가바드 기타는 베다와 우파니샤드의 핵심을 가지고 있으며 인도의 여섯철학 체계인 다르사한 체계가 그 작은 경전 안에 녹아들어 있다. 모든 요가와 명상의 수행법이 기타 안에 포함되어 있는 것이다. 나는 가능하면 이 기타에 주석을 달지 않으려 하였으나 내가 알고 있던 작은 지식을 안내하고자 하였다. 다만 미흡한 해석과 주석을 바탕으로 더 좋은 해석과 주석이 나오기를 바란다.

이번 바가바드 기타가 나오기까지 내게 가르침을 주고 산스크리트어의 내면적 의미에 영감을 준 나의 스승인 스와미 사르바다난드 마하라즈(Swami Sarvadanand Maharaj)를 기리며, 산스크리트 경전들을 매일 낭송하여 준 나의 사형 스와미 시바난드 푸리(Swami Sivanand Puri)와 스와미 사치다난다(Swami Sachidananda)에게 바가바드 기타의 지혜인 브라마 비드야(Brahma Vidya)를 전하며, 그리고 유불선의 사상을 관통하여 삶의 지혜를 주시는 내 고향의 손지산 형님께 이 책을 바친다.

끝으로 이 책을 내주신 동문선의 신성대 사장님께 감사드리며 바가바드 기타에 관한 여러 자료들을 직접 소개해 주고 조언을 아끼지 않은 브라마차리 라젠드라(Brahmachari Rajendra)와 산스크리트어 해석에 많은 도움을 준 이서경 씨에게 고마움을 전한다.

차 례

추천의 글 ————————————————————— 5
서 문 ——————————————————————— 11
바가바드 기타의 요약 ————————————————— 15
마하바라타에 등장하는 달의 시대의 위대한 영웅들의 가계 ——— 19
크리쉬나와 아르주나의 여러 이름들 ——————————— 21

제1장 아르주나 비샤다 요가(Arjna Vishda Yoga): 아르주나의 고민 - 23
제2장 삼크야 요가(Samkya Yoga): 지식의 요가 ———————— 71
제3장 카르마 요가(Karma Yoga): 행동의 요가 ——————— 141
제4장 그야나 카르마 삼냐사 요가(Gyana Karma Samnyasa Yoga):
　　　지혜 안에 행동으로부터 내맡김의 요가 ——————— 179
제5장 카르마 삼냐사 요가(Karma Samnyasa Yoga):
　　　행동으로부터 내맡김의 요가 ——————————— 217
제6장 드야나 요가(Dhyana Yoga): 명상요가 ———————— 243
제7장 그야나 비그야나 요가(Gyana Vigyana Yoga):
　　　지혜와 실현을 통한 요가——————————————— 285
제8장 아크샤라 브라흐마 요가(Akshara Brahma Yoga):
　　　불멸의 브라만으로 가는 요가 ——————————— 309
제9장 라자비드야 라자구흐야 요가(Rajavidya Rajaguhya Yoga):
　　　최상의 과학이며 비밀인 요가 ——————————— 331
제10장 비부티 요가(Vibuti Yoga): 성스러운 영광이 나타나는 요가 - 355
제11장 비스바루파 다르사나 요가(Visva Rupa Darsana Yoga):
　　　우주적인 형상과 비전의 요가: ——————————— 383

제12장 박티 요가(Bhakti Yoga): 헌신의 요가 — 425

제13장 크셰트라 크셰트라그야 비바가 요가(Kshetra Ksetragya
  Vibhaga Yoga): 아는 대상과 아는 자를 분별하는 요가 — 441

제14장 구나트라야 비바가 요가(Gunatraya Vibhaga Yoga):
  세 구나를 분별하는 요가 — 463

제15장 푸루쇼따마 요가(Purushotama Yoga): 초월적인 참나의 요가 — 481

제16장 다이바수라 삼파드 비바가 요가(Daivasura Sanpad Vibhaga
  Yoga): 성스러움과 악마적인 요소를 구별하는 요가 — 497

제17장 스라다 트라야 비바가 요가(Sradatraya Vibhaga Yoga):
  믿음의 세 가지 영역 — 513

제18장 모크샤 삼냐사 요가(Moksha Samnyasa Yoga):
  내버림을 통한 해탈의 요가 — 533

산스크리트 발음 — 581
수행적인 관점으로 본 인도철학과 바가바드 기타 — 583
바가바드 기타에서 나오는 요가의 종류 — 586
스리 크리쉬나(Sri Krishna)에 대해서 — 587
쿠루크셰트라(Kurukshetra) 전쟁에 대해서 — 589
삼매(Samadhi)에 대해서 — 591
각 주 — 593
참고 문헌 — 595
산스크리트 용어 — 597

바가바드 기타의 요약

바가바드 기타는 신의 노래 또는 신성한 노래라는 뜻을 가지고 있는 인도의 핵심적인 경전이다. 산스크리트어로 바가바드(Bhagavad)는 '신성한' 또는 '신'이란 뜻이며 기타(Gita)는 '노래'라는 뜻이다. 이 경전은 영적이며 직관적인 체험을 바탕으로 표현된 것이기 때문에 여러 측면에서 수많은 해석과 주관적인 주석을 할 수가 있다. 전세계의 종교와 신념이 다른 다양한 계층의 사람들이 저마다 자신들의 관점에서 바가바드 기타를 새롭게 해석할 수 있기 때문에 더 위대한 경전이 될 수가 있다.

바가바드 기타는 베다와 우파니샤드의 절대적인 권위를 가진 수르티(Surti)에서 유래된 경전으로 가장 권위적인 경전의 하나일 뿐만 아니라 동시에 더 다양해진 스므리티(Smriti)와 푸라나(Purana) 경전을 아우르고 여러 계급과 의무와 종족과 종교를 포함하는 것에 그 위대성을 지닌다.

인도에서 바가바트 기타는 종교적인 차이나 신분의 차이, 그리고 수행 방법의 차이를 막론하고 누구에게나 적용이 되기 때문에 인도의 중심 경전으로 알려져 있다. 그렇기에 바가바드 기타는 단지 힌두교 경전이라는 범주에 속하지 않으며 모든 종교와 사상을 아우를 수 있는 포괄성을 지니고 있다. 또한 수행적으로도 수행 방식 전체를 포함하면서도 섬세하고 직관적인 체험과 체계적인 수련 과정에 대하여 말하고 있다.

이 경전은 산스크리트어의 뜻 해석의 다양성 때문에 많은 이들이 저마다 다르게 해석하기도 하였지만 다른 여러 수행 방식과 언어로서도 자기 나름대로의 해석을 행할 수 있다는 것은 광대한 바다의 모든 생물을 이롭게 하는 위대한 포용력을 지니고 있기 때문이다.

바가바드 기타는 인도에서 가장 사랑받는 대서사시 마하바라타(Mahabarata)의 작은 일부이지만 시간과 공간을 넘어서 지금까지도 인간의 현재 상황에서 계속되는 진행형으로 모든 사람들의 삶 속에서 실질적인 가르침을 주고 있다. 바가바드 기타는 마하바라타의 장대한 이야기 속의 6권인 비스마파르반(Bhismaparvan)의 일부이며 독립된 경전으로 더 알려져 있다. 바가바드 기타는 700소절의 18장으로 나누어져 있는데 그 안에 모든 철학과 수행의 가르침의 핵심이 녹아들어 있다.

바가바드 기타는 그 뜻이 신의 노래인 것처럼 비쉬누 또는 절대의 화신인 크리쉬나가 그의 제자이며 동료인 아르주나에게 가르침을 주면서 자신의 절대성을 드러내기 시작한다. 각각의 장마다 계속되는 아르주나의 절박함과 크리쉬나의 직관적이며 뛰어난 가르침은 모든 이들의 삶의 과정에 등대와 같은 역할을 하여 준다. 바가바드 기타는 베다(Veda)와 우파니샤드(Upanishad)의 가르침의 핵심이 담겨져 있으며 인도의 여섯 철학 체계의 가르침이 이 속에 스며들어 있다.

여섯 철학 또는 수행 체계는 인도 사상의 모든 측면을 보여주는 것이다. 그것을 다르사한(Darsahan) 체계라고도 하는데 니야야(Niyaya), 바이쉐시카(Vaishesika), 삼크야(Samkya), 요가(Yoga), 카르마 미맘사(Karma Mimamsa), 베단타(Vedanta)가 서로 연결되고 보완되어 있다. 이 여섯 수행 체계를 통하여 바가바드 기타를 해석할 수 있을 때 가장 전체적으로 이해할 수 있을 것이다.

바가바드 기타는 철저한 수행서이면서 여러 각도에서 모든 이들의 삶을 포괄하여 말해줄 수 있는 독특한 경전이다. 그것은 오랜 역사를 담고 있으며 지혜로운 선지자들의 직관에 의해 초월적인 경지에서 농축되어진 표현들이기 때문에 그 사람의 의식 수준에 따라 이해되며 자신의 삶의 방향과 생각하는 양상에 따라 다르게 의미를 부여할 수 있다.

그것은 평상시의 의식 수준에서 보는 삶의 관점과 삼매(三昧, Samadhi)의 여러 단계 의식 수준에서 볼 수 있는 삶의 관점이 어떻게 다른 것인지를 보여주는 것이기도 하다. 그래서 기타는 여러 긴박하고 절실한 상태와 초월적인 여러 단계의 삼매에서 순수 의식인 사비칼파(Savikalpa)삼매, 우주 의식인 니르비칼파(Nirvikalpa)삼매, 신의식인 케발라 니르칼파(Kevala Nirvikalpa)삼매, 통일 의식인 사하자(Sahaja)삼매의 상태마다 그 내용은 다르게 해석될 수가 있다.

기타의 내용은 아르주나의 긴박성과 크리쉬나의 초월적인 가르침이 결국은 아르주나의 긴박성을 넘어 아르주나 자신도 초월적인 상태에 이르도록 유도하는 것이다. 기타에서는 여러 가지 수행 방식을 표현하고 있는데, 출세간을 말하는 초월적인 그야나 요가(Gyana Yoga)와 속세의 삶과 같이하는 카르마 요가(Karma Yoga), 신에 대한 헌신인 박티 요가(Bakti Yoga)는 모두 삶의 본질인 참자아를 체득하라는 실질적인 수행 방식에 대하여 나타낸 것이다.

기타의 본체인 마하바라타의 얘기는 이러하다. 고대 북부 하스티나푸르(Hastinapur)의 쿠루(Kuru)족의 왕 드리타라쉬트라(Dhritarashtra)는 자신이 왕권을 물려받았으나 앞을 못 보는 장님이라 그의 동생 판두(Pandu)에게 왕위를 물려주었다. 그러나 판두는 얼마 지나지 않아 죽게 되고, 그의 다섯아들 유디스티라(Yudistira)·비마(Bhima)·나쿨라(Nakula)·사하데바(Sahadeva)·아르주나(Arjuna)는 아직 나이가 어린 상태였다. 그러자 드리타라쉬트라의 100명의 아들 중의 장남인 두료다나가 왕권을 찬탈한 후 판두의 다섯 형제들을 죽이려고 하였으나 마음대로 되지 않았다. 판두의 다섯아들들은 나라를 떠나 그들의 공동 아내인 드라우파디와 그녀의 친척이자 위대한 협력자인 야다바(Yadava)족의 왕인 크리쉬나를 만난다. 다섯 형제는 델리(Delhi) 근처인 인드라프라스타(Indraprasta)에 나라를 세운다.

두료다나는 다시 다섯 형제의 큰형인 유디스티라를 도박에 끌어들여서 그들의 왕국을 빼앗고 13년 동안 추방시킨다. 13년 후 그들은 왕국을 돌려 달라고 하였지만 아무런 반응이 없게 되자 두료다나와 판두의 아들들간에 전쟁이 시작되는 것이다. 전쟁은 지금의 델리에서 그리 멀리 떨어져 있지 않은 북부 지방 쿠루크셰트라의 대평원에서 서로 엄청난 수의 군대가 맞붙어 벌어지게 된다. 양쪽의 군대는 치열하게 싸우게 되며 그 전쟁에서 살아남은 사람은 판두의 다섯 형제와 크리쉬나 외에는 거의 없게 된다.

마하바라타와 그 중심 경전인 바가바드 기타는 정의인 궁극적인 선이 악의 부정적인 힘을 물리치고 승리한다는 단순한 이야기가 아니다. 기타의 가르침은 선과 악, 이중적인 것을 넘어서서 최고의 선과 참자아를 실현한다는 것이다. 자신의 의무를 다하는 것과 참자아의 실현이 삶의 목표라고 말하는 것이다.

전쟁의 승리 후에 유디스티라는 왕위에 올라 오랫동안 평화롭게 나라를 잘 다스렸다. 그후 유디스티라와 그의 형제들이 왕좌에서 물러나자 아르주나의 손자인 파리크시트(Pariksit) 왕이 그 자리를 계승하게 된다. 다섯 형제와 그들의 아내 드라우파디(Draupadi)는 히말라야의 카일라쉬(Kailash) 산으로 들어간다.

바가바드 기타의 저자가 누구냐고 한다면 정확하게 말하기가 쉽지 않다. 왜냐하면 인도의 모든 경전은 직관적인 과정에 의해 씌어지고 찬송되고 암송되어 수천 년을 내려온 것이기 때문이다. 전설에 의하면 기타는 베다 브야사의 직관과 시바 신의 아들인 가네샤(Ganesha)의 구술에 의해 씌어진 것이라고 하며, 기타 안에서는 드리타라쉬트라의 시봉인 천리안을 가진 산자야(Sanjaya)가 모든 상황을 드리타라쉬트라에게 이야기하는 것으로 표현되는 독특한 형식으로 구성되어 있다.

기타는 수많은 해석과 해설로 표현되어질 수 있는 위대한 경전이다. 나는 전세계에서 발간된 수십 권의 기타를 보았으며 많은 해석자들도 만나 보았었다. 그들은 모두 자기 나름대로의 자신의 상황에 따르는 다양한 해석을 하였다.

이번에 출간되는 바가바드 기타 경전은 산스크리트 원전을 직접 해석한 것이며, 많은 기타의 해석서들을 참조하기도 하였다. 이 책에 포함된 주석은 아직 미흡한 것이 많지만 원래 바가바드 기타에 대한 주석은 한 번으로 끝마치는 것이 아니라 평생을 음미하면서 계속하는 것이다. 기타의 제1장에서 제6장까지는 이론과 수행적인 측면이 많기 때문에 세밀한 주석을 요하였지만 그 이후의 장들은 초월적인 의식을 표현한 측면이 많기 때문에 개인적인 주석으로 한계를 두지 않으려 노력하였다.

마하바라타에 등장하는 달의 시대의 위대한 영웅들의 가계

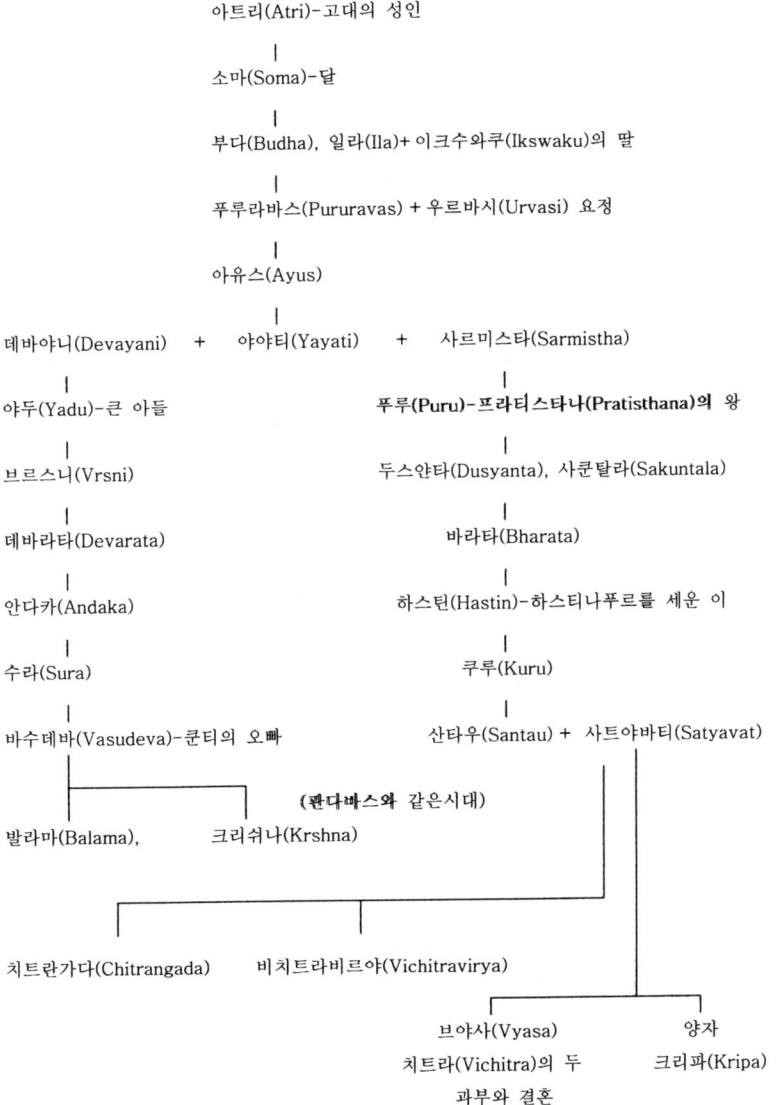

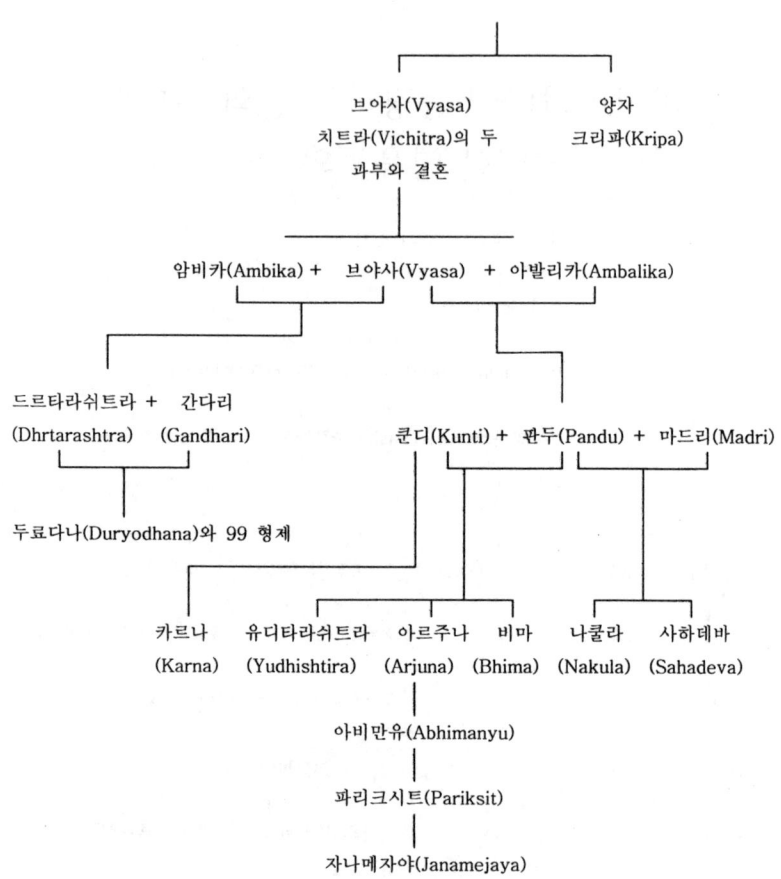

크리쉬나와 아르주나의 여러 이름들

* 크리쉬나(Krishna)
아츄타(Achuta): 나뉘어지지 않은 형태이며 성스러운 본성
아리수다나(Arisudana): 적을 소멸시키는 자
바가반(Bagavan): 성스러움, 힘과 덕, 명예, 영광, 벗어난, 자유를 얻은 자
고빈다(Govinda): 참나를 아는 자
흐리쉬케샤(Hrishkesha): 감각의 주
자간니바사(Jagannivasa): 우주에 머무는 자
자나르다나(Janardana): 헌신 자들의 열망을 성취하게 하는 자
케샤바(Keshava): 긴 머리를 가진 자, 삼계의 주인
케시니수다나(Kesinisudana): 악마 케신을 없애는 자
크리쉬나(Krishna): 어두운 자, 죄를 없애는 자, 브라만인 자
마드바(Madhva): 부의 여신 락시미의 주인
마두수다나(Madusudana): 악마 마두를 없애는 자
푸루쇼따마(Purushottama): 지고의 인간
바르쉬네야(Varshneya): 바르쉬족 또는 야다바족에 속한 이
바수데바(Vasudeva): 바수데바의 아들, 모든 곳에 내재하는 이
비쉬누(Vishunu): 모든 곳에 편재하는 신, 인도의 주요 세 신중의 하나이며 유지의 신
야다바(Yadava): 야두 족에서 온 이
요게스바라(Yogesvara): 요가의 신성한 이

* 아르주나(Arjuna)
아나가(Anaga): 죄가 없는 자
아르주나(Arjuna): 순수한 본성을 가진 자

바라타리사바(Bharatarisaba): 바라타에서의 최고인 자
다난자야(Dhanajaya): 부의 정복자
구다케샤(Gudakesha): 잠의 정복자
카피드바자(Kapidvaja): 원숭이의 표시
카운테야(Kaunteya): 쿤티의 아들
키리티(Kiriti): 왕관을 쓴 이
쿠루난다나(Kurunandana): 쿠루족의 기쁨
쿠루스레스타(Kurusresta): 쿠루족의 최고
마하바후(Mahabahu): 강한 팔을 가진 자
판다바(Pandava): 판두의 아들
파르타(Partha): 어머니 쿤티의 아들, 프리타의 아들
파람타파(Paramtapa): 적을 물리치는 자
푸루샤브야그흐라(Purushavyaghra): 호랑이 같은 인간
사브야사친(Savyasachin): 왼손으로도 활을 쏠 수 있는 자

제1장
아르주나 비샤다 요가
아르주나의 고민

  바가바드 기타의 시작인 제1장은 인생에서 모든 사람들이 겪는 카르마의 세계를 표현하며 모든 상대적인 세계의 선악과 그 세계의 처절한 상황과 그렇게 뒤섞여 있고 혼란에 빠져 있는 인간사를 보여준다. 카르마의 세계와 정의와 자연의 법칙과 우주의 법칙이 존재하는 다르마의 법칙의 세계가 진행되는 긴박한 상황을 보여주는 것이다.
  이 위대한 기타의 존재를 알리는 먼 태고의 신화의 나팔 아래 바가바드 기타의 원저 마하바라타는 가네샤 신과 성인 브야사와 천리안을 가진 산자야의 직관적인 통로를 통해 거대한 전쟁터의 상황과 장수들, 그리고 지고의 신이며 그 화신인 크리쉬나와 위대한 장수이며 다르마, 즉 정의의 화신인 아르주나의 대화와 그 내면적인 체험을 표현하여 주고 있다.
  이 첫째 장은 인간의 가장 극한 고통의 상황을 묘사하고 있다. 이 세상에서 이것보다 더 긴박한 상황이 없을 정도의 절박함을 보여주는 것이다. 이러한 상황을 전개하는 거대한 서사시는 깊고 깊은 삶의 원초적인 문제로부터 진행되는 것이다. 인간의 선과 악에 대한 문제와 그런 문제 의식 속에서 진행되는 아르주나의 극단에 몰린 상황은 우리 인간의 역사를 말해주는 것이기도 하다. 그리고 거기에 따르는 심리·철학·윤리·종교 등의 다양한 문제들을 하나의 사건 안에서 세밀하게 파악할 수 있다. 성인 브야사는 기타에서 삶에서 일어나고 있는 여러 문제들을 매우 강력하게 제기하고 있다. 누구도 피할 수 없는 촘촘한 인생의 그물망을 통해 이러한 상황의 긴박성은 오랜 시대를 두고 반복해서 주제를 사색하게끔 하는 것이다. 다만 이 전개되는 절마다 깊은 의미와 예술성과 심리적인 비유가 들어 있어 시작 부분부터 절실한 면모를 보여준다.
  즉 이 세상의 수많은 전쟁과 그 전쟁을 통하여 일어나는 고통과 죽음은 삶이 고통의 시작이라고.

1

धृतराष्ट्र उवाच

धर्मक्षेत्रे कुरुक्षेत्रे समवेता युयुत्सवः ।

मामकाःपाण्डवाश्चैव किमकुर्वत सञ्जय ॥ १

드리타라쉬트라 우바차
다르마크셰트레 쿠루크셰트레 사마베타 유유트사바흐 |
마마카흐 판다바스차이바 킴마쿠르바타 산자야 |1|

드리타라쉬트라=사악한 마음을 지닌 두료다나의 아버지이며 판다바의 형. 자신은 앞을 보지 못하는 장님이 되어 자신의 동생인 판두에게 왕권을 넘겼으나 판두가 죽는 바람에 그의 아들 두료다나와 판두의 다섯아들이자 자신의 조카 사이에 왕권 쟁탈전이 벌어지는 것을 지켜 봐야 하는 기구한 상황에 놓여 있게 된다.
다르마 크셰트라=올바름의 들녘 또는 정의의 들녘.
쿠루 크셰트라=쿠루족인 카우라바스(Kauravas)와 판두족인 판다바스(Pan-davas)의 조상인 쿠루(Kuru)가 세운 지역이라 쿠루의 들이라고 한다. 델리 북부의 옛 명칭은 하스티나푸르(Hastinapur)이며, 여기에는 지금 그 옛날의 전쟁에서 크리쉬나가 아르주나에 가르침을 주었던 장소로 많은 영웅들을 기억하고 예배하기 위한 여러 사원들이 존재한다.

사마베타=모여 있는; 유유트사바하=싸우려고 하는; 마마카흐=우리의 군대; 판다바스=판두의; 차=그리고; 에바=또한; 킴=무엇이; 아쿠르바타=어떻게 행동하는가; 산자야=천리안을 가진 드르타라쉬트라의 시봉이며 눈이 되어 주기도 하고 전령사의 역할을 하기도 한다.
드리타라쉬트라 말하기를
다르마의 들녘, 쿠루의 들녘에서 싸우려고 모인
오! 산자야여, 나의 사람들과 판두의 사람들은 어찌하는가?

　이 절은 마하바라타의 핵심인 기타의 18장 700절이 시작되는 장엄한 시발점을 예고한다. 마하리시 브야사는 신과 자연의 법칙인 다르마와 인간과 카르마 또는 행동의 법칙 양면을 말하고 있는 것이다. 자연의 법칙은 어떠한 변화든지 다 수용한다. 그것이 선과 악의 어떠한 경우든지 그 변화는 카르마의 법칙으로 좋고 나쁜 과보를 받는 것이지만 자연의 법칙은 영향을 받지 않는 것이다. 다만 카르마에 영향을 주어 행동을 하게 하는 것이다.
　여기 시작 절부터 브야사는 상징적인 표현을 하였다. 자연의 법칙을 상징하는 다르마의 들녘을 먼저 말하고 그 다음에 인간의 장인 쿠루의 들녘을 나중에 말하였다. 우리의 삶에는 언제나 한 가지의 이상적인 정의가 있으며 그 정의를 지키고 도전하는 인간의 많은 노력이 있다. 위대한 자는 인간의 노력으로 자연의 법칙을 향해 가는 의지가 있는 자이며 그런 자를 우리는 영웅이라고 부른다. 기타는 그러한 영웅들의 이야기를 시대를 넘어서 말하고 있다. 그러나 세상에는 인간의 법칙마저도 어기며 스스로 다른 사람들을 해하고 오히려 부정적인 삶을 사는 사람들도 있다. 우리는 그를 인간적이지도 못한 사람이라고 한다. 어떠한 시대에서나 우리는 늘 이 양쪽의 길에 열려 있다. 어느 시간의 길에 서 있건 선택권은 우리 자신에게 있다는 것을 말하고 있다.

2　सञ्जय उवाच

दृष्ट्वा तु पाण्डवानीकं व्यूढं दुर्योधनस्तदा ।
आचार्यमुपसङ्गम्य राजा वचनमब्रवीत् ॥ २

산자야 우바차

드리쉬타 투 판다바니캄 브유담 두료다나스타다 |
아차르야무파상감야 라자 바차나마브라비트 |2|

드리쉬타=보고; 투=참으로; 판다다바니캄=판다바의 군대; 브유담
=전열을 펼치다; 두료다나=드리타라쉬트라의 아들이며 사악한 마
음을 지니고 왕권을 비열하게 빼앗아 판두의 아들들과의 전쟁을 일
으키는 원인을 제공한다. 타다=그런 다음; 아차르얌=스승; 우파삼
감야=다가가다; 라자=왕; 바차남=단어; 아브라비트=말하다.
산자야 말하기를
그때 두료다나 왕은 판다바의 군대가 전열을 펼친 것을 보고
스승인 드로나차리아에게 다가가 이렇게 말했습니다.

　이 절은 기타를 정립한 브야사의 탁월한 비전을 볼 수가 있다. 그 이유는
이 절을 통하여 위대한 가르침의 핵심을 표현한 것이다. 지식의 가르침의
과정을 다르사한(Dharsahan)이라고 하는데, 그것은 '보고,' 즉 드리쉬타
(Drishta) 그 다음에 '다가가' 는 우파상감(Upasangam), 그리고 그 다음에 '말
하다' 는 아브라비트(Abravit)인 것이다. 모든 시대에 속하는 보편적인 진리
를 깊은 상징성 안에 포함시키고 있는 것이다. 인도에서는 제자가 영적인
스승인 구루를 발견한 다음 그에게 다가가서 가르침이 흘러나오도록 하는
것이 배움의 전통이다. 어느 나라든지 고대와 현대를 통하여 교육의 심리적
인 가르침과 배움의 과정은 대부분이 비슷한 것이다. 다만 어떤 지식을 보
았을 때 그 지식이 자신을 충분히 이끌 수 있는가를 보고 진지하게 다가가
그 지식이 자신의 것이 되도록 노력하는 것이다. 정확한 지식을 얻으려고
열망하는 사람이 진정한 스승이 존재한다고 느꼈을 때에는 자신의 모든 것
을 바쳐 그 스승에게 다가가 지식을 얻으려 할 것이다. 그러나 누가 진정한
스승인지는 잘 알 수가 없으며 유명한 성자 두루바(Durva)는 존재하는 모든
것이 스승이라고 하였으니 참으로 파악하기가 쉽지가 않을 것이다.
　인도의 유명한 수행자 라마크리쉬나는 "진실한 갈망은 진실한 것을 얻는
다"라는 말을 하였다. 그것은 분명히 명언이다. 시간은 그것을 말해줄 것이
다. 나는 나의 스승에게서 그러한 말을 들었다. "진정한 스승은 제자를 생과

생을 통해서 선택한다"라고. 그러나 현대는 그러한 긴 시간보다 차라리 제자가 돈으로 스승을 선택하는 상황도 있다. 그러면 진정한 가르침을 받을 수가 있을까? 나는 우파니샤드에 나오는 유명한 자나카 왕이 성자 야즈냐발캬[2]에게서 진리의 가르침을 받기 위해 그는 결국 그의 모든 왕국을 바치겠다고 한 얘기를 들었다. 내면의 진실을 찾기 위한 진실성에 대한 진지함의 표본 일 것이다.

3 पश्यैतां पाण्डुपुत्राणामाचार्य महतीं चमूम् । व्यूढां द्रुपदपुत्रेण तव शिष्येण धीमता ॥ ३

파스야이탐 판두푸트라나마차르야 마하팀 차뭄 |
브유담 드루파다푸트레나 타바 시쉬예나 디마타 |3|

파스야=본다; 에타마=이것; 판두푸트라남=판두의 아들; 아차르야=스승; 마하팀=거대한; 차뭄=군대; 브유담=정렬된; 드루파다푸트레나=드루파다의 아들, 드루파다는 드라우파디의 아버지이므로 판다바스들의 장인이며 그의 아들 드리쉬타쥼나는 판두 군대의 총사령관이다 ; 타바=그대의; 시쉬예나=제자; 디마타=탁월한

보세요, 스승이시여. 그대의 지혜로운 제자
드루파다의 아들들에 의해 펼쳐진
판두의 아들들의 저 엄청난 군대를.

두료다나의 교묘한 발언이 스승인 드로나차리아를 자극하여 전쟁의 새로운 활력을 불어넣으려는 마음을 내비치고 있는 것이다. 왜냐하면 앞의 적들 또한 모두 자신의 스승 드로나차리아의 제자들이기 때문이다. 그 제자들이 스승과 전쟁을 벌이려고 전열을 가다듬고 있으며, 그 군대가 거대하고 엄청나다고 말하면서 자신의 계략으로 인한 전쟁을 그들의 책임으로 넘기고 전쟁이 자신에게 유리하게 되도록 선심을 사려는 것이다. 그는 실제로 전쟁을

일으킨 장본임에도 불구하고 전쟁에서 많은 인명이 살상되더라도 자신의 영욕과 부귀영화와 자신의 심리적인 만족만을 중요하게 여기는 것이다. 한 개인의 욕망과 착각이 수많은 인명과 문명과 문화를 파괴 할 수 있다는 것을 우리는 역사를 통해 보아왔다.

4 अत्र शूरा महेष्वासा भीमार्जुनसमा युधि । युयुधानो विराटश्च द्रुपदश्च महारथः ॥ ४

아트라 수라 마헤쉬바사 비마르주나사마 유디ㅣ
유유다노 비라타스차 드루파다스차 마하라타흐 |4|

아트라=여기; 수라흐=대등한; 마헤쉬바사흐=위대한 궁수; 비마르주나사=비마와 아르주나; 유디=전투에 있어; 유유다나흐=유유다나; 비라타흐=비라타; 드루파다흐=드루파다; 차=그리고; 마하라타흐=거대한 전차
전투에 있어 비마와 아르주나에 버금 가는
위대한 궁수들인 유유다나와 비라타
그리고 거대한 전차를 모는 드루파다가 저기에 있습니다.

유유다나는 사트야키(Satyaki)로도 알려져 있다. 그는 야무나(Yamuna) 강 서쪽에 사는 야다(Yada)족이며 크리쉬나의 전차수이기도 하다. 비라타는 마츠야(Matsya)의 왕이며 드루파다는 판찰라(Panchala)의 왕이다. 두료다나는 반대편의 강한 장수들의 이름과 마하라타흐라는 거대한 전차를 거론하며 그의 스승으로부터 전쟁을 고취시키려 하고 있는 것이다.

5

धृष्टकेतुश्चेकितानः काशिराजश्च वीर्यवान् ।
पुरुजित् कुन्तिभोजश्च शैब्यश्च नरपुङ्गवः ॥ ५

드리쉬타케투스체키타나흐 카시라자스차 비르야반 ｜
푸루지트 쿤티보자스차 사이브야스차 나라풍가바흐 ｜5｜

드리쉬타케투흐=드르쉬타케투; 체키타나흐=체키타나; 카시라자
흐=카시 왕국의 왕; 차=그리고; 비르야반=용맹스런; 푸루지트=
푸루지트; 쿤티보자=쿤티보자; 차=그리고; 사이브야스=사이브야
의 아들; 차=그리고; 나라풍가바흐=으뜸의 인간들
드리쉬타케투, 체키타나 카시족의
용맹스런 왕과 푸르지트, 쿤티보자
그리고 사이브야족의 왕과 으뜸의 인간들,

트리쉬타케투는 체디스의 왕이며 체키타나는 판다바스의 위대한 장수이고, 그들은 지금의 바라나시인 카시의 왕들이며 쿤티보자는 푸르지트의 형이고 유디슈트라 · 아르주나 · 비마의 어머니인 쿤티의 수양아버지이며 푸르지트는 쿤티보자와 형제이며 사이브야는 시비(Sibi)족의 족장이다.

6

युधामन्युश्च विक्रान्त उत्तमौजाश्च वीर्यवान् ।
सौभद्रो द्रौपदेयाश्च सर्व एव महारथाः ॥ ६

유다만유스차 비크란타 우따마우자스차 비르야반 ｜
사우바드로 드라우파데야스차 사르바 에바 마하라타흐 ｜6｜

유다만유흐=유다만유; 차=그리고; 비크란타흐=용기 있는, 대담
한; 우따마우자흐=우따마우자; 차=그리고; 비르유반=용맹한; 사

우바드라흐=수바드라의 아들; 드라우우파데야흐=드라우파디의
아들; 차=그리고 ;사르바=모든; 에바=심지어; 마하라타흐=거대
한 전차
대담한 유다마뉴, 용맹한 우타마누자
수바드라의 아들과 드라우파티의 아들들
모두가 하나같이 거대한 전차를 타고 있습니다.

7 अस्माकं तु विशिष्टा ये तान्निबोध द्विजोत्तम ।
नायका मम सैन्यस्य संज्ञार्थं तान् ब्रवीमि ते ॥ ७

아스마캄 투 비시쉬타 예 탄니보다 드비조따마 |
나야카 마마 사인야스야 삼그야르탐 탄 브라비미 테 |7|

아스마캄=우리의; 투=또한; 비시쉬타흐=구별하는 장수; 예=누
구; 탄=그들은; 니보다=안다; 드비조따마=최고로 두 번 태어난;
나야카흐=지도자들 마마; 나의 사인야스야=군대의; 삼그야르탐=
알 수 있도록; 탄=그들은; 브라비미=나는 말한다; 테=그대에게

오 두 번 태어난 가장 고귀한 이시여,
우리들 중에 뛰어난 자도 익히 알아주소서.
당신이 알 수 있도록 나의 군대의
주요 장수들을 말씀 드리겠습니다.

이 절에서 "두 번 태어났다"는 것은 인도의 전통에서 영성의 불이 계속 이어나가길 바란다는 것이며 그러한 교육과 삶의 전통이 고대 인도에서부터 짜여져 있던 것이다. 예를 들어 두 번 태어난 사람들에는 브라만·크샤트리야·바이샤가 있으며, 그렇지 못한 사람들에는 수드라, 거기에도 끼지 못하는 아주트(Ajut)가 있다고 한다. 인도에서 교육은 머리가 큰 다음에 하게 되면 비효율적이라 생각하기 때문에 태어나면서부터 삶의 지혜와 기술을 숙달

시키는 방법으로 경전을 공부시키고 암송시키며 다시 태어난 의식을 하기도 한다. 그 교육제도는 참으로 좋은 제도이다. 그러나 그러한 것의 부작용으로 계급주의를 조장하여 삶을 이미 정해진 숙명으로 만들고 다른 사람들을 낮게 보고 의무를 게을리 하는 원인이 된다면 그것은 사람들을 무지하게 만드는 이유가 된다. 그러한 제도가 오랜 전통을 가지고 있고, 의도가 좋다 해도 그러한 부작용을 극복하지 않는다면 결국 역사에서 사라지게 될지 모른다.

8 भवान् भीष्मश्च कर्णश्च कृपश्च समितिञ्जयः ।
अश्वत्थामा विकर्णश्च सौमदत्तिस्तथैव च ॥ ८

바반 비쉬마스차 카르나스차 크리파스차 사미틴자야흐 |
아스바따마 비카르나스차 사우마다띠스타타이바 차 |8|

바반=당신 자신; 비쉬마흐=비쉬마; 차=그리고; 카르나흐=카르나; 차=그리고; 크리파흐=크리파; 차=그리고; 사미틴자야흐=전쟁에서의 승리; 아스바따마=드로나의 아들; 비카르나흐=비카르나; 차=그리고; 사우마다띠흐=소마다타의 아들; 타타=그러므로; 에바=그럼에도; 차=그리고;

스승님 자신을 비롯하여 비쉬마와 카르나
그리고 언제나 전쟁의 승리자인 크리파
아스바타마와 비카르나 그리고 소마다타의 아들.

두료다나는 자신의 주요 장수를 말하고 있다. 자신의 병법과 전술의 스승인 드로나차리아와 카우라바스 군대의 총사령관인 비쉬마는 전쟁의 10일째 아르주나에게 죽음을 당한다. 카르나는 쿠루족의 지도자이며 크리파는 드로나의 부인인 크리피의 동생이며 아스바타마는 드로나의 아들이며 비카르나는 두료다나의 셋째동생이다. 사우마다티는 소마다타의 아들이자 바이카스의 왕이다.

9 अन्ये च बहवः शूरा मदर्थे त्यक्तजीविताः ।
नानाशस्त्रप्रहरणाः सर्वे युद्धविशारदाः ॥ ९

안예 차 바하바흐 수라 마다르테 트야크타지비타흐 |
나나사스트라프라하라나흐 사르베 유따비사라다흐 |9|

안예=다른; 차=그리고; 바하바흐=많은; 수라흐=영웅; 마다르테=나를 위해; 트야크타지비타흐=그들의 목숨을 걸었다; 나나 사스트라프라하라나흐=각종 무기로 무장한; 사르베=모든; 유따비사라다흐=전쟁에 능숙한 이.
그 외에도 많은 장수들이 각종 무기로 무장하였으며
모두가 전쟁에는 능숙한 이들이었으며
나를 위해 목숨을 걸었습니다.

두료다나는 전쟁을 일으킬 만한 자신의 다양한 장수와 다양한 무기들을 설명하고 있다. 그것은 자신을 북돋우며 자신감을 고취하려고 하는 마음일 것이다. 실제 위대한 장수들이 그의 군대에 있었다.

10 अपर्याप्तं तदस्माकं बलं भीष्माभिरक्षितम् ।
पर्याप्तं त्विदमेतेषां बलं भीमाभिरक्षितम् ॥ १०

아파르야프탐 타다스마캄 발람 비쉬마비라크쉬탐 |
파르야프탐 트비다메테샴 발람 비마비라크쉬탐 |10|

아파르야프탐=한계 없는; 타트=그것; 아스마캄=우리들의; 발람=군대; 비쉬마 아비라크쉬탐=비쉬마가 지휘하는 군대; 파르야프탐=한계가 있는; 투=그럼에도; 이담=이것; 에테샴=그들의; 발람=

군대; 비마 아비라크쉬탐=비마가 지휘하는 군대.
비쉬마가 지휘하는 우리 군대는 무한정한데
비마가 지휘하는 저들의 군대는 한계가 있습니다.

이 절은 해석하는 사람들마다 산스크리트어의 아파르야프탐(Aparyaptam)과 파르야프탐(Paryaptam)을 다르게 말하는데, 비쉬마와 비마의 군대 중에 한 편은 한계가 없고 한 편은 한계가 있다는 것을 서로 바꾸어서 해석을 하기도 한다. 만약 두료다나가 자신의 군대인 비쉬마의 군대는 한계가 없고 상대편 군대인 비마의 군대는 한계가 있다고 말하는 것이라면 그의 자신감을 말하는 것이며, 그 반대라면 그의 스승을 자극하여 전쟁의 힘을 얻기 위함일 것이다.

11 अयनेषु च सर्वेषु यथाभागमवस्थिताः ।
भीष्ममेवाभिरक्षन्तु भवन्तः सर्व एव हि ॥ ११॥

아야네슈 차 사르베슈 야타바가마바스티타흐 |
비쉬마메바비라크샨투 바반타흐 사르바 에바 히 |11|

아야네슈=군대의 전선; 차=그리고; 사르베슈=모든 것 안에; 야타바감=자리에서; 아바스티타흐=서서; 비쉬맘=비쉬마; 에바=홀로; 아비라크샨투=지키다; 바반타흐=그래서; 사르베=모든; 에바=그럼에도; 히=참으로

그러므로 그대들은 모두 모든 전선에서
자신의 자리를 지켜 서서 비쉬마를 받들라.

두료다나의 말을 다른 말로 한다면 "그대가 주도력을 잃고 심지어 의지할 만한 것이 없다 하더라도 나로부터 연결되며 쓰임새가 있다"라고 하며, 비쉬마에 대한 신뢰를 보여주는 것이다.

12 तस्य सञ्जयन् हर्षं कुरुवृद्धः पितामहः ।
सिंहनादं विनद्योच्चैः शङ्खं दध्मौ प्रतापवान् ॥ १२

타스야 산자나얀 하르샴 쿠루브리따흐 피타마하흐 |
심한담 비나드요차이흐 샹캄 다드마우 프라타파반 |12|

타스야=그의; 삼자나얀=원인; 하르샴=기쁨; 쿠루 브리따흐=쿠루족의 어른; 피타마흐=조부; 심한담=사자의 표호; 비나야=소리를 낸다; 우짜이흐=크게; 샹캄=소라나팔; 다드마우=불다; 프라타파반=그 자신의.
그러자 두료다나의 마음을 북돋우기 위하여
쿠루족의 연장자인 조부 비쉬마는 사자와 같이
크게 소리를 내고 그 자신의 소라나팔을 불었습니다.

비쉬마가 사자처럼 소리를 지르고 소라나팔을 불었다는 것은 카우라바스에 의해 침략하여 좋아진다는 흐름을 말하려는 두료다나의 마음 안에 영적인 것을 감소시켜 전쟁에 집중하게 하기 위한 것이다. 위대한 비쉬마도 이미 두료다나의 마음의 방향 안에서 움직이고 있는 것이다. 주군이 이끄는 방향이 승리하지 못한다는 것을 알지라도 위대한 장수가 주군에게 많은 영향을 받는 것이 사실이다. 그렇기에 중국 삼국지의 위대한 책사 제갈량은 유비의 간청을 세 번이나 거절하였지만 결국은 천하에 나오지 않았던가? 어쨌든 비쉬마는 이미 두료다나의 사람이라는 의도가 포함된 상태에서 행동하고 있다는 것이다. 그리고 두료다나 또한 적군들마저도 존경을 금치 못하는 위대한 장수 비쉬마를 통하여 그들의 전사들을 이끌려고 하는 것이다.
　위대한 왕이나 정치가는 공자가 논어에서 말했듯이 행동의 철학을 분명히 하였다. 그는 말하기를,
　"그 사람의 행동하는 바를 보고 동기를 살피고 만족하는 것을 관찰하면 그의 사람됨을 어찌 숨길 수 있으랴[視其所以 觀其所由 察其所安 人焉廋哉]"하였다.[3]

애공이 묻기를 "어찌하면 백성의 마음까지 따르게 할 수 있습니까?" 공자 말하기를 "곧고 올바른 사람을 등용해서 곧지 않은 사람들 위에 놓으면 백성은 마음까지 복종하지만 곧지 않은 사람을 등용해서 곧은 사람 위에 앉히면 백성이 진심으로 따르지 않습니다〔哀公 問曰 何爲卽民服 孔子 對曰 擧直錯諸枉卽民服 擧枉錯著直卽民不服〕."

마하바라타의 위대한 장수이며 영웅인 비쉬마는 전쟁 10일째되던 날 서로 존경하고 사랑했었던 아르주나의 화살에 맞아 죽게 된다. 그는 두료다나가 그릇된 주군이라는 것을 알고 있었지만 장수로서의 의무를 다하는 것만이 그의 사명이라는 것을 실천한 것이다.

13 ततः शङ्खाश्च भेर्यश्च पणवानकगोमुखाः । सहसैवाभ्यहन्यन्त स शब्दस्तुमुलोऽभवत् ॥ १३

타타흐 샹카스차 베르야스차 파나바아나카고무카흐 ।
사하사이바브야한얀타 사 샤브다스투물로아바바트 |13|

타타흐=그 다음; 샹카흐=소라나팔; 차=그리고; 베르야흐=둥근북; 차=그리고; 판나바 아나카 고무카흐=뿔나팔과 작은북과 큰북; 사하사 에바=일시에; 아브야한얀타=울려 퍼지다; 사=그것; 샤브다스=소리; 투물라흐=엄청나다; 아바바트=과거의.

그러자 갑자기 소라나팔과 북, 뿔나팔과
둥근북, 작은북 또는 큰북들이
일시에 울려 퍼졌으며 그 소리 엄청났습니다.

엄청나다는 산스크리트 투물라흐(Tumlah)는 고대 전쟁이 시작되기 전의 거대함과 장엄함을 보여주는 것이다. 고대로부터 현대의 전쟁사에서 자신의 군대의 위엄이나 힘을 보여주려는 다양한 심리전을 펴는 것이다. 이미 전쟁은 시작되고 있음을 알리는 것이다.

14 ततः श्वेतैर्हयैर्युक्ते महति स्यन्दने स्थितौ ।
माधवः पाण्डवश्चैव दिव्यौ शङ्खौ प्रदध्मतुः ॥ १४

타타흐 스베타이르하야이르유크테 마하티 스얀다네 스티타우 |
마다바흐 판다바스차이바 디브야우 상카우 프라다드마투흐 |14|

타타흐=그래서; 스베타이흐=흰; 하야이흐=말; 유크테=묶는; 마하티=장엄한; 스얀다네=마차; 스티타우=자리; 마다바흐=마드흐바는 크리쉬나의 다른 이름; 판다바흐=판두의 아들인 판다바; 차=그리고; 에바=또는; 디브야우=성스러운; 상카우=소라나팔; 프라다드흐마투흐=불다.

그러자 마두의 자손인 마다바(크리쉬나)와
판두의 아들(아르주나)도 흰말들이 끄는 거대한 전차 위에 서서
그들의 천상의 소라나팔을 불었습니다.

마다바는 비쉬누 신의 천 개의 이름 중의 하나이며, 여기서 산스크리트의 '마(Ma)'란 부의 여신 락시미(Laksimi)를 말하며 다바(Dhava)는 빛나는 것을 말한다. 비쉬누는 락시미의 주인이며 마다바는 크리쉬나이며 비쉬누의 화신인 것이다. 판다바는 판두의 아들이란 뜻이며 흰말이란 밝은 사뜨바(Sattva)를 말하고 선의 힘을 말하며 바가바트 푸라나(Bagavat Purana)에서의 나라(Nara)와 나라야나(Narayana)를 아르주나와 크리쉬나의 화신으로 나타난 것으로 볼 수가 있을 것이다.

부의 여신의 주인일 뿐만 아니라 흰말이라는 것은 가장 밝고 선한 힘인 사뜨바(Sattva)를 말하며 성스러운 천상의 나팔을 불었다는 것은 부정적인 모든 에너지를 긍정적으로 전환하려는 위대한 힘을 표현하는 것이다.

기타에서는 크리쉬나와 아르주나가 주인공으로 등장한다. 이 세상의 전쟁터에서 정의와 빛이 존재한다는 것을 상징적으로 보여주는 것이다.

15 पाञ्चजन्यं हृषीकेशो देवदत्तं धनञ्जयः ।
पौण्ड्रं दध्मौ महाशङ्खं भीमकर्मा वृकोदरः ॥ १५

판차잔얌 흐리쉬케소 데바다땀 다난자야흐 |
파운드람 다드마우 마하상캄 비마카르마 브리코다라흐 |15|

판차잔얌=소라나팔 이름; 흐리쉬케소흐=감각들의 주; 데바다땀=
소라나팔의 이름; 다난자야흐=부의 승리자; 파운드람=소라나팔;
다드마우=불다; 마하상캄=거대한 소라나팔; 비마카르마=강력한
행위; 브리코다라흐=늑대의 배를 가진.
흐리쉬케샤(크리쉬나)는 판차자나를
다난자야(아르주나)는 데바다타를
강력한 행위를 하는 비마는
거대한 소라 나팔인 파운드라를 불었습니다.

계속해서 크리쉬나와 아르주나의 다른 이름들을 표현하고 있다. 흐리쉬
케샤란 감각을 다스리는 주란 뜻이며 머리가 긴 주란 뜻이기도 하여 요가
수행자들이 머리를 길게 기르고 수행을 하기도 한다. 그는 감각과 마음을
통제하고 다스릴 수가 있다는 뜻으로 해석이 된다.
  다난자야는 부의 정복자이며 아르주나는 정의와 함께 부를 누릴 수 있음
을 내포하는 것이다. 브리코다라는 늑대의 배를 의미하는데 비마의 용맹성
과 강력한 소화기관을 말하는 것이다.

16 अनन्तविजयं राजा कुन्तीपुत्रो युधिष्ठिरः ।
नकुलः सहदेवश्च सुघोषमणिपुष्पकौ ॥ १६

아난타비자얌 라자 쿤티푸트로 유디쉬티라흐 |

나쿨라흐 사하데바스차 수고샤마니푸쉬파카우 |16|

아난타비자얌=소라나팔; 라자=왕; 쿤티푸트로=쿤티의 아들; 유
디쉬티라흐=유디스티라; 나쿨라흐=나쿨라; 사하데바=사하데바;
차=그리고; 수고샤 마니푸쉬파카우=수고샤와 마니푸쉬파카우의
소라나팔.
쿤티의 아들 유디스티라 왕은
자신의 나팔 아난다비자야를 불었고
나쿨라와 사하데바는 수고샤와
마니푸쉬파카를 불었습니다.

유디스티라 왕은 다섯 형제 중의 장남이자 가장 중심이며 오랫동안 숲 속으로 추방당하여 인내로서 수양하였다. 그는 지금 전쟁터에서 왕관이 없는 왕으로 전쟁을 하고 있다. 나팔들의 이름은 영원한 승리이며 나쿨라는 말을 다루는 데 능숙하며 사하데바는 해부학과 가축을 잘 다룬다. 수고샤는 부드러운 음을 내며 마니푸쉬파카는 보석무늬의 꽃이다. 아르주나와 함께 그의 네 명의 형제들을 계속해서 말하고 있는 것이다.

17 काश्यश्च परमेष्वासः शिखण्डी च महारथः ।
धृष्टद्युम्नो विराटश्च सात्यकिश्चापराजितः ॥ १७

카스야스차 파라메쉬바사흐 시칸디 차 마하라타흐 |
드리쉬타듐노 비라타스차 사트야키스차파라지타흐 |17|

카스야흐=지금의; 바라나시인 카시의 왕; 차=그리고; 파라메쉬바사흐=최고의 궁수; 시칸디=시칸디; 차=그리고; 마하라타흐=거대한 전차를 모는 전차수; 드리쉬타듐나흐=드리쉬타듐나; 비라타흐=비라타; 차=그리고; 사트야키흐=사트야키; 차=그리고; 아파라

제1장 아르주나 비샤다 요가 39

지타흐=정복되지 않는.
최고의 궁수인 카시 왕과 거대한
전차를 모는 시칸디 굽힘을 모르는
드리스타듐나와 비라타와 사트야키.

시칸디는 수염이 없는 이이며 약한 이를 말하며 얼마 후의 전쟁에서 패한다.

18 द्रुपदो द्रौपदेयाश्च सर्वशः पृथिवीपते ।
सौभद्रश्च महाबाहुः शङ्खान् दध्मुः पृथक्पृथक् ॥ १८

드루파도 드라우파다데야스차 사르바사흐 프리티비파테 |
사우바드라스차 마하바후흐 샹칸 다드무흐 프리탁 프리탁 |18|

드루파다흐=드루파다; 드라우파데야흐=드라우파디의 아들; 차=그리고; 사르바사흐=모든; 프르티비파테=땅의 임자; 사우바드라흐=사우바드라의 아들; 차=그리고; 마하 바후흐=억센 팔을 지닌; 샹칸=나팔; 다드무흐=불다; 프리탁 프리탁- 다른
드루파다와 드라우파디의 아들들
그리고 억센 팔을 지닌 사우바드라의 아들
오, 땅의 임자이시여. 그 모두가 각기 다른 제 나팔들을 불었습니다.

산자야는 드르타라쉬트라를 땅의 임자라고 하였다. 원래는 그가 땅의 주인이었으나 그가 눈이 보이지 않아 그의 동생 판두에게 왕위를 물려주었으며, 그의 동생 판두가 죽는 바람에 그의 아들 유디스티라가 왕권을 이었으나 드르타라스트라의 아들인 두료다나가 그의 왕권을 빼앗아 전쟁이 벌어지는 동기가 되었으며, 여기에서 드르타라쉬트라는 눈이 멀었지만 그의 아들과 조카들의 전쟁을 지켜보는 입장이 되었다.

19 स घोषो धार्तराष्ट्राणं हृदयानि व्यदारयत् ।
नभश्च पृथिवीं चैव तुमुलो व्यनुनादयन् ॥ १९

사 고쇼 다르타라쉬트라남 흐리다야니 브야다라야트 |
나바스차 프리티빔 차이바 투물로 브야누나다얀 |19|

사=그것; 고쇼흐=떠들썩한; 다르타라쉬트라남=드르타라스트라의 사람들; 흐리다야니=가슴을; 브야다라야트=사이; 나바흐=하늘; 차=그리고; 프리티빔=땅; 차=그리고; 에바=또한; 투물로흐=요란한 소리; 브야누나다얀=울려퍼지다.
그 요란한 소리가 땅과 하늘에 울려퍼지면서
드르타라쉬트라의 사람들의 가슴을 찢었나이다.

이 표현도 드리타라쉬트라의 가슴 아픈 심정을 보여주고 있다. 그는 양쪽에서 어떤 편에 있지 못하고 괴로워하는 심정으로 있는 것이다.

20 अथ व्यवस्थितान्दृष्ट्वा धार्तराष्ट्रान् कपिध्वजः ।
प्रवृत्ते शस्त्रसंपाते धनुरुद्यम्य पाण्डवः ॥ २०

아타 브야바스티탄 드리쉬트바 다르타라쉬트란 카피드바자흐 |
프라브리떼 사스트라삼파테 다누루드얌야 판다바흐 |20|

아타=지금; 브야바스티탄=서서 정렬된; 드리쉬트바=보다; 다르타라쉬트란=드리타라스트라의 군대; 카피드바자흐=원숭이 신인 하누만의 깃발; 프라브리테=시작된; 사스트라삼파테=무기들에게서 발사되다; 다누흐=활; 우드얌야=집어들다; 판다바흐=판두의 아들.
그때 하누만이며 원숭이 신의 깃발을 세운 판두의 아들인 아르주

나는 드리타라쉬트라의 아들들이 정렬된 것을 보고는 화살이 날아
다니는 것을 보자 자신의 활을 집어 들었다.

　원숭이 신인 하누만은 라마야나에서 라마를 도와 악마 라바나를 물리치
고 라마의 부인인 시타를 구하는 데 가장 큰 역할을 하였으며 순수함과 의
리를 지키는 것 때문에 시대에서 시대를 지나며 존경을 받는다.[4] 어떤 이는
아르주나는 하누만의 화신이며 크리쉬나는 라마의 화신이라고 한다. 사람
이 가장 행복한 것은 진정으로 믿는 자가 존재한다는 것이다. 그것은 어떠
한 시대에나 존재하는 일이다. 그 시대에 가장 위대한 궁수이며 뛰어난 장
수였던 아르주나는 모든 면에서 자신의 삶에 대한 목표가 분명하였다. 라
마야나를 보면 하누만은 가장 충직한 장수로 묘사된다. 그는 다친 락시마
나를 구하기 위해 약초를 찾아 산을 들어 옮기기도 하는데, 이 절에서 아르
주나와 하누만을 오버랩하여 말하는 것은 그들의 동질성 때문이다.
　지금의 시대에도 그러한 충직하고 의리 있는 사람을 원하고 있다. 그것은
시대를 넘어서 존재하는 같은 의미일 것이다.

21

अर्जुन उवाच

हृषीकेशं तदा वाक्यमिदमाह महीपते ।

सेनयोरुभर्मध्ये रथं स्थापय मेऽच्युत ॥ २१

아르주나 우바차
흐리쉬케샴 타다 바크야미다마하 마히파테 |
세나요루바요르마드예 라탐 스타파야 메아츄타 |21|

흐리쉬케샴=흐리시케샤 또는 크리쉬나; 타다=그 다음; 바캄=말;
이담=이것; 아하=말한다; 마히파테=땅의 주인; 아르주나=아르주
나; 우바차=말하기를; 세나요흐=군대의; 우바요흐=둘 다; 마드예

=중간의; 라탐=전차; 스타파야=위치; 메=나의; 아추타=나뉘어지지 않는 성스러운 본성.
그러고 나서 아르주나는 땅의 주인이신
흐리쉬케샤에게 이렇게 말하였습니다.
오 아추타여! 나의 전차를 두 군대의 사이로 몰아서 세워주십시오.

흐리쉬케샤는 크리쉬나의 다른 이름인데 흐리시(Hrish)는 강하고 거친 것이란 뜻이며 케사(Kesa)는 머리털을 말한다. 머리털이 강하다는 것과 머리털이 긴 사람이란 뜻인데 감각을 통제한다는 의미가 있다. 어떤 수행자들은 머리를 깎고 어떤 수행자들은 머리를 깎지 않고 아주 길게 기르는데 둘 다 감각을 통제하는 상징으로 볼 수가 있다. 아추타는 나뉘어지지 않는 본성을 말한다. 여기에서 아르주나가 아추타라고 말한 것은 크리쉬나로 향한 자신의 마음이 확고부동한 것을 암시하는 뜻이기도하다. 아르주나가 크리쉬나에게 더욱 강한 하나됨을 표시하는 것이다. 또한 이러한 상황에서 보다 더 세밀하게 말하면 크리쉬나에 기대어 두 군대라는 경계를 허물고 싶은 간절함이 내포되어 있기도 한 것이다. 그것은 아르주나의 감정적인 미세함 속에 숨어 있는 강인함을 보여주는 대목이기도 하다. 아르주나는 마차장인 크리쉬나에게 모든 상황을 보다 정확하게 보려고 두 군대 사이로 들어가자고 하는 것이다. 그것은 그의 마음이 의지적으로 가능한 한 모든 상황을 보다 분명히 알고 싶어하는 것이다. 그런 의미에서 아르주나는 크리쉬나에게 기대어 내맡기면서도 강한 면모를 은근히 보여주는 것이기도 하다. 다만 그 배경에는 확고해지고 싶은 자신의 마음을 크리쉬나에게 내비치는 말일 수도 있는 것이다.

22 यावदेतान्निरीक्षेऽहं योद्धुकामानवस्थितान् । कैर्मया सह योद्धव्यमस्मिन् रणसमुद्यमे ॥ २२

야바데탄니리크셰아함 요뚜카마나바스티탄 ।

카이르마야 사하 요따브야마스민 라나사무드야메 |22|

야바트=동안에; 에탄=이러한; 니리크셰=가진; 아함=나는; 요뚜카만=싸우려고 하는; 아바스티탄=서서; 카이흐=그들과 함께; 마야=나에 의해; 사하=함께; 요따브얌=싸워야 하는; 아스민=이것 안에; 라나사무드야메=전쟁터

싸우기를 원하여 여기에 선 사람들을 볼 수가 있고,
또한 이 전쟁의 고통 속에서 내 자신이
누구와 싸워야 하는지를 알 수 있을 것입니다.

앞절에서도 말한 것처럼 아르주나는 크리쉬나와 함께 자신이 어떠한 상황인지를 보다 정확하게 알려고 하는 것이다. 그 자신이 누구와 싸우는지를 왜 모르겠는가? 다만 크리쉬나에게 확인받고 싶은 마음인 것이다. 크리쉬나는 마차장이지만 이미 서서히 아르주나의 마음을 사로잡고 있는 것이다. 이러한 상황이 전개되는 과정은 모든 인간사와 정신 세계를 이해할 수 있는 좋은 기회이다. 그 이유는 대부분 결과적인 이야기만 존재하고 세부적인 연결점을 말하지 않기 때문이다. 그것이 삶에서 감추어진 성공 비결인 것이다. 자신의 존재와 상황을 알고 삶을 살아간다는 것이 얼마나 중요한가를 인식시켜 주는 절이기도 하다. 또한 크리쉬나에게 자신의 상황을 큰 시야로 같이 보고 싶은 것이다.

23 योत्स्यमानानवेक्षेऽहं य एतेऽत्रसमागताः ।
धार्तराष्ट्रस्य दुर्बुद्धेर्युद्धे प्रियचिकीर्षवः ॥ २३

요트스야마나나베크셰아함 야 에테아트라사마가타흐 |
다르타라쉬트라스야 두르부떼르유떼 프리야치키르샤바흐 |23|

요트스야마난=싸우려고 하는; 아베크셰=볼 수 있는; 아함=나는;

야흐=누가; 에테=그들; 아트라=여기; 사마가타흐=모여 있는; 다
르타라쉬트라스야=드리타라쉬트라의 아들; 두르부떼르=사악한
마음을 지닌; 유떼=싸우는; 프리야치키르샤보흐=기쁘게 해주려는.
싸울 태세를 하고 여기에 모여 있는
사악한 마음을 지닌 드리타라쉬트라의
아들들을 싸움에서 기쁘게 해주려는 자들을 내가 볼 수 있도록.

이 절은 아르주나의 주관적인 마음을 보여주고 아르주나가 전쟁을 하지
않으며 망설이는 것을 보여준다. 그러나 그것은 어떠한 표현에도 드러나지
않는다. 인간의 주관성은 역사에 묻혀 있다. 주관적인 역사가 객관적인 역
사에 드러난다는 것은 불가능하다. 왜 아르주나는 말을 많이 하는가? 왜
싸움에서 기쁘게 해주려는 자를 보려고 한다는 그러한 말을 할까? 그것은
그가 전쟁에 집중되어 있지 않다는 것을 보여주는 것이다. 왜 이러한 표현
을 할까? 그것은 자연스럽게 크리쉬나를 배경에 두고 하는 표현일것이다.
이러한 말은 확고하다고 말을 하고 또한 반대로 그들을 보고 싶다는 말을
하는 아르주나의 심리상태를 알 수가 있다. 그것은 이성적인 마음을 가진
아르주나가 감성적인 상태의 자신도 동시에 보여주는 것이다.

24 सञ्जय उवाच
एवमुक्तो हृषीकेशो गुडाकेशेन भारत ।
सेनयोरुभयोर्मध्ये स्थापयित्वा रथोत्तमम् ॥ २४

산자야 우바차
에바무크토 흐리쉬케쇼 구다케세나 바라타 |
세나요루바요르마드예 스타파이트바 라토따맘 |24|

산자야 우바차=산자야 말하기를; 에밤=그러므로; 무크타흐=간청

하다; 흐리쉬케사흐=흐리쉬케사 즉 크리쉬나; 구다케세나=잠의 승리자이며 아르주나; 바라타=모든 전쟁하는 이들의 선조; 세나요흐=군대의; 우바요흐=둘의; 마드예=중간의; 스타파이트바=머물다; 라토따맘=최고의 전차.
산자야는 말하였다.
오 바라타의 자손이여, 이렇게 구다케사의 간청을 받고
흐리쉬케사는 장엄한 최고의 전차를 두 군대 사이에 세웠다.

흐리쉬케사는 21절에서 표현했듯이 크리쉬나를 말하며 그 뜻은 흐리쉬케사는 머리가 긴 사람 또는 감각을 통제하는이라는 뜻이다. 또한 아르주나를 구다케사라고 하였다. 구다는 둥글다는 것이며 케사는 머리카락을 말한다. 브야사는 흐리쉬케샤와 구다케샤 둘 다 머리 긴 케샤를 말하였다. 그것은 둘 다 감각을 통제한다는 동일성을 말하고자 하는 것이다. 흐리쉬케샤를 장엄한 최고의 전차를 타고 있는 모습으로 표현한 것은 크리쉬나의 외형적인 모습을 표현하는 것이다. 이 장엄하다는 산스크리트어는 우타맘(Utamam)이며 안정되고 강하다는 뜻이다. 그리고 전차장인 크리쉬나는 감각의 통제자이며 구다케사는 잠을 정복하는이라는 뜻이다.

왜 크리쉬나는 두 군대 사이에 세웠을까? 그것은 앞의 절에서 아르주나가 보고 싶어하였던 적들의 상황을 같이 보고자 함이었다. 그래서 브야사는 아르주나를 보고 잠을 정복하는이라고 하였다. 왜냐하면 날카로운 시야를 가지라고 고무시키는 이유도 있을 것이다. 명상을 수행하는 사람들 중에 가장 힘든 난관 중에 하나가 바로 잠이다. 여러 욕망들 중에 식욕·성욕·수면욕·명예욕·재물욕 등이 있는데, 수면은 제대로 조절이 안 되면 모든 활동이 엉클어질 정도로 중요하다.

25 भीष्मद्रोणप्रमुखतः सर्वेषां च महीक्षिताम् ।
उवाच पार्थ पश्यैतान् समवेतान् कुरूनिति ॥ २५

비쉬마드로나프라무카타흐 사르베샴 차 마히크쉬탐 |
우바차 파르타 파스야이탄 사마베탄쿠루니티 |25|

비쉬마=비쉬마; 드로나=드로나; 프라무카타흐=앞의; 사르베샴=모든; 차=그리고; 마히크쉬탐=땅의 모든 지배자들; 우바차=말하다; 파르타=파르타의 아들인 아르주나; 파스야=보다; 에탄=그들의; 사마베탄=모인; 쿠룬=쿠루의; 이티=그러므로.

비쉬마와 드로나 그리고 땅의 모든 지배자들 앞에서 말하였습니다. 파르타의 아들이여! 보라 여기 함께 모인 쿠루 족들을.

이 절에서는 크리쉬나가 아르주나를 파르타의 아들이라고 하였다. 그 이유는 아르주나를 다른 형제와 장수들 사이에서 어머니인 파르타를 상기시켜 보다 더 강한 정감을 불러일으키기 위한 것이다. 그리고 그 뒤에는 쿠루족을 말하였는데 아르주나와 종족 간의 유대 관계를 말하면서 자신이 이들과 분리되지 않았음을 확인시키는 것이다. 또한 크리쉬나가 바가바드 기타 최초의 발언에서 아르주나를 파르타의 아들이며 쿠루족이라고 칭함으로써 아르주나 자신이 흔들리는 것을 막고 격정적인 감정을 자제하게 하기 위하여 잠금장치 역할을 하는 것이다. 우리는 삶을 살면서 훌륭한 스승이나 사람들이 어떻게 사람을 다루고 말을 하는지 보아왔다. 위대한 스승은 힘든 상황에 있는 사람들의 마음을 어떻게 달래주고 풀어주는지를 정확하게 안다. 현대 사회는 많은 사람들이 자신의 내면과의 전쟁을 벌이고 있다. 좋은 심리학자나 정신과 의사는 자신을 찾는 이들에게 약물 처방을 주는 것보다 그 스스로 자신을 신뢰하게 하고 자신감을 불어넣어 주는 사람들이다. 뛰어난 상담자 크리쉬나는 계속해서 섬세한 아르주나의 마음을 자극하고 포용하고 있는 것이다. 당대의 위대한 궁수인 아르주나에게 자신의 마음의 적부터 잡고 외부의 적을 잡는 방법을 가르치고 있는 것이다.

26

तत्रापश्यत् स्थितान्पार्थः पितॄनथ पितामहान् ।
आचार्यान्मातुलान्भ्रातॄन् पुत्रान्पौत्रान्सखींस्तथा ॥ २६

타트라파스야트 스티탄 파르타호 피트리나타 피타마한 |
아차르얀마툴란브라트린 푸트란파우트란사킴스타타 |26|

타트라=거기에; 아파스야트=보다; 스티탄=머물다; 파르타=파르타; 피트린=아버지; 아타=또한; 피타마한=할아버지들; 아차르얀=선생들; 마툴란=외가의 아저씨들; 브라트린=형제들; 푸트란=아들; 파우트란=손자들; 사킴=친구들; 타타=역시.

파르타의 아들은 그곳에 아저씨들과 할아버지들,
스승들, 외가의 아저씨들, 형제들, 아들과 손자들과 많은 친구들
을 보았습니다.

이 절에서는 아르주나, 즉 파르타의 아들이 자기와 관련된 여러 사람을 보았다고 하였다. 아르주나는 자신의 모든 관계를 세밀하게 지켜보며 이들이 모두 적이 아닌 자신의 친족과 스승들임을 강조하고, 그들을 사랑이 담긴 내면의 눈으로 바라보며 묘사하고 있다. 그것은 앞 절에서 "파르타의 아들이여! 보라 여기 함께 모인 쿠루족들을"이란 묘사의 대구이기도 하다. 아르주나는 자신을 다 맡기는 모든 표현들을 계속하고 있는 것이다.

27

श्वशुरान्सुहृदश्चैव सेनयोरुभयोरपि ।
तान् समीक्ष्य स कौन्तेयः सर्वन्बन्धूनवस्थितान् ॥ २७

스바수란수흐리다스 차이바 세나요루바요라피 |
탄 사미크샤 사 카운테야흐 사르반반두나바스티탄 |27|

스바수란=장인; 수흐리다흐=친구; 차=그리고; 에바=또한; 세나요흐=군사들 안에서; 우바요흐=양쪽의; 아피=또한; 탄=이러한; 사미크샤=보여진; 사흐=그는; 카운테야흐=카운테야; 사르반=모든; 반둔=친척; 아바스티탄=서 있는.

양쪽 군대의 장인들과 친구들 정렬해 있는 이들이 모두
자신의 친척들임을 본 쿤티의 아들 아르주나는,

아르주나의 마음이 재빠르게 위기 의식을 느끼는 전조를 보여주는 것이다. 자신과 연결된 많은 친척들과 스승들, 친구들, 가족들이 보여지며 그의 부드러운 마음을 보여주며 이전의 마음에서 변화되려는 태도를 보여주는 것이다. 크리쉬나가 아르주나를 파르타라고 불렀던 것은 그러한 징조를 이미 간파한 것이다. 이 절에서 이들이 모두 자신의 친척임을 자각하였으며 어머니 쿤티의 아들이란 말 또한 그들과 무관하지 않다는 것을 보여주는 것이다. 왜 이러한 다양한 말들을 하면서 기타는 우리에게 그것을 보여주는 것일까? 그것은 하나의 일이 이루어지기 위해서는 많은 다양한 환경과 섬세한 내면의 작용이 동시에 일어난다는 것을 보여주고자 함이다. 많은 소설이나 연극이나 영화에서 주인공이 자신의 일들을 일어나기 직전 많은 구성 요소를 보여주는 것과 같다. 왜 바가바드 기타가 수천 년 동안 매일 낭송되 암송되고 연극화되어도 파악되지 않을 만큼 깊은 것일까? 그 이유는 바로 독자들이 파악하지 못하는 수많은 요소들이 이 경전 안에 담겨 있기 때문일 것이다. 그래서 매일 봐도 단어 하나하나에 새로운 요소가 파악되는 것이다.

28 अर्जुन उवाच

कृपया परयाऽऽविष्टो विषीदन्निदमब्रवीत् ।
दृष्ट्वेमं स्वजनं कृष्ण युयुत्सुं समुपस्थितम् ॥ २८

아르주나 우바차

크리파야 파라야아아비쉬토 비쉬단니다마브라비트 │
드리쉬트베맘 스바자남 크리쉬나 유유트슘 사무파스티탐 │28│

크리파야=연민 어린; 파라야=깊은; 아비쉬타=꽉 차; 비쉬단=슬픈; 이담=이것; 아브라비트=말하다; 아르주나 우바차=아르주나 말하기를; 드리쉬트바=보여지는; 이맘=이것 스바자남=친척; 크리쉬나=크리쉬나; 유유트슘=싸우려고 하는; 사무파스티탄=정렬된.
아르주나 말하기를
연민 어린 마음으로 꽉 차 말하였다.
오 크리쉬나여, 싸우기를 원하여 모인 나의 친족들을 보니,

크리파야(Kripaya)란 아르주나의 연민에 찬 위대한 마음을 말하는 것이다. 아르주나가 크리쉬나에게 말하는 "싸우기를 원하여 모인 나의 친족들을 보니"란 말은 그는 이 전쟁터에서 객관적으로 상황을 바라보며 크리쉬나에게 다가가는 것이다. 크리쉬나는 그의 무한함을 표시하는 검푸른색과 크리쉬(Krish)의 존재라는 뜻과 나(Na)라는 희열의 뜻이 포함된 것이다. 그는 존재와 의식과 희열을 말하는 것이다. 그는 자신의 헌신자들을 고통으로부터 벗어나게 한다. 아르주나는 앞서서 몇 절 동안 끌고 온 문제를 제시하고 있다. 그것은 연민 어린 마음과 친족들이란 말을 쓰면서 자신의 마음에 담고 있던 생각을 수면 위로 끌어 올리는 것이다. 기타의 위대성은 바로 이 수면 위로 올라와 표현하는 말들에 있다. 아르주나의 흔들리는 마음의 원인은 무엇인가? 그것은 적을 무찔러야 한다는 의무감으로 무장된 장수의 본연의 자세와 자신의 적들이 다름 아닌 친족들이라는 감정적인 마음 사이의 갈등 때문이다. 이성적인 의무의 마음과 감성적인 마음 둘 다의 갈등을 어떻게 해결할 것인가? 이것이 관건이다. 이것을 해결하기 위해 많은 경전들은 이러한 이원적인 마음으로부터 벗어나라고 하고 있다.

위대한 스승들은 이러한 이원적인 요소를 가지고 오는 사람들에게 단순하고 명쾌한 답변을 준다. 그것은 이러한 이원적이지 않은 요소를 바로 주는 것이다. 이러한 방법을 현대의 심리요법에서도 사용하고 있다. 그것은 수많은 상담과 약물치료를 통하여 해결되지 않은 방법을 다른 요소를 도입하여 그것

을 바로 전달하는 것이다. 현대 심리학에서는 이러한 심리요법을 트랜스퍼스널(Traanspersonal)심리학이라고 하는데, 상대방에 대한 어떠한 질문과 대답 없이 그를 치료하는 것이다. 그러나 누가 이러한 초심리학의 방법을 가르칠 수가 있겠는가. 그것은 정신적으로 그 이원성으로부터 벗어나 또한 그 오래된 전통 방법과 현대의 심리적인 방법을 자연스럽게 써야 하는 것이다. 그 방법은 바로 고대의 방법이 현대의 방법에 적용된 명상의 방법이다. 수많은 명상의 방법이 있지만 오랜 전통을 가지고 있고 검증된 그러한 명상의 방법은 바로 감정과 이성을 넘어서 인간의 마음을 안정시키기에 충분한 것이다.

29 सीदन्ति मम गात्राणि मुखं च परिशुष्यति ।
वेपथुश्च शरीरे मे रोमहर्षश्च जायते ॥ २९

시단티 마마 가트라니 무캄 차 파리수쉬야티 |
베파투스차 사리레 메 로마하르샤스차 자야테 |29|

시단티=떨어진; 마마=나의; 가트라니=사지; 무캄=입; 차=그리고; 파리수쉬야티=타들어 가다; 베파투흐=전율; 차=그리고; 사리레=몸; 메=나의; 로마하르샤흐=머리털; 차=그리고; 자야테=곤두서는.
나의 사지는 늘어지고 입은 타 들어가며
내 몸은 전율에 휩싸이고 나의 머리털은 곤두섭니다.

아르주나의 마음의 상태가 얼마나 절실한가를 바로 보여주는 대목이다. 이 절로부터 그의 마음뿐만 아니라 몸도 마찬가지로 균형이 깨어지는 것을 알 수가 있다. 많은 현대인들이 자신의 삶을 살아가고 일을 하면서 얼마나 몸과 마음이 깨어져 사는지를 잘 알고 있다. 이 절은 시대를 넘어서 처절한 삶의 모습의 전조를 보여주는 대목이다. 만일 증권회사에서 근무하는 사람이 주식이 시시각각 움직이는 것에 따라 자신의 마음이 요동치는 것을 관찰할 때 피가 마르는 것 같다고 한다. 큰 대기업 사장이 자신의 판단력 하나에 의해 수많은 사람들의 생존이 달려 있다는 것을 알 때 그의 시간과 결정은 엄청난 압박일 수가 있다. 마찬가지로 이러한 상황들은 나라를 주도하고 있는 대통령이나 장관들에게도 적용된다. 자신의 결정과 행위 하나가 얼마나 많은 사람들의 삶과 연결되어 있는가를 아는 사람들은 그런 생각을 체계적으로 하지 못하는 사람들 보다 위대한 일을 이룰 수가 있다.

30 गाण्डीवं स्रंसते हस्तात्त्वक्चैव परिदह्यते ।
न च शक्नोम्यवस्थातुं भ्रमतीव च मे मनः ॥ ३०

간디밤 스람사테 하스타뜨바크차이바 파리다흐야테 |
나 차 사크놈야바스타툼 브라마티바 차 메 마나흐 |30|

간디밤=아르주나의 활; 스람사테=미끄러져; 하스타트=나의 손으로부터; 트박=살갗; 차=그리고; 에바=또한; 파리다흐야테=모든 것이 타들어 간다; 나=아닌; 차=그리고; 사크노미=나는 할 수 있다; 아바스타툼=서 있는; 브라마티 이바=듯하다; 차=그리고; 메=나의; 마나흐=마음.

나의 활 간디바는 손에서 미끄러져 떨어지고 살갗까지
온통 타고 있으며 나는 버티고 서 있지도 못하며
내 마음은 소용돌이치는 듯 합니다.

위의 절과 함께 아르주나의 심리적으로 긴박하고 절망적인 상황을 보여주고 있다. 왜 장수가 그의 중요한 무기인 간디바 활을 떨어뜨릴 정도로 처절한 마음을 가지고 있는 것일까? 여기에서는 심리적인 상황뿐만 아니라 육체적으로도 극에 달한 상황을 보여준다. 살갗까지 온통 타고 있고 서 있지도 못할 정도이다. 아르주나는 용맹한 장수이며 이성이 날카로운 자이다. 그럼에도 왜 이러한 감정적인 흐름에 휩싸이는가? 그것은 그의 가슴에는 사랑이 가득 차 있기 때문이다. 진정으로 전쟁을 벌일 수 있는 위대한 장수임에도 불구하고 그가 이러한 처절한 감정을 가지고 있는 것은 그가 얼마나 가슴이 따뜻한 인간인가를 보여주는 것이다. 세상은 이러한 처절한 상황의 역사를 많이 가지고 있다. 고대의 희곡으로부터 현대의 소설이나 영화까지 이러한 처절한 상황을 끊임없이 보여주고 있다.

누구에게나 다 존재할 수 있는 이러한 감정의 끝에 아르주나의 마음은 위대한 사랑이 감추어져 있다. 그것은 자기 자신의 삶의 법칙을 움직이는 이성의 힘마저도 삼켜 버릴 정도의 강한 힘을 지니고 있는 것이다. 이러한 요소를 보여주는 것이 기타의 위대한 점이기도 한 것이다.

31 निमित्तानि च पश्यामि विपरीतानि केशव ।
न च श्रेयोऽनुपश्यामि हत्वा स्वजनमाहवे ॥ ३१

니미따니 차 파스야미 비파리타니 케샤바 |
나 차 스레요아누파샤미 하트바 스바자나마하베 |31|

니미따니=징조; 차=그리고; 파샤미=나는 본다; 비파리타니=거스르는; 케샤바=케샤바여; 나=아닌; 차=그리고; 스레요=좋은; 아누파샤미=보다; 하트바=죽이는; 스바자남=우리 사람; 아하베=전쟁.

오 케샤바여, 불길한 징조가 보이며 싸워서
내 친족을 죽이는 일에서 선을 볼 수가 없습니다.

케샤바(Kesava)의 의미는 악마 케신(Kesin)을 죽이는 자이며 머리카락이 아름다운 자이며 크(K)는 브라마이며 아(A)는 비쉬누이며 이사(Isa)는 루드라(Rudra) 또는 시바이다. 아르주나는 몸과 마음의 균형이 깨지고 그러한 약한 상태에서 징조를 보고 있다. 그러한 징조가 어떤 상황이 되던간에 아르주나는 크리쉬나에게 자신의 주관적인 상태를 표현하는 것이다.

이 절에서 "내 친족을 죽이는 일에서"라는 말은 처절한 그의 마음을 크리쉬나에게 보여주는 것이다. 그들이 적이며 그들이 친족이며 나의 동족이며 라고 하는 말은 많은 사람들의 공감대를 느낄 것이다. 한 사람의 오기로 인한 과오로 일어난 전쟁 때문에 오랜 시간 동안 많은 사람들이 고통당하고 수많은 사람들이 죽어갔던 것을 모든 사람에게 영상적으로 보여주는 대목이다. 그러한 처절한 상황이 아르주나의 입을 빌려 시간을 넘어서 모든 이의 감정과 이성을 담아 표현되는 것이다.

여기에서 스레요(Sreyo)라는 산스크리트어는 좋은 일 또는 선을 말한다. 아르주나는 인간의 역사에서 가장 괴롭고 극단적인 상황에서도 선한 것을 생각할 수 있는 위대한 성품을 지니고 있는 것이다. 위대한 정신을 지닌 사람들의 말 하나하나에는 깊은 정신이 담겨 있는 것이다.

히말라야의 바드리나트라는 성지에 사는 위대한 여자 수행자 바가마트 마이는 언제나 사람들을 만나면 그 사람에게 비전을 전해 준다. 어떠한 부정적인 삶에 휘둘리더라도 그녀를 보면 감정과 이성이 녹아드는 모습을 보여주었다. 한번은 사람들이 그녀를 놀려주려고 그녀가 먹지 않는 고기 말린 것을 가지고 가서 선물하였다. 그녀는 그것을 받아들고 간직하였다. 그리고 그 사람들이 돌아갈 때 그녀는 다른 선물을 하였다. 그녀는 그들이 히말라야에서 내려올 때 가장 맛있게 먹을 수 있는 풍성한 음식을 식지 않게 몇 겹으로 싸가지고 주었다. 그녀는 자신이 먹지 못하는 음식을 고맙게 받고 상대에게는 반대로 가장 맛있는 음식으로 돌려주는 것이었다.

이 이야기처럼 아르주나는 크리쉬나에게 어둠에서 가느다란 빛을 보여 달라는 강한 간청을 하는 것이다. 그래서 부정적인 이야기 안에서 희미한 희망을 내포한 좋은 일을 말한 것이다.

32 न काङ्क्षे विजयं कृष्ण न च राज्यं सुखानि च । किं नो राज्येन गोविन्द किं भोगैर्जीवितेन वा ॥ ३२

나 캉크쉐 비자얌 크리쉬나 나 차 라즈얌 수카니 차 |
킴 노 라즈예나 고빈다 킴 보가이르지비테나 바 |32|

나=아닌; 캉크쉐=나는 욕망한다; 비자얌=승리; 크리쉬나=크리쉬나; 나=아닌; 차=그리고; 라즈얌=왕국; 수카니=즐거움; 차=그리고; 킴=무엇을; 나흐=우리에게; 라즈예나=왕국에 의해; 고빈다=크리쉬나의 다른 이름; 킴=무엇을; 보가이흐=쾌락에 의해; 지비테나=삶; 바=또는.

오 크리쉬나여, 나는 승리를 바라지 않습니다.
왕국과 어떤 즐거움도 바라지 않습니다.
우리에게 왕국은 얻어서 무엇을 할 것이며
쾌락이나 삶이 무슨 소용이 있겠습니까?

아르주나의 본성적으로 선한 성품을 볼 수가 있으며 그의 삶의 철학을 엿볼 수가 있으며 심리적인 흔들림의 외부적인 표현을 하는 것이다. 아르주나는 크리쉬나의 이름을 고빈다(Govinda)라고 불렀는데 그 말은 산스크리트어 원으로 고(Go)란 삶을 말하며 빈다(Vinda)는 아는 자라는 뜻이며 '삶을 아는 자' 라는 뜻이다. 인간의 삶에서의 문제를 해결하기 위해 마음을 꿰뚫어 본다는 뜻이기도 하다. 이미 아르주나는 자신이 하고 싶어 감추었던 말을 다 하기 시작하는 것이다. 왜냐하면 위대한 상담자 크리쉬나에게 자신의 모든 것을 표현하고 고백하는 것이다. 최고의 심리상담자는 바로 누구인가? 첫째는 자기 자신이며 둘째는 그의 말을 가장 잘 들어주는 이라고 한다. 아무 것도 할 필요가 없다. 그의 말을 진지하게 들어준다면 그는 최고의 상담자가 되는 것이다. 그는 모든 것도 필요 없다고 말한다. 이미 아르주나는 깊은 자기 자신의 사색에 빠져 있는 것이다.

33 येषामर्थे काङ्क्षितं नो रज्यं भोगाः सुखानि च । त इमेऽवस्थिता युद्धे प्राणांस्त्यक्त्वा धनानि च ॥ ३३

예샤마르테 캉크쉬탐 노 라즈얌 보가흐 수카니 차 |
타 이메-바스티타 유떼 프라남스트야크트바 다나니 차 |33|

예샴=누구의; 아르테=위하여; 캉크쉬탐=욕망의; 나흐=그들에 의
해; 라즈얌=왕국; 보가흐=즐거움; 수카니=편안함; 차=그리고; 테
=그들; 이메=이것; 아바스티타흐=서다; 유떼=전쟁터; 프라난=
삶; 트야크트바=내던지다; 다나니=부; 차=그리고.
우리가 왕국의 편안함과 즐거움을 원하는 것이
그들 때문인데 그들이 생명과 부를 내던지고
전쟁터에 집결해 있습니다.

아르주나는 이 상황에서도 날카롭게 지적하고 있다. 그는 이러한 상황에서도 다른 사람들을 위해서 말하고 있는 것이다. 그 자신의 통찰력으로 다른 사람들의 마음까지도 포용하고 가능하면 전쟁을 벌이지 않고 이길 수 있는 방법을 모색하고 있다. 과거와 다르게 요즘의 전쟁은 많은 나라가 서로 서로의 관계에 얽혀 있어 큰 전쟁으로 가지 않도록 많은 제동장치를 두고 있다. 아르주나는 가능하면 전쟁을 치르지 않고 악을 제거하는 방법이 없을까 하고 모색하고 있는 것이다. 다음에 오는 절들은 더욱 진지하고 처절한 그의 마음을 보여준다.

34 आचर्याः पितरः पुत्रास्तथैव च पितामहाः ।
मातुलाः श्वशुराः पौत्राः स्यालाः संबन्धिनस्तथा ॥ ३४

아차르야흐 피타라흐 푸트라스타타이바 차 피타마하흐 |
마툴라흐 스바수라흐 파우트라흐 스얄라흐 삼반디나스타타 |38|

아차르야흐=스승들; 피타라흐=아버지들; 푸트라흐=아들들; 타타
=그러므로; 에바=또는; 차=그리고; 피타마하흐=손자들; 마툴라
흐=삼촌들; 스바수라흐=장인들; 파우트라흐=손자들; 스얄라흐=
처남들; 삼반디나흐=친척들; 타타=마찬가지로.
스승들, 아버지들, 아들들, 그리고 조부들,

삼촌들, 장인들, 손자들, 처남들, 그밖에 여러 친척들.

아르주나는 그의 가슴 안에 있는 사랑의 표현을 명칭까지 붙여 말한다. 이것은 그가 생각하고 있는 것이 추상적인 것이 아니라 철저하게 현실을 바탕으로 하여 존재하고 있다는 것을 보여준다. 그리고 그러한 것을 극복하고 넘어서야 하는 선언이기도 한 것이다. 이것은 그의 가슴 안에 있는 깊은 사랑의 모습이기도 하다. 생각해 보라. 전쟁을 하려는데 바로 앞의 적들이 위에서 언급한 것처럼 친족과 스승들, 자신과 사랑을 나누었던 모든 사람들이라고 하였을 때 그런 상황은 얼마나 참혹한 것이겠는가. 다만 이러한 순수한 사랑에 집착하여 해야 할 의무를 포기하고 약함을 보이는 상태가 문제인 것이다.

35 एतान्न हन्तुमिच्छामि घ्नतोऽपि मधुसूदन ।
अपि त्रैलोक्यराज्यस्य हेतोः किं नु महीकृते ॥ ३५

에탄나 한투미차미 그나토아피 마두수다나 |
아피 트라일로캬라즈야스야 헤토흐 킴 누 마히크리테 |35|

에탄=이런; 나=아닌; 한툼=죽이는; 이차미=나는 원한다; 그나타흐 아피=죽인다 할지라도; 마두수다나=크리쉬나의 이름; 아피=그럼에도; 트라일로캬=삼계(三界); 라즈야스야=통치권; 헤토흐=위하여; 킴=어떻게; 누=그래서; 마히크리테=세상을 위해.

오, 마두수다나여, 저 들이 나를 죽인다 할지라도
나는 죽이고 싶지 않습니다. 삼계의 통치권을 다 준다 하여도
아니 할 것인데 하물며 이 세상을 위해서이겠습니까?

마두수다나는 악마 마두(Madhu)를 죽이는 자이다. 아르주나가 말한 "삼계(三界)의 통치권을 다 준다고 하여도"라는 말이 있다. 그 삼계에 대해서는 여러 종교나 수행 체계에 따라 다른 해석들을 하는데 삼계는 크게 지상계·

영혼계 · 신계로 나뉘어진다. 여기에서 아르주나가 말하는 것은 우주의 모든 세계를 말하는 것이다. 인도인과 아르주나의 방대한 정신적인 스케일에 감탄한다. 리그 베다에 나오는 가야트리 만트라(Gayatri Mantra)[5]에서 부(Bhu), 부바흐(Bubah), 스바하(Svaha)인 인간 세계, 영혼의 세계, 신(神)의 세계를 말한다. 아르주나는 이러한 상황에서 자신과 가까운 사람을 죽이는 것은 모든 삼라만상을 준다 하여도 할 수가 없는 잘못된 것임을 크리쉬나에게 강조하며 자신의 답답한 마음의 극치를 보여주고 있다. 여기에서 그의 가슴의 괴로운 심정을 진정으로 표현하고 있는 것이다. 그러나 그 반면에 아르주나의 장엄한 위대성과 의식의 극치를 보여주는 장면이기도 하다.

36 निहत्य धार्तराष्ट्रान्नः का प्रीतिः स्यज्जनार्दन । पापमेवाश्रयेदस्मान् हत्वैतानाततायिनः ॥ ३६

니하트야 다르타라쉬트란나흐 카 프리티흐 스야짜나르다나 |
파파메바스라예다스만 하트바이타나타타이나흐 |36|

니하트야=죽이는; 다르타라쉬트란=드리타라스트라의 아들들; 나흐=우리에게; 카=무엇이; 프리티흐=기쁨; 스야트=아마; 자나르다나=크리쉬나의 이름; 파팜=죄; 에바=오직; 아스라예트=오다; 아스만=우리에게; 하트바=죽이는; 에탄=이런; 아타타이나흐=침략자.
드리타라쉬트라의 아들을 죽이고서 어떤 기쁨이 오겠습니까?
오 자나르다나여. 오직 죄가 이 침략자들을 죽이는 데서 올 뿐입니다.

자나르다나는 크리쉬나의 다른 이름이며 '예배하는 사람에게 부와 자유를 준다'는 의미를 가지고 있다. 그 이유는 크리쉬나에게 어떻게 하면 전쟁을 벌이지 않고 조화롭게 승리할 수 있는 길이 있는가 하고 묻는 것일 수도 있다. 아타타인(Atatayin)이란 무법자라는 뜻이며 범죄를 막을 수 없는 이상한 사람을 말하기도 한다. 두료다나는 판두의 아들들이 잠자고 거주하는 왕국과 그들이 가진 부를 사기와 거짓으로 빼앗았음에도 아르주나는 감상적인 생각으로 사실을 정확하게 파악하지 못하는 상황으로 가고 있는 것이다. 그러나 그는 살생을 하는 것은 죄악이라는 말을 하고 전쟁에서 죽이는 것조차 죄악이라고 말하는 것이다. 그의 정신은 진지하고 맑아서 그의 견해가 감정이나 이성에 지배받지 않고 "어떤 기쁨이 오겠습니까?" 그리고 "오직 죄가 이 침략자들을 죽이는 데서 올 뿐입니다"라고 하였다. 여기에서 아르주나는 기쁨과 고통에 대하여 말하고 있다. 고통은 죄의 결과이며 기쁨이나 행복은 덕을 쌓은 결과라는 것이다.

37 तस्मान्नार्हा वयं हन्तुं धार्तराष्ट्रान्स्वबान्धवान् ।
स्वजनं हि कथं हत्वा सुखिनः स्याम माधव ॥ ३७

타스만나르하 바얌 한툼 다르타라쉬트란스바반다반 |
스바자남 히 카탐 하트바 수키나흐 스야마 마다바 |37|

타스마트=그러므로; 나=아닌; 아르하흐=정의하는; 바얌=우리는; 한툼=죽이는; 다르타라쉬트란=드르타라스트라의 아들; 스바반다반=우리의 친척; 스바자남=친족; 히=참으로; 카탐=어떻게; 하트바=죽이는; 수키나흐=행복; 스야마=아마; 마다바=크리쉬나의 이름.
그러므로 우리는 드리타라쉬트라의 아들들과
친척들을 죽여서는 안 됩니다. 자신의 친족들을 죽이고서
오 마다바여, 우리가 어떻게 행복할 수가 있겠습니까?

아르주나가 말하고자 하는 것을 이 절에서는 말하고 있다. 그는 이 전쟁을 하기 원치 않으며 또한 사람들을 죽이고 싶지 않은 것이다. 이러한 살생에 동조한다는 것이 좋지 않다고 느끼는 것이다. 그렇기에 "친족을 죽이고서 어떻게 행복할 수가 있겠습니까?" 하고 말하는 것이다. 그 자신이 말하고자

하는 것은 앞절과 연계했을 때 행복을 주지 못한다면 그것은 올바른 행동이 아니라는 것이다. 결국은 아르주나의 마음은 전쟁 또는 친족을 죽이는 살상은 내가 원하는 것이 아니라는 말을 하는 것이다.

38 यद्यप्येते न पश्यन्ति लोभोपहतचेतसः । कुलक्षयकृतं दोषं मित्रद्रोहे च पतकम् ॥ ३८

야드야프예테 나 파스얀티 로보파하타체타사흐 |
쿨라크샤야크리탐 도샴 미트라드로헤 차 파타캄 |38|

야드야피=그럼에도; 에테=이러한; 나=아닌; 파스얀티=보다; 로보파하타체타사흐=마음이 탐욕으로 가려졌고; 쿨라크샤야크리탐=가문의 멸망; 도샴=죄; 미트라드로헤=친구를 배반하는; 차=그리고; 파타캄=잘못.
비록 저들의 마음이 탐욕들로 가려졌고
저들이 가문에 멸망을 가져오는 일에서
자신의 잘못을 보지 못하고
친구를 배반하는 일이 잘못인 줄 모를지라도.

비록 그들이 "가문의 멸망이나 친구를 배반하는 일이 잘못인 줄 모를지라도"라는 말은 아르주나의 명료한 시야를 보여준다. 그러나 일반적으로 아르주나의 행위는 이 처절한 전쟁의 소용돌이에서 전쟁을 막아보자는 몸부림인 것이다.

39 कथं न ज्ञेयमस्माभिः पापादस्मान्निवर्तितुम् ।
कुलक्षयकृतं दोषं प्रपश्यद्भिर्जनार्दन ॥ ३९

카탐 나 그예야마스마비흐 파파다스만니바르티툼 |
쿨라크샤야크리탐 도샴 프라파스야드비르자나르다나 |39|

카탐=왜; 나=아닌; 그예얌=배워야 하는; 아스마비흐=우리에 의해; 파파트=악으로부터; 아스마트=이것; 니바르티툼=피하다; 쿨라크샤야크리탐=가문의 멸망; 도샴=죄; 프라파스야드비흐=분명히 알다; 자나르다야=크리쉬나의 이름.

가문을 멸망으로 가져오는 것이 분명히
악이라는 것을 명백히 알고 있는 우리들인데
어찌 이 죄를 피할 줄 모르겠습니까? 오, 자나르다나여.

아르주나는 모든 사실을 명백하게 알고 있다. 전쟁을 피할 수 없는 상황이지만 전쟁은 하고 싶지 않은 것이나. 자신은 가족의 법칙과 연결되어 있으며 그것이 전쟁을 할 수 없는 이유라는 것이다. 그러나 모든 자연의 법칙은 유기적으로 연결되어 있으며 서로 영향을 미치고 있는 것은 당연한 일이다. 인간은 자기 자신의 길에 책임을 져야 한다. 그 자신이 자신의 운명이나 길에 대한 주인이며 반드시 헤쳐나가야 한다. 아르주나는 자신이 아무리 분석하고 판단하여도 도저히 이해가 되지 않는다. 이러한 법칙은 우주적인 법칙으로 존재하며 아르주나는 그것을 깨닫고자 크리쉬나에게 보다 더 강하게 말하려고 하는 것이다. 그는 이러한 전쟁이 벌어진 상황에서도 개인적으로나 사회적인 면에서 보다 더 분명한 지혜의 소리를 듣고 싶어 하는 것이다.

40 कुलक्षये प्रणश्यन्ति कुलधर्माः सनातनाः ।
धर्मे नष्टे कुलं कृत्स्नमधर्मोऽभिभवत्युत ॥ ४०

쿨라크샤예 프라나샨티 쿨라다르마흐 사나타나흐 ।
다르메 나쉬테 쿨람 크리트스나마다르모아비바바트유타 ।40।

쿨라크사예=가족의 파괴; 프라나샨티=부서지다; 쿨라다르마흐=가족의 종교 의식; 사나타나흐=영원한; 다르메=영성의, 법; 나쉬테=소멸하다; 쿨람=가족; 크르트스남=전체의; 아다르마흐=불법; 아비바바티=넘치다; 우타=참으로.

가족이 파괴되면 영원한 가족들의 법도가 무너지며,
법도가 무너지면 법도가 아닌 불법이 날뜁니다.

아르주나의 위대성은 이 절에서도 계속 진행된다. 아다르마(Adharma)라는 것은 법칙이 존재하지 않는다는 것이다. 이러한 아다르마가 팽배하면 자연스럽게 자연의 힘이 파괴되고 오랜 전통을 유지해 온 다양한 아름다운 삶의 덕목들이 사라지고 파괴된다. 인간이 진화하는 가운데 문화가 가장 아름답게 꽃 피웠을 때는 이러한 정신적인 덕목이 존재했던 시기였다. 그러한 시대는 역사적으로 자주 찾아볼 수가 있다. 고대에서부터 현재에까지 전쟁이 벌어지고 범죄가 난무하여도 그러한 법칙을 유지하기 위하여 노력하는 사람들이 있다. 그들은 자신의 이익과는 무관하게 사심없이 자신을 바치려는 아름다운 이야기의 주인공들이다. 아르주나는 바로 다르마와 사회적 행위에 대해 초점을 맞춘다. 그 이유는 사회적인 행위가 바로 자연의 법칙인 다르마를 뒷받침하기 때문이다.

41

अधर्माभिभवात् कृष्ण प्रदुष्यन्ति कुलस्त्रियः ।
स्त्रीषु दुष्टासु वार्ष्णेय जायते वर्णसङ्करः ॥ ४१

아다르마비바바트 크리쉬나 프라두쉬얀티 쿨라스트리야흐 |
스트리슈 두쉬타수 바르쉬네야 자야테 바르나상카라흐 |41|

아다르마 아비바바트=불법이 날 뛸 때; 크리쉬나=크리쉬나; 프라두쉬얀티=타락하다; 쿨라스트리야흐=가문의 여인; 스트리슈=여인들; 두쉬타수=타락하다; 바르쉬네야=브리쉬니 족; 자야테=일어나다; 바르나=신분; 삼카라흐=뒤섞임.

불법이 날뛸 때는 오 크리쉬나여. 가문의 여인들은 타락하고,
여인들이 타락하면 오, 브리쉬니족의 사람이시여!
신분의 뒤섞임이 일어납니다.

바르나 삼카라흐(Varna samkarah)는 '신분의 뒤섞임' 이란 말이다. 인도에서는 인간의 질서를 잡기 위해 그들의 의무를 부여하고 삶을 더욱 집중하기 위해 만든 것이 바르나(Varna) 또는 자티(Jati)인데 그것을 계급이나 신분제도로 해석하였다. 거기에는 네 종류의 신분 브라만(Braman) · 크샤트리야(Kshatriya) · 바이샤(Vaisha) · 수드라(Sudra)가 있다. 이러한 신분제도가 정확한 법칙에 의해 정확한 길을 가는 것은 아름다운 일이지만 그것이 마치 계급제도인 것처럼 다른 계급을 무시하는 데 이용하는 사람이 있다면 그는 결코 그 법칙에서 성공하지 못한다. 브라만 · 크샤트리야 · 바이샤는 다시 태어 난 이이며, 수드라는 그렇지 못한 이라고 한다. 그리고 계급에도 끼지 못하는 아주트 또는 불가촉천민은 어떠한 영적인 것도 할 수 없으며 천대받는 시대가 아직까지도 이어지고 있다. 하지만 그것은 분명히 인도인의 정확한 정신은 아니다. 신분의 뒤섞임을 예방하는 것은 바로 영적인 성장을 하기 위한 방편일 뿐 계급으로 신분의 높낮이를 두려는 것이 아니기 때문이다.

42 सङ्करो नरकायैव कुलघ्नानां कुलस्य च ।
पतन्ति पितरो ह्येषां लुप्तपिण्डोदकक्रियाः ॥ ४२

상카로 나라카야이바 쿨라그나남 쿨라스야 차 |
파탄티 피타로 흐예샴 루프타핀도다카크리야흐 |42|

상카로=뒤섞임; 나라카야=지옥으로 이끌다; 에바=또한; 쿨라그
나남=가족을 파괴한자; 쿨라스야=가족의; 차=그리고; 파탄티=
떨어지다; 피타라흐=조상; 히=진정으로; 에샴=그들의; 루프타핀
도다카크리야흐=과자와 물의 제사가 끊겨.
이 뒤섞임은 가족을 파괴한 자와
그 가족들을 지옥으로 이끌 뿐입니다.
그들의 조상 역시 판도다카의 과자와
물의 제사가 끊겨 지옥에서 살겠지요.

이러한 제사를 말한 것은 '리그 베다'에서는 찾을 수 없고 아리안족들의 사회인 '아타르바 베다'에서부터 나온 것으로 상징적인 제식으로 알려져 있다. 아르주나는 그가 생각하는 법칙인 다르마의 개념을 크리쉬나에게 계속해서 표현하고 있는 것이다. 판도다카(Pandodaka)는 돌아가신 조상들에게 제사를 지내는 것이 조상들의 진화뿐만 아니라 가족 모두에게 좋은 영향을 준다는 것이다. 마치 우리나라의 유교 전통에 의해 조상들에게 제사를 지내며 그들의 정신을 이어받으려는 것과 흡사하다. 베다의 카르마 칸다(Karma Kanda), 즉 행위 장에서 조상의 축복은 자손들에게 연결된다는 말을 하고 있다. 우리나라의 전통인 유교에서는 조상이 바로 나의 현신이며 내가 통로라는 표현을 하는데 그러한 점과 서로 연관성을 가지고 있다.

43 दोषैरेतैः कुलघ्नानां वर्णसङ्करकारकैः ।
उत्साद्यन्ते जातिधर्माः कुलधर्माश्च शाश्वताः ॥ ४३

도사이레타이흐 쿨라그나남 바르나상카라카라카이흐 |
우트사드얀테 자티다르마흐 쿨라다르마스차 사스바타흐 |43|

도사이흐=죄; 에타이흐=이러한; 쿨라그나남=가족을 파괴하는 자; 바르나=신분; 삼카라카라카이흐=뒤섞임의 원인; 우트사드얀테= 파괴되는; 자티다르마흐=신분의 법도; 쿨라다르마흐=가족의 법도; 차=그리고; 사스바타흐=영원한.
가족을 파괴하는 자들의 이러한 신분을
뒤섞이는 과오로 인하여 신분의 법도와 가족의 법도는
파괴되어 버리고 말지요.

몸이 모두 서로 연결되어 있듯이 마찬가지로 가족의 법칙인 다르마는 신분의 다르마와도 서로 밀접하게 연결되어 있다. 그래서 가족제도의 해체는 자티(Jati), 즉 신분의 법칙을 깨는 것이라고 말하는 것이다. 이러한 가족제도 또는 계급제도는 수천 년 이상을 내려온 전통이다. 아르주나는 이러한 전통이 깨어지면 사회적 혼란이 온다고 말하는 것이다. 그러나 이러한 제도가 지금의 시대에 특히 인도 같은 곳에서 유지가 되려면 물질적으로도 풍요로워야하고 서로의 의무제도를 이해할 수 있는 위치에 있어야 한다. 그렇지 않으면 결국은 급속도로 빠른 현대의 물결에 이 오랜 전통의 제도 또한 시험대에 올려질 것이다. 아르주나는 그 뒷절에서도 더욱 강하게 이러한 가족의 법칙에 대하여 말하고 있다.

44 उत्सन्नकुलधर्माणां मनुष्याणां जनार्दन ।
नरके नियतं वासो भवतीत्यनुशुश्रुम ॥ ४४

우트산나쿨라다르마남 마누쉬야남 자나르다나 |
나라케 니야탐 바소 바바티뜨야누수스루마 |44|

우트산나쿨라다르마남=가족의 법도가 파괴된; 마누쉬야남=사람들; 자나르다나=크리쉬나 나라케=지옥의; 아니야탐=알 수 없는; 바사흐=머무는; 바바티=하는; 이티=그러므로; 아누수스루마=우리는 듣는다.
가족의 법도가 파괴된 사람들은 반드시 지옥에 산다고
오 자나르다나 여, 우리는 이렇게 들었습니다.

아르주나는 가족의 법도인 쿨라 다르마(Kula Dharma)에 대해 말하고 있다. 옛부터 가문의 전통을 중시한 여러 나라의 사람들은 그러한 전통이 개인의 정신적인 진화나 발전을 위해서 뿐만 아니라 사회적인 진화를 위해서도 효과적인 영향을 준다는 것을 알고 있다. 그는 직접적으로 가족의 법도가 깨어지면 지옥에 산다고 말했었다. 아르주나가 크리쉬나를 보고 자나르다나(Jhanardana)라고 불렀는데 그 뜻은 바로 악마 "자나(Jhana)를 죽인 이" 또는 "헌신자의 열망을 달성시키는 이"라는 뜻을 내포하기 때문이다. 아르주나는 언제나 그의 괴로움을 토로하면서 반드시 자신의 문제를 내어 보이고 해결책을 모색하며 방법을 제시해 달라는 말을 하였다. 그것은 그의 크리쉬나에게 다가가는 현명한 접근 방식이다.

45

अहो वत महत्पापं कर्तुं व्यवसिता वयम् ।
यद्राज्यसुखलोभेन हन्तुं स्वजनमुद्यताः ॥ ४५

아호 바타 마하트파팜 카르툼 브야바시타 바얌 |
야드라즈야수카로베나 한툼 스바자나무드야타흐 |45|

아호 바타=오; 마하트=위대한; 파팜=죄악; 카르툼=하는; 브야바시타흐=결심한; 바얌=우리; 야트=그것은; 라즈야수카로베나=왕국의 쾌락을 누리려는 탐욕으로; 한툼=죽이려 하는; 스바자남=친족들; 우드야타흐=준비된.
오, 왕국의 쾌락을 누리려는 탐욕으로
자신의 친족들을 죽이려 하는 이 엄청난 죄악을
저지르려고 결심을 하다니!

아르주나는 자기 스스로 큰 것을 위해서 작은 것을 희생해야 하는 슬픔을 토로하고 있다. 그것은 가족의 법칙이 사회의 법칙과 자신의 의무와 상충되는 것에 대한 아픔인 것이다. 그는 너무나도 예민하게 잘 알고 있으면서 그것을 깊이 있게 사색하며 괴로워하고 있다. 그래서 '엄청난 죄악' 인 마하트 파팜(Mahat Papam)이라는 단어를 쓰고 있는 것이다. 그는 계속해서 그의 행위에 대한 말을 한다.

46

यदि मामप्रतीकारम् अशस्त्रं शस्त्रपाणयः ।
धार्तराष्ट्रा रणे हन्युः तन्मे क्षेमतरं भवेत् ॥ ४६

야디 마마프라티카라람 아사스트람 사스트라파냐흐 |
다르타라쉬트라 라네 한유흐 탄메 크셰마타람 바베트 |46|

야디=만약; 맘=나에게; 아프라티카람=저항하지 않는; 아사스트람
=무장하지 않는; 사스트라파나야흐=손에 무기를 들고; 다르타라쉬
트라흐=드리타라쉬트라의 아들; 라네=전쟁터에서; 한유흐=죽이
다; 타트=그것; 메=나의; 크세마타람=더 나은; 바베트=그러할 것
이다.

만약 드리타라쉬트라의 아들들이
손에 무기를 들지 않고 저항하지 않는
나를 죽인다면 더 나을 것입니다.

아르주나의 고뇌가 지금 절망적인 체념의 절정에 도달하였다. 이 상태는
단지 크리쉬나에게 자신을 내맡기는 것과 상반되는 상황이다. 그는 자신의
모든 것을 크리쉬나에게 말하고 기다리는 시간인 것이다. 하지만 그의 위대
함은 아르주나 자신이 당대의 최고의 궁수이며 명장임에도 스스로 싸우지
않겠다고 선포하고 그들이 나를 죽인다면 더 나을 것이라고 말하는 것이
다. 이것은 그의 감추어진 위대한 인격을 말하는 것이다. 그가 절대로 나약
해서가 아니다. 다만 그는 이 문제를 크리쉬나의 위대한 가르침에 맡기는
것이다.

47 सञ्जय उवाच

एवमुक्त्वार्जुनः संखये रथोपस्थ उपाविशत् ।

विसृज्य सशरं चापं शोकसांबिग्नमानसः ॥ ४७

산자야 우바차
에바무크트바르주나흐 삼크예 라토파스타 우파비사트 |
비스리즈야 사사람 차팜 소카삼비그나마나사흐 |47|

산자야 우바차=산자야 말하기를; 에밤=그러므로; 우크트바=말하

고서; 아르주나흐=아르주나; 삼크예=전쟁터에서; 라토파스타흐= 전차 석에; 우파비샤트=주저앉아; 비스리즈야=놓아 버리고; 사사람=화살; 차팜=활; 소카삼비그나마나사흐=마음은 슬픔에 휩싸여 버렸다.

산자야가 말하기를
그렇게 말하고서는 아르주나는 그의 활을 놓아 버리고
전차 석에 주저앉아 마음은 슬픔에 휩싸여 버렸습니다.

그는 장수로서의 가장 중요한 무기인 활을 놓고서는 스스로 무장해제를 하고 그의 친족들을 죽일 수 없다고 말한다. 그리고 슬픔에 가득 찬 마음으로 크리쉬나를 바라보고 있는 것이다. 그는 다른 사람의 슬픔이 자신의 슬픔이라는 위대한 사랑과 동정심이 가득 차 있는 사람이다. 그러나 더욱 위대한 자는 다른 사람의 슬픔에 대하여 세밀하게 알지만 자신은 슬픔에 빠져들지 않으면서 사람들을 불행에서 건져주는 그런 사람인 것이다. 그러한 사람이 바로 크리쉬나이며 신성 의식의 표본인 것이다.

इति श्रीमद्भगवद्गीतासूपनिषत्सु ब्रह्मविद्यायां योगशास्त्रे
श्रीकृष्णार्जुनसंवादे अर्जुनविषादयोगो नाम
प्रथमोऽध्यायः ॥

이티 스리마드바가바드기타수파니샤트수 브라흐마바비드얌 요가 사스트레
스리크리쉬나르주나삼바데 아르주나비샤다요고 나마
프라타모아드야야흐 ॥
바가바드 기타의 우파니샤드에서 요가의 과학이며
지고의 브라만의 지식이며 스리 크리쉬나와 아르주나 사이의
대화인 제1장 아르주나 비샤다 요가를 말한다.

제2장
삼크야 요가
지식의 요가

  제1장은 아르주나의 극도로 고통스런 내적인 상황을 보여주고 있으며, 모든 사람들이 자신의 삶을 살아가는 동안 거쳐야 할 문제를 제기하고 있다. 제2장은 극적인 삶의 고뇌에 빠져 있는 아르주나의 질문에 대한 크리쉬나의 답변들로 이루어져 있다. 크리쉬나는 삶의 극단적인 고통을 어떻게 극복할 것인가에 대하여 그 이론과 지혜를 설명하고 있다.

1

सञ्जय उवाच
तं तथा कृपयाविष्टमश्रुपूर्णाकुलेक्षणम् ।
विषीदन्तमिदं वाक्यमुवाच मधुसूदनः ॥ १

산자야 우바차
탐 타타 크리파야비쉬타마스루푸르나쿨레크샤남 ।
비쉬단타미담 바크야무바차 마두수다나흐 ।1।

산자야 우바차=산자야 말하기를; 탐=그에게; 타타=그래서; 크리파야=연민의 정; 아비쉬탐=넘치는; 아스푸르나 아쿨라 이크샤남=눈물로 가득 차 있는; 비쉬단탐=낙담한; 이담=이것; 바크얌=말; 우바차=말을 하다; 마두수다나흐=악마 마두를 죽이는 이, 크리쉬나의 이름.

산자야 말하기를
그처럼 연민의 정에 짓눌리고
슬픔으로 괴로워하며 눈물로
가득 차 있는 그에게
마두수다나는 이렇게 말하였나이다.

크리파야(Kripaya), 즉 연민이란 뜻인데 아르주나의 이러한 마음은 진정으로 성스러운 특성과는 다른 것이지만, 그의 연민에 찬 마음이 팽창됨으로써 고뇌와 슬픔으로 흔들리는 것을 지배하려는 것이다. 그러나 연민이란 성스러운 성향과는 분명히 다른 것이며 그것은 상대적인 흐름과 연관되어 있다. 반대로 성스러움이란 상대적인 상황이 존재하더라도 그것을 포괄하고 넘어서 있는 절대적인 것이다.

이 절에서 크리쉬나를 마두수다나라고 명칭한 것은 악마 마두를 없애는 이이며 그것은 이러한 혼란된 상황을 파괴해 달라는 요청인 것이다. 아르주나는 이러한 긴박하고 힘든 상황에서도 그의 의식은 혼미한 상태가 아닌 깨어 있는 상태이다. 왜냐하면 두 눈은 눈물로 가득하고 가슴은 가장 괴로운 상황임에도 그 아래에는 삶의 지혜를 원하는 간절한 열망이 동시에 존재하고 있기 때문이다. 우리는 극에 달한 그의 상태를 깊은 밤에 비유한다. 밤이 깊을 수록 새벽의 별빛은 더욱 찬란하고 태양의 희미한 여명은 가장 강력하다. 사람들의 가장 강력한 열망 안에 진리는 이미 내포되어 있다고 성현들은 말하고 있다.

2 श्रीभगवानुवाच

कुतस्त्वा कश्मलमिदं विषमे समुपस्थितम् ।
अनार्यजुष्टमस्वर्ग्यम् अकीर्तिकरमर्जुन ॥ २

스리 바가바누바차
쿠타스트바 카스말라미담 비샤메 사무파스티탐 ｜
아나르야주쉬타마스바르그얌 아키르티카라마르주나 ｜2｜

스리 바가반 우바차=크리쉬나 말하시기를; 쿠타흐=그때; 트바= 이러한; 카스말람=나약함; 이담=이것; 비샤메=긴박한; 사무파스티탐=온다; 아나르야주쉬탐=그대답지 못한, 아리안 같지 않은; 아스바르그얌=천상의 복됨도 아니고; 아키르티카람- 오점(汚點); 아르주나=아르주나.
거룩하신 주께서 말하시기를
이 긴박한 때에 어디에서 그대에게 이런 수치스런
나약함이 온단 말인가. 이는 그대답지 못하며
천상의 복됨으로 이끌지도 못하며 오점 만을 가져다줄 뿐이다. 아르주나여.

  크리쉬나의 첫마디는 너무나도 명쾌하게 아르주나의 마음과 가슴에 자극과 용기를 불어넣어 주는 훌륭한 가르침이다. 그는 할 말을 압축하여 다 말하고 있는데 '이 긴박한 때'를 말하여 상황을 자극하고 '나약함이 없는 사람이' 어떻게 그렇게 될 수가 있는지, 그리고 '천상의 복을 받지도 못하고 오점만을 가져다줄 것이다' 라고 말하고 있는 것이다. 그대답지 못한 것이란 아리안(Aryan)같지 않다는 것을 말하는데, 그것은 아리안족을 말하는 것이라기보다 문화적으로 진보된 사람을 말하는 것이다. 크리쉬나의 아름다운 이 구절은 아르주나가 앞장에서 쏟아낸 모든 말들을 다 대변하여 말하는 것이다. 아르주나의 모든 문제는 자신의 어떠한 측면에서도 해결될 수가 없는 것이다. 그것은 아주 간단하다. 어둠 속에서는 아무것도 보이지 않지만 빛을 가져오면 바로 밝아지는 것이다.

  마찬가지로 아르주나의 모든 주장이 크리쉬나 의식의 넓은 바다 안으로 다 녹아 들어가는 것이다. 위대한 스승은 제자가 어떠한 문제에 있든지 그의 문제를 녹여 버리고 바로 분명한 답을 가져다준다. 인도의 유명한 수행자 비베카난다는 그의 스승 라마크리쉬나[6]를 만났을 때 "신을 만나 보았습니까?"라고 하였다. 비베카난다는 인도 전역을 돌아다니며 다른 많은 스승에게도 그런 질문을 하였다. 하지만 모두 그것에 대하여 이런저런 해석만 할 뿐 명확하게 답변해 주는 사람이 아무도 없었다. 그런 중에 라마크리쉬나는 비베카난다에게 "나는 네가 나를 보는 것보다 더 분명히 신을 본다"라고 바로 답을 하였다.

  위대한 스승은 제자가 갈망하고 있는 핵심을 바로 지적하여 그를 순간적으로 전환시켜 준다. 크리쉬나는 아르주나가 이제까지 질문하였던 1장 28절에서 46절까지의 모든 의문을 이 한 절로 다 답변하였다.

3 क्लैव्यं मा स्म गमः पार्थ नैतत्त्वय्युपपद्यते ।
क्षुद्रं हृदयदौर्बल्यं त्यक्त्वोत्तिष्ठ परन्तप ॥ ३

클라이브얌 마 스마 가마흐 파르타 나이타뜨바이유파파드야테 |
크슈드람 흐리다야다우르발얌 트야크트보띠쉬타 파란타파 |3|

클라이브얌=남자답지 못한; 마스마 가마흐=빠져들지 마라; 파르타=아르주나의 다른 이름; 나=아닌; 에타트=이것; 트바이=그대에게; 우파파드야테=맞지 않는; 크슈드람=의미; 흐리다야다우르발얌=허약한 마음; 트야크트바=떨쳐 버리고; 우티쉬타=일어서다; 파람타파=적을 쓸어 버리는 자.
남자답지 못함에 빠져들지 마라, 파르타의 아들이여.
이것은 그대에게 맞지 않는 행위이다.
허약한 마음을 떨쳐 버리고 일어서라. 적을 쓸어 버리는 자여.

여기에서 크리쉬나가 아르주나를 파르타(Partha)라고 불러준 것은 절대인 푸루샤(Purusha)와 상대인 프라크리티(Prakriti) 양쪽을 모두 포함해서 말하는 것이다. 그것은 아르주나에게 강한 힘을 불어넣어 주고 심리적으로 자극하면서 자신의 위치를 확인시켜 준 다음, 거기에서부터 더 높은 의식으로 끌고 올라가는 것이다. 첫째는 남자답지 못하다, 둘째는 그대에게 맞지 않는 행위, 셋째는 허약한 마음을 떨쳐 버리고, 넷째는 일어서라, 다섯째는 적을 쓸어 버리는 자여, 마지막으로는 그를 파르타라고 부르며 상징적이며 은유적인 힘을 불어넣어 주고 있는 것이다. 우파니샤드의 앞절마다 나오는 위대한 구절이 있다. 그것은 푸르나마다 푸르나이담(Purnamada Purnaidam)이다. 즉 "변하는 상대도 완전하며 변하지 않는 절대도 완전하다"라고 말한다. 그것은 상대와 절대를 다 아우르는 위대한 진리 안에서 크리쉬나는 아루주나에게 남자답지 못한 이라고 하여 심리적으로 가라앉아 있는 그를 높여 주고 적을 쓸어 버리는 이라고 다시 말하는 것이다. 이것이 크리쉬나의 가르침의 탁월함인 것이다.

4 अर्जुन उवाच

क्थं भीष्ममहं सङ्ख्ये द्रोणं च मधुसूदन ।
इषुभिः प्रतियोत्स्यामि पूजार्हावरिसूदन ॥ ४

아르주나 우바차
카탐 비쉬마마함 상크예 드로남 차 마두수다나 |
이쉬비흐 프라티요트스야미 푸자르하바리수다나 |4|

아르주나 우바차=아르주나 말하다; 카탐=어떻게; 비쉬맘=비쉬마; 아함=나; 삼크예=전쟁터; 드로남=드로나차리아; 차=그리고; 마두수다나=마두수다나; 이쉬비흐=화살로; 프라티요트 스야미=싸워야 하는; 푸자르하우=존경받아야 할; 아리수다나=적을 죽이는 이.
아르주나가 말하였다.
마두수다나여, 어떻게 내가 전쟁터에서 존경받아야 할 어른들인 비쉬마와 드로나를 맞서 싸우겠습니까? 오, 적을 죽이는 이여!

아르주나는 크리쉬나에게 악마 마두를 죽이는 마두수다나와 적을 죽이는 아리수다나(Arisudana)라고 하였다. 그리고 존경받아야 할 어른인 비쉬마와 드로나를 어떻게 죽일 수 있느냐고 말하면서 자신의 답답한 마음을 해결해 주기를 바라고 있는 것이다. 아르주나는 급박하고 괴로운 마음 때문에 감성과 이성이 조화롭지 않은 상태에서도 그의 질문은 민첩하고 날카로운 마음을 보여준다.

5 गुरूनहत्वा हि महनुभावान् श्रेयो भोक्तुं भैक्ष्यमपीह लोके
हत्वाऽर्थकामांस्तु गुरूनिहैव भुञ्जीय भोगान्रुधिरप्रदिग्धान् ॥

구루나하트바 히 마하누바반 스레요 보크툼 바이크샤마피하 로케 |
하트바아르타카맘스투 구루니하이바 분지야 보간루디라프라디그단
|5|

구룬=구루, 스승; 아하트바=죽이느니; 히=참으로; 마하누바반=가장
고상한; 스레야흐=더 나은; 보크툼=먹는; 바이크샴=동냥; 아피=그럼
에도; 이하=여기; 로케=세상에서; 하트바=죽이느니; 아르타카만=부
와 욕망; 투=실로; 구룬=구루들, 스승들; 이하=여기; 에바=또한; 분
지야=즐거움; 보간=쾌락; 루디라프라디그단=피로 얼룩진.

위대한 성품을 지닌 스승들을 죽이느니
차라리 동냥으로 이 세상을 사는 것이 낫겠습니다.
또한 부의 즐거움 때문에 그들을 죽인다면
나는 이 세상에서 피로 얼룩진 쾌락을 누릴 것입니다.

비쉬마는 철저하게 금욕적인 위인으로서 절제의 상징인 사람이다. 드로
나는 올바른 행위를 하는 사람이고 아르주나의 활, 즉 궁도(弓道)의 스승이
며 크리파는 또 다른 현명한 사람이다. 그는 "스승을 죽이느니 동냥을 사는
것이 낫고 나의 부의 즐거움 때문에 그들을 죽인다면 세상에서 피로 얼룩
진 쾌락을 누릴 것입니다"라고 말하였다. 아르주나는 자신의 주장을 크리
쉬나에 펼치고 있는 것이다. 아르주나는 계속해서 자신의 생각을 크리쉬나
에게 전달하고 있다.

6 न चैतद्विद्मः कतरन्नो गरीयो यद्वा जयेम यदि वा नो जयेयुः ।
यानेव हत्वा न जिजीविषामस्तेऽवस्थिताः प्रमुखे धार्तराष्ट्राः ॥

나 차이타드비드마흐 카타란노 가리요 야드바 자예마 야디 바 노 자예유흐 |
야네바 하트바 나 지지비샤마스테아바스티타흐 프라무케 다르타라쉬트라흐 |6|

나=아닌; 차=그리고; 에타트=이것; 비드마흐=우리는 안다; 카타라트=어느 쪽; 나흐=우리; 가리야흐=더 나은; 야트=그것; 바=또는; 나흐=아니다; 자예마=우리는 정복자; 야디=만약; 바=또는; 나흐=우리; 자예유흐=그들은 정복자; 얀=누구를; 에바=그럼에도; 하트바=죽인다면; 나=아닌; 지지비사마흐=우리는 살기를 원한다; 아바스티타흐=서 있다; 프라무케=앞에; 다르타라쉬트라흐=드리타라스트라의 아들들.
우리가 정복하는 것과 그들이 정복하는 것 중 어느 쪽이 나은 것인지 저는 잘 모릅니다.
드리타라스트라의 아들들이 우리 앞에 서 있습니다.
우리가 그들을 죽인다면 우리는 살기를 바라서는 안 될 것입니다.

여기에서 아르주나의 간절함과 사심없는 마음을 보여주고 있다. 그는 정복을 당하든지 정복을 하든지, 어떤 것이 더 나은 상황인지도 잘 모르겠다는 절박함을 보여준다. 그는 전쟁에서 승리를 한다 해도 친족들을 죽음으로 이끄는 것이기에 어떠한 상황이든 좋지 않은 결과가 될 것이라고 말하고 있다. 아르주나의 생각은 모든 것을 다 말한 다음 그 대답으로 신성한 스승이신 크리쉬나에게 가르침을 받고자 하는 것이다. 이러한 상황은 인간의 힘으로는 도저히 해결할 수가 없다고 생각하며, 이제는 그 대답을 듣고 싶다는 것이다.

7 कर्पण्यदोषोपहतस्वभावः पृच्छामि त्वां धर्मसम्मूढचेताः ।
यच्छ्रेयः स्यान्निश्चितं ब्रूहि तन्मे शिष्यस्तेऽहं शाधि मां त्वां प्रपन्नम् ॥

카르판야도쇼파하타스바바흐 프리차미 트밤 다르마삼무다체타흐 |
야츠레야흐 스얀니스치탐 브루히 탄메 시쉬야스테아함 사디 맘 트밤
프라판남 |7|

카르판야 도샤 우파하타스바바흐=약한 마음으로 성품이 멍들었으며;
프리차미=나는 요구한다; 트밤=그대에게; 다르마삼무다체타흐=마음
이 혼돈이 되어 올바른 진리를 모르겠습니다; 야흐=그것은; 스레야흐
=좋은; 스야트=아마; 니스치탐=결정적인; 브루히=말하다; 타트=그
것; 메=나에게; 시쉬야흐=제자; 테=당신의; 아함=나는; 사디=가르치
다; 맘=나에게; 트밤=그대에게; 프라판남=귀의한다.
나의 성품은 약한 마음으로 멍들었으며 마음이 혼돈이 되어
올바른 진리를 모르겠습니다. 무엇이 옳은 것인지 말하여 주소서.
나는 당신의 제자입니다. 그대에게 맡기오니 저에게 가르침을 주소서.

여기에서 아르주나는 제자라고 말하며 그대에게 맡기오니 가르침을 달라
고 하였다. 여기에서 나오는 시쉬야(Sishya)는 비전된 수행법을 전수해 주는
제자를 의미하는 것이며, 프라판남(Prapannam)이라고 말하며 마음을 맡기고
헌신하는 자에게는 성스러운 의식을 체험하도록 축복을 하는 딕샤(Diksha)
를 주는 것이다. 누구든지 정확한 지식을 배우고, 비전되는 최고의 지식을
전수받아 그러한 지식의 실체를 경험하고 싶어하는 사람들은 아르주나의 이
같은 모습을 통해 배울 수가 있다. 아르주나는 계속해서 가르침의 핵심인
스승의 지식 근처로 다가가는 것이다. 모든 지식의 핵심은 감추어져 있다.
모든 과정의 극에 달했을 때 지식의 문은 열리고 찬란한 빛을 내뿜는다. 그
러한 많은 과정을 거치지 않고서는 바로 지식이 흘러들어올 수가 없다. 수
행자들은 세 가지로 나뉜다. 첫번째는 초발심자, 즉 오르기를 원하는 자이
며, 두번째는 수행을 하면서 올라가는 사람들이며, 세번째는 올라간 이들이

다. 지식의 과정 또한 초보자와 오르는 이와 도달된 이가 분명히 나누어져 야만 한다. 스승은 지식을 구하려는 자의 그러한 과정들을 세밀하게 관찰 해야만 하며 그 단계에 맞추어 가르쳐야만 한다. 그렇게 되었을 때만이 가르침을 주는 자와 가르침을 받는 자가 함께 통할 수 있게 된다. 우파니샤드 란 의미에서 우파(Upa)란 다가간다는 뜻이며, 니(Ni)는 가까이, 사드(Sad)는 앉는다는 말이다.

즉 스승에게 가까이 다가가 비밀스럽게 배운다는 뜻이다.

비전되는 위대한 지식들은 단순하다. 그러나 그러한 단순한 지식이 되기까지는 많은 과정이 필요하다. 전체적인 지식을 가지고 있는 위대한 스승들은 가능하면 제자들에게 전체적인 지식을 가르치려 할 것이다. 스승은 모든 부분을 통괄적으로 포괄한 가르침을 주기 위해서 제자에게 모든 기초부터 전체적인 시야를 가지게 할 것이다. 그렇게 하기 위해서 제자가 순수하고 진지하게 다가오는 것을 스승은 보이지 않게 계속해서 관찰한다.

나의 스승님은 제자가 스승을 선택하지 못하며 스승이 제자를 선택한다고 이야기하였다. 왜냐하면 선택의 시야는 언제나 넓은 시야를 가진 스승에게 있기 때문이다. 그러나 스승이 자신과 통할 수 있는 제자를 선택하는 것은 쉬운 일이 아니다. 왜냐하면 순수한 마음으로 진지하게 자신의 모든 것을 내걸고 배우는 사람은 극소수이기 때문이다. 이미 아르주나는 모든 것을 걸었다. 그의 모든 것을 내걸고 크리쉬나의 처분만을 기다리는 것이다. 현대에도 이러한 진지함을 가지고 고대로부터 내려오는 초월적인 지혜를 얻기 위해 자신의 전체를 바치는 극소수의 사람들이 존재하고 있다. 그들이야말로 이 세상의 지식의 수호자들인 것이다.

8 न हि प्रपश्यामि ममापनुद्याद् यच्छोकमुच्छोषणमिन्द्रियणम् ।
अवप्य भूमावसपत्नमृद्धं राज्यं सुराणामपि चाधिपत्यम् ॥ ८

나 히 프라파샤미 마마파누드야드 야초카무초샤나민드리야남 |
아바프야 부마바사파트나무리땀 라즈얌 수라나마피 차디파트얌 |8|

나 히=아닌; 프라파샤미=나는 본다; 마마=나의; 아파누드야트=제거하는; 야트=그것; 소캄=슬픔; 우초샤남=말려 버리는; 인드리야남=나의 감각 기관; 아바프야=획득하다; 부마우=땅의; 아사파트남=무적의; 리땀=번영의; 라쟘=주권; 수라남=신들을 지배하는, 천상계; 아피=그럼에도; 차=그리고; 아디파트얌=주권.

설령 내가 이 땅위에 적이 없고 번성한 왕국과 천상계를 통치할 수 있는 권세까지 얻는다 할지라도 나의 이 감각 기관들을 말려 버리는 이 슬픔을 없앨 수 있는 어떤 것을 발견하지 못했나이다.

스리 크리쉬나와 아르주나의 관계는 독특한데 그것은 어머니의 보살핌과 아버지의 자상함과 왕의 보호와 신의 축복을 다 가지고 있는 것이다. 어떤 때는 신이 되고 어떤 때는 부모가 되고 어떤 때는 애인이 되고 어떤 때는 제자가 되는 것이다. 아르주나는 크리쉬나에게 모든 것을 다 바친다고 하였음에도 계속해서 자신의 주장을 하면서 질문을 한다. 그것은 그가 내맡긴다고 선포한 이후에 아직 완전하게 안정이 되지 않은 상태를 말하는 것이다. 아르주나 스스로 조화롭지 않은 마음의 상태를 진정시키기 위해 크리쉬나에게 도움을 요청하는 것이다.

9 सञ्जय उवाच

एवमुक्त्वा हृषीकेशं गुडाकेशः परन्तपः ।

न योत्स्य इति गोविन्दं उक्त्वा तूष्णीं बभूव ह ॥ ९

산자야 우바차
에바무크트바 흐리쉬케삼 구다케샤흐 파란타파흐 |
나 요트스야 이티 고빈담 우크트바 투쉬님 바부바 하 |9|

산자야 우바차=산자야 말하기를; 에밤=그러므로; 우크트바=말하였다; 흐리쉬케샴=크리쉬나의 이름; 구다케사흐=아르주나의 이름이며 잠의 정복자; 파란타파흐=적을 억누르는 자; 나 요트스예=나는 싸우지 않겠습니다; 이티=그러므로; 고빈담=고빈다, 크리쉬나의 이름; 우크트바=말하다; 투쉬님=고요한; 바부바하=되다.

산자야 말하기를
적을 억누르는 자 구다케사는 흐리쉬케사에게 말한 후에
"나는 싸우지 않겠습니다"라고 고빈다에게 말하고 나서
아무 말도 하지 않았습니다.

아르주나를 구다케사(Gudakesa)라고 불렀는데 그것은 잠을 정복한 자라는 뜻이며, 파란파타(Parantapa)는 적을 억누르는자라고 한다. '적을 억누르는 자' 라고 불리는 이가 자신은 싸우지 않겠다고 말하고 있다. 군인이 전쟁에서 싸우지 않겠다는 말이다. 그리고 나서 크리쉬나의 처분만을 기다리고 있는 것이다. 아르주나는 이제서야 잠잠해진 것이다. 마음에 담고 있었던 모든 것을 쏟아내면서 자신의 모든 것을 크리쉬나에게 보여주고 가르침을 받는 것이다.

10 तमुवाच हृषीकेशः प्रहसन्निव भारत ।
सेनयोरुभयोर्मध्ये विषीदन्तमिदं वचः ॥ १०

타무바차 흐리쉬케사흐 프라하산니바 바라타 |
세나요루바요르마드예 비쉬단타미담 바차흐 |10|

탐=그에게; 우바차=말하다; 흐리쉬케사흐=크리쉬나의 이름; 프라하산=미소 짓다; 이바=말하자면; 바라타=바라타; 세나요흐=군대의; 우바요흐=둘의; 마드흐예=중간의; 비쉬단탐=낙담한; 이담=이것; 바차흐=말.

오, 바라타의 아들이여, 흐리쉬케사는 미소 지으며

두 군대 사이에서 낙담해 있는 아르주나에게
이런 말을 하셨습니다.

이 절에서 크리쉬나의 미소는 어두운 밤이 지나고 찬란한 태양이 떠오르기 전의 여명이며 이미 찬란한 빛을 머금고 있는 비전이다. 크리쉬나는 이미 아르주나에게 자연스럽게 안정감을 불어넣어 주고 있는 것이다. 이것은 크리쉬나의 위대한 의식인 사트 치트 아난다(Sat Chit Ananda), 즉 절대 희열 의식의 상징이기도하다.

11 श्रीभगवानुवाच
अशोच्यानन्वशोचस्त्वं प्रज्ञावदांश्च भाषसे ।
गतासूनगतासूंश्च नानुशोचन्ति पण्डिताः ॥ ११॥

스리 바가바누바차
아소츠야난바소차스트밤 프라그야바담스차 바샤세 |
가타수나가타숨스차 나누소찬티 판디타흐 |11|

스리 바가바누바차=성스러운 크리쉬나 말하기를; 아소챤=슬퍼해서는 안 될 이들; 안바소차스=슬퍼하는; 트밤=그대; 프라즈나바단=지혜의 말; 차=그리고; 바샤세=말하다; 가타순=죽은; 아가타순=산; 차=그리고; 나아누소찬티=슬퍼하지 않는; 판디타흐=현명한 성스러운 주께서 말씀하셨다.
그대는 슬퍼해서는 안 될 이들을 위해서는 슬퍼하며
그러면서도 지혜로운 사람처럼 말하는구나.
지혜로운 이는 죽은 자들을 그리고 산 자를 위해서도 슬퍼하지 않는다.

크리쉬나는 아르주나가 말한 모든 문제점을 한마디로 함축하여 답변하고 있다. 크리쉬나의 이러한 명쾌한 답변은 기타의 살아 있는 생명수이며 어두운 바다를 밝혀 주는 등대와 같다. 크리쉬나는 "슬퍼해서는 안 될 이들을 위해서 슬퍼한다" "그러면서도 지혜로운 사람처럼 말한다"고 말하며 정확한 지적을 하고 "지혜로운 이는 죽은 자나 산 자를 위해서도 슬퍼하지 않는다"고 하였다. 위대한 스승은 제자가 스스로 어느 위치에 있는가를 먼저 자각시켜 준다. 크리쉬나는 아르주나가 마치 자신이 깨달은 성인의 말투로 이야기하는 것을 지적하고 있다. 어떠한 상태에서도 슬퍼하지 않는 것이 성인들의 특성이다. 그들은 모든 것의 본질이 영원하다는 것을 알기 때문이다. 즉 모든 이의 본성은 영원하다는 것을 말해 주는 것이다. 크리쉬나는 아르주나의 목표가 어떠한 것인지를 지적하고 그의 마음이 현재 무가치한 것 때문에 슬퍼하고 있음을 자각하게 하였다. 그리고 목표는 이 세상에서 벌어지고 있는 상대적인 일들로 슬퍼하지 말고 흔들리지 않는 지혜로운 마음을 얻으라는 것이다.

이것을 장자에서는 이렇게 말하고 있다. "도는 삶에도 작용하고 죽음에도 작용하고 생겨나는 데에도 작용하고 없어져 버리는 데에도 작용한다. 없어지고 생겨나게 하면서도 그 형체는 보이지 않는데 이것을 천문(天問)이라고 한다. 천문이란 존재로서는 무(無)인 것이다. 만물은 존재가 무인 데서 생겨난다. 존재는 존재로부터 존재하게 되었다고 할 수는 없다. 반드시 존재가 무에서 생겨났다고 보아야 한다. 그러나 존재가 무인 것은 한결같이 존재가 무인 까닭이다. 성인은 이 경지에 몸을 두고 있는것이다[有乎生 有乎死 有乎出 有乎入 入出而無見其形 是謂天問 天問者 無有也 萬物出乎無有 有不能以有爲有 必出乎無有 而無有一無有 聖人滅乎是]."7)

장자가 죽으려 하자 제자들은 그를 성대히 장사 지내려 하였다. 그때 장자가 말했다. "나는 하늘과 땅을 관과 겉관으로 삼고 해와 달을 한 쌍의 구슬 장식으로 삼고 별자리를 진주와 옥장식으로 삼고 만물을 부장품으로 삼으려 하니 나의 장구는 이미 갖추어진 것이 아닌가? 여기에 무엇을 더 보태겠느냐?" 제자들이 말하였다. "저희들은 까마귀나 솔개가 스승님을 먹어 버릴까 두렵습니다." 장자가 답하였다. "땅 위에 놓아두면 까마귀와 솔개가 먹을 것이고 땅 아래에 묻으면 개미들이 먹을 것이다. 이쪽 놈이 먹는다고 그것을 빼앗아 딴 놈들에게 주는 셈이다. 어찌 그렇게 한 곳으로만 생각하느냐? [莊子將死 弟子慾厚葬之 莊子曰 吾以天地爲棺槨 苡日月爲連璧 星辰爲珠璣 萬物爲齋送 吾葬具豈不備邪 何以加此? 弟子曰 吾恐爲烏之食夫子也 莊子曰 在上爲鳥烏食 在下爲螻蟻食 奪彼與此 何其偏也?〕"

이후에 38절까지 계속해서 크리쉬나는 삼크야(Samkya)철학의 핵심인 존재의 절대와 상대를 가르친다.

12 न त्वेवाहं जातु नासं न त्वं नेमे जनाधिपाः ।
न चैव न भविष्यामः सर्वे वयमतः परम् ॥ १२

나 트베바함 자투 나삼 나 트밤 네메 자나디파흐 |
나 차이바 나 바비쉬야마흐 사르베 바야마타흐 파람 |12|

나=아닌; 투=참으로; 에바=또한; 아함=나는; 자투=언제나; 나=아닌; 아삼=과거의; 나=아닌; 트밤=그대; 나=아닌; 이메=이것들의; 자나디파흐=왕, 인간의 지배; 나=아닌; 차=그리고; 에바=또한; 나=아닌; 바비쉬야마흐=미래의; 사르베=모든; 바얌=우리; 아타흐=이 시간으로부터; 파람: 후에.

내가 존재하지 않았던 때는 결코 없었고 그대와 이 왕들도 마찬가지이다.
앞으로도 우리가 존재하지 않을 때가 없으리라.

크리쉬나는 아르주나에게 내면의 영혼인 절대 자아의 영원성에 대하여 말하고 있다. 크리쉬나는 뒷절에서도 계속 반복하여 참나의 영원성에 대해 설명하고 있다. 절대와 상대에 대한 삼크야의 지혜를 강조하여 설파하고 있는 것이다. 삼크야의 지혜를 다시 한번 말해보자. 절대인 푸루샤로부터 상대로 드러나는 스물네 가지의 요소가 있다. 그 다음 자연인 프라크리티(Prakriti)가 있으며 거기에는 세 요소가 있으며 선한 요소인 사뜨바(Sattva), 동적인 요소인 라자스(Rajas), 부정적인 요소인 타마스(Tamas)가 있다. 그리고 프라크리티의 균형이 깨어지면서 우주적인 의지인 마하트(Mahat)가 있고 그것을 지성인 부띠(Buddhi)라고도 해석한다. 그 다음에 자기 자신이 드러나는 에고인 아함카라(Ahamkara)가 있으며 그 다음에 우주적인 마음인 마나스(Manas)가 있다. 그 다음에 다섯 가지의 지각 기관인 그야나 인드리야스(Gyana Indriyas)는 맛보고, 보고, 듣고, 냄새 맡고, 접촉하는 것이며 다섯 가지의 행동 기관인 카르마 인드리야스(Karma Indriyas)는 언어 표현, 쥐는 것, 운동, 생식, 제거하는 것을 말한다. 그리고 다섯 가지의 지각 기관들이 다섯 가지의 요소에서 일어나는 것을 탄마트라스(Tanmatras)라고 한다. 즉 소리는 공간에서, 촉감은 공기 속에서, 모양의 본질은 불 속에서 맛은 물 속에서, 냄새는 흙 속에서 나타난다. 물질계의 다섯 요소인 다섯 마하부타(Mahabhutas)는 공간 · 공기 · 불 · 물 · 흙 등이다.

절대가 상대로 발현되는 것을 세밀하게 나타내는 것이 삼크야의 지혜이다.

13 देहिनोऽस्मिन्यथा देहे कौमारं यौवनं जरा । तथा देहान्तरप्राप्तिर्धीरस्तत्र न मुह्यति ॥ १३

데히노아스민야타 데헤 카우마람 야우바남 자라 |
타타 데한타라프라프티르디라스타트라 나 무흐야티 |13|

데히나흐=몸으로; 아스민=이 안에; 야타=같은; 데헤=몸 안에; 카우마람=어린이; 야우바남=젊은이; 자라=늙은이; 타타=그렇게 또한; 데한타라프라프티흐=다른 몸을 얻을 것; 디라흐=확고한; 타트라=대처하다; 나=아닌; 무흐야티=슬퍼하지 않는다, 영향받지 않는다.

이 몸 속에 사는 이가 어린이, 젊은이, 늙은이로 바뀌어 가듯이
사람은 죽은 후에 또 다른 몸을 얻을 것인즉
현명한 이는 그것에 영향을 받지 않을 것이다.

모든 것이 변하더라도 변하는 것에 영향을 받지 않는 것이 있다. 크리쉬나는 그것을 아르주나에게 가르쳐 주려는 것이다. 몸 속에 사는 이는 모든 것이 변하더라도 그것에 영향을 받지 않는 것이다. 그것은 마치 수소와 산소가 합쳐져 물이 되고 얼음이 되고 수증기가 되어도 수소와 산소의 분자는 변하지 않는 것처럼 몸 속에 있는 이는 몸이 변하더라도 변하지 않는다. 계속해서 다양한 각도로 삼크야의 가르침을 전달하고 있다. 수행자들은 몸이 어떤식으로 변하든지 육체의 변화에 놀라지 않는다. 몸이 어린 시절에서 청년과 노년으로 변하더라도 놀라지 않는 것이다. 그럼에도 차가움, 뜨거움, 고통을 느낀다. 그것에 대한 상황에 대처하는 것을 다음 절에서 말하게 된다.

14 मत्रस्पर्शास्तु कौन्तेय शीतोष्णसुखदुःखदाः । आगमापायिनोऽनित्याः तांस्तितिक्षस्व भारत ॥ १४

마트라스파르사스투 카운테야 시토쉬나수카두흐카다흐 |
아가마파이노아니트야흐 탐스티티크샤스바 바라타 |14|

마트라스파르사흐=감각의 대상과의 접촉; 투=참으로; 카운테야=아르주나의 어머니인 쿤티의 아들; 시토쉬나 수카 두흐카다흐=차가움과 뜨거움, 즐거움과 괴로움을 일으킨다; 아가마파인나흐=덧없이 오가는 것; 아니트야흐=무상한 것; 탄=그것을; 티티크샤스바=참는; 바라타=오, 바라타.
감각의 대상과의 접촉은, 쿤티의 아들이여,
차가움과 뜨거움, 즐거움과 괴로움을 일으킨다.
이것은 덧없이 오가는 것, 무상한 것들이니
그것을 참고 견뎌라. 오, 바라타여!

티티크샤(Titiksha)는 참는다는 뜻이며 감각과 대상의 접촉으로부터 휘둘리지 않고 모든 것은 무상하고 변하는 것이니 그것에 휩쓸리지 말고 넘어서라는 것이다. 라자요가 수행자나 위빠사나 수행자는 꾸준한 인내를 가지고 계속해서 모든 움직이고 사라지고 진행되는 것을 관찰하고 바라본다. 어떠한 흐름도 놓치지 않으려 한다. 그러한 수행으로 일어나는 결과는 이러하다. 모든 것은 변하고 끊임없이 항구적으로 변한다. 그러한 항구적으로 변하는 것이 결코 변하지 않는 것이다. 영어로는 "Ever changing is Never changing"이다. 불교의 반야심경(般若心經)에서는 색즉시공 공즉시색(色卽是空 空卽是色)이라고 하여 물질이 절대이며 절대가 물질이라고 말하며, 우파니샤드에서는 푸르나마다 푸르나이담(Purnamada Purnaidam)이라고 한다. 즉 상대도 완전하며 절대도 완전하다는 말이다. 이러한 것이 앞으로 크리쉬나가 가르치려고 하는 가르침의 핵심이다. 크리쉬나는 아르주나에게 바라타라고 부르는데 그런 이유는 아름다운 문화를 누렸던 바라타의 후손이라는 것을 강조하기 위해서이다. 크리쉬나는 계속해서 마음의 평정을 잃지 않는 상태에서 일어나는 것에 대해 설명하고 있다.

15 यं हि न व्यथयन्त्येते पुरुषं पुरुषर्षभ ।
समदुःखसुखं धीरं सोऽमृतत्वाय कल्पते ॥ १५

얌 히 나 브야타얀트예테 푸루샴 푸루샤르샤바 |
사마두흐카수캄 디람 소암리타트바야 칼파테 |15|

얌=그런; 히=확실히; 나 브야타얀티=흔들리지 않고; 에테=이런; 푸루샴=인간; 푸루샤 르샤바=으뜸인 자; 사마두흐카수캄=즐거움과 괴로움을 평등하게 여기는; 디람=확고한; 사흐=그는; 암리타트바야=불멸의; 칼파테=합당한.
이러한 감각들에 흔들리지 않고
즐거움과 괴로움을 평등히 여기는 그런 현명한 이는
불멸을 얻기에 합당한 사람이다. 오 으뜸인 자여!

불멸이라는 산스크리트어원은 암리탐(Amritam)이며 불멸의 감로라는 뜻이다. 모든 상대적인 즐거움과 괴로움에 단비를 내려주는 불멸의 감로수인 것이다. 크리쉬나는 아르주나에게 평등하게 여기라고 하고 그러한 이는 불멸을 얻을 수 있는 이 라고 하였다. 그러나 그렇게 기분조성을 하는 것만으로는 수행법이 될 수가 없다. 다만 크리쉬나는 아르주나가 삼크야의 지혜를 깨닫기 바랄 뿐이다.

16 नासते विद्यते भावो नाभवो विद्यते सतः । उभयोरपि दृष्टोऽन्तस्त्वनयोस्तत्त्वदर्शिभिः ॥ १६

나사토 비드야테 바보 나바보 비드야테 사타흐 |
우바요라피 드리쉬토안타스트바나요스타뜨바다르시비흐 |16|

나=아닌; 아사타흐=참이 아닌 것; 비드야테=하다; 바바흐=존재;
나=아닌; 아바바흐=존재하지 않는 적; 비드야테=하다; 사타흐=
참, 진리; 우바요흐=둘의; 아피=또한; 드리쉬타흐=보는; 안타흐=
궁극의 진리; 투=참으로; 아나요흐=이러한; 타뜨바다르시비흐=그
둘을 다 보는 이에 의해, 진리를 아는 자에 의해.
참이 아닌 것은 존재한 적이 없으며
참은 결코 없어지지 않는다.
궁극의 진리는 그 둘을 다 보는 이에 의하여 실현되어졌다.

진리를 아는 자인 타트바 다르사나(Tattva Darsana)는 존재를 파악하기 위한 올바른 이해와 방식이다. 진리를 아는 참나는 쾌락과 고통과 연관되어 있는 몸을 실재가 아니라고 본다. 몸은 실재와 분리되어 있기 때문에 비실재이다. 참나는 실재이며 순수한 자각이다.
매 시대마다 그들을 이끄는 사람들은 소수의 지혜로운 이들이다. 그들은 자신의 삶에 대해 생각하는 것보다 삶의 진리를 더 많은 사람들에게 설파하

기 위해 애쓴다. 어떤 이는 외부로 알려져 이름이 나는 사람도 있을 것이며, 어떤 이는 전혀 외부에 알려지지 않기도 한다. 다만 진리는 언제나 존재하며 그것은 눈 밝은 이에 의해 언제나 존재하는 것이다.

17 अविनाशि तु तद्विद्धि येन सर्वमिदं ततम् । विनाशमव्ययस्यास्य न कश्चित् कर्तुमर्हति ॥ १७

아비나시 투 타드비띠 예나 사르바미담 타탐 ㅣ
비나사마브야야스야스야 나 카스치트 카르투마르하티 ㅣ17ㅣ

아비나시=불멸의; 투=참으로; 타트=그것; 비띠=안다; 예나=그에 의해; 사르밤=모든; 이담=이것; 타탐=편재하는; 비나삼=부서지는; 아브야야스야 아스야=불멸의; 나=아닌; 카스치트=누구든; 카르툼=한다; 아르하티=할 수 있는.
알아라. 이 모든 것에 편재하는 불멸이 있음을.
그 무엇도 이 불멸의 그것을 부서지게 할 수는 없다.

무한한 창공은 한계가 없다. 구름이 갑자기 나타나 창공을 가린다 하여도 그것은 일시적인 것이며 창공의 존재는 영원한 증거자이다. 크리쉬나는 계속해서 단계적으로 삼크야의 진리를 펼쳐 나간다. 그리고 아르주나에게 참나의 불멸성에 대하여 가르침을 펴고 있는 것이다. 그것은 눈에 보이지 않고 파악되지 않지만 참나는 불멸이다. 그러므로 자신이 해야 할 바를 행동으로 옮기라는 결론을 말한다.

18 अन्तवन्त इमे देहा नित्यस्योक्ताः शारीरिणः ।
अनाशिनोऽप्रमेयस्य तस्माद्युध्यस्व भारत ॥ १८

안타반타 이메 데하 니트야스요크타흐 사리리나흐 ǀ
아나시노아프라메야스야 타스마드유드야스바 바라타 ǀ18ǀ

안타반타흐=끝이 있음을; 이메=이러한; 데하흐=몸; 니트야스야=
영원의; 우크타흐=말하다; 사리리나흐=몸 속에 있는; 아나시나흐
=불멸의; 아프라메야스야=측량할 수 없는; 타스마트=그러므로;
우드야스바=싸워라; 바라타=바라타여.
이 몸은 끝이 있음을 알며 이 몸 속에 있는
이것은 영원하며 측량할 수 없으며, 불멸이다.
그러므로 바라타여, 싸워라!

 크리쉬나는 몸은 한계를 가지지만 한계 없는 불멸의 영원성이 몸 안에 존재한다고 한다. 이 가르침의 핵심은 한계 있는 것과 한계 없는 것의 관계를 설명하는 것이다. 변하는 자연으로 한계를 가지는 프라크리티(Prakriti)와 한계 없는 참나인 아트만(Atman), 그리고 영혼인 지바(Jiva)와 절대 본성인 푸루샤(Purusha)는 상대와 절대의 양면을 동시에 말하는 삼크야 철학의 기본적인 주제이다. 크리쉬나는 멸하고 변하는 것들 안에 불멸의 존재가 동시에 존재한다는 것을 말하며 죽고 사는 문제로부터 벗어나 싸우라고 하는 것이다.
 크리쉬나는 위대한 스승이며 친절한 스승이다. 왜냐하면 아르주나의 깨우침을 위하여 하나의 주제를 다양한 각도에서 반복적으로 설명하고 있기 때문이다.

19 य एनं वेत्ति हन्तारं यश्चैनं मन्यते हतम् ।
उभौ तौ न विजानीतो नायं हन्ति न हन्यते ॥ १९

야 에남 베띠 한타람 야스차이남 만야테 하탐 |
우바우 타우 나 비자니토 나얌 한티 나 한야테 |19|

야흐=그를; 에남=이것; 베띠=안다; 한타람=죽이는 자; 야흐=그는; 차=그리고; 에남=이것; 만야테=생각하는; 하탐=죽임을 당하는; 우바우=둘 다; 타우=그들은; 나=아닌; 비자니타흐=아는; 나=아닌; 아얌=이것; 한티=죽이는; 나=아닌; 한야테=죽임을 당하는.

그를 죽이는 자와 죽임을 당하는 자로
아는 사람 둘 다 참을 알아차리지 못하는 자들이다.
그이는 죽임을 당하거나 죽이지도 않느니라.

위대한 크리쉬나 스승이며 신의 화신은 아르주나가 질문하였던 것에 대한 정확한 대답을 하고 있다. 아르주나가 그의 모든 친족들을 열거하면서 죽이지 못하겠다고 한 말의 답변이다. 참나는 모든 활동의 주시자이며 결코 죽임을 당하거나 죽이지도 않는다고 말하는 것이다.

20 न जायते म्रियते वा कदचिन्नायं भूत्वा भविता वा न भूयः ।
अजो नित्यः शाश्वतोऽयं पुराणो न हन्यते हन्यमाने शरीरे ॥ २०

나 자야테 므리야테 바 카다친나얌 부트바 바비타 바 나 부야흐 |
아조 니트야흐 사스바토아얌 푸라노 나 한야테 한야마네 사리레
|20|

나=아닌; 자야테=태어난; 므리야테=죽는; 바=또한; 카다치트=언

제나; 나=아닌; 아얌=이 자아는; 부트바=있었던; 바비타=있을;
바=또한; 나=아닌; 부야흐=더한; 야자흐=태어나지 않는, 불생;
니트야흐=영원한; 사스바타흐=무궁한, 변하지 않는; 아얌=이것;
푸라나흐=태고의; 나=아닌; 한야테=죽임을 당하는; 한야마네=죽
이는; 사리레=몸.

그는 언제나 태어나지도 죽지도 않으며
생긴 일도 없었으며 생겨날 일도 없을 것이다.
불생(不生), 영원, 무궁한 태고의
이 존재는 죽임을 당해도 죽지 않는다.

"참나는 언제나 태어나지도 죽지도 않으며 생긴 일도 생기는 일도 없으며 불생불멸이며 영원인 그는 죽이거나 죽임을 당하지 않는다." 라고 하였다. 현대물리학에서는 진공은 어떠한 상대적인 움직임에도 변화되지 않는다고 한다. 그것은 시공간과 인과의 모든 한계를 넘어선다. 시작도 끝도 없다고 하는 것이다. 탄생과 죽음도 모르는 것이다.

21 वेदाऽविनाशिनं नित्यं य एनमजमव्ययम् ।
कथं स पुरुषः पार्थ कं घातयति हन्ति कम् ॥ २१

베다아비나시남 니트얌 야 에나자마브야얌 |
카탐 사 푸루샤흐 파르타 캄 가야야티 한티 캄 |21|

베다=아는; 아비나시남=부서지지 않는; 니트얌=영원한; 야=누구; 에남=이 자아; 아잠=태어나지 않는; 아브야얌=죽지 않는; 카탐=어떻게; 사흐=그는; 푸루샤흐=인간; 파르타=오 파르타; 캄=누구를; 가야야티=죽이는; 원인 한티=죽이는; 캄=누구를.

그는 부서지지 않고, 영원하며,
태어나지 않고, 죽지 않음을

아는 사람이면 오 파르타여,
누구를 어떻게 죽이거나 죽게끔 하겠는가?

이 절은 앞의 절에서 말한 것을 결론짓기 위한 것이다. 어떻게 영원을 아는 이가 소멸적인 것에 대입을 하겠느냐고 말하고 있는 것이다. 이것은 아르주나가 참나에 확립되어 모든 행위를 벗어나 그 영향으로부터 자유로워지라는 말이다.

22 वासांसि जीर्णानि यथा विहाय नवानि गृह्णाति नरोऽपराणि ।
तथा शरीराणि विहाय जीर्णान्यन्यानि संयाति नवानि देही ॥ २२

바삼시 지르나니 야타 비하야 나바니 그리흐나티 나로아파라니 |
타타 사리라니 비하야 지르난얀야니 삼야티 나바니 데히 |22|

바삼시=옷; 지르나니=낡은; 야타=마치; 비하야=버리다; 나바니=새로운; 그리흐나티=입다; 나라흐=인간; 아파라니=다른; 타타=그러므로; 사리라니=몸; 비하야=버리다; 지르나니=낡은; 얀야니=다른; 삼야티=들어가다; 나바니=새로운; 데히=나타나다.

마치 사람이 낡은 옷을 버리고 새 옷을 입듯이, 몸 속에 있는 이도 낡은 몸을 버리고 새로운 몸으로 옮겨간다.

인간의 몸이 늙으면 마치 옷이 낡게 되어 새로운 옷으로 갈아입듯이 몸 안에 있는 본래의 나는 다른 몸으로 옮겨간다는 것이다. 이러한 몸이 다른 몸으로 옮겨간다는 윤회(輪廻), 즉 삼사라(Samsara)의 사상은 고대 인도인들로부터 지금 힌두교나 불교인들에게는 친근한 사상이지만 기독교나 이슬람 및 그 외의 종교인들에게는 생소할 수도 있다. 이러한 몸의 윤회가 실제로 일어나는 일일까? 그리고 몸 안의 정신 또는 영혼은 실제로 존재하는 것이며 그것에 대한 검증된 사료는 있는 것일까?

이러한 문제에 대해 바가바드 기타는 이 절에서 바가반 크리쉬나의 명확한 가르침으로 우리에게 믿음을 주고 있다. 인도와 티베트의 경전들 중에는 죽음 이후에 새로운 몸으로 옮겨가는 과정이 세밀하게 묘사된 것들이 있다. 특히 티베트의 '바르도 퇴돌(Bardo Thedol)'이라는 경전에서는 죽음 이후를 이승과 저승의 중간 과정이라고 말하는데 다시 환생해서 태어나기까지의 과정들을 세부적으로 설명하고 있으며, 그 중간 과정인 '바르도'를 통하여 인간의 의식 구조와 욕망과 고통과 정리되는 것을 보여준다.

23 नैनं छिन्दन्ति शस्त्राणि नैनं दहति पावकः । न चैनं क्लेदयन्त्यापो न शोषयति मारुतः ॥ २३

나이남 친단티 사스트라니 나이남 다하티 파바카흐 |
나 차이남 클레다얀트야포 나 소샤야티 마루타흐 |23|

나=아닌; 에남=그는, 이것; 친단티=베는; 사스트라니=무기; 나=아닌; 에남=그는; 다하티=태우는; 파바카흐=불; 나=아닌; 차=그리고; 에남=그는, 이것; 클레다얀티=적시다; 아파흐=물; 소샤야티=말리다; 마루타흐=바람.

그는 무기로 벨 수 없으며 불로 태우지 못하고
물로 적실 수도 없으며 바람으로 말릴 수도 없다.

위대한 스승 크리쉬나는 하나하나 비유를 들어 절대와 상대의 개념을 말해 준다. 그는 무기뿐만 아니라 바람·불·물 등의 요소로도 자신의 참나를 해칠 수 없다고 말하는 것이다. 계속해서 이어지는 절에서도 참나의 개념을 반복적으로 설명해 주며 아르주나를 자각시켜 준다.

24 अच्छेद्योऽयमदाह्योऽयं अक्लेद्योऽशोष्य एव च ।
नित्यः सर्वगतः स्थाणुः अचलोऽयं सनातनः ॥ २४

아쩨드요아야마다흐요아얌 아클레드요아소쉬야 에바 차 |
니트야흐 사르바가타흐 스타누흐 아찰로아얌 사나타나흐 |24|

아체다흐=베어질 수 없는; 아얌=이것은, 참나; 아다흐야흐=태워지지 않는; 아얌=이것; 아클레드야흐=베어지지 않는; 아소쉬야흐=말려지지 않는; 에바=또한; 차=그리고; 니트야흐=영원한; 사르바가타흐=두루 퍼져 있는, 편재하는; 스타누흐=확고하며, 안정된; 아찰라흐=부동이며; 아얌=이것; 사나타나흐=한결같은, 고대의.
그는 베어질 수 없으며 태워질 수도 없으며,
그는 적셔질 수도 말려질 수도 없다.
그는 영원하며 두루 퍼져 있으며 확고하며, 부동이며 한결같으니라.

참나는 영원하며 그러하니 모든 곳에 두루퍼져 있으며, 두루 퍼져 있으니 확고하고, 확고하니 부동이며, 부동이니 한결같나고 하는 예리한 말의 표현을 통해서 가르침을 주고 그가 그것을 직시하여 바라보게 한다.

25 अव्यक्तोऽयमचिन्त्योऽयं अविकार्योऽयमुच्यते ।
तस्मादेवं विदित्वैनं नानुशोचितुमर्हसि ॥ २५

아브야크토아야마친트요아얌 아비카르요아야무츠야테 |
타스마데밤 비디트바이남 나누소치투마르하시 |25|

아브야크타흐=드러나지 않는; 아얌=이것, 그; 아친트야흐=생각할 수 없는; 아얌=이것, 그; 아비카르야흐=변함없는, 불변의; 아

제2장 삼크야 요가 97

얌=이것, 그; 우챠테=말하다; 타스마트=그러므로; 에밤=그래서;
비디트바=안다면; 에밤=이것; 나=아닌; 아누소치툼=슬퍼하는;
아르하시=해야 한다.
그는 드러나 있지도 않으며 생각할 수도 없으며
변함이 없는 이라고 말한다.
그러므로 그가 이러함을 안다면
그대는 그를 위해 슬퍼하지 말지어다.

참나는 감각으로 인지되지 않으며 생각할 수도 없다. 네 가지의 요소인 불·물·땅·공기는 감각으로 인지되나 다섯번째 요소인 아카샤(Akasha)는 움직이지 않으며 파악되지 않는다. 그러한 아카샤의 요소처럼 참나인 아트만은 나타나지 않지만 근원적이며 변함이 없으며 나타난 모든 것의 근원이다. 그러하기 때문에 변하는 것에 의존하여 슬퍼하지 말라는 것이다.

크리쉬나의 절대에 대한 논증의 가르침은 매우 능숙하여 배우는 이가 어떤 시야를 가지고 있던지 그 위치에 맞는 정확한 지식을 전달한다. 크리쉬나가 아르주나에게 반복하여 자상하게 가르치는 이유는 아르주나가 제2장의 초반에 자신을 내맡기고 가르침을 달라고 하였기 때문이다. 크리쉬나는 이미 자신에게 내맡긴 이를 확고하게 만들고 있는 것이다.

26 अथ चैनं नित्यजातं नित्यं वा मन्यसे मृतम् ।
तथापि त्वं महाबाहो नैनं शोचितुमर्हसि ॥ २६

아타 차이남 니트야자탐 니트얌 바 만야세 므리탐 |
타타피 트밤 마하바호 나이남 소치투마르하시 |26|

아타=지금; 차=그리고; 에남=그, 이것; 니트야자탐=끊임없이 태어나는; 니트얌=끊임없이; 바=또는; 만야세=생각하다; 므리탐=죽는; 타타 아피=그럼에도; 트밤=그대; 마하바호=억센 팔을 지닌;

나=아닌; 에남=이것; 소치톰=슬퍼하다; 아르하시=해야 한다.
그가 설혹 끊임없이 태어나고 끊임없이 죽는다
생각할지라도 오 억센 팔을 지닌 자여,
그대는 그를 위해 슬퍼해서는 아니 된다.

죽고 사는 것에 '슬퍼하지 않는다'는 것은 어떻게 삶을 살고 있는지, 어떤 목표를 가지고 있는지를 알 수 있는 대한 가장 중요한 바로미터이다. 수행자나 철학자, 일반인들도 자신의 삶에서 슬픔을 넘어선다는 것은 극복된 삶을 말하는 것이다. 그것은 인생을 사는 데 중요한 수행 방법인 것이다.

27 जातस्य हि ध्रुवो मृत्युः ध्रुवं जन्म मृतस्य च । तस्मादपरिहार्येऽर्थे न त्वं शोचितुमर्हसि ॥ २७

자타스야 히 드루보 므리트유흐 드루밤 잔마 므리타스야 차 |
타스마다파리하르예아르테 나 트밤 소치투마르하시 |27|

자타스야=태어난; 히=위한; 두르바흐=확실한; 므리트유흐=죽음; 드루밤=확실한; 잔마=태어난; 므리타스야=죽음의; 차=그리고; 타스마트=그러므로; 아파리하르예=필연적으로; 아르테=일; 나=아닌; 트밤=그대; 소치톰=슬퍼하는; 아르하시=해야 한다.
태어난 자는 반드시 죽으며 죽은 자는
반드시 태어나기 때문이다.
그러므로 피할 수 없는 것을 슬퍼해서는 아니 된다.

인간은 계속되는 인과 관계를 통하여 끊임없는 진화의 과정을 밟는다. 그것은 탄생과 죽음의 반복되는 과정을 통하여 성취되어 간다. 끊임없이 변하는 상대적인 세계는 계속적으로 변화되고 있다. 우리는 이제까지 그런 변화 속에 살아왔으며 그것은 앞으로도 계속 이어질 것이다. 그렇기 때문에 삶에서 죽는 것과 사는 것의 문제는 염려하지 않아도 된다. 삶과 죽음의 과정은 영원한 진화의 과정이며 목적이기 때문이다. 궁극적으로 변화는 삶의 완성의 과정이기 때문이다.

28 अव्यक्तादीनि भूतानि व्यक्तमध्यानि भारत । अव्यक्तनिधनान्येव तत्र का परिदेवना ॥ २८

아브야크타디니 부타니 브야크타마드야니 바라타 |
아브야크타니다난예바 타트라 카 파리데바나 |28|

아브야크타디니=처음에는 드러나지 않으며; 부타니=존재; 브야크타마드야니=중간 상태에서는 드러나며; 바라타=바라타; 아브야크타니다나니=끝에는 또 드러나지 않는다; 에바=또한; 타트라=거기; 카=무엇; 파리데바나=슬퍼하는.
모든 존재들은 처음에는 드러나지 않으며
중간 상태에서는 드러나며 끝에는 또 드러나지 않는다.
오 바라타여! 슬퍼할 어떤 것이 여기에 있는가?

현상 세계는 삶의 드러난 세계이며 참나인 절대 존재는 드러나지 않은 존재이다. 현대물리학에서 말하기를 물질이란 현상적인 형태이며 눈에 보이지 않는 에너지라고 한다. 그것이 보이거나 보이지 않거나 에너지의 현상 세계일 뿐이다.

29 आश्चर्यवत्पश्यति कश्चिदेनं आश्चर्यवद्वदति तथैव चान्यः ।
आश्चर्यवच्चैनमन्यः शृणोति श्रुत्वाप्येनं वेद न चैव कश्चित् ॥ २९

아스차르야바트파스야티 카스치데남 아스차르야바드바다티 타타
이바 찬야흐 |
아스차르야바짜이나만야흐 스리노티 스루트바프예남 베다 나 차
이바 카스치트 |29|

아스차르야바트=놀라운, 경이로운; 파샤티=보는; 카스치트=어떤
이; 에남=그; 아스차르야바트=놀라운; 바바티=말하다; 타타=그
러므로; 에바=또한; 차=그리고; 안야흐=다른; 아스차르야바트=
놀라운; 차=그리고; 에남=그; 안야흐=다른; 스리노티=듣는; 스루
트바=들었던; 아피=그럼에도; 에남=그; 베다=아는; 나=아닌 차=
그리고; 에바=또한; 카스치트=사람.

어떤 이는 그를 놀라움으로 보고 어떤 이는
그에 대하여 놀랍다고 말하며 또 어떤 이는
놀라움으로 그에 대하여 듣는다.
그렇다 할지라도 그를 아는 사람은 아무도 없다.

진리를 표현하는 데에는 스루티(Sruti), 스므리티(Smriti), 프라나남(Prananam)이 있다. 스루티는 진리 그 자체를 말하는 것인데 베다와 우파니샤드는 깨달은 수행자들이 직관적으로 체험한 것을 기록한 스루티 경전이다. 스므리티는 진리를 기억하는 것으로 마누(Manu)법전이 대표적인 스므리티 경전이다. 프라나남은 진리를 표현하는 것이며 바가바탐(Bagavatam)이 가장 유명한 경전이다. 모든 지식 체계는 상대적이다. 고대의 선인들은 상대적인 세계에서 어떻게 하면 체계적으로 가르침을 줄 수 있을까 고심하였다. 오늘날에도 지식을 전달하는 방법은 고대와 다르지 않다. 지식의 가장 빠른 전달을 위해 직관적인 체험을 중시하고 지식 전체를 체계화하여 객관적으로 가르치는 것을 이상적으로 여기고 있다. 참나는 표현되지 않은 상태로 있고 인

간은 표현된 상태에 있다. 참나를 이해하기 위해서는 직접적인 체험을 바탕으로 하는 것이다.

크리쉬나는 아르주나가 슬퍼하지 말 것을 이해시키기 위해 계속해서 노력하였다. 어떻게 해서든 자신의 제자를 북돋아 참나를 알게 하려고 하는 위대한 스승이자 진리의 화신인 크리쉬나의 노력이 아름답다.

30 देही नित्यमवध्योऽयं देहे सर्वस्य भारत। तस्मात्सर्वाणि भूतानि न त्वं शोचितुमर्हसि ॥ ३०

데히 니트야마바드요아얌 데헤 사르바스야 바라타 |
타스마트사르바니 부타니 나 트밤 소치투마르하시 |30|

데히=몸 속에 머무는 이; 니트얌=영원한; 아바드야흐=부서지지 않는, 해를 받지 않는; 아얌=그; 데헤=몸 속에; 사르바스야=모든 것의; 바라타=바라타; 타스마트=그러므로; 사르바니=모든 것; 부타니=살아 있는 존재, 창조물; 나=아닌; 트밤=그대; 소치툼=슬퍼하는; 아르하시=해야 한다.
모든 이의 몸 속에 머무는 그는
영원하며 해를 받지 않는다. 오 바라타여!
그러므로 어떠한 살아 있는 존재에 대하여 슬퍼하지 말아야 하느니라.

이 절은 크리쉬나가 11절부터 계속해서 길게 말하였던 삼크야의 결론을 이야기하는 것이다. 참나는 불멸이다. 그러니 상대 세계의 변하는 것에 휘둘리지 말고 장수로서의 의무를 다하라고 말하는 것이다.

31 स्वधर्ममपि चावेक्ष्य न विकम्पितुमर्हसि ।
धर्म्याद्धि युद्धाच्छ्रेयोऽन्यत्क्षत्रियस्य न विद्यते ॥ ३१

스바다르마마피 차베크쉬야 나 비캄피투마르하시 |
다름야띠 유따쯔레요안야트크샤트리야스야 나 비드야테 |31|

스바다르맘=그대의 의무; 아피=또한; 차=그리고; 아베크쉬야=생각하다, 보다; 나=아닌; 비캄피툼=흔들리다; 아르하시=해야 한다; 다름야트=더 나은 의무; 히=참으로; 유따트=전투보다도 더 나은; 스레야흐=더 높은; 안야트=다른; 크샤트리야스야=크샤트리야 군인과 왕권의 계급; 나=아닌; 비드야테=있는.

그대의 의무를 생각하더라도
그대는 흔들려서는 아니 된다.
장수인 크샤트리야에게는 전투보다
더 나은 의무는 없기 때문이다.

크리쉬나는 아르주나에게 자신의 해야 할 의무인 스바다르마(Svadharma)를 지키라고 말하는 것이다. 크샤트리야, 즉 장수로서의 의무를 자각시켜 주는 것이다. 인간은 자신의 삶의 방향과 목표가 결정되면 강한 생각과 행동의 힘을 얻게 되는 것이다. 위대한 스승은 제자에게 명확한 방향을 제시해 준다.

32 यदृच्छया चोपपन्नं स्वर्गद्वारमपावृतम् ।
सुखिनः क्षत्रियाः पार्थ लभन्ते युद्धमीदृशम् ॥ ३२

야드리짜야 초파판남 스바르가드바라마파브리탐 |
수키나흐 크샤트리야흐 파르타 라반테 유따미드리샴 |32|

야드리짜야=그 자체; 차=그리고; 우파판남=오다; 스바르가드바
람=천상의 문; 아파브리탐=열린; 수키나흐=행복한; 크샤트리야흐
=장수, 크샤트리야; 파르타=아르주나; 라반테=획득한; 유땀=전
쟁; 이드리샴=이런.

찾음이 없이 그러한 전쟁을 통해 천상으로 열린 문을
찾아내는 장수들은 행복하다. 오 파르타여!

 장수는 자신의 의무인 살아서 전쟁을 수행하고 죽어서 천상으로 갈 수 있기 때문에 행복하다고 말하는 것이다. 파르타(Partha)라고 부르는 것도 그대의 의무인 크샤트리야 또는 장수의 임무를 다하라는 뜻이다. 사람이 가장 행복을 느끼는 것은 자기 자신의 길을 찾는 것이다. 장수인 아르주나의 길은 바로 지금 처해진 전쟁에서 임무를 완수하는 것이다.

33 अथ चेत्त्वामिमं धर्म्यं संग्रामं न करिष्यसि ।
ततः स्वधर्मं कीर्तिं च हित्वा पापमवाप्स्यासि ॥ ३३

아타 체뜨바미맘 다름얌 삼그라맘 나 카리쉬야시 |
타타흐 스바다르맘 키르팀 차 히트바 파파마바프스야시 |33|

아타 체트=그러나 만일; 트밤=그대; 이맘=이것; 다름얌=의무; 삼
그라맘=전쟁; 나=아닌; 카리쉬야시=행하는; 타타흐=그래서; 스
바다르맘=자신의 의무; 키르팀=명예; 차=그리고; 히트바=저버리
다; 파팜=죄; 아바프샤시=빠지리라.

만일 그대가 의무에 맞는 전쟁을
하지 않는다면 그때는 그대 스스로
의무와 명예를 저버리고 그대는 죄에 빠지리라.

 크리쉬나의 가르침이 위대한 이유가 바로 전체적인 안목을 가지면서 날카

롭게 심리적인 접근을 하는 것이다. 다르마 즉 의무를 말하면서 "다른 사람이 너를 보고 어떻게 생각하겠는가?" 하고 그것을 키르팀(Kirtim), 즉 명예 안에 포함시켰다. 그리고 파팜(Papam)인 죄를 말하면서 그를 자연스럽게 압박하는 것이다. 이것이 시대를 초월한 크리쉬나의 위대한 심리적인 가르침이다.

34 अकीर्तिंश्चापि भूतानि कथयिष्यन्ति तेऽव्ययाम् । संभवितस्य चकीर्तिः मरणादतिरिच्यते ॥ ३४

아키르틴차피 부타니 카타이쉬얀티 테아브야얌 |
삼바비타스야 차키르티흐 마라나다티리츠야테 |34|

아키르팀=불명예; 차=그리고; 아피=또한; 부타니=사람, 존재; 카타이쉬얀티=말하다; 테=그대의; 아브야얌=영구적으로; 삼바비타스야=명예로운; 차=그리고; 아키르티흐=불명예의; 마라나트=죽음보다도 더; 아티리츠야테=넘다.
사람들은 언제까지나 그대의 불명예를 말할 것이다.
존경을 받는 자에게는 불명예란 죽음보다 더 나쁜 것이다.

크리쉬나는 계속해서 아르주나의 모든 면을 아우른다. 그가 가지고 있었던 많은 의문점을 크리쉬나는 이미 입력되어 있으며 그것에 대한 자동적인 전체적인 치유를 행하는 것이다. 아르주나는 위대한 궁수였으며 언제나 균형잡힌 생각을 하려고 하는 인격자라는 것을 알고 있다. 하지만 그를 바로 전환시킬 수 있는 길은 그의 얽혀 있는 여러 생각들을 정리하고 핵심을 반복해서 말하는 것이다. 그것은 그의 인격적인 발전을 위한 것이다.

35 भयाद्रणादुपरतं मंस्यन्ते त्वां महारथाः ।
येषां च त्वं बहुमतो भूत्वा यास्यसि लाघवम् ॥ ३५

바야드라나두파라탐 맘스얀테 트밤 마하라타흐 |
예샴 차 트밤 바후마토 부트바 야스야시 라가밤 |35|

바야트=겁이 나는 공포로부터; 라나트=전쟁에서; 우파라탐=벗어난; 맘스얀테=생각할 것이다; 트밤=그대; 마하라타흐=위대한 전차장; 예샴=누구의; 차=그리고; 바후마타흐=우러러보던; 부트바=했던; 야스야시=할 것이다; 라가밤=가벼운.

거대한 전차를 모는 이들은
그대가 겁이 나서 도망갔다 할 것이며
그대를 우러르던 사람들은 그대를 가볍게 여기리라.

크리쉬나는 위대한 장수가 감정과 이성이 엉켜 제대로 파악하지 못하는 마음을 끄집어 올리기 위하여 계속해서 그를 자극하고 높이고 그의 존재를 각인시킨다. 크리쉬나는 원래 비쉬누 신의 화신이며 왕이었지만 현대적으로 보았을 때 위대한 종교가이며 교육자·철학자·정신과 의사·심리상담가·군인·군사 전략가·정치가·웅변가·예술가이다. 복잡한 마음의 장수 아르주나를 단숨에 변화시키는 크리쉬나의 위대성은 놀랍다.

36 अवाच्यवादांश्च बहून्वदिष्यन्ति तवाहिताः ।
निन्दन्तस्तव सामर्थ्यं ततो दुःखतरं नु किम् ॥ ३६

아바츠야바담스차 바훈바디쉬얀티 타바히타흐 |
닌단타스타바 사마르트얌 타토 두흐카타람 누 킴 |36|

아바츠야바단=욕된 말들을; 차=그리고; 바훈=많은; 바디쉬얀티=말할 것이다; 타바=그대의; 아히타흐=적들은; 닌단타흐=비웃는다; 타바=그대의; 사마르탐=힘; 타타흐=이보다; 두흐카타람=더 큰 아픔; 누=참으로; 킴=무엇이.

그대의 적들은 그대에 대하여 많은 욕된 말들을 할 것이며
그대의 힘을 비웃으리라. 이보다 더 큰 아픔이 있겠는가?

크리쉬나는 아르주나가 질문하였던 "다른 사람들이 어떻게 생각하겠는가" 하는 것에 대한 대답을 하고 자극을 주는 것이다. 왜냐하면 명예심이 강한 장수에게 그의 삶의 법칙에 대해 보다 더 정확한 해석을 내려주고 있는 것이다. 싸우지 않으면 받을 고통에 대해 명확히 밝혀 놓았다.

37 हतो वा प्रप्स्यसि स्वर्गं जित्वा वा भोक्ष्यसे महीम् तस्मादुत्तिष्ठ कौन्तेय युद्धाय कृतनिश्चयः ॥ ३७

하토 바 프라프스야시 스바르감 지트바 바 보크쉬야세 마힘 |
타스마두띠쉬타 카운테야 유따야 크리타니스차야흐 |37|

하타흐=죽임을 당하는; 바=또한; 프란스야시=획득하다; 스바르감=천상; 지트바=정복하다; 바=또한; 보크쉬야세=누리다, 즐기다; 마힘=땅; 타스마트=그러므로; 우띠쉬타=일어서다; 카운테야=쿤티의 아들; 유따야=싸워라; 크리타 니스차야흐=결심하다.

죽임을 당한다면 그대는 천상에 오를 것이며
전쟁에서 이기면 그대는 땅을 누리리라.
그러므로 오 쿤티의 아들이여, 싸움을 위해 결심하고 일어서라.

이 절은 그 자신의 분명한 행동노선에 대해 말하는 것이다. 아르주나가 자신의 크샤트리야 의무를 다할 때 얻을 수 있는 것이 무엇인지를 설명하고

있다. 크리쉬나는 명확하게 싸움에서 죽든 살든 관계 없이 이득을 얻는다고 말하고 있다.

38 सुखदुःखे समे कृत्वा लाभलाभौ जयाजयौ ।
ततो युद्धाय युज्यस्व नैवं पापमवाप्स्यसि ॥ ३८

수카두흐케 사메 크리트바 라발라바우 자야자야우 |
타토 유따야 유즈야스바 나이밤 파파마바프스야시 |38|

수카두흐케=쾌락과 고통; 사메=같은; 크리트바=만든; 라발라바우=얻음과 잃음; 자야자야우=승리와 패배; 타타흐=그 다음; 유따야=싸움을; 유즈야스바=자신을 가다듬어라; 나=아닌; 에밤=그러므로; 파팜=죄; 아바프스야시=빠질 것이다.

쾌락과 고통, 얻음과 잃음 승리와 패배에
흔들림 없이 싸움을 위해 자신을 가다듬어라.
그러면 죄에 빠지지 않으리라.

크리쉬나는 긴 삼크야의 가르침을 펼치면서 아르주나를 이 절까지 끌고 왔다. 더 이상 지체하지 말고 싸워라 그것이 죄를 짓지 않게하는 것이라고 하였다. 어떠한 행위의 정당성은 득과 실을 통하여 결정될 때 그 행위의 힘이 약해진다. 행위의 필요성은 그 행위가 죄가 되는 것이 아닌가를 확인하는 것이 중요하며 득실을 생각하는 것은 그 다음이다. 행동이 자신의 삶에서 필연적이고 그것을 행하지 않았을 때 죄가 된다면 그것은 단호한 것이 된다. 11절부터 37절까지의 가르침은 지혜를 체득하고 나가서 싸워라 그러면 죄에 빠지지 않는다고 말하는 것이다.

11절에서 30절은 삶의 소멸과 불멸을 말하였으며 31절에서 33절까지는 의무인 다르마에 대한 이야기, 33절에서 36절은 자신과 다른 사람과의 관계, 36절에서 37절은 행동의 결과에 대한 이해를 말하였다. 행동할 때 그 행동에 휘말리지 않는 이의 품성을 터득하면 득과 실에 대해서 평온함을 얻는 다고 말하는 것이다.
　언제나 이원적인 측면을 넘어서 자유로운 평전된 마음을 유지할 수 있다 고 말하는 것이다.

39 एषा तेऽभिहिता सांख्ये बुद्धियोगे त्विमं शृणु ।
बुद्ध्या युक्तो यया पार्थ कर्मबन्धं प्रहास्यसि ॥ ३९

에샤 테아비히타 삼크예 부띠르요게 트비맘 스리누 |
부뜨야 육토 야야 파르타 카르마반담 프라하스야시 |39|

에샤=이것; 테=그대에게; 아비히타=밝혀온; 삼크예=삼키야 시스템; 부띠흐=지혜; 요게=요가의; 투=참으로; 이맘=이것; 스리누=듣다; 부뜨야=이성, 지혜; 육타흐=자리잡히면; 야야=그래서; 파르타=아르주나; 카르마반담=행위의 속박; 프라하스야시=벗어나다.
그대에게 분명히 밝혀온 이것은 삼크야, 즉 지혜에 관한 것이니라.
이제 요가, 즉 실천적인 면을 들어라.
이것을 거쳐 이성(理性)이 자리잡히면 오 파르타여!
그대는 행위의 속박으로 벗어나리라.

크리쉬나는 2장 11절부터 39절까지 삼크야 철학을 말하였다. 거침없이 상대와 절대에 대해서 여러 각도로 설명하고 아르주나의 의무를 자극하고 궁극적인 진리인 푸루샤와 참나인 아트만의 핵심을 가르쳤다. 자신이 모르는 어떤 장소에 도착하기 위해서는 정학한 지도가 필요하듯이 정확한 이론은 실천 수행의 필수적인 것이며 체험의 바탕이 되는 것이다. 여러 측면을 아우르는 섬세한 가르침과 아르주나를 높여 주면서 절대 본질을 바로 자각하게 하려는 위대한 배려는 부띠(Buddhi), 즉 지혜와 이성이 아르주나 자신에게 확고하게 자리잡히기를 바라는 것이며, 내면의 빛이 밝혀져 어둠 속에 숨어 얽혀 있는 모든 문제들을 사라지게 하라는 것이다.

이 절의 핵심은 부띠 육타(Buddhi Yukta), 즉 지혜의 확립을 말하는 것이며 요가의 실천적인 수행법을 말하는 것이다. 그것은 행위를 속박하는 생각, 말, 행위로부터 자유롭게 하는 것이다.

40 कामात्मानः स्वर्गपराः जन्मकर्मफलप्रदाम् । क्रियाविशेषबहुलां भोगैश्वर्यगतिं प्रति ॥ ४३

네하비크라마나소아스티 프라트야바요 나 비드야테 |
스발파마프야스야 다르마스야 트라야테 마하토 바야트 |40|

나=아닌; 이하=이 안에; 아비크라마나사흐=노력이 헛되지 않으며; 아스티=하다; 프라트야바야흐=반대되는 결과; 나=아닌; 비드야테=하다; 스발팜=아주 작은; 아피=그럼에도; 아스야=이러한; 다르마스야=의무; 트라야테=구해주다, 막아주다; 마하타흐=큰; 바야트=두려움.

여기에서는 어떤 노력도 헛되지 않으며 아무런 장애도 없느니라. 이 의무의 조그마한 수행만으로도 큰 두려움에서 구해질 것이다.

요가와 명상의 수행은 어떠한 장애도 헤쳐나가게 한다. 이 절에서 산스크리트어 프라트야바야(Pratyabaya)는 발전하는 데 지장이 있는 것을 말한다. 모든 길에는 장애물들이 도사리고 있다. 상대 세계에서는 끊임없이 장애가 생겨나 궁극적인 진화를 방해하는 것이 사실이다. 인도에서 가장 위대한 여신 중에 하나인 두르가(Durga)[8]는 장애를 물리치고 파괴하는 신이다. 두르가의 단어 두(Du)는 장애나 고통을 의미한다. 그러나 두르가 여신은 모든 장애를 헤쳐나가는 힘을 지닌 여신이다. 두르가는 세상에서 가장 강력한 악마인 마히사(Mahisa)와 두 악마 슘바(Shumba)와 니슘바(Nishumba) 그리고 악마 찬다(Chanda)와 문다(Munda)를 제거하였다.

조그마한 수행이란 바로 내면으로 들어가 모든 장애인 스트레스와 두려움들을 없애고 참나를 찾는 위대한 방법을 말하는 것이다.

41 व्यवसायात्मिका बुद्धिरेकेह कुरुनन्दन ।
बहुशाखा ह्यनन्ताश्च बुद्धयोऽव्यवसायिनाम् ॥ ४१

브야바사야트미카 부띠레케하 쿠루난다나 |
바후사카 흐야난타스차 부따요아브야바사이남 |41|

브야바사야트미카=하나로 집중된; 부띠흐=이성; 에카=하나의; 이하=여기; 쿠루난다나=쿠루족의 기쁨; 바후사카흐=여러 갈래의; 히=참으로; 아난타흐=끝없이; 차=그리고; 부따야흐=생각들; 아브야바사이남=흩어져 있다, 불규칙한.
오 쿠루족의 기쁨이여, 확고한 이성은
하나로 집중되어 있으며 확고하지 못한 자들의 이성은
여러 갈래이며 끝없이 흩어져 있다.

'확고한 이성은 하나로 집중되어 있다'라고 말하는 것은 마음을 수련하는 중요한 방법이다. 확고한 이성을 얻었다는 것은 모든 생각이 하나로 집중된 상태에 이르렀다는 것이다. 하나로 집중된다는 것은 마음이 표면적인 외부의 상태로부터 벗어나 내부적으로 몰입되어 고요해질 때 가능한 것이다. 마음이 내부적으로 몰입되지 않을 때에는 생각들이 흩어져 많은 생각과 혼란을 겪게 된다.
확고한 이성을 가지게 하기 위해서는 먼저 자신의 마음의 수준이 어떤 위치에 있는지 명확하게 파악해야 한다. 왜냐하면 자기 스스로 마음이 얼마나 집중할 수 있는 상태가 되는지를 자각해야 하기 때문이다. 그런 후에 이성은 하나로 집중될 수 있다.

42 यामिमां पुष्पितां वाचं प्रवदन्त्यविपश्चितः ।
वेदवादरताः पार्थ नान्यदस्तीतिवादिनः ॥ ४२

야미맘 푸쉬피탐 바참 프라바단트야비파스치타흐 |
베다바다라타흐 파르타 난야다스티티바디나흐 |42|

얌=이렇게; 이맘=이것; 푸쉬피탐=화려한, 꽃처럼; 바참=말; 프라바단티=떠드는; 아비파스치타흐=분별없는 이들; 베다바다라타흐=베다 경전의 글에 빠져; 파르타=아르주나; 나=아닌; 안야트=다른; 아스티=하는; 이티=그러므로; 바디나흐=말하다.

베다 경전의 글에 빠져 그것밖에 없다고
떠드는 분별없는 이들은
오 파르타여, 화려한 말들을 하느니라.

베다는 위대한 경전이다. 다만 그것의 글자에만 빠져 있고 의식이 따르지 않는다면 결국은 외부적인 지식이 되는 것이다. 베다는 세 가지의 층을 가지고 가르침을 편다. 처음은 카르마 칸다(Karma Kanda)인데 이것의 목적은 행위에 대한 것을 가르치는 것이다. 여기에서 칸다(Kanda)라는 말은 영역을 말한다. 카르마 칸다에는 이 세상과 저 세상 그리고 사회에서의 성공을 위한 규범이 있으며 자연의 힘과 인간과 영혼과 신들과의 연결을 가르친다. 그리고 그에 따르는 제식과 행동 규범들이 있다. 그 다음은 우파사나 칸다(Upasana Kanda)가 있는데 그것은 존재와 연결되어 있으며 마음의 수행에 대해 말한다. 마지막으로 그야나 칸다(Gyana Kanda)는 존재를 바로 파악하는 지혜를 말하는 것이다. 바가바드 기타의 2장 43절과 44절 두 절은 카르마 칸다를 말하고, 그 다음 45절은 존재를 말하는 우파사나 칸다를 말하고 그 다음에는 지혜를 바로 직시하게 하는 그야나 칸다를 말한다.

베다는 모든 것을 포함한 위대하고도 방대한 지식이다. 그러나 직관적인 체험의 가르침이 없으면 그것은 단지 외부적인 지식에 불과할 뿐이며 살아 있는 의식이 없는 말과 글이 될 뿐이다.

43 कामात्मानः स्वर्गपराः जन्मकर्मफलप्रदाम् । क्रियाविशेषबहुलां भोगैश्वर्यगतिं प्रति ॥ ४३

카마트마나흐 스바르가파라흐 잔마카르마팔라프라담 |
크리야비세샤바훌람 보가이스바르야가팀 프라티 |43|

카마트마나흐=욕망에 가득 차서; 스바르가파라흐=천상을 자신의 목표로 삼고; 잔마 카르마 팔라 프라담=태어남이 행위의 결과라 하며; 크리야 비세샤 바훌람=갖가지의 의식을 정해 놓는다; 보가이스바르야 가팀 프라티=쾌락과 권세를 얻기 위한.
욕망에 가득 차서 천상을 자신의 목표로 삼고,
태어남이 행위의 결과라 하며
쾌락과 권세를 얻기 위한 갖가지의 의식을 정해 놓는다.

인도에 가면 갠지스 강 옆이나 사원에서 돈을 얼마 내면 여러 축복을 해주는 의식이 있다. 돈을 많이 내면 더 많은 축복을 해준다고도 한다. 얼마나 오랜 시간 동안 종교적인 이름 아래 많은 사람들이 무지한 혹세부민을 하였을까? 그것은 아직도 진행형일 것이다.

44 भोगैश्वर्यप्रसक्तानां तयापहृतचेतसाम् । व्यवसायात्मिका बुद्धिः समाधौ न विधीयते ॥ ४४

보가이스바르야프라사크타남 타야파흐리타체타삼 |
브야바사야트미카 부띠흐 사마다우 나 비디야테 |44|

보가이스바르야프라사크타남=쾌락과 권세에 깊이 빠져 있고; 타야=그것에 의해; 아파흐리타체타삼=마음이 사로잡힌; 브야바사야

트미카=확고한; 부띠흐=이성; 사마다우=초월적인; 삼매 나=아닌;
비디야테=집중된.
확고한 이성의 경지와 초월적인 삼매는
쾌락과 권세에 깊이 빠져 있고
생각이 화려한 말에 사로잡힌
사람의 마음에서는 나오지 않느니라.

초월적인 삼매와 확고한 이성의 경지는 외부적인 생각이나 말에 집착된 상태에서는 파악하기가 어렵다. 인도의 유명한 시인 카비르는 이렇게 노래하였다.
"말은 우주로부터 솟아나온다!
말은 스승이다. 나는 들었다.
그리고 머리숙여 제자가 되었다.
얼마나 많은 말의 뜻을 아는가?
오! 구도자여, 말을 연습하라!
베다와 푸라나는 그것을 표현한다.
세상은 그것에 기초한다고 리쉬와 헌신자는 말한다.
그러나 누구도 참신비를 모른다.
재가자는 그것을 듣고 집을 떠난다.
고행수행자는 그것을 듣고 사랑으로 돌아온다.
교육과 철학은 그것을 대변해 준다.
출가와 영성은 그 말을 지적한다.
말로부터 세계의 형태는 솟아나왔다.
말은 모든 것을 드러낸다. 까비르는 말한다.
'그러나 어느 누가 알겠는가? 그 말의 원천이 어딘지를.'"
마음이 집중되어 있으면 아무리 세속적인 쾌락과 권세 안에서도 흔들림이 없을 것이다.[9]

45 त्रैगुण्यविषया वेदा निस्त्रैगुण्यो भवार्जुन ।
निर्द्वन्द्वो नित्यसत्त्वस्थो निर्योगक्षेम आत्मवान् ॥

트라이군야비샤야 베다 니스트라이군요 바바르주나 |
니르드반드보 니트야사뜨바스토 니르요가크셰마 아트마반 |45|

트라이군야비사야흐==세 가지 요소를 다룬다; 베다흐=베다; 니스트라이군야흐=세 요소들을 벗어나라; 바바=있는; 아르주나=아르주나; 니르드반드바흐=이원성을 벗어나; 니트야사뜨바스타흐=항상 선의 밝음 속에 든든히 서; 니르요가크셰마흐=가진 것들에 의지하지 말고; 아트마반=참나에 확립하라.

베다에서는 세 가지 요소들을 다룬다.
세 요소들을 벗어나라. 오 아르주나여!
이원성을 벗어나 항상 선의 밝음 속에 든든히 서
가진 것들에 의지하지 말고, 참나에 확립하라.

이 절은 아주 중요한 절이다. 이 절에서는 베다의 정의를 내리고 있다. 상대적인 세계는 프라크리티이며 프라크리티는 그 모든 것을 표현한 것이다. 상대적인 자연에는 세 가지 요소, 즉 세 구나인 라자스·타마스·사트바스가 있다. 그 세 가지 구나는 활동적이거나 부정적이거나 긍정적인 것인데 상대적인 세계는 세 구나로 균형이 유지된다. 크리쉬나는 좋거나 나쁜 것, 선과 악 등 모든 이원성을 벗어나 언제나 밝은 삶인 사트바의 삶으로 살며 외부적인 요소들에 흔들리지 말고 참나인 아트만에 확립되어 살라고 하였다. 크리쉬나는 먼저 다양한 상대적인 요인들을 모두 말한 뒤에 서서히 절대적인 상태로 끌어 올리고 있는 것이다. 크리쉬나는 상대 세계를 표현한 베다를 말하였으며 그것이 바로 세 가지의 요소를 다룬다고 한다. 이 세 가지 요소로부터 벗어나고 이원성으로부터 벗어나 언제나 밝은 사트바의 상태를 확립하여 욕망에 끄달리지 말고 확고한 이성을 정립하라고 하였다. 그리고 그 이성을 넘어서는 참나인 아트만에 확립하라고 하였다. 다음에 이 절에서 나오는 니르요가크셰마(Niryogakshma)는 가진 것에 의지하지 말라는 것인데 이것은 소유함으로부터 자유롭게 되라는 말이기도 하다. 그 이유는 두료다나는 왕국이나 권력 등 모든 것을 얻었음에도 남의 것마저 빼앗으려는 욕망을 가지고 있었다. 그러한 나쁜 길로 빠져들었다는 것을 암시하기 위해 이런 말을 했을 것이다.

크리쉬나는 많은 이야기를 하고 바로 결론을 내려준다. 그는 참나를 획득하라고 하였다. 그러면 모든 상대적인 것이 끝이 난다는 것이다. 수행하는 사람이 헌신적인 박티(Bhakti) 수행자이든, 행동을 위한 카르마 수행자이든, 그가 명상 수행자인 라자요기이든, 그가 지혜의 수행자인 그야나 수행자이든 세 구나를 벗어나 절대적인 참나에 확립하라고 하는 것이다.

46 यावानर्थ उदपाने सर्वतः संप्लुतोदके । तावान्सर्वेषु वेदेषु ब्राह्मणस्य विजानतः ॥ ४६

야바나르타 우다파네 사르바타흐 삼프루토다케 |
타반사르베슈 베데슈 브라흐마나스야 바자나타흐 |46|

야반=만큼; 아르타=유용성; 우다파네=저수지; 사르바타흐=사방에; 삼프루토다케=홍수가 났을 때; 타반=만큼; 사르베슈=모든 것 안에; 베데슈=베다 안에; 브라흐마나스야=브라민의 비자나타흐=깨달은.

깨달은 브라민에게는 모든 베다들이
사방에 홍수가 났을 때 조그만 우물만큼의
유용성밖에 쓰임새가 없느니라.

최고의 지식인 베다도 자신의 자각에 들어오지 않는다면 그것은 자신의 지식이 되지 않을 것이다. 깨달은 이는 모든 자연의 법칙을 표현한 베다 지식을 확인하는 자이며 베다의 비전을 확인할 수 있는 자이다. 참나를 획득한 이는 베다의 지식으로부터 안내를 받지 않아도 된다. 참나를 획득한 이는 베다의 모든 지식을 표현한 장인 카르마 칸다와 우파사나 칸다, 그야나 칸다가 이미 들어와 자연스럽게 확립된 이이다. 그는 이미 우주적인 법칙인 절대 존재로부터 자연스럽게 행위가 나오기 때문이다.

47 कर्मण्येवाधिकारस्ते मा फलेषु कदाचन । मा कर्मफलहेतुर्भूर्मा ते सङ्गोऽस्त्वकर्मणि ॥ ४७

카르만예바디카라스테 마 팔레슈 카다차나 |
마 카르마팔라헤투르부르마 테 상고아스트바카르마니 |47|

카르마니=행동; 에바=오직; 아디카라흐=올바른; 테=그대; 마=아닌; 팔레수=결과; 카다차나=언제나; 마=아닌; 카르마 팔라 헤투흐 부흐=행동의 결과를 위해 살지 말며; 마=아닌; 테=그대; 상가흐=집착; 아스투=하게 한다; 아카르마니=행동 아니함.
그대는 오직 행동만을 다스릴 수 있나니.
결코 그 결과는 아니니라.
행동의 결과를 위해 살지 말 것이며,
또한 행동 아니함에도 집착하지 마라.

이 절은 바가바드 기타의 가장 실천적이며 행동의 기술을 전달하는 절이다. 크리쉬나의 위대한 행동의 비결이 이 절 안에 담겨 있다. 사람들이 행위를 하는 데 있어 행위의 결과를 생각한다는 것은 이미 결과를 예측한 상태가 되기 때문에 행동을 약화시키게 된다. 결과를 염두에 두지 않고 행동할 수 있다는 것은 행동 그 자체에 매력이 있다는 것이다. 그렇게 되었을 때 행동의 힘이 자연스럽게 이어지고 집중되고 강화된다. 그러한 행위는 행동에 집착하는 것이 아니다. 이 행위는 과거의 행위로부터 오는 기억이나 미래에 대해 미리 생각하는 예측이 아닌 바로 지금 이 순간 현재를 끊임없이 직시하는 것이다. 이것은 붓다의 근본적인 가르침인 위빠사나(Vipasana)와도 통하는 것인데, 즉 고통스럽고(苦), 사라지고 일어나고(無常), 어디에도 나라는 것이 없다(無我)는 세 가지를 바로 깨닫고 신체의 감각(身), 감정과 마음(受), 인식의 대상과 마음의 대상(心), 인식의 대상이 확정적인 것(法)인 네 곳의 마음의 집중 수행법(思念處)을 관찰하면서 오직 지금 이 순간의 이 자리를 자각한다는 것이다.

파탄잘리의 요가 수트라에서도 마찬가지로 행동의 기술인 아쉬탕가 요가와 라자요가의 가르침을 말하고 있다. "크사나 프라티요기 파리나마 아파란타 니르그라흐야흐 크라마흐(Ksana Pratiyogi Parinama Aparanta Nigrahyah Kramah) 이어진다는 것은 진화하는 변화의 멈춤이 명확하게 인식된 순간의 연속적인 상태이다." 이것은 모든 상대적인 구나들의 작용 안에서도 자각하는 것이 끊어지지 않고 계속되는 것이다. 금강경(金剛經)에서는 "과거심불가득 현재심불가득 미래심불가득(過去心不可得 現在心不可得 未來心不可得)으로 말하고 있다. 이것은 영원한 현재를 자각하는 것이다.[10]

이 절을 해석하는 많은 사람들은 자신의 수행 방법을 이 절에다가 대입시킨다. 결과를 생각하지 않고 이 순간을 집중하는 명상법이 그것이라고 할 것이다.

많은 명상의 방법들이 이것을 하기 위해 시도한다. 그러나 중요한 것은 그 방법이 인위적이지 않고 자연스러워야하며 결과를 인지하지 않는 집중이 계속해서 이어져야만 하는 것이다. 그것이 바로 크리쉬나가 가르치려고 한 삶의 집중방법이 되는 것이다.

48 योगस्थः कुरु कर्माणि सङ्गम् त्यक्त्वा धनञ्जय । सिद्ध्यसिद्ध्योः समो भूत्वा समत्वं योग उच्यते ॥ ४८

요가스타흐 쿠루 카르마니 상감 트야크트바 다난자야 |
시뜨야시뜨요흐 사모 부트바 사마트밤 요가 우챠테 |48|

요가스타하=요가에 굳건히 서서; 쿠루=행동하라; 카르마니 삼감
=집착을; 트야크트바=버리고; 다난자야=부를 차지하는 자여, 아
르주나; 시뜨야시뜨요호=성공과 실패를; 사마흐=평등하게; 부트
바=여기며; 사마트밤=평등한 마음; 요가흐=요가; 우챠테=부른다.
요가에 굳건히 서서 오 다난자야여,
성공과 실패를 평등하게 여기며 집착을 버리고 행동하라.
요가는 평등한 마음을 의미한다.

요가스타 쿠루 카르마니(Yogatha Kuru Karmani) 즉 "요가에 확립하여 행
동하라"는 말인데 존재의 상태 또는 순수 의식에 확립하여 활동하라는 것이
다. 요가에 확립하여 성공과 실패를 평등하게 여기고 집착을 버리고 행동
하라는 것이다. 요가는 사마트밤(Samatvam), 즉 평등한 마음이며 항상 같은
마음을 유지하는 것이다. 집착을 버리라는 말은 이미 행동으로부터 자유로
운 요가의 상태에 이르라는 것이다. 어떻게 그러한 상태에 이를 수가 있는
가? 그것은 명상이다. 명상은 자신을 초월 의식으로 이끄는 좋은 방법이다.
다만 오랜 전통을 가진 검증된 방법으로 명상을 하는 것이 중요하다. 명상
의 방식을 책을 통하여 배우는 것은 주관적인 방향으로 흐를 수 있기 때문
에 좋은 방법이라 할 수 없으며, 그 방법에 정통하지 않은 사람에게 배우는
것 또한 바람직하지 않다. 가장 좋은 것은 명상의 방법에 정통한 정확한 스
승에게 직접 배우는 것이다.

49 दूरेण ह्यवरं कर्म बुद्धियोगाद्धनञ्जय ।
बुद्धौ शरणमन्विच्छ कृपणाः फलहेतवः ॥ ४९

두레나 흐야바람 카르마 부띠요가따난자야 |
부따우 사라나민비차 크리파나흐 팔라헤타바흐 |49|

두레나=더; 히=참으로; 아바람=낮은 것; 카르마=행위; 부띠요가

트=이성적인 요가보다; 다난자야=오 다남자야, 아르주나; 부따우
=이성; 사라남=피하라; 안비짜=찾는; 크리파나흐=가엾다; 팔레
헤타바흐=행동의 결과를 위해.
행위는 이성적인 요가보다 낮은 것이다.
오 다난자야여, 마음을 균형잡힌 이성으로 피하라.
행동의 결과를 위하여 사는 자는 가엾다.

   이성, 즉 부띠(Buddhi)는 마음의 질서를 잡고 행위를 하도록 안내해 준다. 이성적인 요가는 마치 길을 인도하는 안내자나 차를 몰고 가는 운전자와 같다. 우리가 길을 갈 때 가야 할 목적지가 분명하지 않고 길도 모른다면 어떻게 움직일 수가 있겠는가? 모든 과정을 능숙한 흐름을 통해서 배워야만 결과를 위하여 행동하지 않을 수 있으며 균형잡힌 자연스러운 마음의 이성이 유지될 수 있다.

50 बुद्धियुक्तो जहतीह उभे सुकृतदुष्कृते ।
तस्माद्योगाय युज्यस्व योगः कर्मसु कौशलम् ॥ ५०

부띠육토 자하티하 우베 수크리타두쉬크리테 ।
타스마드요가야 유즈야스바 요가흐 카르마수 카우살람 ।50।

부띠육토=이성이 확립된 자; 자하티=벗어 버린다; 이하=이 세상
에서도; 우베=둘 다; 수크리타 두쉬크리테=선과 악의 행위; 타스
마트=그러므로; 요가야=요가는; 유즈야스바=요가에 몰입하라; 요
가흐=요가; 카르마수=행동에서의; 카우살람=능숙함.
이성이 확립된 자는 이 세상에서도 선과 악을 벗어 버린다.
그러므로 그대 스스로를 요가에 몰입하라.
요가는 행동의 능숙함이다.

부띠육토(Buddhiyukto)는 '이성에 확립된 자'라는 뜻으로 삼크야 요가에서 매우 중요한 단어이다. 이성 또는 이지가 확립되면 외부적인 활동에 집중할 수가 있게 된다. 이성에 확립되면 좋고 나쁜 외부적인 상황에 휘둘리지 않는 마음이 될 수가 있다. 그것은 요가에 몰입되는 것이며 요가는 행동의 능숙함을 말한다. 모든 삶의 방식에서 자신의 분야에 고도로 능숙하고 노련해지고 달인이 된다는 것은 엄청난 집중과 자연스러움이 포함된 상태를 말하는 것이며 상대적인 이중성을 넘어서 하나로 몰입된 상태를 말하는 것이다.

카우살람(Kausalam)이란 능숙하다는 뜻인데 행위의 기술을 말하는 것이다. 가장 능률적인 생각이란 최소한의 생각으로 가장 효과적인 결과를 거둔다는 것이다. 요가라는 것은 가장 압축된 삶을 통해 가장 많은 성과를 거두는 것이다. 나는 성공한 사람들의 삶을 가끔 보아왔다. 그들의 삶은 엄청난 질서가 몸에 배여 있으며 군더더기가 별로 없었다. 왜냐하면 사는 것이 이미 정돈되어 있으며 집중되어 있기 때문이다. 그러한 사람들은 이미 성공이 그 자신의 생각 안에 존재한다.

명상은 바로 이러한 이성이 확립되어 외부적인 흐름에 휘둘리지 않고 살아가는 방법을 말해 준다.

51 कर्मजं बुद्धियुक्ताहि फलं त्यक्त्वा मनीषिणः । जन्मबन्धविनिर्मुक्ताः पदं गच्छन्त्यनामयम् ॥ ५१

카르마잠 부띠육타히 팔람 트야크트바 마니쉬나흐 |
잔마반다비니르묵타흐 파담 가짠트야나마얌 |51|

카르마잠=행동이 낳는; 부띠육타흐=이성이 통제된; 히=참으로; 팔람=결과; 트야크트바=버리고; 마니쉬나흐=지혜로운; 잔마반다비니르묵타흐=태어남의 속박에서 해방되며; 파담=경지 가짠티=이르다; 아나마얌=괴로움이 없는, 악을 넘어선.

이성이 참으로 통제된 지혜로운 이들은

행동이 낳는 결과들을 버리고 태어남의 속박에서 해방되며
괴로움이 없는 경지에 이른다.

이성이 확립된 지혜로운 사람들은 모든 방면에서 행동으로 인한 결과를
생각하지 않는다. 현재가 계속해서 이어지는 자각으로 존재의 깨달음이 유
지되어 죽고 태어나는 반복되는 속박으로부터 해방되며 고통이 없는 상태
를 유지해 나가는 것이다.

52 यदा ते मोहकलिलं बुद्धिर्व्यतितरिष्यति ।
तदा गन्तासि निर्वेदं श्रोतव्यस्य श्रुतस्य च ॥ ५२

야다 테 모하칼릴람 부띠르브야티타리쉬야티 |
타다 간타시 니르베담 스로타브야스야 스루타스야 차 |52|

야다=때에; 테=그대의; 모하칼림람=미망의 수렁; 부띠흐=이성;
브야티타리쉬야티=넘어설 때; 타다=이미; 간타시=얻으리라; 니
르베담=동일함을; 스로타브야스야=들은 것과; 스루타스야=듣게
될 것에; 차=그리고.
그대의 이성이 미망의 수렁을 넘어설 때에
그대는 이미 들은 것과 앞으로 듣게 될 것에 대하여
한결같이 동일함을 얻으리라.

이 절은 아르주나가 아직 불균형된 상태로부터 완전하게 벗어나지 않았
음을 보여준다. 인도의 사상과 명상을 세계적으로 전파한 비베카난다가 그
의 스승 라마크리쉬나를 처음 만나 초월적인 강력한 체험을 하고 나서 그
러한 체험을 계속 유지하고 싶어 쉬지 않고 명상을 하였다. 그러자 그의 스
승 라마 크리쉬나는 "네가 이 지상에서의 의무를 달성하는 날 내가 너에게
무한의 체험의 열쇠를 주겠다"고 하였다. 그렇게 말한 이유는 "들은 것과 앞

으로 듣게 될 것에 대하여 한결같이 동일함"의 상태가 바로 자신의 체험을 바탕으로 일어나는 실질적인 과정이기 때문이다.[11]

53 श्रुतिविप्रतिपन्ना ते यदा स्थास्यति निश्चला ।
समाधावचला बुद्धिः तदा योगमवाप्स्यसि ॥ ५३

스루티비프라티판나 테 야다 스타스야티 니스찰라 |
사마다바찰라 부띠흐 타다 요가마바프스야시 |53|

스루티비프라티판나=베다의 계시에 의해 미혹된; 테=그대; 야다= 그때; 스타스야티=설 때; 니스찰라=흔들림 없이; 사마다우=자아 안에; 아찰라=확고히; 부띠흐=이성의; 타다=그 다음; 요감=요가 에, 참나의 실현; 아바프스야시=이르리라, 도달하다.
베다의 계시에 의해 미혹된 그대의 이성이 흔들림 없이
자아 안에 확고히 설 때 그대는 요가에 이르리라.

  베다는 모든 영적인 체험의 난계를 다 표현하고 있는 계시적인 경전 수르티(Surti)이다. 베다는 세계에서 가장 오래된 경전이며 모든 자연과 의식의 단계가 표현되어 있다. 베다에 표현된 것들은 절대적인 권위를 지니고 있어 상대적인 범주를 정하려 하지 않는다. 그러나 베다의 모든 표현 또한 절대 단계를 상대적으로 표현한 것이며 그것은 45절에서 말했듯이 세 구나의 작용을 말하고 있는 것이다.
  이러한 베다의 계시도 확고한 이성이 흔들리지 않는 요가의 상태를 체득한 절대적 상태에 비교할 때 그것은 상대적일 수밖에 없는 것이다.

54 अर्जुन उवाच

स्थितप्रज्ञस्य का भाषा समाधिस्थस्य केशव ।

स्थितधीः किं प्रभाषेत किमासीत व्रजेत किम् ॥ ५४

아르주나 우바차
스티타프라그야스야 카 바샤 사마디스타스야 케사바 ㅣ
스티타디흐 킴 프라바셰타 키마시타 브라제타 킴 ㅣ54ㅣ

아르주나 우바차=아르주나 말하기를; 스티타프라그야스야=이성에 확고하고; 카=무엇이; 바샤=표시; 사마디스타스야=삼매에 깊이 몰입된 이; 케사바=크리쉬나; 스티타디흐=확고한 이성의 사람; 킴=무엇; 프라바셰타=말하다; 킴=어떻게, 무엇; 아시타=앉고; 브라제타=걷다; 킴=어떻게.

아르주나는 말하기를
이성이 확고하고, 삼매에 깊이 몰입된 이의 표시는 무엇입니까?
오 케사바이시여! 확고한 이성의 사람은
어떻게 말하고 어떻게 앉으며 어떻게 걷습니까?

이성에 확고한 스티타프라그야나(Sthitapragyna)와 삼매에 깊이 몰입된 사마디스타(Samadhistha)와 확고한 이성의 사람인 스티타디(Sthitadhi)는 세 가지 모두 다 같다. 참나를 아는 자는 참나가 되는 것이다. 삼매에 몰입된 사람의 마음은 어떠한가? 그의 마음이 외부적으로 나타날 때 어떻게 활동하는가? 깨달은 이의 지혜인 브라마 그야나(Brahma Gyana)는 어떠한가? 이러한 질문을 던지는 아르주나는 위대한 스승이신 크리쉬나를 머리카락이 긴 뜻의 케사바라고 부르면서 외형적인 모습을 주지시킨다. 이러한 질문을 한 상태는 아르주나의 마음이 보다 안정된 상태라는 것을 의미한다. 그리고 중요한 것은 삶에는 두 가지 방향의 길이 있다. 하나는 재가자의 길이며 다른 하나는 출가자의 길이다. 재가자의 길은 카르마 요가의 길이며 행동의 성취를 위한 길이다. 출가자의 길은 삼크야 요가의 길이다. 가정 생활과 바쁜 직장 생활을 하면서 자신을 다스리는 명상을 하는 것이나 고즈넉한 사원에서 집중적으로 명상을 하는 것이나 히말라야의 동굴에서 오랫동안 명상에 몰입하는 것 모두 동시에 추구하는 것은 바로 확고확 이성의 확립과 마음의 집중인 것이다.

이러한 명료한 마음이야말로 세상을 창조하고 발전시키는 원동력이다. 크리쉬나는 아르주나에게 11절부터 53절까지 계속해서 위대한 지혜인 삼크야의 가르침을 주었다. 그런 가르침을 통하여 아르주나는 슬픔으로 인해 감정과 이성이 뒤섞여 멈추어진 어정쩡한 상태로부터 벗어나기 시작하였다.

아르주나는 이제 즉각적으로 전체적인 질문을 할 수 있는 상태까지 발전하였다. 그 답변은 계속되는 절에서 진행된다. 그것은 행위의 길이나 행위를 포기하는 길 모두 다를 풍요롭게 해주는 가르침이 될 것이다.

55 श्री भगवानुवाच

प्रजहाति यदा कामान् सर्वान् पार्थ मनोगतान् ।

आत्मन्येवात्मना तुष्टः स्थितप्रज्ञस्तदोच्यते ॥ ५५

스리 바가바누바차
프라자히티 야다 카만 사르반 파르타 마노가탄 ǀ
아트만예바트마나 투쉬타흐 스티타프라그야스타도챠테 ǀ55ǀ

스리 바가반 우바차=스리 바가반 말하기를; 프라자하티=떨쳐 버리다; 야다=그때; 카만=욕망; 사르반=모든; 파르타=아르주나; 마노가탄=마음의; 아트만=참나 안에; 에바=오직; 아트마나=참나에 의해; 투쉬타흐=만족하는; 스티타프라그야흐=지혜에 확립된; 타다=그래서; 우챠테=불린다.

거룩하신 주께서 말하기를

참나에 의해 참나에 만족하며 마음속에
깊이 박힌 욕망들을 떨쳐 버릴 때
오 파르타여, 그는 지혜에 확립된 이라고 불린다.

크리쉬나는 명확하게 말한다. 이러한 상태를 요가 수트라에서는 리탐파라 타트라 프라그야(Ritampara Tatra Pragya)라고 말한다. 즉 "지혜인 프라그야는 진리로 가득 차 있다"는 뜻이다. 모든 진리의 열매를 거둘 수 있는 지혜가 생기는 것이다.

욕망인 카마(Kama)는 외부적인 감각이 자신의 모든 행위를 지배할 때 참나의 지혜는 가리워지지만 참나에 의해 확립되면 감각이나 외부적인 행위를 지배하게 되는 것이다. 그러한 이를 지혜에 확립된 이라 하는 것이다.

56 दुःखेष्वनुद्विग्नमनाः सुखेषु विगतस्पृहः ।
वीतरागभयक्रोधः स्थितधीर्मुनिरुच्यते ॥ ५६

두흐케쉬바누드비그나마나흐 수케슈 비가타스프리하흐 |
비타라가바야크로다흐 스티타디르무니루챠테 |56|

두흐케슈=괴로움; 아누드비그나마나흐=마음이 흔들리지 않고; 수케슈=쾌락 속에서도; 비가타스프리하흐=애착을 벗어난; 비타라가바야크로다흐=집착과 두려움과 노여움을 떠나 버린; 시티타디흐=확고한 이성의; 무니흐=성자; 우챠테=그렇게 부른다.

괴로움 속에서도 마음이 흔들리지 않고
쾌락 속에서도 애착을 벗어나 있는 이,
집착과 두려움과 노여움이 떠나 버린 이,
그 이를 확고한 이성의 성자라 하느니라.

이 절은 성자라고 말하는 무니(Muni)에 대한 정의를 말하고 있다. 그들은 흔들림 없고 쾌락 속에서도 애착이 없고 집착·두려움·노여움으로부터 벗어난 이 그러한 것이 확고한 이를 무니라고 부른다. 진정으로 풍요한 이는 어떠한 것에도 마음이 가지 않는다. 나는 인도에서 많은 수행자들을 보았지만 그들 중에 진정으로 모든 것을 달관한 이는 많이 보지 못하였다. 진정한 부를 소유한 이는 외부적인 시장의 흐름에 흔들리지 않는 것처럼 내면이 깊은 순수한 의식의 영역에 도달한 이는 외부적인 흐름에 휘둘리지 않고 마음의 평정을 유지하는 것이다.

57 यः सर्वत्रानभिस्नेहस्तत्तत्प्राप्य शुभाशुभम् । नाभिनन्दति न द्वेष्टि तस्य प्रज्ञा प्रतिष्ठिता ॥ ५७

야흐 사르바트라나비스네하스타따트프라프야 수바수밤 |
나비난다티 나 드베쉬티 타스야 파라그야 프라티쉬티타 |57|

야흐=그는; 사르바트라=모든 곳; 아나비스네하흐=애착을 품지 않으며; 타트=그것; 타트=그것; 프라프야=획득한; 수바수밤=좋은 것과 나쁜 것; 나=아닌; 아비난다티=기뻐하거나; 나=아닌; 드베쉬티=미워하는; 타스야=그의; 프라그야=지혜; 프라티쉬티타=확고히.
어떤 것에도 애착을 품지 않으며
좋은 것을 얻거나 나쁜 것을 얻거나
기뻐하거나 미워하지 않는 이,
그는 지혜에 확고히 서 있는 이다.

세계는 선과 악이 섞여 있다. 기쁨과 슬픔의 한계에 집착하지 않고 행복과 고통 사이에서 지혜를 자각하고 깨닫는 이를 그야니(Gyani)라고 한다. 이러한 이는 어떤 상황에서도 좋아하거나 미워하지 않으며 그 가지에 흔들리지 않고 자유롭게 살 수 있는 이이다.
이 절에서는 그야니를 출가자 또는 지혜로운 자라고 해석하였다. 그야니는 누구나가 결코 인위적으로 그렇게 되려고 조성해서 되는 것은 아니다.
이 절 또한 세상에서 활동하면서 사는 재가자의 길과 은둔을 통해 명상에
몰입하는 출가자의 길 둘 다를 나누어 가르쳐야만 한다. 샴카라는 언제나 출
세간을 분명히 나누어 가르쳤다.

나의 스승님 또한 언제나 이 절에 대해서 재가의 길과 출가의 길을 분명히
나누어 설명하셨다. 그런 이유는 많은 재가자들이 자신의 모든 것을 버리고
영적인 길로 들어갔다가 헤매는 경우를 많이 보았기 때문이다. 지혜는 아름
다운 장미와 같다. 다만 가시를 조심하여야 한다. 삶의 길에 대한 노선이 분
명할 때 자신의 삶을 발전시키는 계기가 되는 것이다.

58 यदा संहरते चायं कूर्मोऽङ्गानीव सर्वशः ।
इन्द्रयणीन्द्रियार्थेभ्यस्तस्य प्रज्ञा प्रतिष्ठिता ॥ ५८

야다 삼하라테 차얌 쿠르모앙가니바 사르바사흐 |
인드리야닌드리야르테브야스타스야 프라그야 프라티쉬티타 |58|

야다=그때; 삼하라테=안으로 거두어들이듯; 차=그리고; 얌=이것
(요기); 쿠르마흐=거북; 앙가니=사지; 이바=같은; 사르바사흐=모
든 것; 인드리야니=감각; 인드리야르테브야흐=감각과 대상으로부
터; 타스야=그에게; 프라그야=지혜; 프라티쉬티타=확고한.

거북이 사지를 안으로 거두어들이듯
감각을 대상으로부터 거두어들이는 사람은
지혜에 확고히 서 있는 사람이다.

모든 외부적인 감각을 안으로 끌어들이는 사람은 확고한 이성이 확립된
사람이다. 진정으로 감각을 안으로 철수한 사람은 집착으로부터 자유로운
이이다. 다시 말해 지혜에 확립되면 감각은 자연스럽게 통제되는 것이다.

59 विषया विनिवर्तन्ते निराहारस्य देहिनः ।
रसवर्जं रसोऽप्यस्य परं दृष्ट्वा निवर्तते ॥ ५९

비샤야 비니바르탄테 니라하라스야 데히나흐 |
라사바르잠 라소아프야스야 파람 드리쉬트바 니바르타테 |59|

비샤흐=감각의 대상들; 비니바르탄테=바뀌다; 니라하라스야=절제하는; 데히나흐=사람의; 라사바르잠=맛은 사라지며; 라사=맛은 남아 있다; 아피=그럼에도; 아스야=그의; 파람=지고의; 드르쉬트바=보았을 때; 니바르타테=바뀌는.
감각의 대상들은 절제된 사람들로부터 사라지지만
그것에 대한 맛은 계속 남아 있다.
지고의 것을 맛을 보았을 때 그것마저 사라져 버린다.

  인도의 수행자 라마 크리쉬나는 무한한 참나에 대해 이렇게 비유하였다. 위대한 성자 나라다(Narada)는 신의 바다를 살짝 본 다음 그 자신을 잃어버리고 미친 사람처럼 신의 노래를 부르며 돌아다녔다. 최고의 고행수행자였던 수카데바(Sukadeva)는 그 바다를 살짝 만졌을 뿐인데 법열에 차서 뒹굴었다고 한다. 위대한 스승이며 시바 신인 마하데바(Mahadeva)는 그 바다를 한 모금 마신 후에 신의 축복에 취하여 죽은 것처럼 누워 있었다고 한다.[12]
  그리고 이 절은 감각을 통제하는 것이 고행을 하는 잘못된 방식으로 곡해되기도 하였다. 중요한 것은 이성이 확립되었을 때 감각은 동시에 확립된다는 것이다.

60 यततो ह्यापि कौन्तेय पुरुषस्य विपश्चितः ।
इन्द्रियाणि प्रमाथीति हरन्ति प्रसभं मनः ॥ ६०

야타토 흐야피 카운테야 푸루샤스야 비파스치타흐 |
인드리야니 프라마티니 하란티 프라사밤 마나흐 |60|

야타타흐=애쓰다; 히=참으로; 아피=그럼에도; 카운테야=쿤티의
아들, 아르주나; 푸루샤스야=인간의; 비파스치타흐=현명한; 인드
리야니=감각의; 프라마티니=강렬한; 하란티=가져간다; 프라사밤
=강제로; 마나흐=마음.
현명한 이가 아무리 애쓴다 할지라도
오 쿤티의 아들이여, 강렬한 감각들은
강제로 사람의 마음을 앗아간다.

감각들은 믿을 수가 없으며 마치 야생마처럼 거칠다. 감각의 정복은 인간
과 사회를 정화하는 척도이다. 감각이 사람의 마음을 뺏어가는 것은 맞는 말
이다. 그러한 감각이 잠잠해지는 때는 언제일까? 그것은 감각이 한계없는
희열 의식 상태인 삿트 치트 아난다(Sat Chit Ananda)를 체득함으로써 자신
의 작은 감각의 물줄기는 한계없는 의식의 바다에 포함될 것이다.[13]

61 तानि सर्वाणि संयम्य युक्त आसीत मत्परः ।
वशे हि यस्येन्द्रियाणि तस्य प्रज्ञा प्रतिष्ठिता ॥ ६१

타니 사르바니 삼얌야 육타 아시타 마트파라흐 |
바셰 히 야스옌드리야니 타스야 프라그야 프라티쉬티타 |61|

타니=그들(감각 기관); 사르바니=모든; 삼얌야=통제하다; 육타흐

=연결된; 아시타=앉아 있는; 마트파라흐=나에게 몰입되어; 바세
=다스려진; 히=참으로; 야스야=누구; 인드리야니=감각 기관; 타
스야=그의; 프라그야=지혜; 프라티쉬티타=확고하게.
모든 감각 기관을 통제하면서 지고의 목표로서
나에게 몰입되어 감각 기관이 다스려진 사람은
지혜에 확고히 서 있는 이다.

이 절에서 크리쉬나는 "나에게 몰입되어"라고 말하였다. 한계없는 스승이며 우주적인 의식 그리고 신의식에 확립되어 있는 크리쉬나의 절대적인 의식 또는 참나에 몰입하고 헌신적으로 집중하라는 뜻이다. 아르주나는 행복한 이이다. 왜냐하면 신으로 화현된 분이 존재하여 집중할 대상이 바로 앞에서 세밀하게 이끌어 주고 있기 때문이다. 그러나 옛 성인들의 도움으로 크리쉬나의 지혜는 시간을 넘어 경전을 통해, 그리고 브야사의 지혜를 통해 우리에게 멀티비전 사운드 트랙으로 전달되는 기쁨을 준다. 참으로 고마운 일이다. 건조한 가르침이 아닌 극적인 단어와 생동감 넘치는 대사 그리고 엄청난 배경의 묘사들은 우주라는 무대가 좁을 지경이다.

62 ध्यायतो विषयान्पुंसः सङ्गस्तेषूपजायते ।
स्ङ्गात् स्ञ्जायते कामः कामात्क्रोधोऽभिजायते ॥ ६२

드야야토 비샤얀품사흐 상가스테슈파자야테 |
상가트 산자야테 카마흐 카마트크로도아비자야테 |62|

드야야타흐=생각하는; 비샤얀=감각의 대상들; 품사흐=인간의; 상가흐=집착; 테슈=그것들; 우파자야테=일어나는; 삼가트=집착으로부터; 삼자야테=태어난; 카마흐=욕망; 카마트=욕망으로부터; 크로다흐=분노; 아비자야테=일어나다.
감각의 대상들을 생각하는 자들에게는

그것들에 대한 집착이 일어나며 집착에서 욕망이 일어나고
욕망으로부터 분노가 일어난다.

분노가 일어나는 과정을 세밀하게 말하고 있다. 감각의 대상들을 골똘하게 생각하면 집착이 일어나고 집착에서 욕망이 일어나고 욕망에서 분노가 일어난다고 한다. 이러한 모든 과정은 자신의 욕망을 성취하지 못하는 허약함 때문이다.

63 क्रोधाद्भवति संमोहः संमोहात्स्मृतिविभ्रमः ।
स्मृतिभ्रंशाद्बुद्धिनाशो बुद्धिनाशात्प्रणश्यति ॥ ६३

크로다드바바티 삼모하흐 삼모하트스므리티비브라마흐 ।
스므리티브람사드부띠나소 부띠나사트프라나샤티 ।63।

크로다트=분노로부터; 바바티=오다; 삼모하흐=미혹함; 삼모하트
=미혹함으로부터; 스므리티 비브라마흐=기억의 착란; 스므르티
브람사트=기억의 착란으로부터; 부띠 나사흐=이성의 파괴; 부띠
나사트=이성의 파괴로부터; 프라나샤티=멸망하다, 파괴하다.
분노로부터 미혹함이 일어나고
미혹함으로부터 기억의 착란이 일어나며
기억의 착란으로부터 이성의 파괴가 오며
이성의 파괴로부터 그는 멸망하느니라.

앞절에서 말한 분노는 사람을 미혹하게 한다. 삶에서 가장 강력한 파괴력을 지닌 것이 분노이다. 그러한 분노는 질서잡힌 생각에 혼란을 일으키고 미혹함을 가져다준다. 생각의 질서가 깨어지고 기억력이 흩어지며 밝은 이성이 사라짐으로써 삶 전체는 균형을 잃고 파괴되는 것이다.

64 रागद्वेषवियुक्तैस्तु विषयानिन्द्रियैश्चरन् ।
आत्मवश्यैर्विधेयात्मा प्रसादमधिगच्छति ॥ ६४

라가드베샤비윢타이스투 비샤야닌드리야이스차란 |
아트마바샤이르비데야트마 프라사다마디가짜티 |64|

라가 드베사 비윢타이흐=애착과 미움으로부터 벗어났고; 투=그러나; 비샤얀=대상들; 인드리야이흐=감각의; 차란=벗어난, 움직이는; 아트마바샤이흐=참나의 훈련, 자신의 훈련; 비데야트마=참나의 통제; 프라사담=은총의; 아디가짜티=도달하다.
그러나 애착과 미움으로부터 벗어났고
참나를 훈련하여 감각의 대상들 가운데 다니는 사람
그는 은총을 받으리라.

프라사드(Prasad)라는 뜻은 은총 또는 축복을 의미한다. 이것은 순수한 의식 안에 생기는 기쁨을 말한다. 애착과 미움을 벗어났으며 그는 감각의 영역에서 활동하고 그러한 가운데에도 자신을 잃지 않으며 스스로 만족하는 이는 은총받을 이라고 말하고 있다.

65 प्रसादे सर्वदुःखानां हानिरस्योपजायते ।
प्रसन्नचेतसो ह्याशु बुद्धिः पर्यवतिष्ठते ॥ ६५

프라사데 사르바두흐카남 하니라스요파자야테 |
프라산나체타소 흐야수 부띠흐 파르야바티쉬타테 |65|

프라사데=은총; 사르바두흐카남=모든 슬픔; 하니흐=끝, 소멸; 아스야=그의; 우파자야테=일어나는; 프라산나체타사흐=축복된 마음; 히=왜냐하면; 아수=곧; 부띠흐=이성; 파르야바티쉬타테=확고한.

은총 가운데 그에게는 슬픔의 끝이 온다.
축복된 마음을 소유한 자는 이성이 확고히 자리잡히기 때문이다.

순수한 희열 의식이 존재한다면 그것은 감성을 풍요롭게 해주고 이성을 날카롭게 해준다. 즉 양쪽을 풍부하게 해준다.

66 नास्ति बुद्धिरयुक्तस्य न चायुक्तस्त भावना ।
न चाभवयतः शान्तिरशान्तस्य कुतः सुखम् ॥ ६६

나스티 부띠라육타스야 나 차육타스야 바바나 |
나 차바바야타흐 산티라산타스야 쿠타흐 수캄 |66|

나=아닌; 아스티=하는; 부띠흐=이성; 아육타스야=확고하지 않은;
나=아닌; 차=그리고; 아육타스야=확고하지 않은; 바바나=평온한;
나=아닌; 차=그리고; 아바바야타흐=평온하지 않은; 산티흐=평화;
아산타스야=평화롭지 않은; 쿠타흐=어찌, 어떻게; 수캄= 행복.

확고하지 않은 자에게는 이성이 없고
확고하지 않는 자에게는 평온함이 없다.
평화롭지 않은 사람이 어찌 행복이 있을 수 있겠는가?

요가는 자신을 개발하는 과학이다. 요가는 참나와 합일되는 육타(Yukta)의 실천적인 수행법인 것이다. 확고함이란 참나와 하나되는 날카로운 이성과 지혜이다. 이러한 이성이 확립된 사람은 내면의 행복이 흩어지지 않는다. 과거에 티베트의 영적인 지도자 달라이 라마(Dalai Lama)를 만난 적이 있는 었데 그때 그는 나한테 직접적으로 질문하였었다. "그대는 행복하십니까?"
그가 말한 행복의 수준은 의식 수준에 따라 다를 것이다. 나는 내가 존경하였던 히말라야의 스승 스와미 브라마난드 사라스와티(Swami Bramanand Saraswati)¹⁴⁾의 말을 기억한다. 그는 "삶은 희열이며 누구도 고통받지 않아야 된다"라고 하였다.

67 इन्द्रियाणं हि चरतां यन्ममोऽनुविधीयते । तदस्य हरति प्रज्ञां वायुर्नावमिवाम्भसि ॥ ६७

인드리야남 히 차라탐 얀마노아누비디야테 |
타다스야 하라티 프라그얌 바우르나바미밤바시 |67|

인드리야남=감각들; 히=위해; 차라탐=쫓아다니는, 방황하는; 야트=그것은; 마나흐=마음; 아누비디야테=따르는; 타트=그것; 아스야=그의; 하라티=빼앗아가다; 프라그얌=지혜; 바유흐=바람; 나밤=배; 이바=하듯이; 암바시=물 위의.
떠도는 감각들을 쫓아다니는 마음들은
자신의 지혜를 빼앗아가 버린다.
마치 물 위의 배가 바람에 휩쓸리듯이.

크리쉬나는 마음이 감각을 따라 움직이면 외부적인 세계에 노출되어 감각의 대상에게 지식을 빼앗겨 버린다고 하였다. 그러할 때 마음은 이성을 잃게 되고 외부적인 대상들에게 휩쓸려 집중된 상태가 흩어지게 된다.

68 तस्मादस्य महाबाहो निगृहीतानि सर्वशः । इन्द्रियाणीन्द्रियार्थेभ्यस्तस्य प्रज्ञा प्रतिष्ठिता ॥ ६८

타스마드야스야 마하바호 니그리히타니 사르바사흐 |

제2장 삼크야 요가 135

인드리야닌드리야르테브야스탸스야 프라그야 프라티쉬티타 |68|

타스마트=그러므로; 야스야=누구의; 마하바호=억센 팔의; 니그
르히타니=거두어들이게 한; 사르바샤흐=완전히; 인드리야니=감
각들; 인드리야르테브야흐=감각의 대상으로부터; 타스야=그의;
프라그야=지혜; 프라티쉬티타=확고한.
그러므로 오 억센 팔을 가진 이여,
감각을 그 대상으로부터 거두어들이게 한 사람
그 사람은 지혜가 확고한 사람이다.

이 절은 삶을 완성적으로 살 수 있게 하는 핵심을 말하고 있다. 그것은 자
신의 마음을 내면으로 가져가게 함으로써 외부적인 대상으로부터의 영향이
자유로울 수가 있는 것이다. 이 절에서 타스마드(Tasmad), 그러므로는 "확고
하지 않는 자에게는 평온함이 없다"는 것에 대한 답변이다.
외부적인 대상으로부터 자유로운 상태로 가져갈 때 지혜가 일어난다고 말
하는 것이다.

69 या निशा सर्वभूतानां तस्यां जगर्ति संयमी । यस्यां जाग्रति भूतानि सा निशा पश्यतो मुनेः ॥ ६९

야 니사 사르바부타남 타스얌 자가르티 삼야미 |
야스얌 자그라티 부타니 사 니사 파스야토 무네흐 |69|

야=그것; 니사=밤; 사르바부타남=모든 존재들의; 타스얌=그것
안에; 자가르티=깨어 있다; 삼야미=그 스스로 다스려진; 야스얌=
그것; 자그라티=깨어 있다; 부타니=모든 존재; 사=그것; 니사=
밤; 파스야타흐=보는; 무네흐=성자, 무니(Muni).
모든 존재들의 밤에 그 스스로 다스려진 사람은 깨어 있다.

모든 생명체가 깨어 있을 때 성자들에게는 밤이다.

세상이 무지의 어둠으로 어두워져 있을 때 성자들은 내면의 빛으로 세상을 밝혀 주는 것이다. 안정된 이성이 진행되는 곳은 무지한 자들이 자각하지 못하며 무지한 자들이 행동하는 곳의 빛은 깨달은 사람에게는 어둠으로 보인다.

70 आपूर्यमाणमचलप्रतिष्ठं समुद्रमापः प्रविशान्ति यद्वत् ।
तद्वत्कामा यं प्रविशान्ति सर्वे स शान्तिमाप्नोति न कामकामी ॥ ७०

아푸르야마나마찰라프라티쉬탐 사무드라마파흐 프라비샨티 야드바트 |
타드바트카마 얌 프라비샨티 사르베 사 샨티마프노티 나 카마카미 |70|

아푸르야마남=모든 곳에서; 흘러들어 아찰라프라티쉬탐=흔들리지 않는 것처럼; 사무드람=바다; 아파흐=물; 프라비샨티=들어가; 야드바트=처럼; 타드바트=그래서; 카마흐=욕망; 얌=그들; 프라비샨티=들어가; 사르베=모든; 사흐=그는; 샨팀=평화; 아프노티=도달하는; 나=아닌; 카마카미=욕망을 소중히 여기는.
모든 물은 바다로 들어가 계속 채워지지만
변함이 없는 것처럼 모든 욕망이 흘러들어도 평화를 얻는다.
욕망을 소중히 여기는 사람은 그렇지 못하느니라.

모든 것을 수용하는 바다와 같이 그런 마음을 지닌 이는 모든 상대적인 세계의 변화에 흔들리지 않는다.
이 절을 해석하는 것은 아주 중요하다. 이 절에서 욕망을 억제하고 포기하라는 말은 자칫하면 행동의 무기력함으로 잘못 받아들여 능률적이지 못하

게 될 수가 있다. 보다 큰 충족감으로 이끄는 것이 욕망이다. 참나의 깨달음
은 거대한 바다와 같아 모든 것을 받아들인다. 욕망에 영향받지 않으면서 그
욕망을 충족시키는 것이다.

71 विहाय कामान् यः सर्वान् पुमांश्चरति निःस्पृहः । निर्ममो निरहङ्कारः स शान्तिमधिगच्छति ॥ ७१

비하야 카만 야흐 사르반 푸맘스차라티 니흐스프리하흐 |
니르마모 니라항카라흐 사 샨티마가디가짜티 |71|

비하야=떨쳐 버리고; 카만=욕망들; 야흐=그것; 사르반=모든; 푸
맘=사람; 차라티=움직이는; 니흐스프리하흐=갈구함이 없이; 니르
마마흐=나란 것; 니라항카라흐=나의 것이란; 사흐=그는; 샨팀=
평온함; 아디가짜티=도달하다.
모든 욕망을 떨쳐 버리고 '나' 라는 것과
'나의 것' 이라는 생각에서 벗어나 갈구함이 없이
행동할 때 그는 평온함에 이르느니라.

'나' 라는 에고의 모든 과정이 사라진 상태에서 생각하고 말하고 행동할
때 그는 평안함에 이르게 된다. 이러한 '나' 는 초월적인 의식에 영구하게
안착하였다는 것을 말한다. 그러한 '나' 는 초월적인 성스러움과 상대 세계
의 인간적인 존재 둘 다를 포함하는 것이다.

72 एषा ब्राह्मी स्थितिः पार्थ नैनां प्राप्य विमुह्यति ।
स्थित्वाऽस्यामन्तकालेऽपि ब्रह्मनिर्वाणमृच्छति ॥ ७२

에샤 브라흐미 시티티흐 파르타 나이남 프라프야 비무흐야티 |
스티트바아스야만타칼레아피 브라마니르바나므리짜티 |72|

에샤=이것; 브라흐미=브라만의; 스티티흐=상태; 파르타=아르주나; 나=아닌; 에남=이것 프라프야=도달된; 비무흐야티=미혹된; 스티트바=확립되다; 아스얌=이 안에; 안타칼레=죽음의 순간에; 아피=그럼에도; 브라흐마 니르바남=브라만과 하나된; 리짜티=도달되다.

이것이 브라만의 상태로다. 오 파르타여,
그것에 이르면 사람은 미혹되지 않는다.
죽음의 순간에서도 브라만과 하나된 상태에 이르면
그 신성 의식 속에 영원의 자유를 얻는다.

  이러한 신성 의식은 모든 행동에서 자유롭다. 모든 생각이나 행동이나 말에서도 자유롭다. 잠을 자거나 꿈을 꾸거나 행동하거나 자유롭다. 그러한 상태에서도 신성한 초월 의식은 유지되는 것이다. 브라만은 언제나 초월 의식이 유지되는 상태를 말하는 것이다. 이러한 의식을 얻은 사람은 출가자나 재가자에 관계없이 우주적 의식의 삶을 살아간다. 크리쉬나는 아르주나에게 "죽음의 순간에서도"라고 한 말은 삶을 성취하는 것을 분명히 보여주는 것을 의미한다.

इति श्रीमद्भगवद्गीतासूपनिषत्सु ब्रह्मविद्यायां योगशास्त्रे श्रीकृष्णार्जुनसंवादे सांख्ययोगो नाम द्वितीयोऽध्यायः ॥

이티 스리마드바가바드기타수파니샤트수 브라흐마비드야얌 요가 사스트레
스리크리쉬나르주나 삼바데 삼크야요고 나마
드비티요아드야야흐 ||

바가바드 기타의 우파니샤드 안에 요가의 과학이며 지고의 브라만의 지식이며 아르주나와 스리 크리쉬나의 대화인 제2장 삼크야 요가를 말한다.

제3장
카르마 요가
행동의 요가

 행동의 요가, 즉 카르마 요가는 존재 또는 신과 하나된 상태에서 흔들림 없이 행하는 행위이며 희생인 야그나는 행위의 꽃이며 행위를 아름답게 하는 것이다.

1

अर्जुन उवाच

ज्यायसी चेत्कर्मस्ते मता बुद्धिर्जनार्दन ।

तत्किं कर्मणि घोरे मां नियोजयसि केशव ॥ १

아르주나 우바차
즈야야시 체트카르마나스테 마타 부띠르자나르다나 |
타트킴 카르마니 고레 맘 니요자야시 케사바 |1|

아르주나 우바차=아르주나 말하다; 즈야야시=우수한; 체트=만약; 카르마나흐=행동보다; 테=그대께서; 마타=생각; 부띠흐=이성; 자나르다나=크리쉬나의 이름이며 헌신자의 열망을 성취시켜 주는 이; 타트=그런 다음; 킴=왜, 어찌하여; 카르마니=행동하는; 고레=끔직한; 맘=나에게; 니요자야시=수행하다; 케사바=크리쉬나의 이름.

당신께서 이성이 행동보다
더 나은 것이라고 생각하신다면, 오 자나르다나여,
어찌하여 저에게 이러한
끔직한 행위를 명령하십니까? 오 케샤바시여.

아르주나는 섬세한 심리적인 측면에서 크리쉬나에게 질문을 한다. 그것은 이성이 행동보다 나은 것이 아니냐고 말하는 것은 크리쉬나의 마음 안에는 아직도 전쟁을 피하려는 것이 존재하기 때문이다. 그리고 이러한 질문은 크리쉬나가 가르치는 데 도움을 주는 것이다.

2 व्यामिश्रेणेव वाक्येन बुद्धिं मोह्यसीव मे ।
तदेकं वद् निश्चित्य येन श्रेयोऽहमाप्नुयाम् ॥ २

브야미스레네바 바크예나 부띰 모하야시바 메 |
타데캄 바다 니스치트야 예나 스레요아하마프누얌 |2|

브야미스레나=당황하게 하다; 이바=말하자면; 바크예나=말하자면; 부띰=이해하는; 모하야시=혼란스러운; 이바=말하자면; 메=나의; 타트=그것; 에캄=하나의; 바다=말하다; 니스치트야=확실한; 스레야흐=가장 높은 선, 희열; 예남=그러하니; 아함=나; 아프누얌=도달하다.

엇갈리는 말씀으로 당신께서는 말하자면,
나의 이해력을 혼란스럽게 합니다.
그러하오니 내가 가장 높은 선을 얻도록
하나의 말씀을 하여 주소서.

가장 높은 선(善)이며 희열로 번역되는 스레야(Sreya)는 속박을 부숴 버리는 지혜의 요가를 말하는데 그것은 지혜인 그야남(Gyanam)이며 깨달음의 빛이다. 아르주나는 "그대는 나의 무지를 없애주고 이 비참함을 제거하는 이이십니다. 왜 내가 이렇게 이 삶의 문제에 봉착되어 있습니까? 나는 확신하는데 그대만이 나의 이 혼돈을 제거하십니다. 나는 그대가 최고의 선을 주는 이임을 압니다. 나를 인도해 주소서"라고 말하는 것이다. 아르주나의 어정쩡한 상태로부터 다시 마음을 흔들어 이성을 자극하여 다시금 가르침을 얻으려고 하는 것이다.

3 श्री भगवानुवाच

लोकेऽस्मिन्द्विविधा निष्ठा पुरा प्रोक्ता मयानघ ।
ज्ञानयोगेन सांख्यानां कर्मयोगेन योगिनाम् ॥

스리 바가바누바차
로케아스민드비비다 니쉬타 푸라 프로크타 마야나가 |
그야나요게나 삼크야남 카르마요게나 요기남 |3|

스리 바가반 우바차=크리쉬나 말하기를; 로케=세상; 아스민=그 안에; 드비비다=두 개의; 니쉬타=길; 푸라=전에; 프로크타=말하다; 마야=나에 의해; 아나가=오 흠 없는 이; 그야나요게나=지혜의 요가; 삼크야남=삼크야 가르침의, 여섯 철학 체계 중에 하나이며 삶의 이론 체계; 카르마요게나=행위의 요가에 의해; 요기남=요기의.
거룩하신 주께서 말씀하셨다
옛부터 내가 설했듯이 오 흠 없는 자여,
이 세상에는 두 길이 있나니 사색하는 이를 위한
지혜의 요가와 행동하는 이를 위한 행위의 요가이다.

참나와 모든 대상을 파악하고 사색하는 것이 지혜의 요가인 그야나 요가이며 행동을 위한 요가는 카르마 요가이다. 참나에 대한 지혜는 초월 의식에서 우주 의식, 즉 사비칼파 삼매에서 니르비칼파 삼매로 발전할 때 지혜의 요가를 행하며 감각적인 차원에서 초월 의식을 발전시키는 것을 행위의 요가라고 한다. 그야나 요가와 카르마 요가는 서로 다른 길이다. 그야나 요가는 출가자에 적합하며 카르마 요가는 재가자에게 필요하다.

4 न कर्मणामनारम्भान्नैष्कर्म्यं पुरुषोऽश्नुते ।
न च संन्यसनादेव सिद्धिं समधिगच्छति ॥ ४

나 카르마나마나람반나이쉬카름얌 푸루쇼아스누테 ।
나 차 삼냐사나데바 시띰 사마디가짜티 ।4।

나=아닌; 카르마남=행위의; 아나람바트=행위하지 않음으로써; 나이쉬카르므얌=행위 없음을; 푸루샤흐=인간; 아스누테=도달된; 나=아닌; 차=그리고; 삼냐사나트=포기함으로써; 에바=오직; 시띰=완성; 사마디가짜티=도달되는.

**행위를 하지 않음으로써 행위 없음을 얻는 것은 아니며,
행위를 포기함으로써 그가 완성에 이르는 것은 아니다.**

산스크리트어 나이스카르므얌(Naiskarmyam)은 행위 없음, 무위(無爲)로 번역된다. 나는 이것을 오히려 완성한다는 산스크리트어 시띠(Siddhi)와 같은 의미로 생각한다. 완성 상태는 모든 행위를 넘어서 있다. 인간의 영적인 삶은 마치 씨앗 안에 모든 잎·뿌리·줄기를 다 포함하는 것과 같다. 모든 행위의 근원을 물리학으로 비유한다면 진공 상태는 가장 행위가 없지만 최고의 활동을 포함하는 것과 같다. 그것을 만두캬 우파니샤드(Mandukya Upanishad)에서는 말하는 잠자고, 꿈꾸고, 깨어 있는 것을 넘어선 네번째 의식 상태인 초월 의식 또는 투리야(Turiya)라고 한다. 거기에는 그것을 이렇게 표현하였다.
"투리야는 네번째 의식 상태이며 안과 밖 양쪽으로 돌릴 수 없는 상태이며 지각함과 지각하지 않은 것을 넘어선 어떤 것과도 다르지 않은 상태이다. 이 상태는 표현할 수도 없으며 생각할 수도 없으며 이해할 수도 없으며 유추하거나 비교되지도 않으며 감각을 통해 경험되는 상태가 아니다. 이 상태는 순수 의식이며 참나이며 모든 현상의 연속성이며 고요하고 모든 희열이며 둘이 아닌 하나이며 진정한 참나의 실현이다."
무위에 대하여 장자(莊子)는 이렇게 말하고 있다.
"만물이 번성하고 있지만 모두가 무위함으로써 불어나고 있는 것이다.

그러므로 하늘과 땅은 무위하면서도 모든 일을 하고 있다고 말하는 것이다.
세상 사람들은 그 누가 무위할 수가 있겠는가?
[萬物職職 皆從無爲殖 故曰 天地無爲也 而無不爲也 人也 孰能得無爲哉]¹⁵⁾

5 न हि कश्चित्क्षणमपि जातु तिष्ठत्यकर्मकृत् ।
कार्यते ह्यवशः कर्म सर्वः प्रकृतिजैर्गुणैः ॥ ५

나 히 카스치트크샤나마피 자투 티쉬트야카르마크리티 |
카르야테 흐야바샤흐 카르마 사르바흐 프라크리티자이르구나흐
|5|

나 히=아닌; 카스치트=누구나; 크샤남=순간; 아피=그럼에도; 자
투=통과하는; 티쉬타티=머무는; 아카르마크리티=행동하지 않고;
카르야테=만들어진; 히=때문에; 아바샤흐=도움이 없는; 카르마=
행위; 사르바흐=모든; 프라크리티자이흐=자연에서 나온; 구나이
흐=요소, 특질.
어느 누구도 한순간이라도 행동하지 않고 있을 수 없다.
왜냐하면 누구나 물질적인 본성인 자연의 요소들에 의해
활동하도록 되어 있기 때문이다.

자연인 프라크리티에서 세 가지 구나가 나왔으며 모든 행위의 순간도 언제나 구나의 영향을 받게 되어 있다. 행동은 하여야만 하는 것이며 행동을 피해서 무위한 상태에 이르는 것은 있을 수가 없다고 말하는 것이다.

6 कर्मेन्द्रियाणि संयम्य य आस्ते मनसा स्मरन् ।
इन्द्रियार्थान्विमूढात्मा मिथ्याचारः स उच्यते ॥ ६

카르멘드리야니 삼얌야 야 아스테 마나사 스마란 |
인드리야르탄비무다트마 미트야차라흐 사 우챠테 |6|

카르멘드리야니=행동의 기관; 삼얌야=통제하는; 야=누구; 아스테=앉는; 마나사=마음에 의해; 스마란=기억하는; 인드리야르탄=감각의 대상; 비무다트마=속이는; 미트야차라흐=위선적인; 사흐=그는; 우챠테=말한다.
앉아서 행동의 기관들을 통제하면서도
마음속으로는 감각의 대상을 생각하는 사람들은 스스로를
속이는 자이며 위선자라 할 것이다.

지금도 많은 사람들이 내면으로 몰입하는 다양한 마음의 수행법에 적용하고 있는 방법들, 즉 감각을 인위적으로 통제함으로써 긴장을 일으키는 것은 바람직하지 않다고 하는 것이다. 여기에서 위선자라는 말은 그 자신의 본성이나 상태를 속이는 이를 말한다.

7 यस्त्विन्द्रियाणि मनसा नियम्यारभतेऽर्जुन ।
कर्मेन्द्रियैः कर्मयोगमसक्तः स विशिष्यते ॥ ७

야스트빈드리야니 마나사 니얌야라바테아르주나 |
카르멘드리야이흐 카르마요가마사크타흐 사 비시쉬야테 |7|

야흐=누구; 투=그러나; 인드리야니=감각의; 마나사=마음에 의해; 니얌야=다스리다; 아라바테=행하다; 아르주나=아르주나; 카르멘드리야흐=행위의 기관; 카르마요감=카르마 요가; 아삭타흐=집착함 없이; 사흐=그는; 비시쉬야테=뛰어난.
그러나 마음으로 감각 기관을 다스리면서
행위의 기관들을 가지고 집착함이 없이 행동의 요가를 행하는 이,
오 아르주나여, 그는 뛰어난 자이다.

나는 현대의 많은 성공한 사람들이 이 카르마 요가 또는 행동의 요가 성취자라고 보여진다. 그들은 일 분 일 초라도 자신의 행동 반경에서 활용하면서 삶을 성취시킨다. 그의 짜여진 삶들은 고도로 감각을 다스리고 행동을 능숙하게 처리한다. 하지만 그들이 자신의 그러한 행동과 더불어 자신을 내면으로 몰입하는 기술은 있을까? 그것은 아니다. 그러기에 성공을 한 많은 사람들의 뒷이야기는 피곤하며 쉬고 싶다는 말들을 많이 한다. 행동의 요가에 가장 필요한 것은 바로 자신을 내면으로 돌리는 명상이다. 그러한 자야말로 크리쉬나가 말한 뛰어난 자인 것이다.

8 नियतं कुरु कर्म त्वं कर्म ज्यायो ह्यकर्मणः ।
शरीरयात्रापि च ते न प्रसिद्ध्येदकर्मणः ॥ ८

니야탐 쿠루 카르마 트밤 카르마 즈야요 흐야카르마나흐 |
사리라야트라피 차 테 나 프라시뜨예다카르마나흐 |8|

니야탐=의무; 쿠루=행하다; 카르마=행위; 트밤=그대; 카르마=행위; 즈야야흐=더 나은; 히=위한; 아카르마나흐=행동이 없는 것보다; 사리라야트라=몸의 유지; 아피=그럼에도; 차=그리고; 테=그대의 나: 아닌 프라시드예트=가능한; 아카르마나흐=행동이 없느는.
그대에게 부여된 의무의 행위를 행하라.
행동은 행동이 없는 것보다 낫기 때문이다.
행동이 없느는 그대 자신의 육신조차 부지하지 못하리라.

크리쉬나께서는 이 절에서 무조건 행동을 하라고 종용하는 것은 아니다. 다만 그 의무를 완수하라는 것이다. 아르주나는 군인이며 그는 크샤트리야의 집안에서 태어났다는 것을 인식시켜 준다. 그리고 본인이 해야 할 지금의 당위성은 전투를 해야만 하는 것이다. 그러면 단순히 행위만을 하라는 것이 아니라 그 자신을 변화시켜 활동하라는 것이다. 다시 말해서 자신의 마음의 상태가 참나에 확립된 상태에서 활동하라는 것이다.

9 यज्ञार्थात्कर्मणोऽन्यत्र लोकोऽयं कर्मबन्धनः। तदर्थं कर्म कौन्तेय मुक्तसङ्गः समाचर ॥ ९

야그야르타트카르마노아냐트라 로코아얌 카르마반다나흐 |
타다르탐 카르마 카운테야 묵타상가흐 사마차라 |9|

야그야르타트=희생을 위하여; 카르마나흐=행위의; 안야트라=다른 점에서; 로카흐=세계; 아얌=이것; 카르마 반다나흐=행위에 얽매여 있는; 타드 아르탐=그것을 위해; 카르마=행위; 카누테야=카운테야, 쿤티의 아들; 묵타 삼가흐=집착으로부터 벗어난; 사마차라=행하는.

희생을 위하여 행해지는 행위를 빼놓고는
이 세상은 행위에 얽매여 있다.
희생를 위하여 집착에서 벗어나 행위를 하라. 오 쿤티의 아들이여.

희생 또는 제식으로 해석되는 야그야(Yagya)는 자신의 행위가 자신의 개인적인 이익뿐만 아니라 집단과 사회와 세계와 우주적인 차원과 연결되어 좋은 영향을 주고 그것으로부터 다시 돌려받는다. 인간이 살아가면서 서로가 주고받지만 진정으로 주고받는 상황은 이익에 관계없이 아낌없이 주고받는 것이다. 마치 태양이 찬란한 빛을 내뿜어 생명력을 보존시키고 어머니가 자식에게 기대함이 없이 모든 것을 주는 것은 야그야를 단순한 희생이라는 단어보다 사랑하고 돌보는 행위라는 것이 적합할 것이다.

야그야는 베다에서는 다루는 것이다. 베다는 많은 사크야(Sakya)로 나뉜다. 각 사크야마다 세 부분으로 나뉘는데 거친 행동적인 면을 다루는 카르마 칸다(Karma Kanda)와 신들의 축복을 받는 예배의 면을 다루는 우파사나 칸다(Upasana Kanda) 그리고 절대적인 참나와 연결되게 하는 그야나 칸다(Gyana Kanda)가 있다. 우파니샤드는 그야나 칸다에 속해 있다.

베다는 모든 부분, 즉 육체적이고 정신적이고 영혼적인 면을 다루게 된다.

10 सहयज्ञाः प्रजाः सृष्ट्वा पुरोवाच प्रजापतिः ।
अनेन प्रसविष्यध्वमेषवोऽस्त्विष्टकामधुक् ॥ १०

사하야그야흐 프라자흐 스리쉬트바 푸로바차 프라자파티흐 |
아네나 프라사비쉬야드바메샤보아스티바쉬타카마두크 |10|

사하야그야흐=희생과 함께; 프라자흐=인류; 스르쉬트바=창조된; 푸라=태초에; 우바차=말하다; 프라자파티흐=창조주인; 아네나=이것에 의해; 프라사비쉬야드밤=번성하다, 번식시키다; 에샤흐=이것; 바흐=그대는; 아시투=하게 하다; 이쉬타카마두크=소원을 들어주는 젖소.

태초에 창조주 프라자파티는 인류를
야그야와 함께 창조하고 나서 말하였다.
"이 야그야로서 그대들은 번성할 것이며 이것이
그대들의 소원을 들어주는 젖소가 될 것이다."

창조주인 프라자파티는 인격화된 신인 이스바라의 본성이며 그는 인간의 숙명을 지배하고 안내한다. 지상의 삶은 고통으로 싸여 있으며 그것으로부터 자유로워지려 한다. 지상의 삶의 모든 행위는 희생인 야그야를 통해서 바뀌어진다. 카마두크(Kamadhuk)인 신화에 나오는 젖소는 몸은 소이며 날개가 달려 있다. 이 성스러운 젖소를 가지면 그가 믿는 대로 바로 그가 원하는 것을 이룰 수가 있다. 이 젖소는 희생인 야그야이며 그것을 통해 모든 것을 이룬다는 것을 말하는 것이다.

11 देवान्भावयतानेन ते चेवा भवयन्तु वः ।
परस्परं भावयन्तः श्रेयः परमवाप्स्यथ ॥ ११

데반바바야타네나 테 데바 바바얀투 바흐 |
파라스파람 바바얀타흐 스레야하 파라마바프스야타 |11|

데반=신들; 바바야타=받들다; 아네나=이것과 함께; 테=그들; 데바흐=신들; 바바얀투=돌보다; 바흐=당신; 파라스파람=또 다른; 바바얀타흐=받들다; 스레야흐=좋은; 파람=가장 높은; 아바프스타=도달되다.
야그야를 통하여 그대들은 신들을 받들고
또 신들은 그대를 돌봐주리라.
서로를 받들면서 그대들은 가장 높은 선(善)에 이르리라.

신들인 데바(Deva)는 빛을 비춰 주는 의미이며 몸 안에 거주하는 빛나는 이이다. 모든 신들은 다양한 자연의 법칙을 주관하는 여러 에너지층을 주관한다. 그 빛은 최고의 선이며 그것은 희생인 야그야를 통해 도달된다.

12 इष्टान्भोगान्हि वो देवा दास्यन्ते यज्ञभाविताः ।
तैर्दत्तानप्रदायैभ्यो यो भुङ्क्ते स्तेन एव सः ॥ १२

이쉬탄보간히 보 데바 다스얀테 야그야바비타흐 |

타이르다따나프라다야이브요 요 붕크테 스테나 에바 사흐 |12|

이쉬탄=원하는; 보간=대상; 히=그러므로; 바흐=그대에게; 데바흐=신들; 다스얀테=베풀어 주는; 야그야바비타흐=희생에 의해 만족하면; 타이흐=그대들에 의해; 다딴=준; 아프라다야=아무것도 바치지 않는; 에브야흐=그들에게; 야흐=누구의; 붐크테=즐기는; 스테나흐=도둑; 에바=참으로; 사흐=그는.

희생에 만족하면 신들은 어김없이
그대들이 원하는 즐거움을 베풀어 주리라.
신들이 준 것을 즐기면서 그들에게
아무것도 바치지 않는 사람은 다만 도둑일 뿐이다.

  상대적인 삶은 모두 연결되어 있으며 계속해서 서로가 서로에게 영향을 준다. 상대적인 자연과 그 특성인 구나는 상대적인 작용을 어느 누구에게도 예외 없이 하게 된다. 그 상대적인 작용의 가장 위대한 행위가 바로 야그야이며 희생이다. 그 야그야는 바로 신이 준 선물이며 모든 상대적인 바람을 이루어 주는데 그러한 희생을 하지 않고 신이 준 것만을 즐긴다는 것은 도둑이라는 것이다. 이것은 진리를 추구하는 모든 사람들에게 경종을 울리는 말이기도 하다. 잘못된 수행 방법을 실천하는 사람들이나 왜곡된 사상을 통해 미신화시킨 관념들로 혹세무민하는 사람들 또는 종교가들이나 수행자들이 초월적인 의식을 체득하지도 못한 상태에서 비현실적인 신비감으로 단순히 기분을 조성해서 되는 일이 아니라는 것이다. 도둑은 훔친 것으로 만족하지만 자기 자신이 스스로 노력하여 부자가 되려고 하지 않는다.
  크리쉬나는 단순히 물질적인 부에 만족하는 것이 아니라 더 큰 신(神)의식에 대해 열망하라는 말을 하는 것이다.

13

यज्ञशिष्टाशिनः सन्तो मुच्यन्ते सर्वकिल्बिषैः ।
भुञ्जते ते त्वघं पापा ये पचन्त्यात्मकारणात् ॥ १३ ॥

야그야시쉬타시나흐 산토 무챤테 사르바킬비샤이흐 |
분자테 테 트바감 파파 예 파찬트야트마카라나트 |13|

야그야시쉬타시나흐=희생의 남은 것을 먹는; 산타흐=올바른; 무
챤테=자유로운; 사르바킬비사이흐=모든 죄에서; 분자테=먹는;
테=그들; 투=참으로; 아감=죄; 파파흐=올바르지 못한 사람; 예=
누구; 파찬티=요리하는; 아트마카라나트=자신만을 위하여.

희생의 남은 것을 먹는 올바른 선한 사람들은
모든 죄에서 해방되나 자신만을 위하여
먹는 것을 마련하는 올바르지 못한 사람들은 죄악을 먹는다.

희생이란 야그야를 말한다. "야그야에서 남은 것"이란 무엇을 말하는가? 야그야는 바로 의식을 말하는 것이며 개인 의식과 무한한 의식을 말하는 것이다. 개인 의식에 사로잡혀 무한한 우주적인 의식의 목표를 방해한다면 그것은 죄를 먹는다는 것이다. 음식을 먹을 때에는 주린 배를 채우는 목적으로 먹는 것이 아니라 신에게 바친 다음 먹는 것은 신의 축복을 받는다고 많은 경전이나 종교단체에서 말한다.

14

अन्नाद्भवन्ति भूतानि पर्जन्यादन्नसम्भवः ।
यज्ञाद्भवति पर्जन्यो यज्ञः कर्मसमुद्भवः ॥ १४ ॥

안나드바반티 부타니 파르잔야단나삼바바흐 |
야그야드바바티 파르잔요 야그야흐 카르마사무드바바흐 |14|

안나트=음식으로부터; 바반티=나오다; 부타니=존재; 파르잔야트
=비에서; 안나삼바바흐=음식으로부터; 야그야트=희생; 바바티=
나오다; 파르잔야흐=비; 야그야흐=희생; 카르마사무드바바흐=행
위의 탄생.

먹을 것으로부터 존재가 나오며 비에서부터 먹을 것이 나오며
희생으로부터 비가 나오며 행위로부터 희생이 나온다.

앞서 말한 바와 같이 희생에 대한 베다의 이야기를 다시 한다면 희생인 야
그야(Yagya)는 세 개의 사크야(Sakya)가 있으며 세 개의 칸다(Kanda)가 있다.
카르마 칸다(Karma Kanda)는 행동을 다루며 우파사나 칸다(Upasana Kanda)
는 제례 의식을, 그야나 칸다(Gyana Kanda)는 참나를 다루는 지혜가 있다.

야그야는 다섯 개의 야그야가 있는데 첫번째는 데바 야그야(Deva Yagya)-
신의 예배, 두번째는 리쉬 야그야(Rishi Yagya)-깨달음의 열망, 세번째는 피
트루 야그야(Pitru Yagya)는 매일매일 성스러운 생각과 경이로운 생각을 가
지는 것, 네번째인 나라 야그야(Nara Yagya)는 인류를 위해 봉사하는 것이
며, 다섯번째인 부타 야그야(Butha Yagya)는 모든 창조의 존재는 신으로부
터 나오는 우주적인 삶을 표현한 것이다.

자연의 생명체는 거대한 질서를 유지하고 있다. 하나의 생명체가 모든 것
을 독차지할 때에 문제가 발생한다. 이 거대한 자연의 법칙은 그러한 서로의
희생을 통해서 유지되어 간다. 모든 거친 생명체로부터 자연의 흐름이 서로
유기적으로 진행되어 가는 것이다. 그러한 것에 대한 감사함을 이해하는 것
은 그 사람의 의식을 향상시키는 계기가 된다.

15 कर्म ब्रह्मोद्भवं विद्धि ब्रह्माक्षरसमुद्भवम् । तस्मात् सर्वगतं ब्रह्म नित्यं यज्ञे प्रतिष्ठितम् ॥ १५

카르마 브라흐모드바밤 비띠 브라흐마크샤라사무드바밤 |
타스마트 사르바가탐 브라흐마 니트얌 야그예 프라티쉬티탐 ||15|

카르마=행위; 브라모바밤-브라마(창조주)에서 나오다; 비띠=알다;
브라흐마=창조주; 아크사라사무드바밤=불멸에서 나오다; 타스마
트=그러므로; 사르바가탐=모든 곳에 편재하는; 브라흐마=창조주;
니트얌=한결같은; 야그예=희생 안에; 프라티쉬티탐=자리잡다.
행위는 창조주인 브라흐마(Brahma), 즉 베다에서 나옴을 알라.
창조주는 불멸에서 나오나니. 그러므로 모든 것에 편재하는
창조주는 한결같이 희생에 자리잡혀 있도다.

베다를 상징할 때는 창조주 브라흐마를 말한다. 그 이유는 절대적인 창조자의 창조 의지에서부터 나온 것이기 때문이다. 그 창조 의지의 발현은 희생적인 야그야로부터 나오는데 상대적인 세계의 프라크리티와 거기에 세 가지의 속성인 사뜨바·라자스·타마스가 있다. 그러한 희생의 야그야는 진화에 도움이 되는데 높은 측면은 신의식으로 가는 길이며, 낮은 야그야는 제식이나 의식을 말한다.

창조의 신 브라흐마가 창조를 하려고 하는데 창조가 되지 않자 인간으로 화현한 비쉬누 신의 화신인 그의 스승 나라야나를 찾아갔다. 그는 나라야나에게 창조가 되지 않는다고 말하였다. 나라야나는 브라흐마에게 가서 깊은 명상을 하라고 하였다. 그런데도 창조가 진행이 되지 않자 브라흐마는 다시 나라야나에게로 갔다. 나라야나는 다시 가서 깊이 몰입하라고 하였다. 그리고 그 깊은 고요함의 정적 안에 빅뱅이 일어나면서 창조는 순식간에 이루어졌다고 한다. 위대한 최고의 야그야이며 희생은 바로 깊은 우주적인 의식의 체험이며 그것이 바로 창조의 근원이라는 것이다.

16 एवं प्रवर्तितं चक्रं नानुवर्तयतीह यः ।
अघायुरिन्द्रियारामो मोघं पार्थ स जीवति ॥ १६

에밤 프라바르티탐 차크람 나누바르타야티하 야흐 |
아가유린드리야라모 모감 파르타 사 지바티 |16|

에밤=그러므로; 프라바르티탐=돌려지고 있는; 차크람=바퀴; 나=
아닌; 아누바르타야티=따르는; 이하=여기; 야흐=누구; 아가유흐
=악한 삶을 살고; 인드리야라마흐=감각을 쾌락으로; 모감=헛되
이; 파르타=아르주나; 사흐=그는; 지바티=살다.
이 삶에서 이처럼 돌려지고 있는 바퀴를 따르지 않는 사람들,
그가 악한 삶을 살고 감각을 쾌락으로 살며
헛되이 사는 것이다. 오 파르타여.

삶의 거칠고 섬세하고 참나의 삶을 사는 사람들, 모든 층을 거치면서 살아가는 사람들은 창조의 돌려진 바퀴를 따라 사는 사람들이다. 그렇지 않은 이는 감각과 쾌락에 빠져 헛되이 사는 것이다. 이사 우파니샤드는 이렇게 말한다.
"이 세계는 어떤 움직임도 절대의 표현이다.
그것에 내맡기고 다른 이의 부(富)나 소유를 탐하지 마라.
사람이여 이러한 길로 백년을 살아가려고 하여라.
이 길 외에는 행동에 얽매이지 않는 길이 없으리니."[16]

17 यस्त्वात्मरतिरेव स्यादात्मतृप्तश्च मानवः । आत्मन्येव च संतुष्टस्तस्य कार्यं न विद्यते ॥ १७

야스트바트마라티레바 스야다트마트리프타스차 마나바흐 |
아트만예바 차 삼투쉬타스타스야 카르얌 나 비드야테 |17|

야흐=누구; 투=그러나 참나에만 있고; 아트마라티흐=참나 안에서 즐거워하는 자; 에바=오직; 스야트=아마; 아트마트르푸타흐=참나 안에서만 만족하는 이; 차=그리고; 마나바흐=인간의; 아트마니=참나 안에; 에바=오직; 차=그리고; 삼투쉬타흐=만족; 타스야=그의; 카르얌=해야 될 행동; 나=아닌; 비드야테=하는.

그러나 자신의 즐거움이 오직 참나에만 있고
참나 안에서만 만족하는 이
그에게는 해야 될 행동이 없느니라.

참나는 행동이 없는 것이며 마음이 일어나는 것은 자연의 속성들의 작용들에 의한 것이다. 참나는 이미 이 세상에서 해야 할 일은 끝이 났으며 이미 도달되고 달성되어 해야 할 일이 없는 것이다. 그뒤 절에서 그러면 그는 행동을 하지 않는 것인가? 하는 의문에 답을 준다.

18 नैव तस्य कृतेनार्थो नकृतेनेह कश्चन ।
न चास्य सर्वभूतेषु कश्चिदर्थव्यपाश्रयः ॥ १८

나이바 타스야 크리테나르토 나크리테네하 카스차나 |
나 차스야 사르바부테슈 카스치다르타브야파스라야흐 |18|

나=아닌; 에바=그럼에도; 타스야=그는; 크리테나=행동에 의해; 아르타흐=관한; 나=아닌; 아크르테나=행동으로부터 어떠한 것도 없다; 이하=여기; 카스차나=어떤; 나=아닌; 차=그리고; 아스야=사람의; 사르바부테슈=모든 존재 안에; 카스치트=어떤; 아르타브야파스라야흐=어떠한 것에도 의존하지 않는.

그는 세상에서 한 행동이나 하지 않은
행동으로부터 얻을 어떠한 이익도 없으며
목적을 위하여 어떠한 것에도 의존하지 않는다.

크리쉬나는 참나에 도달된 존재에 대한 말을 하고 있는 것이다. 참나에 도달된 이는 어떠한 것에도 의존하지 않는 독립적이며 자존적이고 그 스스로 만족된 상태이다.

19 तस्मादसक्तः सततं कार्यं कर्म समाचर ।
असक्तो ह्याचरन्कर्म परमाप्नोति पूरुषः ॥ १९

타스마다사크타흐 사타탐 카르얌 카르마 사마차라 |
아사크토 흐야차란카르마 파라마프노티 푸루샤흐 |19|

타스마트=그러므로; 아사크타흐=집착이 없이; 사타탐=언제나; 카르얌=해야 될; 카르마=행위; 사마차라=수행하다; 아사크타흐=집착 없이; 히=왜냐하면; 아차란=수행하는; 카르마=행위; 파람=가장 높은, 지고의; 아프노티=도달하는; 푸루샤흐=인간.
그러므로 집착함 없이 있으면서 언제나 행해야 될 행위를 하라. 집착 없이 행동을 함으로써 그는 가장 높은 것에 이르느니라.

그러면 행해야 될 행위는 어떠한 행위를 말하는 것일까? 그것은 집착이 없는 행위를 하는 것인데 그러한 행위는 의식 상태에 따른 것이지 인위적으로 한다고 하여 되는 것은 아닐 것이다. 첫번째는 의식 상태가 처음 명상을 통하여 초월된 의식 상태인 사비칼파(savikalpa) 삼매에 도달해야 한다. 두번째는 우주적인 의식 상태인 니르비칼파(Nirvikalpa) 삼매이며, 세번째는 신의 의식 상태인 케발라 니르비칼파(Kevala Nirvikalpa) 삼매이며, 네번째는 통일된 의식 상태인 사하자(Sahaja) 삼매이다. 그러한 의식 상태에서는 자연스럽게 집착 없이 행동할 수가 있다.

20 कर्मणैव हि संसिद्धिमास्थिता जनकदयः ।
लोकसंग्रहमेवापि संपश्यन्कर्तुमर्हसि ॥ २०

카르마나이바 히 삼시띠마스티타 자나카다야흐 |
로카삼그라하메바피 삼파샨카르투마르하시 |20|

제3장 카르마 요가 159

카르마나=행위에 의하여; 에바=오직; 히=매우; 삼시땀=완성; 아스티타흐=도달된; 자나카다야흐=자나카 왕과 다른 성자들; 로카삼그라함=사람들의 보호; 에바 아피=오직; 삼파샨=보는; 카르툼=수행하는; 아르하시=그대는 해야 하는.
행위에 의하여 자나카와 다른 이들은 바로 완성에 이르렀느니라.
세계의 복리를 위해서라도 그대는 행위를 해야만 하느니라.

깨달은 수행자이며 왕인 자나카(Janaka)와 아스바파티(Asvapati)는 왕국을 지배하는 데 탁월하였으며 마찬가지로 정신적인 수행도 열심히 하였다. 그들은 결국 물질적인 영역을 넘어서 영적인 경지에 도달하게 되었다. 그들은 자신의 내면을 발전시켜 참나의 완성에 도달하였으며 세상 사람들의 복리를 위하여 노력하였다.

21 यद्यदाचरति श्रेष्ठस्तत्तदेवेतरो जनः । स यत्प्रमाणं कुरुते लोकस्तदनुवर्तते ॥ २१

야드야다차라티 스레쉬타스타따데베타로 자나흐 |
사 야트프라마남 쿠루테 로카스타다누바르타테 |21|

야드야트=무엇이든; 아차라티=하는; 스레쉬타흐=최상의; 타따트=그것; 에바=오직; 이타라흐=다른; 자나흐=사람; 사흐=그는; 야트=무엇; 프라마남=모범; 쿠루테=하는; 로카흐=세상; 타트=그것; 아누바르타테=따르는.
무엇이든 위대한 이들이 하는 것은 다른 이들도 따라 하느니라.
그가 세우는 모범은 세상이 따라가느니라.

크리쉬나의 위대한 가르침은 영적으로나 사회적으로 아르주나가 본받을 만한 위대한 사람들을 말하며 그의 마음을 자극하는 것이다.

22 न मे पार्थास्ति कर्तव्यं त्रिषु लोकेषु किञ्चन ।
नानवाप्तमवाप्तव्यं वर्त एव च कर्मणि ॥ २२

나 메 파르타스티 카르타브얌 트리슈 로케슈 킨차나 |
나나바프타마바프타브얌 바르타 에바 차 카르마니 |22|

나=아닌; 메=나의; 파르타=아르주나; 아스티=하는; 카르타브얌= 해야 하는; 트리슈=세 가지 안에; 로케슈=세상; 킴차나=어떠한; 나=아닌; 아나바프탐=도달되지 않는; 아바프타브얌=도달된; 바르테=하는; 에바=또한; 차=그리고; 카르마니=행동 안에.

삼계(三界)에서 내가 해야 할 것은 아무것도 없다.
오 파르타여, 또 내게는 이루어야 할 어떤 것도 없나니,
그럼에도 나는 행동을 하고 있노라.

이 절에서 말하는 산스크리트어의 트리슈 로케슈(Trishu Lokeshu)란 삼계(三界)이다. 이것은 베다의 가야트리 만트라에 나오는 부(Bhu), 브바흐(Bvah), 스바하(Svaha)이며 다른 말로 말한다면 우리가 살고 있는 지상계(地上界; Earth world)와 영혼의 세계인 유계(幽界; Astral world)와 가장 높은 영적인 세계인 상념계(想念界; Ideal world)이다. 이것은 인간이 살고 있는 세계는 육체적인 세계만이 전부가 아니라 몸을 떠난 영적인 에너지의 세계도 존재한다는 뜻이다. 그러나 몸의 완성의 기초가 없이 영적인 세계를 말한다면 허약하고 공허하고 할 뿐이며 에너지의 세계는 약할 것이다. 크리쉬나는 이 삼계의 모든 세계를 넘어서 있고 다 이루었으며 더 이상 해야 할 것이 없다고 말하는 것이다.

이러한 것에 대해 많은 종교나 정신수양의 단체마다 다른 관점을 가질 수가 있다. 그러나 분명한 것은 살아 있는 이 세계에 대해서 최선을 다하라는 말은 일치한다는 것이다. 그것은 다른 어떠한 것이나 어떠한 세계에도 영향을 미치는 것이다. 그것은 분명한 진리이다.

23 यदि ह्यहं न वर्तेयं जातु कर्मण्यतन्द्रितः ।
मम वर्त्मानुवर्तन्ते मनुष्याः पार्थ सर्वशः ॥ २३

야디 흐야함 나 바르테얌 자투 카르만야탄드리타흐 |
마마 바르트마누바르탄테 마누쉬야흐 파르타 사르바사흐 |23|

야디=만약; 히=확실히; 아함=내가, 나; 나=아닌; 바르테얌=활동을 하다; 자투=끊임없이; 카르마니=활동 안에; 아탄드리타흐=끈기 있는; 마마=나의; 바르트마=길; 아누바르탄테=따르는 마누쉬야흐=사람; 파르타=아르주나; 사르바사흐=모든 길에서.

만약 내가 끊임없이 활동을 이어오지 않았다면 어찌 되었겠는가, 오 파르타여, 사람들은 어디에서나 나의 길을 따르느니라.

크리쉬나는 아르주나에게 자신의 의무를 회피하는 것은 죄를 짓는 것이며 사회적으로 영향을 미칠 것이라고 말한다. 그리고 "끊임없는 활동을 이어오지 않았다면"이라는 말은 이 우주가 우리들의 힘으로만 존재하는 것은 절대로 아님을 말하는 것이다. 여러 자연 재앙이나 자연의 거대한 힘이 우리에게 밀려올 때는 그것을 깨닫지만 우리는 곧 잊어버리고 산다. 우주의 창조·유지·소멸이 반복되면서 계속 진행되는 긴 시간 속에서 알지 못하는 힘들은 우리를 보호하기도 하고 우리를 공격하기도 하였다. 그 절대적인 힘이 없었다면 전체 우주의 창조는 사라질 것이다.

그 절대적인 힘을 본받아야 한다고 하는 것이다.

24 उत्सीदेयुरिमे लोका न कुर्यां कर्म चेदहम् ।
सङ्करस्य च कर्ता स्यामुपहन्यामिमाः प्रजाः ॥ २४

우트시데유리메 로카 나 쿠르얌 카르마 체다함 |

상카라스야 차 카르타 스야무파한야미마흐 파라자흐 |24|

우트시테유흐=파멸하는; 이메=이러한; 로카흐=세계; 나=아닌; 쿠르얌=활동하는; 카르마=활동; 체트=만약; 아함=나는; 상카라스야=의무 계급의 혼란; 차=그리고; 카르타=저자, 원인자; 스얌=그러할 것이다; 우파한얌=멸망하는; 이마흐=이런; 프라자흐=존재들.
만약 내가 활동하지 않는다면 이 세계는
파멸될 것이며 나는 혼란을 자아낼 것이며
이 존재들의 멸망의 원인이 될 것이다.

크리쉬나는 아르주나가 제1장 39절에서 45절까지 언급한 자신의 전쟁 참가가 사회를 파괴한다는 것에 대한 답변이기도 하다. 그리고 아르주나의 생각을 바꿔 버리고 있다. 자신의 의무를 다하여 전쟁에 참가하라고 하는 것이다.

25 सक्ताः कर्मण्याविद्वांसो यथा कुर्वन्ति भारत ।
कुर्याद्विद्वांस्तथासक्तश्चिकीर्षुर्लोकसंग्रहम् ॥ २५

사크타흐 카르만야비드밤소 야타 쿠르반티 바라타 |
쿠르야드비드밤스타타사크타스치키르슈를로카삼그라함 |25|

사크타흐=집착; 카르마니=행동하는; 아비드밤사흐=무지한; 야타=그러한; 쿠르반티=행동; 바라타=바라타; 쿠르야트=행동할 것이다; 비드반=지혜로운; 타타=그러므로; 아사크타흐=집착 없이; 치키르슈흐=원하는; 로카삼그라함=세계의 복리.
무지한 자가 집착을 가지고 행동하듯이 오 바라타여,
지혜로운 이는 집착 없이 세계의 복리를 바라며 행동할지니라.

진정으로 위대한 자는 어떠한 바람도 없이 주는 사람이다. 어리석은 자는 행위의 결과에 자신의 이익을 포함시키지만 지혜로운 자는 가장 의로운 행위를 하면서도 그 결과에 집착하지 않는다.

26 न बुद्धिभेदं जनयेदज्ञानां कर्मसङ्गिनाम् ।
जोषयेत्सर्वकर्माणि विद्वान्युक्तः समाचरन् ॥ २६

나 부띠베담 자나예다그야남 카르마상기남 |
조샤예트사르바카르마니 비드반육타흐 사마차란 |26|

나=아닌; 부띠베담=마음의 확립되지 않는; 자나예트=일으키는; 아그야남=무지한; 카르마삼기남=행동에 집착하는; 조사예트=속박하는; 사르바 카르마니=모든 행동; 비드반=현명한; 육타흐=조화로운; 사마차란=행동하는.
슬기로운 이는 행동에 집착하는 무지한 이들에
혼란이나 갈등을 일으키지 말지어다.
현명한 사람들은 집중된 가운데 행동함으로써
무지한 이들의 행동을 이끌어야 할 것이다.

이 절은 아주 중요한 절이기도 하다. 슬기로운 이들은 참나의 휘말려들지 않는 상태를 바로 일반인들에게 말하여서 그들은 혼란에 빠뜨리는 일은 없어야 한다. 그들은 여과없이 그것을 받아들이며 단계적인 과정도 없이 받아들이기 때문이다. 그러한 사람들은 이성이 확고하지도 않다. 현자는 그러한 사람의 마음을 혼동시켜서는 아니 된다. 그렇게 되면 그들의 일상 생활에 혼란을 줄 수도 있다. 지혜로운 자들은 그들을 외부의 거칠은 상태부터 내면의 섬세한 상태까지 체계적으로 이끌어 주어야 한다.

27 प्रकृतेः क्रियमाणानि गुणैः कर्माणि सर्वशः ।
अहङ्कारविमूढात्मा कर्ताहमिति मन्यते ॥ २७

프라크리테흐 크리야마나니 구나이흐 카르마니 사르바사흐 |
아항카라비무다트마 카르타하미티이 만야테 |27|

프라크르테흐=자연의; 크리야마나니=수행하는; 구나이흐=요소들에 의해; 카르마니=행위들; 사르바사흐=모든 경우에; 아함카라 비무다트마=나라는 생각에 미혹한 사람; 카르타=행동하는 자; 아함=나; 이티=그래서; 만야테=생각하는.
모든 행위는 자연의 요소들에 의해 이루어진다.
나라는 생각에 미혹된 사람은 '내가 행동하는 자' 라고 생각한다.

세 가지의 특성인 구나는 상대적으로 표현된 자연의 모든 행위들을 만들어 낸다. 참나를 알지 못하고 구나에 의해 일어나 활동하는 자가 바로 나라는 것은 마치 영화를 보면서 영화에 나오는 자가 자기라고 착각하는 미혹에 빠지는 것과 같은 것이다.

28 तत्त्ववित्तु महाबाहो गुणकर्मविभागयोः ।
गुणा गुणेषु वर्तन्त इति मत्वा न सज्जते ॥ २८

타뜨바비뚜 마하바호 구나카르마비바가요흐 |
구나 구네슈 바르탄타 이티 마트바 나 사쨔테 |28|

타뜨바비트=참이치를 아는 자; 투=그러나; 마하바호=억센 팔을 지닌 자; 구나 카르마 비바가요흐=요소들의 갈래와 그 작용들; 구나흐=요소(감각의 형태); 구네슈=요소들(대상의 형태); 바르탄테=머무는; 이티=그러므로; 마트바=아는 것; 나=아닌 사짜테=집착하는.
그러나 요소들의 갈래와 그 작용들의
참이치를 아는 자는, 오 억센 팔을 지닌 자여,
요소들이 작용하는 것이 요소들임을 알기에 매이지 않는 것이다.

'참이치를 아는 자'는 모든 상대 세계의 요소인 구나(Guna)들의 성질과 나뉘어짐과 그것의 작용을 파악하여야만 한다. 그리고 그 구나들을 벗어나 얽매이지 않아야 한다.

29 प्रकृतेर्गुणसंमूढाः सज्जन्ते गुणकर्मसु ।
तानकृत्स्नविदो मन्दान्कृत्स्नाविन्न विचालयेत् ॥ २९

프라크리테르구나삼무다흐 사짠테 구나카르마수 |
타나크르트스나비도 만단크리트스나빈나 비찰라예트 |29|

프라크리테흐=자연의; 구나 삼무다흐=요소에 미혹한 사람들은; 사짠테=집착된; 구나 카르마수=요소의 작용; 탄=그들; 아크르드스나비다흐=부분만을 알고 사는; 만단=어리석은; 크르트스나비트=전체를 아는 사람; 나=아닌; 비찰라예트=동요하다.
자연의 요소에 미혹한 사람들은 요소의 작용에 매여 있다.
전체를 아는 사람은 오직 부분만을 알고 사는
어리석은 사람을 동요하게 하지 마라.

26절에서도 말했듯이 요소 및 구나에 미혹되지 않는 자는 미혹한 부분을 보는 이들을 그 사람의 수준에서부터 체계적으로 이끌어 주어야만 한다. 그렇지 않으면 부분이 전체가 되려고 갑자기 애를 쓰게 되고 혼란이 일어나게 된다. 교육이란 부분들을 체계적인 방식에 따라 전체로 이끄는 것이다. 어리석은 사람이 깨달은 사람의 경지를 따라가려고 흉내내는 것은 자기가 가야 하는 길에서 이탈되는 것이다. 깨닫지 못한 이가 도둑질하고 나서 그것이 세 요소의 작용이며 참나와 연결되지 않았으니 그에게 책임이 없다는 사람이 있을 수도 있다. 그래서 현명한 수행자는 깨달은 내면의 상태를 어리석은 이에게 말해 주지 말라고 하는 것이다.

30 मयि सर्वाणि कर्माणि संन्यस्याध्यात्मचेतसा ।
निराशीर्निर्ममो भूत्वा युध्यस्व विगतज्वरः ॥ ३०

마이 사르바니 카르마니 삼냐스야드야트마체타사 |
니라시르니르마모 부트바 유드야스바 비가타즈바라흐 |30|

마이=나에게; 사르바니=모든; 카르마니=행위; 삼냐스야=벗어나; 아드야트마체타사=참나에 중심이; 니라시흐=갈구함으로부터 벗어나; 니르마마흐=내 것이란 생각에서 벗어나; 부트바=그렇게 되다; 유드야스바=싸우라; 비가타즈바라흐=열정을 버리고.

그대의 모든 행위를 나에게 맡기고
그대의 의식을 참나에 확립하고 갈구함과
내 것이란 생각에서 벗어나 열정을 버리고 싸우라.

"갈구함과 내 것이란 생각이 없이"라고 말한 것은 나라는 개인적인 것은 주체가 아니며 언제나 참나에게 그 행위가 넘겨지기 때문이다.
"그대 의식을 참나에 확립하고"는 명상 수행을 통하여 어떠한 상태에서도 자신의 참나를 확립시켜야 한다는 것이다.

31 ये मे मतमिदं नित्यमनुतिष्ठन्ति मानवाः ।
श्रद्धावन्तोऽनसूयन्तो मुच्यन्ते तेऽपि कर्मभिः ॥ ३१

예 메 마타미담 니트야마누티쉬탄티 마나바흐 |
스라따반토아나수얀토 무챤테 테아피 카르마비흐 |31|

예=그들의; 메=나의; 마탐=가르침; 이담=이것; 니트얌=항상; 아누티시탄티=따르다, 실천하다; 마나바흐=사람; 스라따반타흐=믿음을 가지고; 아나수얀타흐=불평 없이; 무챤테=자유로운; 테=그들; 아피=또한; 카르마비흐=행위로부터.
믿음을 가지고 불평 없이 항상 나의 가르침을 따르는 사람들, 그들도 행위로부터 자유로울 것이다.

스라따(Sraddha), 즉 믿음은 수행을 하는 데 가장 중요한 요건 중에 하나이다. 이 믿음은 모든 측면에서 진보할 수 있으며 기타에서 말하는 아주 중요한 수행의 방식이며 자유를 얻을 수 있는 방법이다.

32 ये त्वेतदभ्यसूयन्तो नानुतिष्ठन्ति मे मतम् ।
सर्वज्ञानविमूढांस्तान्विद्धि नष्टानचेतसः ॥ ३२

예 트베타드아브야수얀토 나누티쉬탄티 메 마탐 |
사르바그야나비무담스탄비띠 나쉬타나체타사흐 |32|

예=사람들; 투=그러나; 에타트=이것; 아브야수얀타흐=불평하다, 트집잡는; 나=아닌; 아누티스탄티=실천하는; 메=나의; 마탐=가르침; 사르바그야나 비무단=모든 지식에 대해; 탄=그들에게; 비띠=알다; 나쉬탄=목적을 상실한; 아체타사흐=분별이 없는, 몰지각하다.

그러나 이 가르침을 불평하고 따르지 않는 사람들,
그들은 모든 지식을 잘못 알고
삶의 목적을 상실한 분별없는 사람들이다.

크리쉬나는 진정한 삶의 가르침을 따르지 않는 사람들을 일목요연하게 일반적인 말로도 효과적으로 말하고 있다. 그들은 "불평하고, 따르지 않고, 모든 지식을 잘못 알고, 삶의 목적을 상실한, 분별이 없는" 사람들이라고 말한다.

33 सदृशं चेष्टते स्वस्याः प्रकृतेर्ज्ञानवानपि । प्रकृतिं यान्ति भुतानि निग्रहः किं करिष्यति ॥ ३३

사드리샴 체쉬타테 스바스야흐 프라크리테르그야나바나피 |
프라크리팀 얀티 부타니 니그라하흐 킴 카리쉬야티 |33|

사드리샴=따르는; 체쉬타테=행동; 스바스야흐=저희들의; 프라크리테흐=성향을; 그야나반=지혜로운 이; 아피=그럼에도; 프라크리팀=성향에; 얀티=따르는; 부타니=산 것들, 존재; 니그라하흐=억압하는; 킴=무엇을; 카리쉬야티=할 것이다.
산 것들은 저희들 성향을 따르느니라.
지혜로운 이도 제 스스로의 성향에 따라 행동한다.
억압하여 무엇을 하겠는가?

성향이란 산스크리트어로 프라크리티(Prakriti)이며 그 뜻은 자연이나 본성을 말하는 것이다. 모든 생물체는 그들의 성향이나 흐름에 따라 움직인다. 진정으로 훌륭한 스승은 그 사람의 성향을 깨거나 억압하지 않고 가르침을 준다. 통제하는 훈련을 통하여 배운 이들에게 이러한 가르침은 생소할 수도 있다. 실제로 고대의 현자들이 가르쳤던 철학이나 지혜는 성향이나 본성을 절제하고 그것을 넘어서야 할 대상으로 보았다. 그러나 그의 본성이 목표로 하고 가장 좋아하는 것은 바로 한계없는 초월 의식이다. 억압하지 않고 가르치며 스스로 초월적인 경지에 이르게 하는 스승은 위대하다. 크리쉬나는 지혜로운 이도 성향에 따라 움직인다고 하였다. 다만 억압하지 말고 개인적인 성향을 넘어서는 참나를 얻으라는 이야기이다.

34 इन्द्रियस्येन्द्रियस्यार्थे रागद्वेषौ व्यवस्थितौ । तयोर्न वशामागच्छेतौ ह्यस्य परिपन्थिनौ ॥ ३४

인드리야스옌드리야스야르테 라가드베샤우 브야바스티타우 |
타요르나 바사마가쩨타우 흐야스야 파리판티나우 |34|

인드리야스예=감각으로; 인드리야스야=감각의; 아르테=대상 안의; 라가드베샤우=집착과 증오; 브야바스티타우=머물다; 타요흐=이 둘에; 나=아닌; 바삼=지배되다, 동요하다; 아가쩨트=지배되다; 타우=그 둘은; 히=참으로; 아스야=그의; 파리판티나우=적들.
감각 기관의 감각 대상 안에 집착과 증오가 있다.
이 둘에 지배되지 마라.
그 둘은 참으로 가는 길을 막는 적들이다.

  감각 기관을 통한 감각 대상 안에서 가장 강력한 것은 대상에 대한 집착과 사람들에 대한 증오심이다. 이 집착과 증오심은 자신의 발전적인 길을 가는 데 거대한 장애가 되는 것이다.
  어떻게 하면 그것들을 없앨 수 있을까? 자신에게 있는 그러한 감각들은 놓아두고 자신의 마음을 절대적인 존재로 가져가는 방법을 모색하는 것이 좋다. 그쪽으로 가는 가장 좋은 방법 중에 하나는 명상이다. 자신을 내면으로 가져가게 되면 자연스럽게 집착과 증오로부터 분리되는 참나를 유지하게 되는 것이다.

35 श्रेयान् स्वधर्मो विगुणः पयधर्मांत्स्वनुष्ठितात् ।
स्वधर्मे निधनं श्रेयः परधर्मो भयावहः ॥ ३५

스레얀 스바다르모 비구나하 파라다르마트스바누쉬티타트 |
스바다르메 니다남 스레야흐 파라다르모 바야바하흐 |35|

스레얀=더 나은; 스바다르마흐=자신의 의무; 비구나하=좋은 점이
덜하여도; 파라다르마트=남의 의무보다; 스바누쉬티타트=잘 이행
하다; 스바다르메=자신의 의무; 니다남=죽음; 스레야흐=더 나은;
파라다르마흐=남의 의무; 바야바하흐=위험을 초래한다.
자신의 의무인 다르마가 좋은 점이 덜하여도
자신이 행할 수 있으므로 남의 의무보다 나으리라.
자신의 의무를 행하다 죽는 것이 낫다.
남의 의무는 위험을 초래한다.

인간은 자신의 길을 찾고 그 길을 달리며 나아간다. 스바 다르마(Sva Dharma)라는 것은 자신이 가야 힐 길이다. 삶은 자신의 길을 찾아 그 길을 갈 때 힘을 얻고 기쁨을 얻는 것이다. 하지만 자신의 길이 아닌 길을 자신의 길로 잘못 알고 간다는 것은 위험하다고 말하고 있다. 이것은 삶에서 성공할 수 있는 방정식인 것이다. 자기 자신의 다르마에 따르라는 것은 자신의 진화의 길에서 꾸준한 진보를 보장하기 때문이다. 또한 자신을 빠르게 발전하게 하는 길이 되기도 한다. 그러나 자신의 현재의 수준에서 시작해야만 하며 현재의 수준을 포기하는 것으로 시작하는 것은 아니다. 참나의 길인 다르마는 변함이 없다. 하지만 상대 세계의 다르마는 행위의 상태에 따라 달라질 수가 있다. 삶은 참나의 변하지 않는 다르마와 상대 세계에서 삶의 다양한 수준에 따라 변하는 다르마의 상태를 전부 포함하는 것이다. 크리쉬나는 아르주나에게 직접적으로 너무도 친절하게 자신의 의무를 위해 행동하라고 말하는 것이다.

36 अर्जुन उवाच

अथ केन प्रयुक्तोऽयं पापं चरति पूरुषः ।

अनिच्छन्नपि वार्ष्णेय बलादिव नियोजिताः ॥ ३६

아르주나 우바차
아타 케나 프라육토아얌 파팜 차라티 푸루샤흐 |
아니짠나피 바르쉬네야 발라디바 니요지타흐 |36|

아르주나 우바차=아르주나 말하기를; 아타=지금; 케나=의해서; 프라육타흐=이끌리다; 아얌=이것; 파팜=죄; 차라티=하는; 푸루샤흐=인간; 아니짠=원하지 않는; 아피=그럼에도; 바르쉬네야=크리쉬나의 이름; 발라트=힘에 의해; 이바=말한 것처럼; 니요지타흐=강요하다.
아르주나 말하기를
사람이 자기가 하려고 하지 않음에도 어떤 힘에 끌리듯이
죄를 저지르게 하는 것은 무엇입니까? 오, 바르쉬네야시여.

아르주나는 자신이 원하지 않고 자신의 마음과는 다르게 죄를 저지르게 하는 원인이 무엇이냐고 묻고 있다. 그리고 크리쉬나의 이름을 바르시네야(Varshneya)라고 부른 것은 야다바족의 바르쉬 가문의 사람이라는 뜻인데 그 이유는 아르주나 자신이 전쟁을 벌여야 하는 사람들이 자신의 친척이라는 것을 표현하면서 질문하는 것이다.

37 श्री भगवानुवाच

काम एष क्रोध एष रजोगुणसमुद्भवः ।

महाशनो महापाप्मा विद्ध्येनमिह वैरिणम् ॥ ३७

스리 바가바누바차
카마 에샤 크로다 에샤 라조구나사무드바바흐 ㅣ
마하사노 마하파프마 비뜨예나미하 바이리남 ㅣ37ㅣ

스리 바가반 우바차=크리쉬나 말하기를; 카마흐=욕망; 에샤흐=이것; 크로다흐=분노; 에샤=이것; 라조구나 사무드바바흐=라조 구나에서 나와; 마하사나흐=모든 것을 소모시켜 버리는; 마하파프마=대단히 악한 것; 비띠=알다; 에남=이것; 이하=여기 바이리남=적.

거룩하신 주께서 말하기를
그것은 욕망이요, 분노가 그것이다.
격정의 요소인 라조 구나에서 나와
모든 것을 소모시켜 버리는 대단히 악한 것이니,
그것이 이 세상에서의 적이라는 것을 알라.

크리쉬나는 바로 아르주나의 질문에 답을 준다. 죄의 원인은 바로 분노이며 그것은 라자스 구나에서 생겨났으며 모든 것을 소모시키고 태워 없애는 것이라고 하였다. 이것이 이 세상의 적이라고 하였다. 분노는 자신을 소모시키는 대단히 악한 것이라고 한 것은 구도자나 무지한 사람들에게 맞는 말이다. 그러나 참나는 그 영향에서 벗어나 있는 것이다.

38 धुमेनाव्रियते वह्रियथादर्शो मलेन च ।
यथोल्बेनावृतो गर्भस्तथा तेनेदमावृतम् ॥ ३८

두메나브리야테 바흐니르야타다르소 말레나 차 |
야톨베나브리토 가르바스타타 테네다마브리탐 |38|

두메나=연기; 비리야=덮여 있다; 바흐니흐=불; 야타=하듯이; 아다르사흐=거울; 말레나=먼지로; 차=그리고; 야타=마치; 울베나=모태; 아브리타흐=싸여 있다; 가르바흐=태아; 타타=그처럼; 테나=그것에 의해; 이담=이것; 아브리탐=가려 있다.

불이 연기에 가려지듯이 거울이 먼지로 덮여 있듯이
태아가 모태 막으로 싸여 있듯이
그처럼 이 세계는 욕망으로 가려져 있다.

모든 상대적인 세계는 세 구나에 의해 가려져 있다. 그 세 구나를 통하여 세상은 마치 불이 연기에 가려지고 거울이 먼지에 가려지고 태아가 모태의 막으로 가려지듯이 이 세상은 욕망으로 가려져 있다. 어떻게 이 욕망을 거두어 버려야 하는가가 중요하다. 그것에 대해 크리쉬나는 계속해서 설명하고 있는 것이다.

39 आवृतं ज्ञानमेतेन ज्ञानिनो नित्यवैरिणा ।
कामरूपेण कौन्तेय दुष्पुरेणानलेन च ॥ ३९

아브리탐 그야나메테나 그야니노 니트야바이리나 |
카마루페나 카운테야 두쉬푸레나날레나 차 |39|

아브리탐=전개되는; 그야남=지혜; 에테나=이것에 의해; 그야니나호=지혜로운 이; 니트야바이리나=항구적인 적에 의해; 카마루페나=욕망의 형태; 카운테야=아르주나; 두쉬푸레나=채워질 줄 모르는; 아날레나=불길에 의해; 차=그리고.
지혜는 지혜로운 이의 항구적인 적에 의해 채워질 줄 모르는
욕망의 불길로 가려져 있다. 오 쿤티의 아들이여.

지혜로운 이들이란 자연을 지배하는 세 요소 또는 구나들의 나뉨과 작용들을 파악하는 이이다. 그들은 그 세 요소에 휘말리지 않는 사람들이다. 크리쉬나는 여러 요소들에 대한 이론만으로는 부족하고 세 구나를 휘말림 없는 의식의 상태에 들어가라고 강하게 말하는 것이다. 그것은 자신을 안정시키고 삶을 전환할 수 있으며 성취할 수 있는 것이다.

40 इन्द्रियाणि मनोबुद्धिरस्याधिष्ठानमुच्यते ।
ऐतैर्विमोहयत्येष ज्ञानमावृत्य देहिनम् ॥ ४० ॥

인드리야니 마노부띠라스야디쉬타나무챠테 |
에타이르비모하야트예샤 그야나마브리트야 데히남 |40|

인드리야니=감각들; 마나흐=마음; 부띠흐=이성; 아스야=그것의; 아디쉬타남=머무는 곳; 우챠테=부르다; 에타이흐=이것에 의해; 비모하야티=미혹하다; 에샤흐=이것; 그야남=지혜; 아브리트야=덮다; 데히남=몸 안에 있는.
감각과 마음과 이성은 욕망이 머무는 곳이다.
이것들로 욕망은 지혜를 덮으며 몸 안에 있는 이를 미혹한다.

크리쉬나는 욕망의 주관적인 상태를 구체화시키는 기관들을 언급하였다. 참나가 휘말림 없도록 하는 지혜가 감각·마음·이성에 의해 미혹된다는 것이다. 다음 절에는 감각을 먼저 통제하라고 한다.

41 तस्मात्त्वमिन्द्रियाण्यादौ नियम्य भरतर्षभ ।
पाप्मानं प्रजहि ह्येनं ज्ञानविज्ञाननाशनम् ॥ ४१

타스마뜨바민드리야야다우 니얌야 바라타르샤바 |
파프마남 프라자히 흐예남 그야나비그야나나사남 |41|

타스마트=그러므로; 트밤=그대; 인드리야니=감각들; 아다우=시
작에서; 니얌야=니야마, 통제하는; 바라타 르샤바=바라타족의 왕
자; 파프마남=악의; 프라자히=죽이는; 히=확실히; 에남=이것; 그
야나비그야나 나사남=지혜와 분별력을 망치는.

그러므로 오 바라타 족의 황소여,
먼저 감각 기관을 제어하여
지혜와 분별력을 망치는 이 악을 떨쳐 버려라.

　이 절에서 산스크리트어인 니야마(Niyama)는 일반적인 해석으로는 통제하고 제어한다는 뜻이 있지만 다른 뜻은 질서를 잡고 조직화한다는 뜻도 있다. 단순히 감각을 통제한다는 말은 일반적인 방법이다. 그것이 아니라 감각 기관을 보다 자연스럽게 발전적으로 높이는 것이다. 그것은 바로 지혜와 분별력을 망치는 파괴자인 악을 떨쳐 버리는 수단이다.

42 इन्द्रियाणि पराण्याहुरिन्द्रियेभ्यः परं मनः ।
मनसस्तु परा बुद्धिर्यो बुद्धेः परतस्तु सः ॥ ४२

인드리야니 파란야후린드리예브야흐 파람 마나흐 |
마나사스투 파라 부띠르요 부떼흐 파라타스투 사흐 |42|

인드리야니=감각들; 파라니=우수하다; 아후흐=그들은 말하기를;

인드리예브야흐=감각보다 더; 파람=우수한; 마나흐=마음; 마나사
흐=마음보다 더; 투=그러나; 파라=우수한; 부띠흐=이성; 요=누구;
부떼흐=이성보다 더; 파라타흐=위대한; 투=그러나; 사흐=그는.
감각 기관은 몸보다 더 섬세하다.
감각 보다 더 섬세한 것은 마음이다.
그러나 마음보다 더 섬세함이 이성이로다.
이성조차 넘어서는 것이 그이다.

크리쉬나는 감각을 자연스럽게 통제하라고 하면서 감각보다 섬세한 것을 말하였다. 그리고 감각을 통제하려는 데 잘 되지 않는다면 그 위에 선을 통제하라는 것이다. 마치 아래의 관리자와 말귀가 안 통하면 그 위의 상급자를 찾는 것과 같은 이치를 말한다. 이성 너머에 있는 그는 어떤 것보다 높은 권한을 지니고 있는 것이다.

43 एवं बुद्धेः परं बुद्ध्वा संस्तभ्यात्मानमात्मना ।
जहि शत्रुं महाबाहो कामरूपं दुरासदम् ॥ ४३

에밤 부떼흐 파람 부뜨바 삼스타브야트마나마트마나 |
자히 사트룸 마하바호 카마루팜 두라사담 |43|

에밤=그러므로; 부뜨바흐=이성보다 더한; 파람=우수한; 부뜨바=
알려진; 삼스타브야=가라앉혀서; 아트마남=참나로서; 아트마나=
참나에 의해; 자히=베어 버리는; 사트룸=적을; 마하바호=억센 팔을
가진; 카마루팜=욕망의 형태를 지닌; 두라사남=정복하기 어려운.
그러므로 이성보다도 더 높은 그를 알고
참나로 참나를 알아 개인적인 나를 가라앉혀서
오 억센 팔을 가진 자여, 욕망의 형태를 지닌
정복하기 어려운 적을 베어 버려라.

"더 높은 그를 알고"라는 말은 몸 속의 거주자인 참본성이 몸·감각·마음·이성으로부터 넘어선 참존재라는 것을 안다는 뜻이다. 정복하기 어려운 적이라는 말도 욕망을 정복할 수 있는 것은 오직 마음을 참나로 돌아가게 하는 것이라고 강조하는 것이다. 이 길은 행동의 요가인 카르마 요가의 길로 가든지 아니면 지혜의 길로 가는 그야나 요가의 길로 가든지 카르마, 즉 행동의 구속으로부터 벗어나라고 하는 것이다. 깨달음이나 자유를 얻기 위해 욕망을 정복하라는 것이 아니라 카르마의 구속으로부터 벗어나기 위해 지혜의 경지에 도달하라는 말이다. 어둠을 없애기 위해서는 빛을 가져오기만 하면 되는 것이다. 어둠을 없애려고 하는 것이 아니다.

इति श्रीमद्भगवद्गीतासूपनिषत्सु ब्रह्मविद्यायां योगशास्त्रे श्रीकृष्णार्जुनसंवादे कर्मयोगो नाम तृतीयोऽध्यायः ॥

이티 스리마드바가바드기타수파니샤트수 브라흐마비드야얌 요가 사스트레
스리크리쉬나아르주나삼바데 카르마요고 나마
트리티요아드야야흐 ||
바가바드 기타의 우파니샤드에서 요가의 과학이며 지고의 브라만의 지식이며 스리 크리쉬나와 아르주나 사이의 대화인 제3장 카르마 요가를 말한다.

제4장
그야나 카르마 삼냐사 요가
지혜 안에 행동으로부터 내맡김의 요가

　이장은 제2장의 상대와 절대에 대한 이론의 삼크야 요가를 말하였으며 제3장의 카르마 요가에서는 절대적인 영원성을 체득하여 행동을 하라는 행동의 방법을 가르쳐 준다. 제4장은 그야나 카르마 삼냐사 요가이며 이 장은 지혜 안에서 행동의 내맡김 또는 내맡김(Renunciation)의 요가이며 상대와 절대의 통합을 이루는 장이다. 이 장은 벗어나는 지식을 다루게 된다. 이 벗어나는 상태가 신성함과 인간에게 항구적인 행동의 장을 만들어 준다. 무지와 속박하는 것은 고통의 원인이다. 이 지혜의 장은 중요하다. 그것은 자유에 이르는 가장 중요한 경험인데 그것은 나와 행동의 분리 또는 벗어남을 말하기 때문이다. 수행자들은 수행이 발전됨에 따라 그 경험을 갖게 된다. 그래서 이 장은 참나와 행동 사이의 내맡김에 대한 지혜를 밝혀 준다. 즉 절대도 충만하고 상대도 충만하다는 우파니샤드의 가르침을 말하며 첫절부터 요가의 전통과 유래를 말하기 시작한다.

1

श्री भगवानुवाच

इमं विवस्वते योगं प्रोक्तवानहमव्ययम् ।
विवस्वान्मनवे प्राह मनुरिक्ष्वाकवेऽब्रवीत् ॥ १

스리 바가바누바차
이맘 비바스바테 요감 프록타바나하마브야얌 |
비바스반마나베 프라하 마누리크쉬바카베아브라비트 |1|

스리 바가반 우바차=크리쉬나 말하기를; 이맘=이것; 비바스바테=
비바스바테에게; 요감=요가; 프록타반=가르치다; 아함=나; 아브
야얌=불멸의; 비바스반=비바스바트; 마나베=마누에게; 프라하=
가르치다; 마누흐=마누; 이크쉬바카베=이크쉬바쿠에게; 아브라
비트=가르치다.

스리 바가반 말하기를
나는 이 불멸의 요가를 비바스바테에게 말해 주었고
비바스바테는 마누에게 가르쳤으며
마누는 그것을 이크스바쿠에게 말해 주었다.

영원을 표현한다는 것은 상대적으로 어려운 일이나 한계로부터 한계없는 시간과 공간을 가지고 있는 역사를 말한다는 것은 아름다운 일이다. 바가바드 기타에서는 한계를 가진 인간의 시간과 공간을 통하여 불멸의 존재를 표현하고자 하였다. 무한의 시간 또는 우주의 시간에서 우리 인간의 시간은 찰나에 지나지 않는다. 인간이 그 무한한 시간을 어떻게 가늠할 수 있을까. 그것은 하루살이가 시간의 개념을 알 수 없는 것과 마찬가지이다. 크리쉬나는 불멸의 요가에 대한 가르침의 계보를 분명히 설명하고 있다. 비바스바

테(Vivasvate)는 태양의 이름이며 태양의 신이고 마누(Manu)는 마누 법전, 즉 스므리티(Smriti)를 썼으며 이크쉬바쿠(Ikshuvaku)는 태양계의 첫번째 왕이며 인도의 아요드야(Ayodya)를 지배하였다.

2 एवं परम्पराप्राप्तमिमं राजर्षयो विदुः । स कालेनेह महता योगो नष्टः परंतप ॥ २

에밤 파람파라프라프타미맘 라자르샤요 비두흐 |
사 칼레네하 마하타 요고 나쉬타흐 파람타파 |2|

에밤=이러한; 파람파라 프라프탐=전승되어 온 것을 이어받아; 이맘=이런; 라자르샤야흐=왕족의 성자들은; 비두흐=알다; 사흐=이것; 칼레나=시간의 흐름; 이하=여기; 마하타=긴; 요가흐=요가; 나쉬타흐=사라지다, 소멸되다; 파람타파=아르주나의 이름, 적을 쓸어 버리는 자.

이처럼 전승되어 온 것을 이어받아 왕족의 성자들은 알았느니라.
긴 시간의 흐름을 따라 이 요가는 세상에서 사라졌느니라.
오 적을 쓸어 버리는 자여!

이 요가들이 왕족들에 전달되었으며 '긴 시간의 흐름'이란 무한의 시간을 한계 있는 시간으로 표현한다는 것은 불가능할 것이나 이 요가의 가르침은 절대와 상대가 하나로 표현되어 온 것을 표현한다. 절대란 무한으로부터 유래한다. 무한으로부터 첫번째 무한의 스승인 요가의 가르침은 첫번째 스승인 나라야나(Narayana)로부터 시작된 전통이 있으며 현재까지 그러한 요가의 스승들의 전통이 내려오고 있다.

이러한 역사적인 스토리를 구술적으로 표현한 것이 바로 스리마드 바가바탐(Srimad Bhagavatam)이며, 또 다른 말로는 바가바트 푸라나(Bhagavat Purana)라고 불린다.

영원을 표현하는 데 브야사는 성스러운 어머니를 무한으로 표현하고 그 무한의 성스러운 어머니의 한 생의 길이는 위대한 신인 시바 신의 수명의 천 배이며 시바 신의 한 생은 유지의 비쉬누 신의 생의 천 배이며 비쉬누 신의 한 생은 창조의 브라마 신의 생의 천 배이며 브라마 신의 한 생애는 100브라마 년이며 1브라마 년은 12브라마 월을 포함하고 1브라마 월은 30브라마 일을 포함한다. 1브라마 일을 1칼파(Kalpa) 또는 겁(劫)으로 해석되는데 1칼파는 14마누의 시간에 해당되며 1마누 시는 만반트라(Manvantra)이며 1만반트라는 71차투르유기(Chaturyugi)이며 1차투르유기는 네 가지의 유가(Yuga)이며 사트 유가(Sat Yuga)와 트레타 유가(Treta Yuga), 드바파라 유가(Drapara Yuga), 칼리 유가(Kali Yuga)의 전체와 같다. 트레타 유가는 사트 유가의 4분의 3이며 드바파라 유가는 사트 유가의 반이며 칼리 유가는 사트 유가의 4분의 1이다. 칼리 유가의 길이는 사람의 생애의 43만 2천 년에 해당된다.

이러한 신화 같은 사람들과 비교했을 때 인간의 생애는 얼마나 짧고 부분적인가 하는 것을 깨닫게 된다.

이러한 요가의 전통이 무한의 시간으로부터 시작되었으며 지금까지 전해 내려오는 귀중한 지혜의 산물이다.

또한 모든 종교 · 믿음 · 철학 · 문화 예술 · 과학철학 · 문학 등 통괄적인 베다 지혜의 전통은 인도의 스승 전통에서 가장 위대한 삼카라차리야(Samkaracharya) 전통에서 유래되었다. 그러한 전통은 삼카라에 의해 우파니샤드에서 말한 절대와 상대 둘 다를 풍요롭게 해주는 지혜를 전달하였다. 그는 그러한 지혜의 핵심인 베단타의 가르침을 확립하였으며 세 가지 주요 경전인 브라마 수트라, 우파니샤드, 바가바드 기타의 가르침의 핵심을 확립하였다. 그리고 출세간을 막론하고 수행을 하도록 가르침의 전통을 확립하였다. 그리고 스승의 전통을 확립하여 세대에서 세대를 이어가면서 그 가르침의 전통을 이어가게 하였다.

3 स एवायं मया तेऽद्य योगः प्रोक्तः पुरातनः ।
भक्तोऽसि मे सखा चेति रहस्यं ह्येतदुत्तमम् ॥ ३

사 에바얌 마야 테아드야 요가흐 프록타흐 푸라타나흐 |
박토아시 메 사카 체티 라하스얌 흐예타두따맘 |3|

사흐=그것; 에바=그럼에도; 아얌=이것; 마야=나에 의해; 테=그대에게; 아드야=오늘; 요가흐=요가; 프록타흐=가르쳐진; 푸라타나흐=태곳적의; 박타흐=귀의한자, 헌신자; 아시=그대는; 메=나의; 사카=친구; 차=그리고; 이티=그러므로; 라하스얌=비밀; 히=위한; 에타트=이것; 우따맘=지고의.

바로 이 태곳적의 요가를 그대에게 말하여 주었노라.
참으로 지고의 비밀인 이것을 내가 그대에게 밝히는 것은
그대는 나에게 귀의한 자이며 친구이기 때문이니라.

이 절은 아주 중요한 절이며 이 절에서 말한 태곳적의 요가란 앞절에서 말했듯이 인간의 역사와 함께 시작되었으며 무한의 시간으로부터 전달된 것이다. 이 절에서는 '지고의 비밀'을 말하고 있는데 비밀은 친구에게 전달되는 것이며 지고의 것은 헌신자에게 주는 것이다. 크리쉬나는 아르주나에게 그 양쪽의 가능성을 다 가지고 있다는 것을 의미한다.

4 अर्जुन उवाच
अपरं भवतो जन्म परं जन्म विवस्वतः ।
कथमेतद्विजानीयं त्वमादौ प्रोक्तवानिति ॥ ४

아르주나 우바차

아파람 바바토 잔마 파람 잔마 비바스바타흐 |
카타메타드비자니얌 트바마다우 프록타바니티 |4|

아르주나 우바차=아르주나 말하기를; 아파람=나중; 바바타흐=그대의; 잔마=탄생; 파람=먼저; 잔마=태어남; 비바스바타흐=비바스바트; 카탐=어떻게; 에타트=이것; 비자니얌=어찌 이해할 수 있겠는가?; 트밤=그대의; 아다우=태초에; 프록타반=가르친; 이티=그래서.

아르주나 말하기를
당신이 태어나신 것은 나중이요
비바스바트의 출생은 먼저입니다.
당신께서 태초에 말씀하셨다는 것을
저는 어찌 이해할 수 있겠습니까?

아르주나는 날카롭게 크리쉬나에게 집중되어 있음을 보여준다. 그는 시간의 영역 안에서 어떻게 크리쉬나께서 영원한가를 말한다. 크리쉬나의 답은 명확하다.

5 श्री भगवानुवाच

बहुनि मे व्यतीतानि जन्मानि तव चार्जुन ।
तान्यहं वेद सर्वाणि स त्वं वेत्थ परंतप ॥ ५

스리 바가바누바차
바후니 메 브야티타니 잔마니 타바 차르주나 |
탄야함 베다 사르바니 나 트밤 베따 파람타파 |5|

스리 바가바누바차=크리쉬나 말하기를; 바후니=수많은; 메=나의;

브야티타니=거쳐갔다; 잔마니=태어나다; 트바=그대의; 차=그리고; 아르주나=아르주나; 타니=그들; 아함=나; 베다=알다; 사르바니=모든; 나=아닌; 트밤=그대; 베따=아는; 파람타파=아르주나의 이름이며 적을 쓸어 버리는 자이다.
거룩하신 주께서 말하시기를
수많은 태어남을 나와 그대를 거쳐갔느니라.
오 아르주나여. 나는 그 모든 생을 알지만
그대는 그것을 알지 못한다. 오 적을 쓸어 버리는 자여.

아르주나는 참나인 지바트만(Jivatman)을 알지 못하기 때문에 카르마에 의해 한계되어진다. 그래서 과거 생의 기억을 기억하지 못한다. 그러나 크리쉬나는 인격신인 이스바라(Isvara)의 화신이며 모든 생을 다 기억하고 있다. 그는 순수하며 언제나 전지전능하다. 그는 우주지성의 마음으로 크리쉬나가 살고 있는 때보다 그 전의 깨달은 비바스바트의 삶까지도 알고 있는 것이다. 하지만 아르주나의 질문에 대해 권위적으로 말하는 것 같다. "나는 그 모든 생을 알지만 그대는 그것을 알지 못한다"라고. 그러나 크리쉬나는 아르주나에게 "적들을 쓸어 버리는 자여"라고 하며 북돋워 준다. 권위를 지키면서 사랑을 동시에 주는 것이다.

6 अजोऽपि सन्नव्ययात्मा भूतानामीश्वरोऽपि सन् । प्रकृतिं स्वामधिष्ठाय संभवाम्यात्ममायया ॥ ६

아조아피 산나브야야트마 부타나미스바로아피 산 |
프라크리팀 스바마디쉬타야 삼바밤야트마마야야 |6|

아자흐=태어나지 않는; 아피=또한; 산=존재; 아브야야트마=죽지 않는 본성; 부타남=존재들; 이스바라흐=주(主), 주인; 아피=또한; 산=존재; 프라크리팀=본성, 자연; 스밤=내 스스로 아비쉬트야=

지배하는; 삼바바미=존재로 오는; 아트마마야야= 내자신의 창조의 힘.
나는 태어나지도 않았으며 나는 죽지도 않으며
나는 모든 것의 주인이지만 나는 스스로의 성품에 머물며
내 자신의 창조의 힘에 의해 나타나느니라.

크리쉬나는 참나인 지바트만과 인격화된 신인 이스바라가 자연, 즉 마야 삭티(Maya Sakti)로 표현되어도 그 표현된 것으로부터 전혀 영향을 받지 않는다. 그래서 태어나지도 죽지도 않았다고 말하는 것이다. 참나는 주인이며 창조의 힘인 아트마마야에 의해 나타난다. 크리쉬나는 아르주나가 정확한 질문을 하도록 유도하여 답을 주는 것이다.

7 यदा यदा हि धर्मस्य ग्लानिर्भवति भारत । अभ्युत्थानमधर्मस्य तदात्मानं सृजाम्यहम् ॥ ७

야다 야다 히 다르마스야 글라니르바바티 바라타 |
아브유따나마다르마스야 타다트마남 스리잠야함 |7|

야다 야다=언제나; 히=확실히; 다르마스야=올바름; 글라니흐=무너지고; 바바티=하는; 바라타=바라타; 아브유따남=일어나는, 성하는; 아다르마스야=불의; 타다=그런 다음; 아트마남=내 스스로; 스리자미=나타나다; 아함=나는.
언제든 올바름이 무너지고 불의가 성할 때마다,
오 바라타여, 그때 나는 나 스스로를 창조하느니라.

다르마(Dharma)의 어원은 드리(Dhri)이며 그 뜻은 '받치는'이라고 한다. 세 가지 구나의 작용에 대한 균형이 깨어지면 언제나 그러한 균형을 회복하기 위해 '참나의 화신'이 이루어진다.

8 परित्राणाय साधुनां विनाशाय च दुष्कृताम् ।
धर्मसंस्थापनार्थाय संभवामि युगे युगे ॥ ८

파리트라나야 사두남 비나사야 차 두쉬크리탐 ǀ
다르마삼스타파나르타야 삼바바미 유게 유게 ǀ8ǀ

파리트라나야=보호하려고; 사두남=선한; 비나사야=멸하기 위해;
차=그리고; 두쉬크리탐=악한; 다르마 삼스타파나르타야=정의를
확립하기 위하여; 삼바바미=나는 태어났다; 유게 유게=모든 시대에.
선한 자를 보호하고 악한 자를 멸하기 위해 정의를
확립하기 위하여 나는 유가마다, 시대마다 세상에 온다.

모든 자연의 법칙인 다르마는 라자스 · 타마스 · 사트바의 불균형이 올 때 다시 그 균형을 맞추기 위해 계속해서 작용과 반작용이 일어나면서 가장 좋은 균형을 맞추기 위해 노력한다. 이것은 모든 자연의 생물체나 우주의 법칙과 정의 또는 다르마를 세우기 위해 끊임없이 노력하고 있는 것이다.

9 जन्म कर्म च मे दिव्यमेवं यो वेत्ति तत्त्वतः ।
त्यक्त्वा देहं पुनर्जन्म नैति मामेति सोऽर्जुन ॥ ९

잔마 카르마 차 메 디브야메밤 요 베띠 타뜨바타흐 ǀ
트약트바 데함 푸나르잔마 나이티 마메티 소아르주나 ǀ9ǀ

잔마=태어남; 카르마=행위; 차=그리고; 메=나의; 디브얌=성스러운; 에밤=그러므로; 야흐=누구; 베띠=아는; 타뜨바타흐=진정한 본성; 트약트바=그만두다; 데함=몸; 푸나흐=다시; 잔마=태어남; 나=아닌; 에티=취하다; 맘=나에게로 오다; 에티=오다; 사흐=그

는; 아르주나=아르주나.
나의 태어남과 행위는 성스럽다.
진정으로 그것을 아는 사람은 그 몸을 떠나고
다시 태어나지 않으며 나에게로 온다. 오 아르주나여.

초월적인 신성은 인간의 모습을 취하고서도 그 신성함에 머문다. 그리고 행동한다. 성스러운 태어남과 화신을 이해하려면 인간이 성스러운 경지에 도달해야만 한다. 그러할 때 "나에게로 온다"라고 하며 "다시 태어나지 않으며"라는 말을 하는 것이다.

10 वितरागभयक्रोधा मन्मया मामुपाश्रिताः ।
बहवो ज्ञानतपसा पूता मद्भावमागताः ॥ १०

비타라가바야크로다 만마야 마무파스리타흐 |
바하보 그야나타파사 푸타 마드바바마가타흐 |10|

비타 라가 바야 크로다흐=집착과 두려움과 분노로부터 벗어나; 만마야=내 안으로 스며들고; 맘=나에게; 우파스리타흐=피하여; 바하바흐=많은; 그야나 타파사=지혜와 고행으로; 푸타흐=정화된; 마드 바밤=나의 존재; 아가타흐=이르렀다.

집착과 두려움과 분노로부터 벗어나
내 안으로 스며들고 나에게로 피하여
지혜와 고행으로 정화되어 많은 이가 나의 존재에 이르렀느니라.

집착·두려움·분노는 무지의 땅이다. 그러한 이기적인 자아로서는 참나가 자라지 않는다. 지혜를 터득할 수 있는 참나인 자아로 회귀하는 명상이나 깊은 수행을 통하여 참나에 이른다면 "지혜와 고행으로 정화되어" "나의 존재에 이르렀느니라"라고 하는 것이다.

그렇다고 하여 고행이나 금욕적으로 살아라는 것이 아니다. 지식과 지혜를 얻고 의식을 높이는 일은 자연스럽고 힘이 들지 않아야만 궁극의 상태에까지 갈 수가 있다.

'많은'이라고 하는 건 누구든지 그러한 길로 가는 게 가능하다는 것이다.

11 ये यथा मां प्रपद्यन्ते तांस्तथैव भजाम्यहम् । मम वर्त्मानुवर्तन्ते मनुष्याः पार्थ सर्वशः ॥ ११ ॥

예 야타 맘 프라파드얀테 탐스타타이바 바잠야함 |
마마 바르트마누바르탄테 마누쉬야흐 파르타 사르바샤흐 |11|

예=누구; 야타=모든 길에서; 맘=나에게; 프라파드얀테=다가오다; 탄=그들; 타타=그래서; 에바=그럼에도; 바자미=베풀다; 아함=나; 마마=나의; 바르트마=길; 아누바르탄테=따르는; 마누쉬야흐=사람; 파르타=아르주나; 사르바샤흐=모든 길에서.

사람들이 나에게 다가오듯이 나 역시 그들에게 사랑을 베푸노라.
모든 길에서 오 파르타여, 나의 길을 따르느니라.

이 절은 크리쉬나가 "사람들이 나에게 다가오듯이 나 역시 그들에게 사랑을 베푼다"라고 하는 것은 그분이 스승이든 인간으로 화현한 신성한 존재이든 아름다운 삶의 관계를 보여주는 것이다. 인도에서는 스승을 구루(Guru)라고 한다. 구(Gu)는 어둠을 말하며 루(Ru)는 빛이다. 구루란 빛으로 어둠을 몰아내는 이이다. 구루라는 말이 얼마나 위대하였으면 인도의 가장 위대한 세 신인 창조·유지·소멸의 신인 브라마·비쉬누·시바의 이름 앞에 구루라는 말을 붙였다. 바가바드 기타에서 크리쉬나를 모든 것의 근원이며 신성하고 지고함이라고 표현하지만 그보다 나는 그를 위대한 스승이라고 말하고 싶다. 말하자면 그를 인간적인 면에서 나타나는 그의 초월성을 더 아름답게 보고 싶은 것이다. 그러기에 인도의 종교적이고 신화적인 엄청난 배경으로 나온 인도의 신과 신성함의 표현에서도 크리쉬나가 더욱 돋보이는 스승으로 보이는 이유이다. 나의 스승님은 언제나 내가 다양한 많은 스승을 만나거나 또는 어떠한 수행법에 관심을 가지거나 별로 관여하지 않으셨다. 그분은 오직 큰 원칙만을 고수하였다. 모든 좋은 스승들은 거대한 강물이나 바다와 같아서 언제나 늘거나 줄지 않는다. 다만 자신에게 가져올 수 있는 관을 갖다대기만 하면 그 물은 그냥 흘러 넘치는 것이다. 그러한 위대한 스승이 있다는 것이 가장 중요한 삶의 뒷배경이다.

12 काङ्क्षन्तः कर्मणं सिद्धिं यजन्त इह देवताः ।
क्षिप्रं हि मानुषे लोके सिद्धिर्भवति कर्मजा ॥ १२

캉크샨타흐 카르마남 시띰 야잔타 이하 데바타흐 |
크쉬프람 히 마누셰 로케 시띠르바바티 카르마자 |12|

캉크샨타흐=바라며; 카르마남=행동의; 시띰=성취; 야잔테=예배;
이하=세계에서는; 데바타흐=신들; 크쉬프람=빨리; 히=왜냐하면;
마누셰=사람들; 로케=세상; 시띠흐=성취; 바바티=나오다, 도달하다; 카르마자=행동이.

이 땅위에서 행위의 성취를 바라면서
사람들은 신에게 예배를 하나니.
사람들의 세계에서는 행동의 성과가 빨리 나오기 때문이니라.

성취란 어떠한 특수한 목적에 의해 이루어진다. 베다의 경전에는 수많은 신들이 등장한다. 그들은 세상의 성취를 위하여 여러 희생 의식을 행하기도 한다. 그럼으로서 많은 결과를 얻어내고자 하는 것이다. 여기서 말하는 시띠(Siddhi)라는 뜻은 바라는 것을 성취하고 달성한다는 것이다. 많은 세상 사람들은 그러한 의미로 예배하고 기도하고 성취를 원한다고 말하는 것이다. "사람들의 세계에서는 행동의 성과가 빨리 나온다"는 것은 이 세상에서의 삶이 가장 중요하며 성취를 빨리 할 수 있는 영역임을 말하는 것이다. 가장 중요한 영역이라는 것이다.

13 चातुर्वर्ण्यं मया सृष्टं गुणकर्मविभागशः । तस्य कर्तारमपि मां विद्ध्यकर्तारव्ययम् ॥ १३

차투르바르얌 마야 스리쉬탐 구나카르마비바가사흐 |
타스야 카르타라마피 맘 비뜨야카르타라마브야얌 |13|

차투르바르냠=네 가지의 계급제도; 마야=나에 의해; 스리쉬탐=자아내다; 구나카르마비바가사흐=요소와 행동의 갈래에 따라 다르게; 타스야=비록; 카르타람=지어낸 이; 아피=또한; 맘=내가; 비띠=알라; 아카르타람=행함이 없는; 아브야얌=변함없는.
**네 가지 계급제도의 짜임새는 구나와
행동의 갈래에 따라 내가 자아낸 것이다.
비록 내가 지어내었지만 나는 무엇을
행함이 없는 이로서 변함이 없는 것임을 알라.**

창조는 구나의 다양한 작용에 의해 일어나며 네 가지의 계급인 참나인 사트바 구나는 브라흐마나에 강하게 영향을 주며 크샤트리야는 사트바와 함께 라자스 구나가 포함되며 바이샤는 라자스가 주요이며 사트바와 타마스와 섞여 있으며 수드라는 타마스가 주요이며 라자스에 의해 영향을 받는다.
 계급제도라는 바루나는 어원이 색깔이란 뜻이며 흰색·연붉은색·황색·검은색으로 표현된다.
 그러나 많은 수행자들은 이러한 계급제도가 결코 사람의 높낮이가 있는 것은 결코 아니라고 이야기한다. 그럼에도 상위 계급의 사람들이 마치 천상의 열차 티켓을 가지고 있는 것처럼 생각하고, 다른 계급을 낮고 천한 것이라고 생각한다면 그들은 다른 계급들로부터 바로 공격당할 것이라는 말을 들었다. 그들에게 계급제도는 의무제도이며 한결같이 영적 수행을 이어가면서 정신적인 맥락을 보호하기 위한 수단으로 존재하는 것이다. 그 바탕하에 서로를 보완하는 유기적인 관계를 더욱 공고히 하려는 것이다. 영적인 수행을 하고 그 영적인 지식을 전달하고 또한 서로가 물질적인 교류를 하는 것이다. 크리쉬나는 그러한 것을 말하고 있다.

14 न मां कर्माणि लिम्पन्ति न मे कर्मफले स्पृहा ।
इति मां योऽभिजानाति कर्मभिर्न स बध्यते ॥ १४

나 맘 카르마니 림판티 나 메 카르마팔레 스프리하 |
이티 맘 요아비자나티 카르마비르나 사 바드야테 |14|

나=아닌; 맘=나의; 카르마니=행위; 림판티=더럽히다, 오점; 나=아닌; 메=나의; 카르마팔레=행위의 결과; 스프리하=갈망; 이티=그러므로; 맘=나를; 야흐=누구; 아비자나티=아는; 카르마비흐=행위에 의해; 나=아닌; 사흐-그는; 비드야테-얽매이지 않는, 한계되지 않는.

행위가 나를 더럽힐 수가 없으며
나는 행위의 결과에 대한 어떠한 갈망도 없노라.
나를 이렇게 아는 사람은 행위에 얽매이지 않느니라.

크리쉬나는 참나의 삶에 대한 이상을 보여준다. 자신을 얽매이게 하는 것은 요소들인 구나들의 작용인 것이다. "나를 이렇게 아는 자"라는 것은 이미 초월적인 체험을 바탕으로 한 것이며 "그는 행위에 얽매이지 않는다"는 것이다.

15 एवं ज्ञात्वा कृतं कर्म पूर्वैरपि मुमुक्षुभिः ।
कुरु कर्मैव तस्मात्त्वं पूर्वैः पूर्वतरं कृतम् ॥ १५

에밤 그야트바 크리탐 카르마 푸르바이라피 무묵쉬비흐 |
쿠루 카르마이바 타스마뜨밤 푸르바이흐 푸르바타람 크리탐 |15|

에밤=그래서; 그야트바=아는; 크리탐=하였다; 카르마=행위; 푸르바이흐=고대의, 옛날의; 아피=또한; 무묵쉬비흐=해탈을 바라던 구도자; 쿠루=행하다; 카르마=행위; 에바=같은; 타스마트=그러므로; 트밤=그대; 푸르바이흐=옛날의; 푸르바타람=고대의 시간; 크리탐=행위하다.

이처럼 알고 해탈을 바라던 옛 구도자들도 행위를 하였느니라.
그렇게 그 옛날 사람들이 행하였듯이 그대도 행위를 하라.

이 절에서 "해탈을 바라던 옛 구도자"들 중에서 가장 위대한 구도자로 자나카 왕을 꼽을 수가 있다. 자나카 왕은 자신의 왕국을 다 주고서라도 진리를 구하려고 하였던 이이다.

브리하다란야카 우파니샤드(Brihadaranyaka Upanishad)를 보면 자나카 왕과 야그나발캬(Yagnavalkya) 성자와의 마지막 가르침의 대화에서 야그나발캬 성자가 말하기를 "그 위대하고 태어남이 없는 아트만인 참나는 파괴되지 않고, 불멸이며, 두려움없는 브라만인 절대이다. 절대는 참으로 두려움이 없다. 이것을 아는 이는 절대적인 브라만인 것이다(사바 에사 마하나자 아트마자로 암리토 아바요 브라흐마 아바얌 바이 브라흐마 아바얌 히 바이 브라흐마 바바티 야 에밤 베다 이티 차투르얌 브라흐마나남(Sava Esa Mahanaja Atmajaro Amrito Avayo Brahma Bhavati Ya Evam Veda Iti Chaturyam Brahmanam))"라고 하였다.

크리쉬나는 지나온 과거의 수많은 성현들이 행하였던 길을 가라는 것이다.

16 किं कर्म किमकर्मेति कवयोऽप्यत्र मोहिताः ।
तत्ते कर्म प्रवक्ष्यामि यज्ज्ञात्वा मोक्ष्यसेशुभात् ॥ १६

킴 카르마 키마카르메티 카바요아프야트라 모히타흐 ｜
타떼 카르마 프라바크쉬야미 야즈그야트바 목쉬야세아수바트 ｜16｜

킴=무엇; 카르마=행위; 킴=무엇; 아카르마=무행위; 이티=그래서; 카바야흐=현자들; 아피=또한; 아트라=이것에; 모히타흐=혼란된; 타트=그것; 테=그대에게; 카르마=행위; 프라박쉬야미=설명하다, 가르치다; 야트=그래서; 그야트바=앎으로써 목쉬야세.

무엇이 행위이며 무엇이 무행위인지
현자들조차 이 점에 혼란되어 있다.
내가 그대에게 그 행위에 대해 설명하겠노라.
그것을 앎으로써 그대는 악으로부터 벗어나리라.

현자들이 행위로서 자유를 얻는 것과 행위와 무행위에 관한 지혜를 얻는 것은 별개이다. 아무것도 할 필요가 없이 행위의 지혜만으로도 죄로부터 벗어난다고 하였으며 한마디의 말이 전체를 이해하는 데 도움을 주었다. 이것이 무행위에 대한 지혜를 가져다준다고 하는 것이다.

17 कर्मणो ह्यपि बोद्धव्यं बोद्धव्यं च विकर्मणः ।
अकर्मणश्च बोद्धव्यं गहना कर्मणो गतिः ॥ १७

카르마노 흐야피 보따브얌 보따브얌 차 비카르마나흐 ｜
아카르마나스차 보따브얌 가하나 카르마노 가티흐 ｜17｜

카르마나흐=행위의; 히=대하여; 아피=또한; 보따브얌=이해되어야 하며; 차=그리고; 비카르마나흐=그릇된 행위; 아카르마나흐=행동 없음도; 차=그리고; 보따브얌=이해됨; 가하나=헤아릴 수 없는, 깊은; 카르마나흐=행위의; 가티흐=길.
행위에 대하여 이해되어야 하며
그릇된 행위도 역시 이해되어야 한다.
행동 없음도 마찬가지로 이해되어야 한다.
헤아릴 수 없는 것은 행위의 길이다.

'성스러움의 합일'이란 경전인 요가 사스트라(Yoga Sastra)에서 나오는 가장 중요한 대목 중 하나이다. 우리는 명상 수행을 통해서 자신의 의식이 잠자고, 꿈꾸고, 깨어 있는 상태를 넘어 초월적 의식과 우주적인 의식 그리고 신의 의식까지 발전하게 된다. "헤아릴 수 없는 것은 행위의 길이다"라는 것은 개인의 의식 상태와 의무인 다르마에 따라 모든 부분에 영향을 미치기 때문에 엄청나게 복잡해지기 때문이다. 행동 없음이란 깊은 잠자는 상태도 맞는데 그것은 완전한 행동이 없는 상태가 아니며 진정한 행위가 없는 무위의 상태는 바로 한계없는 우주적인 의식 상태를 말한다. 그것이야말로 행위 없음의 미학이다.

18 कर्मण्यकर्म यः पश्येदकर्मणि च कर्म यः । स बुद्धिमान्मनुष्येषु स युक्तः कृत्स्नकर्मकृत् ॥ १८

카르만야카르마 야흐 파셰다카르마니 차 카르마 야흐 |
사 부띠만마누쉬예슈 사 육타흐 크리트스나카르마크리트 |18|

카르마니=행위 안에; 아카르마=무행위; 야흐=누구; 파셰트=보는; 아카르마니=무행위; 차=그리고; 카르마=행위; 야흐=누구; 사흐=그; 부띠만=지혜로운; 마누쉬예수=사람 안에; 사흐=그; 육타흐=요기; 크리트스나카르마크리트=모든 행위를 행하는 자.

행위에서 무행위를 보는 이, 무행위에서 행위를 보는 이.
그는 사람들 가운데 지혜로운 사람이다.
그는 하나가 되었으며 그는 모든 행위를 성취하였다.

크리쉬나는 행위에서 무행위를 보는 이 또는 무행위에서 행위를 보는 이는 지혜로운 이이며 그는 하나이며 그는 모든 행위를 성취했다고 하였다. 이것은 우파니샤드의 푸루나마담 푸르나이담(Purnamadam Purnaidam)이며 드러난 세계도 완전하며 드러나지 않는 실체도 완전하다는 것이며 불교의 반야심경(般若心經)의 색즉시공 공즉시색(色卽是空 空卽是色)과 같은 말이다.
모든 행위를 성취하고 벗어난 이란 이미 행위와 행위의 결과에 얽매여 있지 않다는 것이다.
이 절에서 행동학에 대해 네 가지의 범주로 말하였다. 첫번째는 '행위에서 무행위를 보는 이'이며, 두번째는 '무행위에서 행위를 보는 이,' 세번째는 '그는 사람들 가운데에서 지혜로운 사람이며 그는 하나가 되었다,' 네번째는 '그는 모든 행위를 성취하였다' 이다. 이 네 가지의 범주를 다섯 절에서 계속 반복하고 있다.

19 यस्य सर्वे समारम्भाः कामसङ्कल्पवर्जिताः ।
ज्ञानाग्निदग्धकर्माणं तमाहुः पण्डितं बुधाः ॥ १९

야스야 사르베 사마람바흐 카마상칼파바르지타흐 |
그야나그니다그다카르마남 타미후흐 판디탐 부다흐 |19|

야스야=누구; 사르베=모든; 사마람바흐=행하는; 카마상칼파 바르지타흐=욕망과 그것의 결과를 벗어나 있고; 그야나그니 다그다 카르마남=지혜의 불꽃에 의해 태워져 버린 사람; 탐=그는; 아후흐=라고 한다; 판디탐=현자(賢者); 부다흐=이성, 지혜로운

하는 일 모두가 욕망과 그것의 결과를 벗어나 있고,

행위가 지혜의 불꽃에 의해 태워져 버린 사람
이들은 현자이라고 한다.

"지혜의 불꽃에 의해 태워져 버린 사람"이란 이미 그의 상태가 우주적인 의식 상태에 도달한 것을 말한다. 이 상태는 행위를 하지만 그 욕망이나 결과에 얽매이지 않는다. 왜냐하면 모든 행위는 이미 초월된 의식이 언제나 자리잡고 있기 때문이다. 현자는 인도에서 판디트(Pandit)라고 말한다. 그는 베다의 모든 경전에 달통하고 의식 수준이 높은 경지에 있는 사람을 말하나 그러한 사람들은 드물다.

20 त्यक्त्वा कर्मफलासङ्गं नित्यतृप्तो निराश्रयः ।
कर्मण्याभिप्रवृत्तोऽपि नैव किञ्चित्करोति सः ॥ २०

트약트바 카르마팔라상감 니트야트리프토 니라스라야흐 |
카르만야비프라브리또아피 나이바 킨치트카로티 사흐 |20|

트약트바=벗어 버렸고; 카르마팔라상감=행동의 결과에 대한 집착; 니트야트리프타흐=한결같이 만족하며; 니라스라야흐=어떤 것에도 의존하지 않고; 카르마니=행동; 아비프라브리타흐=연결된; 아피=그럼에도; 나=아닌; 에바=매우; 킴치트=어떤; 카로티=행함; 사흐=그는.

행동의 결과에 대한 집착을 벗어 버렸고
한결같이 만족하며 어떤 것에도 의존하지 않으니,
행동에 집중하여 있어도 그는 행함이 없느니라.

이 비유는 그 자신의 개인 의식이 확고하게 무한 의식으로 자리잡힌 우주 의식이 언제나 존재하는 것을 말한다. 자연스럽게 개인 의식은 사라진다는 것이다. 행동에 집중을 하여서 지각 상태는 활동하더라도 그 고요한 초월 의식은 언제나 내재되어 있는 상태를 말하는 것이다.

이러한 상태를 노자(老子)의 도덕경(道德經) 47장에서는 이렇게 말한다.
"문을 나서지 않고서도 천하의 일을 알고, 창 밖을 내다보지 않고서도 하늘의 도를 볼 수가 있다. 그러므로 성인은 아무데도 가지 않고서도 알게 되며, 보지 않고서도 올바로 식별하고, 작위하지 않으면서도 일을 성취한다〔不出戶知天下 不闚牖 見天道 其出彌遠 其知彌少 是以聖人 不行而知 不見而名 不爲而成〕."

21 निराशीर्यचित्तात्मा त्यक्तसर्वपरिग्रहः ।
शारीरं केवलं कर्म कुर्वन्नाप्नोति किल्बिषम् ॥ २१

니라시르야티치따트마 트야트사르바파리그라하흐 |
사리람 케발람 카르마 쿠르반나프노티 킬비샴 |21|

니라시흐=바람이 없이; 야타치따트마=마음과 참나에 집중되어; 트야타 사르바 파리그라하흐=집중되어 모든 가진 것을 내버렸으며; 사리람=몸; 케발람=오직; 카르마=행위; 쿠르반=행하다; 나=아닌; 아프노티=획득한; 킬비샴=죄.
아무 것도 바람이 없이, 마음과 참나에 집중되어
모든 가진 것을 내버렸으며 오직 몸으로만 행위하나니,
그는 아무 죄도 짓지 않느니라.

아무것도 바람이 없다는 것은 모든 것에 만족하고 자족하는 것이며, 참나에 집중하여 모든 외부적인 세 구나의 작용으로부터 영향을 받지 않으며, 행위하는 몸은 순수한 통로이며 카르마와 죄로부터 자유로운 것이다.

22 यदृच्छालाभसंतुष्टो द्वन्द्वातीतो विमत्सरः ।
समः सिद्धावसिद्धौ च कृत्वापि न निबध्यते ॥ २२

야드리짤라바삼투쉬토 드반드바티토 비마트사라흐 |
사마흐 시따바시따우 차 크리트바피 나 니바드야테 |22|

야드리짤라 라바 삼투쉬타흐=얻고자 함이 없이 무엇이든 오는 것에 만족하고; 드반드바티타흐=대립되는 것을 넘어서; 비마트사라흐=부러워함에서 벗어나; 사마흐=흔들림이 없는, 평등한 마음; 시따우=성공과; 아시따우=실패와; 차=그리고; 크리트바=행동하는; 아피=같은; 나=아닌; 니바드야테=얽매이지 않는.
**얻고자 함이 없이 무엇이든 오는 것에 만족하고,
대립되는 것을 넘어서, 부러워함에서 벗어나,
성공과 실패에서 흔들림이 없나니,
그는 행동하면서도 얽매이지 않느니라.**

 인간이 우주적인 목적을 향해 나아가기 위한 첫번째 조건은 인위적인 의도로부터 자유로워야 하는 것이다. 그 뜻은 목표는 분명하나 여유로운 것이다. 그러할 때 어떤 과정이든지 힘들이지 않고 대립된 마음을 벗어나 얽매임이 없이 행동하게 되는 것이다.
 부러워하고 질투하는 마음이 드는 것은 인간이 진화하는 길을 이탈하도록 조장하는 것이다. 그러나 여기에서 우주 의식이며 한계없는 의식인 니르비칼파(nirvikalpa) 삼매에 들어간 사람이 신의 의식 상태인 케발라 니르칼파(Kevala Nirvikalpa) 삼매, 그리고 통일 의식인 사하자(Sahaja) 삼매에 들어간 사람을 보면 자연스럽게 헌신적인 사랑이 나오게 되는 것이다.

23 गतसङ्गस्य मुक्तस्य ज्ञानावस्थितचेतसः ।
यज्ञायाचरतः कर्म समग्रं प्रविलीयते ॥ २३

가타상가스야 묵타스야 그야나바스티타체타사흐 |
야그야야차라타흐 카르마 사마그람 프라빌리야테 |23|

가타상가스야=집착에서 벗어나; 묵타스야=자유로운; 그야나바스 티타 체타사흐=마음이 지혜에 자리잡혀; 야그야야=희생을 위해; 아차라타흐=행위하는; 카르마=행위; 사마그=전체; 프라빌리야테 =소멸되어 버린다.
집착에서 벗어나 자유로워졌으며 마음이 지혜에 자리잡혀 희생을 위해 행위하는 사람, 그의 행위는 소멸되어·버린다.

앞의 18절부터 이 절까지 행위의 자유에 대해서 말하였다. 행위에서 무행위를 보고 집착을 떠나 자신을 통제하고 행위에 얽매임이 없으며 희생을 위하여 하는 행위는 소멸되어 버리는 것이다. 그는 모든 행위의 희생인 야그야(Yagya)를 계속해서 단계적으로 말해왔던 것이다.

24 ब्रह्मार्पणं ब्रह्म हविर्ब्रह्माग्नौ ब्रह्मणा हुतम् ।
ब्रह्मैव तेन गन्तव्यं ब्रह्मकर्मसमाधिना ॥ २४

브라흐마르파남 브라흐마 하비르브라흐마그나우 브라흐마나 후탐|
브라흐마이바 테나 간타브얌 브라흐마카르마사마디나 |24|

브라흐마=브라만; 아르파남=바치는 것; 브라흐마=브라만; 하비흐 =정화의 버터; 브라흐마그나우=브라만의 불; 브라흐마나=브라만 에 의해; 후탐=바치는; 브라흐마=브라만; 에바=오직; 테나=그에 의해; 간타브얌=도달한다; 브라흐마 카르마 사마디나=브라만 안에 몰입된 그는 브라만에 도달한다.
브라만이란 바치는 것이다.
브라만에 의해 브라만의 불에 바쳐지는 것.
오직 브라만의 행위를 열중하여
브라만 안에 몰입된 그는 브라만에 도달한다.

 이러한 절대인 브라만에 바치는 것을 야그야라고 하며, 바치는 것에는 행위를 바치는 카르마 야그야와 정신을 바치는 것인 그야나 야그야가 있다. 그야나 야그야는 깨달음의 과정이며 브라만을 바라보며 브라만 그 자체이다. 우리는 행위를 통한 베다의 제례 의식으로 바쳐지는 희생 의식도 있지만 그것은 상대적인 것이다. 앞절에서 말했듯이 의식이 무한 의식인 우주 의식 상태에서의 희생인 야그야를 크리쉬나는 절대인 브라만에 도달하는 것이라고 말하는 것이다.

25 दैवमेवापरे यज्ञं योगिनः पर्युपासते ।
ब्रह्माग्नावपरे यज्ञं यज्ञेनैवोपजुह्वति ॥ २५

다이바메바파레 야그얌 요기나흐 파르유파사테 |
브라흐마그나바파레 야그얌 야그네나이보파주흐바티 |25|

 다이밤=신들에 속하는; 에바=오직; 아파레=얼마의; 야그얌=희생; 요기나흐=요기들; 파르유파사테=행하다; 브라흐마그나우=브라만의 불 속에; 아파레=다른; 야그얌=희생; 야그예나=희생에 의해; 에바=매우; 우파주흐바티=희생을 바치다.
어떤 요기들은 신들을 예배하는 것으로
희생을 행하고, 다른 요기들은
브라만의 불 속에 바치면서 희생을 행한다.

우주 의식이라는 것은 어떠한 의식인가? 예배자와 예배 대상과 예배하는 과정이 모두 초월적인 의식 상태에서 행해지는 것이다. 라마크리쉬나는 언제나 칼리(Kali) 여신상 앞에서 우주 의식과 신의식을 체험하였다. 그는 모든 종교의 상 앞에서도 마찬가지로 초월된 의식으로 깊은 삼매에 빠졌었다. 나는 남인도의 암므리타난드 마이(Ammritanand Mai)라는 여자수행자가 제자들에게 축복을 줄 때마다 언제나 삼매에 들었다가 나와서 그들을 만나는 것을 보았다. 그녀는 자신의 최상의 예배는 무한 의식이라고 말했다.

26 श्रोत्रादीनीन्द्रियाण्यन्ये संयमाग्निषु जुह्वति ।
शब्दादीन्विषयानन्य इन्द्रियाग्निषु जुह्वति ॥ २६

스로트라디닌드리야니얀예 삼야마그니슈 주흐바티 |
사브다딘비샤야난야 인드리야그니슈 주흐바티 |26|

스토트라딘 인드리야니=들음과 그밖의 감각 기관을; 안예=어떤; 삼야마그니슈=다스림의 불길 속으로; 주흐바티=바치다; 사브다닌 비샤얀=소리와 감각의 대상들을; 안예=어떤 인드리야그니슈=감각이 불길 속으로; 주흐바티=바치다.

**어떤 사람들은 들음과 그밖의
감각 기관을 다스림의 불길 속으로 바치고,
어떤 이는 소리와 감각의 대상들을 감각의 불길 속으로 바친다.**

"들음과 감각 기관을 다스림의 불길 속에 바친다"는 것과 "소리와 감각 대상을 감각의 불길 속에 바친다는 것"은 바로 명상을 하면 모든 감각이 내면으로 들어가 자연스럽게 초월 의식으로 유도되는 것이다. 그것을 감각의 불길 속에 바친다는 것으로 말하는 것이다. 오랜 전통을 가진 자아회귀명상을 통하여 내면으로 들어가면 소리와 소리를 듣는 자도 사라지고 자연히 고요함과 초월된 의식을 체득하기 시작하는 것이다.

27 सर्वाणीन्द्रियकर्माणि प्राणकर्माणि चपरे ।
आत्मसंयमयोगाग्नौ जुह्वति ज्ञानदीपिते ॥ २७

사르바닌드리야카르마니 프라나카르마니 차파레 |
아트마삼야마요가그나우 주흐바티 그야나디피테 |27|

사르바니=모든; 인드리야카르마니=감각의 작용; 프라나카르마니
=호흡의 작용; 차=그리고; 아파레=다른; 아트마삼야마 요가그나
우=참나에 대한 통제의 요가의 불; 주흐바티=바치다; 그야나디피
테=지혜의 불을 붙이다.
다른 사람들은 감각과 호흡의 모든 작용을
요가의 불길 속으로 바치나니.
이는 지혜의 불로 불붙여진
참나에 대한 통제의 요가의 불길이니라.

여기에서 "감각과 호흡의 모든 작용을 요가의 불길 속으로 바친다"는 것은 결과를 말하는 것이다. 이러한 "지혜의 불로 불붙여진 참나에 의한 통제"는 바로 자아회귀명상을 통하여 스스로 내면으로 몰입하게 하는 방법이다. 자아회귀명상(Self Referral Meditation)은 스바삼 비드야 드야나(Sva Sam Vidya Dyana)이며 자신의 내면을 한계없는 우주적인 의식으로 유도하게 하는 가장 강력한 고대의 방법이다. 이 방법이 크리쉬나가 말한 참나에 의한 요가의 불의 가장 핵심된 방법일 것이다. 수많은 전통과 권위를 가진 인도의 모든 수행 방식이 이 자아회귀명상과 연결되어 있는 것이다.

28 द्रव्ययज्ञास्तपोयज्ञा योगयज्ञास्तथापरे ।
स्वाध्यायज्ञानयज्ञाश्च यतयः संशितव्रताः ॥ २८

드라브야야그야스타포야그야 요가야그야스타타파레 |
스바드야야그야나야그야스차 야타야흐 삼시타브라타흐 |28|

드라브야 야그야흐=어떤 이는 물질을 바치고; 타포 야그야흐=고행과 희생에 의하여; 요가 야그야흐=요가의 수행에 의하여; 타타=다시; 아파레=다른; 스바드야야 그야나 야그야흐=저들은 경전 공부와 지혜를 희생으로 바친다; 차=그리고; 야타야흐=수행의; 삼시타 브라타흐=엄격한 맹세를.
또한 어떤 이들은 물질을 바치고, 고행에 의하여,
또는 요가의 수행에 의하여 희생을 행하거니와
엄격한 맹세를 한 다른 수행자들은
저들의 경전 공부와 지식을 희생으로 바치는도다.

　모든 다양한 방법들을 통하여 우주적인 의식을 얻기 위해 시도하는 것이다. 물질을 바치고, 고행을 하고, 요가의 수행으로 희생을 행하고, 엄격한 맹세를 통하여 경전 공부를 하고 지식이나 지혜를 얻으려 한다고 말하는 것이다. 그러나 그 모든 것을 행하되 반드시 내면으로 몰입하는 명상을 하라고 말하는 것이다.

29 अपाने जुह्वति प्राणं प्राणेऽपानं तथापरे ।
प्राणापानगती रुद्ध्वा प्राणायामपरायणाः ॥ २९

아파네 주흐바티 프라남 프라네아파남 타타파레 |
프라나파나가티 루뜨바 프라나야마파라야나흐 |29|

아파네=들이쉬는 숨; 주흐바티=바치다; 프라남=내쉬는 숨; 프라
네=내쉬는 숨 안에; 아파남=들이쉬는 숨 안에; 타타=그러므로; 아
파레=다른; 프라나파라가티=들이쉬고 내쉬는 숨의 길; 루뜨바=통
제하여; 프라나야마 파라야나흐=숨의 통제에 스며들어.
다른 이들은 숨쉬는 수행을 바치며
들이쉼과 내쉼의 과정을 통제하여,
들이쉬는 숨을 내쉬는 숨 속으로
내쉬는 숨을 들이쉬는 숨 속으로 부어넣는 도다.

이 절은 호흡의 통제인 프라나야마의 과학에 대한 크리쉬나의 가르침을 말하는 것이다. 들이쉬는 숨인 아파나(Apana)와 날숨인 프라나(Prana)를 말하고 있다. 프라나를 말하면 들이쉬는 숨을 푸라카(Puraka)이며 내쉬는 숨을 레차카(Rechaka)이며 멈추는 것을 쿰바카(Kumbaka)라 한다. 그러나 이러한 호흡의 과학도 워낙 오도되어 책으로 표현한다면 헷갈릴 수가 있기에 구체적으로 말하지는 않겠지만 자아회귀명상을 하게 되면 자연스럽게 호흡은 통제된다. 전문적인 호흡은 그 다음으로 진행되어 가는 것이다.

30 अपरे नियताहाराः प्राणान्प्रणेषु जुह्वति ।
सर्वेऽप्येते यज्ञविदो यज्ञक्षपितकल्मषाः ॥ ३०

아파레 니야타하라흐 프라난프라네슈 주흐바티 |
사르베아프에테 야그야비도 야그야크샤피타칼마샤흐 |30|

아파레=다른 이들은; 니야타하라흐=음식을 억제하면서; 프라난=호흡의 호흡, 생명의 호흡; 프라네슈=호흡 안에; 주흐바티=바치다; 사르베=모든; 아피=또한; 에테=이런; 야그야비다흐=희생을 아는 자; 야그야 크사피타 칼마샤흐=희생에 의해 죄는 벗겨져 나간다.
다른 이들은 음식을 억제하면서 호흡을 호흡에 바친다.

이들 모두가 희생을 아는 자이며 희생을 거쳐
그들의 죄는 벗겨져 나가느니라.

호흡 기능은 몸의 기능과 연결되어 있으며 몸과 에너지와 정신적인 것과 연결되어 있는 것이다. 날숨은 프라나이며 결장이나 방광은 들숨인 아파나이고 소화 기관은 사마나(Samana)이며 혈액순환은 브야나(Vyana)이며 후두 (喉頭)에 대해서는 우다나(Udana)이며 들숨과 날숨인 아파나와 프라나외에 브야나는 몸의 전신을 기계적으로 통제하며 우다나는 사망할 때 빠져나가는 것이며 사마나는 음식을 먹을 때 소화를 도와주는 것이다.

호흡을 통해서 몸을 깨끗하게 되고 내면의 몰입을 통하여 몸과 마음의 하나됨은 진정한 희생이 되며 오랫동안 누적된 죄로부터 해방될 수가 있는 것이다. 그러나 자아회귀명상은 내면의 깊은 몰입의 상태를 통하여 그 모든 호흡과 마음의 근원으로 몰입하게 하는 것이다.

31 यज्ञशिष्टामृतभुजो यान्ति ब्रह्म सनातनम् ।
नायं लोकोऽस्त्ययज्ञस्य कुतोऽन्यः कुरुसत्तम ॥ ३१

야그야시쉬타므리타부조 얀티 브라흐마 사나타남 |
나얌 로코아스트야야그야스야 쿠토안야흐 쿠루사따마 |31|

야그야 시쉬타 암리타 부자흐=희생의 나머지를 먹는 것은 감로이니; 얀티=이르다; 브라흐마=브라만; 사나타남=영원한; 나=아닌; 아얌=이것; 로카흐=세계; 아스티=하는; 아야즈나스야=희생을 바치지 않는 자의; 쿠타흐=어떻게; 안야흐=다른; 쿠루 사따마=쿠루족의 최고.

희생의 나머지를 먹는 것은 감로이니,
그들은 영원한 브라만에 이른다.
이 세계는 희생을 바치지 않는 자를 위하여 있지 않거늘

하물며 다른 세상이 있겠는가, 오 쿠루 족의 최고여!

우리는 세상을 살면서 야그야, 즉 희생을 바탕으로 살아간다. 모든 삶은 연결고리처럼 연결되어 분리될 수가 없는 것이다. 현대는 특히 더욱더 개인과 사회와 세계와 우주가 서로 밀접하게 연결되어 있다. 개인과 외부 환경은 더욱더 밀착되어 있으며 모든 삶은 개인과 우주와 연결되어 있다. 우리는 개인의 발전과 사회의 발전 모두를 위해서 살지 않으면 안 된다고 크리쉬나는 말하는 것이다.

희생의 산물이 감로인데 암리타(Amrit), 즉 불사의 감로라는 뜻이다. 신은 개인과 모두를 위해 사는 이들을 위해 위대한 기쁨의 선물을 증정하는 것이다.

자아회귀명상에 깊이 몰입함으로써 내면 의식으로 깊이 들어간 산물로 행복을 선물하는 것이다.

32 एवं बहुविधा यज्ञा वितता ब्रह्मणो मुखे ।
कर्मजान्विद्धि तान्सर्वानेवं ज्ञात्वा विमोक्ष्यसे ॥ ३२

에밤 바후비다 야그야 비타타 브라흐마노 무케 |
카르마잔비띠 탄사르바네밤 그야트바 비모크쉬야세 |32|

에밤=이렇듯; 바후비다흐=밝혀지다; 야그나=희생; 비타타=퍼져 있다; 브라흐마나흐=브라만의, 베다의; 무케=드러남; 카르마잔= 행동에서 나오다; 비띠=아는; 탄=그들; 사르밤=모든; 에밤=그래서; 그야트바=아는; 비모크쉬야세=그대는 풀려나리라.

이렇듯 여러 가지의 희생이 베다의 가르침의 속에 밝혀져 있다.
그 모두가 행위에서 나옴을 알라.
그렇게 함으로써 그대는 풀려나니라.

베다는 다양한 종류의 야그야, 즉 희생을 말한다. 모든 희생 자체가 바로 명상을 말한다. 내면으로 주의력을 돌리는 명상이 바로 야그야인 것이다. 야그야의 정점은 바로 의식의 변형이 되는 것이다. 초월 의식으로 통일된 의식으로부터 사하자 삼매에 이르기까지 모든 과정이 바로 진정한 희생의 산물인 것이다.

33 श्रेयान्द्रव्यमयाद्यज्ञाज्ज्ञानयज्ञः परंतप ।
सर्वं कर्माखिलं पार्थ ज्ञाने परिसमाप्यते ॥ ३३॥

스레얀드라브야마야드야그야즈그야나야그야흐 파람타파 ㅣ
사르밤 카르마킬람 파르타 그야네 파리사마프야테 ㅣ33ㅣ

스레얀=더 나은; 드라브야마트=대상보다; 야그야트=희생의; 그야나 야그야흐=지혜에 의한 희생; 파람타파=적을 쓸어 버리는 자, 아르주나; 사르밤=전체; 카르마=행위; 아킬람=빠짐없이; 파르타=아르주나; 그야네=지혜; 파리사마프야테=궁극에 이르다.
재물에 의한 희생보다 지혜에 의한 희생이 더 낫다.
오 적을 쓸어 버리는 자여, 모든 행동은 빠짐없이
오 파르타여, 지혜에서 궁극에 이르느니라.

이 절은 아주 중요한 말을 하는 것이다. 재물의 희생은 상대 세계에서 의식을 높이지만 지혜에 의한 희생은 인간의 전 구조를 변형시켜 주고 신성한 의식으로 이끌어 주는 것이다.

34 तद्विद्धि प्रणिपातेन परिप्रश्नेन सेवया ।
उपदेक्ष्यन्ति ते ज्ञानं ज्ञानिनस्तत्त्वदर्शिनः ॥ ३४

타드비띠 프라니파테나 파리프라스네나 세바야 |
우파데크샨티 테 그야남 그야니나스타뜨바다르시나흐 |34|

타트=그것; 비띠=아는; 프라니파테나=받들어 모시고; 파리프라스네나=물으며; 세바야=섬김을 다할 때; 우파데크샨티=가르쳐 주리라; 테=그대; 그야남=지식; 그야니나흐=지혜로운; 타뜨바 다르시나흐=진리를 실현한 이.
이것을 알라. 받들어 모시고 거듭거듭 물으며 섬김을 다할 때, 진리를 보는 진리를 실현한 이가 그대에게 지혜를 가르쳐 주리라.

"받들어 모시고 거듭거듭 섬김을 다하라"는 것과 "진리를 실현 이가 지혜를 가르쳐 준다"는 것은 배우는 학생들이나 수행자들에게는 위대한 덕목이다. 요즘은 스승에 대한 예의가 땅에 떨어졌으며 스승들의 전통도 없어졌다.
위대한 스승 삼카라는 이 절을 "스승에게 겸손하게 다가가 그 앞에 엎드려 언제나 충심을 다하라. 속박됨이나 해탈, 무지와 지혜는 무엇인가를 질문하라. 무엇이든 질문하라. 그래서 공경한 태도가 받아들여지면 스승은 경전에서 깨우친 지식과 직접 체험에서 얻은 지혜를 그대에게 밝혀 줄 것이다"라고 하였다.

35 यज्ज्ञात्वा न पुनर्मोहमेवं यास्यसि पाण्डव ।
येन भूतान्यशेषेण द्रक्ष्यस्यात्मन्यथो मयि ॥ ३४

아즈그야트바 나 푸나르모하메밤 야스야시 판다바 |
예나 부탄야셰셰나 드라크샤스야트만야토 마이 |35|

야트=이것을; 그야트바=아는; 나=아닌; 푸나흐=다시; 모함=미혹;
에밤=그래서; 야스야시=취하는; 판다바=아르주나; 예나=이것에
의해; 부타니=존재들; 아세셰나=모든; 드라크쉬야시=보는; 아트
마니=그대의 참나 안에; 아토=또한; 마이=내 안에.

이것을 앎으로써 오 판두의 아들이여,
그대는 그러한 미혹에 빠지지 않으리라.
그럼으로써 그대는 그대의 참나 안에서
또한 내 안에서 모든 존재를 볼 것이니라.

'이것을 안다'는 것은 이미 앞의 절에서 자신의 미혹함으로부터 벗어나는 방법을 가르쳐 주었기 때문이다. 그리고 그대의 참나 안에서 또한 내 안에서 모든 존재를 볼 것이라는 말은 이미 상대적인 세 요소인 구나의 작용을 넘어 절대 의식인 대존재를 어디에서나 보게 될 것이라고 말하는 것이다.

36 अपि चेदसि पापेभ्यः सर्वेभ्यः पापकृत्तमः ।
सर्वं ज्ञानप्लवेनैव वृजिनं संतरिष्यासि ॥ ३६

아피 체다시 파페브야흐 사르베브야흐 파파크리따마흐 |
사르밤 그야나플라베나이바 브리지남 삼타리쉬야시 |36|

아피=가운데; 체트=만약; 아시=그대는; 파페브야흐=죄인; 사르베브야흐=모든; 파파크리타마흐=가장 죄 많은 자; 사르밤=모든; 그야나 플라베나=지혜의 뗏목; 에바=다만 브리지남=악; 삼타리쉬야시=건너가다.

설령 그대가 모든 죄인 가운데에서
가장 죄 많은 자라 할지라도,
그대는 다만 지혜의 뗏목만으로
모든 악을 건너갈 수 있을 것이니라.

"가장 죄 많은 자라 할지라도"는 지혜의 태양빛은 모든 이에게 비치며 적용된다는 것이다. '지혜의 뗏목'은 부정적인 것이 없이 모든 창조 세계에 좋은 영향을 미친다. 아무리 오래된 어둠도 한 줄기의 빛이면 충분하다. 강렬한 태양빛을 기다릴 필요가 없는 것이다. 죄악은 인간의 마음과 모든 신경 계통을 혼란에 빠트린다. 그것은 고통의 원인이다. 지혜는 그러한 죄악의 근본을 치유하는 것이다.

37 यथैधांसि समिदोऽग्निर्भस्मसात्कुरुतेऽर्जुन । ज्ञानाग्निः सर्वकर्माणि भस्मसात्कुरुते तथा ॥ ३७

야타이담시 사미도아그니르바스마사트쿠루테아르주나 |
그야나그니흐 사르바카르마니 바스마사트쿠루테 타타 |37|

야타=하듯이; 에담시=땔감; 사미도흐=타는; 아그니흐=불; 바스마사트=재로 만들듯이; 쿠루테=만들다; 아르주나=아르주나; 그야나그니흐=지혜의 불; 사르바카르마니=모든 행위; 바스마사트=재로 만들다; 쿠루테=만들다; 타타=하듯이.

타는 불이 땔감을 재로 만들듯이 오 아르주나여,
지혜의 불길은 모든 행위를 재로 만들어 버리느니라.

지혜의 불길은 모든 행위를 태워 버리는 것이다. 과거의 인상이 이미 불의 재가 됨으로써 현재의 행동에 대한 인상이 사라지고 미래의 행동에 대한 기반이 사라지게 된다. 그렇게 됨으로써 삶의 자유를 얻게 되는 것이다.

38 न हि ज्ञानेन सदृशं पवित्रमिह विद्यते ।
तत्स्वयं योगसंसिद्धः कालेनात्मनि विन्दति ॥ ३८

나 히 그야네나 사드리샴 파비트라미하 비드야테 |
타트스바얌 요가삼시따흐 칼레나트마니 빈다티 |38|

나=아닌; 히=매우; 그야네나=지혜로; 사드리샴=처럼; 파비트람=순수한; 이하=여기; 비드야테=하는; 타트=그것; 스바얌=이는; 요가 삼시따흐=요가 안에서 완성된 이는; 칼레나=때가 이르면; 아트마니=스스로 안에서; 빈다티=찾아내다.

진실로 이 세상에서 지혜만큼 순수한 것은 없나니.
요가 안에서 완성된 이는 스스로에 대하여
때가 이르면 이것을 스스로 안에서 찾아내느니라.

지혜가 밝혀진다면 삶은 외부적으로 흔들림이 없을 것이다. 자아회귀명상은 '요가 안에서 완성'을 이루게 해줄 것이다. 명상을 함으로써 자연스럽게 내면 의식 또는 초월 의식을 경험하게 하고 한계없는 우주 의식 안에서 스스로 자신을 찾아낼 것이다.

39 श्रद्धवाँल्लभते ज्ञानं तत्परः संयतेन्द्रियः ।
ज्ञानं लब्ध्वा परां शान्तिमचिरेणाधिगच्छति ॥ ३९

스라따바믈라바테 그야남 타트파라흐 삼야텐드리야흐 |
그야남 라브드바 파람 산티마치레나디가짜티 |39|

스라따반=믿음을; 라바테=가졌다; 그야남=지혜; 타트파라흐=몰두하여; 삼야텐트리야흐=감각을 다스리는 사람; 그야남=지혜; 라브드바=획득하다; 파람=가장 높은; 산팀=평화에; 아디가짜=이르다.
믿음을 지녔고 지혜에 몰두하여
감각 기관을 다스리는 사람은 지혜를 얻느니라.
지혜를 얻으니 그는 가장 높은 평화에 이르느니라.

믿음을 가지고 지혜에 몰두하여 감각을 다스린다는 것은 수행자에게는 아주 중요한 과정이다. 믿음이란 수행의 과정에서 여러 가지의 장애를 넘어갈 수 있는 에너지를 불어넣어 주며 지혜는 확고한 마음으로 흔들리지 않게 해주는 역할을 한다. 그런 과정을 통해 초월 의식에서 우주 의식으로 또는 사비칼파에서 니르비칼파 삼매를 체득하게 되는 것이다.

40 अज्ञश्चाश्रद्दधानश्च संशयात्मा विनश्यति ।
नयं लोकोऽस्ति न परो न सुखं संशयात्मनः ॥ ४०

아그야스차스라따다나스차 삼사야트마 비나샤티 |
나얌 로코아스티 나 파로 나 수캄 삼사야트마나흐 |40|

아그야흐=무지한; 차=그리고; 아스라따다나흐=믿음이 없고; 차=그리고; 삼사야트마=의심하는 사람; 비나샤티=멸망하느니라; 나=아닌; 아얌=이것; 로카흐=세상; 아스티=하는; 나=아닌; 파라흐=다음의; 나=아닌; 수캄=평안함, 행복; 삼사야트마나흐=의심하는 마음.
지혜가 없고, 믿음이 없으며, 의심하는 사람은 멸망하느니라.
의심하는 마음에는 이 세상도 없고
저 세상도 없으며 어떠한 평안함도 없는 것이다.

믿음인 스라따(Sraddha)는 지혜인 그야나(Gyana)로 가는 바로미터이다. 믿음은 무지에서 지혜로 이르게 하는 중요한 과정이다. 자아회귀명상은 인간의 내면의 지혜와 믿음을 가져다준다.

41 योगसंन्यस्तकर्माणं ज्ञानसांछिन्नसंशयम् । आत्मवन्तं न कर्माणि निबध्नन्ति धनञ्जय ॥ ४१

요가삼냐스타카르마남 그야나삼친나삼사얌 │
아트마반탐 나 카르마니 니바드난티 다난자야 │41│

요가 삼냐스타 카르마남=요가의 힘으로 모든 행위를 놓아 버린 이; 그야나 삼친나 삼사얌=지혜로서 의심을 끊어 버린 이; 아트마반탐 =참나에 머무르는 이; 나=아닌; 카르마니=행위; 니바드난티=속박 하다; 다난자야=부를 차지하는 이, 아르주나.

요가의 힘으로 모든 행위를 놓아 버린 이,
지혜로서 의심을 끊어 버린 이,
참나에 머무르는 이, 그는 어떤 행위도 속박될 수가 없다.
오 부를 차지하는 이여!

명상을 실천함으로써 활동하는 가운데에서도 행동의 내맡김이 유지됨으로써 그는 행동에 얽혀들지 않는다. 어떤 행위도 그를 속박하지 않는다. 이 상태는 우주적인 의식 상태가 생활에서도 유지되는 것을 말하는 것이다.

42 तस्मदज्ञानसंभूतं हृत्स्थं ज्ञानासिनात्मनः । छित्त्वैनं संशयं योगमातिष्ठोत्तिष्ठ भारत ॥ ४२

타스마다그야나삼부탐 흐리트스탐 그야나시나트마나흐 │
치뜨바이남 삼사얌 요가마티쉬토띠쉬타 바라타 │42│

타스마트=그러므로; 아그야나삼부탐=무지에서 솟아나; 흐리트스
탐=가슴에 뿌리박은; 그야나시나=지혜의 칼에 의해; 아트마나흐=
참나의; 치뜨바=베어 버리는; 에남=이것; 삼사얌=의심; 요감=요
가; 아티쉬타=전념하여; 우티쉬타=일어나는; 바라타=아르주나.
그러므로 지혜의 검으로 무지에서 솟아나
가슴에 뿌리박은 그대의 의심을 베어 버리고,
요가에 전념하여 일어서라. 오 바라타여!

의심이란 모든 무지와 악을 일으키는 원흉이다. 크리쉬나는 모든 의심과 무지를 제거하고 앞으로 나아가라고 말하는 것이다. 여기에서 행동의 벗어남이 결코 행동의 요가인 카르마 요가나 지혜를 밝혀 주는 삼키야를 벗어나는 것이 아니다. 자아회귀명상을 계속 규칙적으로 행함으로써 어느 순간 모든 행동이 외부적인 어떤 것에도 휘말리지 않음을 깨닫게 될 것이다.

इति श्रीमद्भगवद्गीतासूपनिषत्सु ब्रह्मविद्यायां योगशास्त्रे
श्रीकृष्णार्जुनसंवादे ज्ञानकर्म संन्यासयोगो नाम
चतुर्थोऽध्यायाः ॥

이티 스리바가바드기타수파니샤트수 브라흐마비드야얌 요가사스트레
스리크리쉬나르주나삼바데 그야나카르마 삼냐사요고 나마
차투르토아드야야흐 ∥
바가바드 기타의 우파니샤드 안에 요가의 과학이며
지고의 브라만의 지식이며 스리 크리쉬나와 아르주나의 대화인
제4장 그야나 카르마 삼냐사 요가를 말한다.

제5장
카르마 삼냐사 요가
행동으로부터 내맡김의 요가

행동의 내맡김의 요가는 삼크야 요가와 카르마 요가를 같이 놓고 행동에서 영원한 자유를 이르는 데 같이 효과적이라고 한다. 그것은 행위의 내맡김에 의해 요가 혹은 통일에 도달한다는 것을 보여준다. 고대로부터 전승되어온 스바 삼 비드야 드야나(Sva Sam Vidya Dyana)인 자아회귀명상(Self Referral Meditation)은 행동의 요가인 카르마 요가나 이론과 지혜를 밝히는 삼크야 요가 둘 다를 발전시켜 주며 행동을 자연스럽게 벗어나 외부적인 속박으로부터 벗어나게 해주는 역할을 해준다.

1

अर्जुन उवाच

संन्यासं कर्मणां कृष्ण पुनर्योगं च शंसासि ।

यच्छ्रेय एतयोरेकं तन्मे ब्रूहि सुनिश्चितम् ॥ १

아르주나 우바차
삼냐삼 카르마남 크리쉬나 푸나르요감 차 삼사시 ।
야쯔레야 에타요레캄 탄메 브루히 수니스치탐 ॥1॥

아르주나 우바차=아르주나 말하기를; 삼냐삼=내맡김; 카르마남= 행동의; 크리쉬나=크리쉬나; 푸나흐=다시; 요감=요가; 차=그리고; 삼사시=그대; 야트=그것은; 스레야=더 나은; 에타요흐=이 둘은; 에캄=하나의; 타트=그것; 메=나에게; 브루히=말하다; 수니스치탐=확실한.

아르주나 말하기를
당신께서는 행동의 내맡김 요가와
행동의 요가를 한꺼번에 찬양합니다.
이 둘 가운데 어떤 것이 보다 나은지
저에게 확실히 말씀해 주소서.

아르주나는 보다 더 세밀하게 알고 싶어 질문을 하는 것이며 몰라서 질문하는 것은 아니다.
이미 그는 이러한 질문을 세번째 하고 있다. 행위를 하는 것과 행위의 내맡기는 것에 대해서 묻는 것이다. 크리쉬나가 말했듯이 파악하기 어려운 것이 행위의 경로이기 때문이다. 무행위에 대해서 말할 때 하나는 행위를 내맡기라는 것이 있고, 다른 하나는 요가에 의지하라는 것이 있다. 첫번째는 행동의 내맡김에 이르는 하나의 수단으로서 요가를 제시하는 것이며, 두번째는 행동의 내맡김의 지식을 얻고 난 다음의 요가 수행을 강조하는 것이다. 전자는 요가가 수단이며 행동의 내맡김은 목표이다. 후자는 행동의 내맡김은 수단이고 요가는 목표이다.

2 श्री भगवानुवाच
संन्यासः कर्मयोगश्च निःश्रेयसकरावुभौ ।
तयोस्तु कर्मसंन्यासात्कर्मयोगो विशिष्यते ॥ २

스리 바가바누바차
삼냐사흐 카르마요가스차 니흐스레야사카라부바우 |
타요스투 카르마삼냐사트카르마요고 비시쉬야테 |2|

스리 바가반 우바차=크리쉬나 말하기를; 삼냐사흐=내맡김의; 카르마요가흐=행동의 요가; 니흐스레야사카라우=가장 높은 선으로 이끈다; 우브하우=양쪽; 타요흐=이 둘의; 투=그러나; 카르마삼냐사트=행동의 내버림의 요가보다; 카르마요가흐=행동의 요가; 비시쉬야테=더 나은.
행동의 내맡김의 요가와 행동의 요가
둘 다 가장 높은 선으로 이끄느니라.
그러나 이 둘 가운데 행동의 요가가
행동의 내맡김의 요가보다 우월하니라.

삼냐사 요가, 즉 내맡김의 요가에 대한 과정은 여러 단계에 있다. 속세의 삶을 벗어나 영적인 수행으로만 향하는 과정들 중에는 완전히 속세를 떠나는 과정과 속세와의 관계를 서서히 넘어 초월적인 단계로 들어가는 과정이 있다. 위대한 수행자인 자나카 왕은 속세와 초월의 세계를 공존하다가 완전히 초월로 들어간 과정이며, 슈크 데브는 어릴 적부터 초월적인 삶으로 들어갔으며, 상카라도 어릴 적부터 초월적인 세계로 들어갔다.

하지만 삼냐사인 내맡김이란 이미 그 단계가 완성되었을 때부터 되는 것이다. 즉 강력한 신성의 합일이 이루어질 때 마음은 세상을 자연스럽게 내맡기고 물러나게 되는 것이다.

3 ज्ञेयः स नित्यसंन्यासी यो न द्वेष्टि न कङ्क्षति ।
निर्द्वन्द्वो हि महावाहो सुखं बन्धात्प्रमुच्यते ॥ ३

그예야흐 사 니트야삼냐시 요 나 드베쉬티 나 캉크샤티 |
니르드반드보 히 마하바호 수캄 반다트프라무챠테 |3|

그예야흐=알라; 사흐=그는; 니트야 삼냐시=영원한 내버림; 야흐 =누구; 나=아닌; 드베쉬티=미워하는; 나=아닌; 캉크샤티=바라는; 니르드반드바흐=모든 대립을 벗어나; 히=매우; 마하바호=억센 팔을 가진; 수캄=쉽게; 반다트=얽매임으로부터; 프라무츠야테 =벗어나다.

미워하지도 바라지도 않는 사람,
그를 영원한 내맡김에 이른 사람으로 알라.
그는 모든 대립에서 벗어나 쉽게
얽매임으로부터 벗어나느니라. 오 억센 팔을 가진 자여!

행동의 내맡김의 상태를 의식 수준에 따라 다르게 설명할 수가 있다. 그는 이 지상에서 속세의 활동을 벗어나 있는 것을 볼 수가 있다. 그가 오랜 명상을 통하여 의식이 초월 의식으로 깊어지고 정착되면서 우주적인 의식을 얻게 되면 자연스럽게 행동의 내맡김이 온다. 그리고 그후에 더욱더 깊어지고 섬세한 활동에 참가하면서 마지막으로는 참나와 모든 활동이 하나가 되는 대통일의 상태가 오는 것이다. 모든 시간에 우주 의식과 무한 의식이 하나가 되는 상태이다. 여기에서 수캄(Sukam), 즉 '쉽게'라는 말은 자연스럽게 모든 대립들이 자연스런 분리 상태인 삼냐사의 상태에서 쉽게 얻어지는 것이다.

4 साङ्ख्ययोगौ पृथग्बालाः प्रवदन्ति न पण्डिताः । एकमप्यास्थितः सम्यगुभयोर्विन्दते फलम् ॥ ४

상크야요가우 프리타그발라흐 프라바난티 나 판디타흐 |
에카마프야스티타흐 삼야구바요르빈다테 팔람 |4|

삼크야 요가우=지식과 요가; 프리타크=다른; 발라흐=어리석은 이, 어린이; 프라바난티=말하다 나=아닌; 판디타흐=지혜로운; 에캄=하나의; 아피=그럼에도; 아스티타흐=올바로; 삼야크=진정으로; 우바요흐=둘의; 빈다테=획득하다; 팔람=결과.
삼크야인 지식과 요가인 실천은 다른 것이라고
어리석은 이들은 말하나 지혜로운 이는 그렇게 말하지 않는다.
한 가지만 올바로 전념하여도 둘의 결과를 얻는다.

지식은 삼크야이며 그것은 절대와 상대를 정확히 파악하는 것이며 실천 수행인 요가는 절대 본질을 직접적으로 체험할 수 있는 수행을 하는 것이다. 여기에서 "한 가지만 올바르게 전념한다 하여도"라는 말은 어느 것이나 관계없이 절대 존재의 본질을 파악하고 깨달음을 얻게 한다는 것이다. 자아회귀명상을 하게되면 삼크야와 요가를 동시에 얻을 수가 있다.

5 यत्साङ्ख्यैः प्राप्यते स्थानं तद्योगैरपि गम्यते । एकं साङ्ख्यं च योगं च यः पश्यति स पश्यति ॥ ५

야트 상크야이흐 프라프야테 스타남 타드요가이라피 감야테 |
에캄 상크얌 차 요감 차 야흐 파샤티 사 파샤티 |5|

야트=그것; 삼크야흐=지식; 프라프야테=도달하다; 스타남=장소; 타트=그것; 요가이흐=요가에 의해; 아피=또한; 감야테=도달하다; 에캄=하나; 삼크얌=지식; 차=그리고; 요감=실천; 야흐=누구; 파샤티=보다; 사흐=그는; 파샤티=보다.

지식에 의해 도달된 경지는 실천에 의해서 도달된다.
지식과 실천을 하나로 보는 이, 그는 참으로 보는도다.

  이 절은 재가자와 출가자 양쪽을 꽃피우게 해주는 절이다.
  삼크야의 요가의 길은 가정을 가지고 있는 재가자의 길에는 적합하지가 않다. 카르마 요가를 행하는 것이 재가자의 길에 적합하다. 그러나 우주의 식인 니르비칼파 삼매에서는 두 개의 길이 같이 만나게 된다. 거기에서 강한 행동의 내맡김이 일어난다. 거기에서 계속 더 나아가면 신 의식이라는 케발라 니르비칼파 삼매 그리고 통일 의식인 사하자 삼매가 나오게 된다. 이때 목적지가 완성되는 것이다.

6 संन्यासस्तु महाबाहो दुःखमाप्तुमयोगतः । योगयुक्तो मुनिर्ब्रह्म नाचिरेणाधिगच्छति ॥ ६

삼냐사스투 마하바호 두흐카마프투마요가타흐 |
요가육토 무니르브라흐마 나치레나디가짜티 |6|

삼냐사흐=내맡김 ; 투=그러나; 마하바호=억센 팔을 가진 자; 두흐
캄=어려운; 아프툼=이르는; 아요가타흐=요가 없이는; 요가육타흐
=요가에 몰입된; 무니흐=수행자, 성자; 브라흐마=브라만; 나치레
나=머지않아, 빠르게; 아디가짜티=가다.
행동의 내맡김은 요가 없이는 참으로 어렵다.
오 억센 팔을 가진 자여.
요가에 몰입된 수행자는 머지않아 브라만에 이르느니라.

여기에서 요가라는 것은 이미 도달된 초월 의식 상태를 말하는 것이며 그 몰입된 상태는 우주적인 의식 상태이며 '머지않아'라는 단어는 자연스럽게 한계없는 무한한 의식을 향해 나아가는 상태가 어렵지 않음을 말하는 것이다.

7 योगयुक्तो विशुद्धात्मा विजितात्मा जितेन्द्रियः ।
सर्वभुतात्मभूतात्मा कुर्वन्नपि न लिप्यते ॥ ७

요가육토 비수따트마 비지타트마 지텐드리야흐 |
사르바부타트마부타트마 쿠르반나피 나 리프야테 |7|

요가육타흐=요가에 통제된; 비수따트마=정화된 자; 비지타트마=
자신을 온전히 다스리고; 지텐드리야흐=감각을 정복한 이; 사르바
부타트마 부타트마=그의 자아는 모든 존재의 자아가 되었으며; 쿠
르반=행동하는; 아피=그럼에도; 나=아닌; 리프야테=말려들다.
요가에 통제되어 스스로 정화된 자기 자신을
온전히 다스리고 감각을 정복한 이,
그의 자아는 모든 존재의 자아가 되었으며
그는 행동하면서도 말려듦이 없느니라.

그는 어떠한 상태에서도 휘말리지 않는 자기 자신을 정복한 상태를 말한다.

8 नैव किञ्चित्करोमीति युक्तो मन्येत तत्त्ववित् ।

पश्यञ्शृण्वन्स्पृशञ्जिघ्रन्नश्नन्गच्छन्स्वपञ्श्वसन् ॥ ८

나이바 킨치트카로미티 육토 만예타 타뜨바비트 |
파스얀스린반스프리산지그란나스난가짠스바판스바산 |8|

나=아닌; 에바=같은; 킴치트=어떠한; 카로미=나는 행하다; 이티
=그래서; 육타흐=확립되어; 만예타=생각하는; 타뜨바비트=진리
를 아는 자; 파스얀=보다; 스리반=듣다; 스프리산=접촉; 지그란=
냄새 맡다; 아스난=먹다; 가찬=걷다; 스바판=잠자다; 스바산=호
흡하다.
자신에 확립되어 진리를 아는 자는
"나는 아무것도 행함이 없노라"라고 말할 것이다.
보고, 듣고, 만지고, 냄새 맡으면서, 먹고, 걷고, 숨쉬고, 잠자면서.

진리가 확립되기 전에는 세상의 경험들이 자신을 가리웠으나 지금은 자신의 진리를 아는 상태가 지배한다는 것을 안다. 나무를 보면 나무를 보는 자는 잃어버렸으나 진리가 확립되고 참나가 확립된 이후에는 나무의 경험이 지배하지 못하는 것이다. 성스러움과 물질적인 가치가 총합된다는 것이다.

9 प्रलपन्विसृजन्गृह्णन्नुन्मिषन्निमिषन्नपि ।

इन्द्रियाणीन्द्रियार्थेषु वर्तन्त इति धारयन् ॥ ९

프랄라판비스리잔그리흐난눈미샨니미샨나피 |
인드리야닌드리야르테슈 바르탄타 이티 다라얀 |9|

프랄라판=말하다; 비스리잔=배설하고; 그리흐난=붙잡다; 운미샨

=눈을 뜨고; 니미샨=눈을 감고; 아피=또한; 인드리야니=감각 기관들; 인드리야테슈=감각의 대상; 바르탄테=움직이는; 이티=그래서; 드라야=확신하는.
말하고, 배설하고, 붙잡으면서 눈을 뜨고 감으면서도
"감각 기관들이 감각의 대상들에 연결될 뿐이다"라고 생각할 것이다.

참나와 하나된 사람은 모든 상대적인 요소나 대상들로부터 자유로운 것이다. 우주적인 의식에 하나됨으로써 감각과 감각의 대상들로부터 자유롭다.

10 ब्रह्मण्याधाय कर्माणि सङ्गं त्यक्त्वा करोति यः । लिप्यते न स पापेन पद्मपत्रमिवाम्भसा ॥ १०

브라흐만야다야 카르마니 상감 트야크트바 카로티 야흐 ǀ
리프야테 나 사 파페나 파드마파트라미밤바사 ǀ10ǀ

브라흐마니=브라만에; 아다야=위치하는; 카르마니=행위; 상감=집착; 트야크트바=벗어나 있는; 카로티=행동하는; 야흐=누구; 리프야테=스며들다; 나=아닌; 사흐=그는; 파페나=죄에; 파트마 파트람=연잎; 이바=같은; 암바사=물에 의해.
행동을 하면서 집착을 벗어나 있는 이,
브라만에 행위를 바치면서 행위하는 자는
마치 연잎이 물에 스며들지 않듯이 죄에 물들지 않느니라.

명상을 꾸준하게 실천하면서 명상과 활동의 반복 훈련을 통하여 고요함이 자신의 존재에 스며들고, 순수한 의식이 스며들게 됨으로써 점차적으로 우주 의식이 모든 자아에 확립된다. 그렇게 되면 연잎이 물에 스며들지 않듯이 죄에 물들지 않게 된다.

11 कायेन मनसा बुद्ध्या केवलैरिन्द्रियैरपि ।
योगिनः कर्म कुर्वन्ति सङ्गं त्यक्त्वात्मशुद्धये ॥ ११

카예나 마나사 부뜨야 케발라이린드리야이라피 |
요기나흐 카르마 쿠르반티 상감 트야크트바트마수따예 |11|

카예나=몸에 의해; 마나사=마음에 의해; 부뜨야=이성으로; 케발라이흐=오직; 인드리야이흐=감각에 의해; 아피=또한; 요기나흐=요기들의; 카르마=행위; 쿠르반티=수행하는; 상감=집착; 트야크트바=버리다; 아트마수따예=스스로를 정화하기 위하여.
요기들은 오직 몸으로, 마음으로, 이성으로, 감각으로 집착을 버리고 스스로를 정화하기 위하여 행동하느니라.

요기들이 몸·마음·이성, 감각으로 집착을 버린다는 것은 의식이 높여짐으로서 스스로가 정화되는 것이다. 첫번째는 의식이 깨어 있는 상태에서 사비깔파 삼매인 초월 의식으로 가는 것이며, 두번째는 초월 의식에서 우주 의식인 니르비 칼파 삼매에 가는 것이다. 세번째는 우주 의식에서 신의식인 케발라 니르비 칼파 삼매와 통일 의식인 사하자 삼매로 가는 것이다. 그것이 가장 스스로를 정화하는 길이다.

12 युक्तः कर्मफलं त्यक्त्वा शान्तिमाप्नोति नैष्ठिकीम् ।
अयुक्तः कामकारेण फले सक्तो निबध्यते ॥ १२

육타흐 카르마팔람 트야크트바 산티마프노티 나이쉬티킴 |
아육타흐 카마카레나 팔람 삭토 니바드야테 |12|

육타흐=참나와 하나된, 통일된; 카르마 팔람=행위의 결과; 트약트바=떠나; 산팀=장소; 아푸노니=도달하다; 나이스티킴=끝의; 아육타흐=통제되지 않는 자; 카마카레나=욕망의 충동에 의해; 팔람=행동의 결과; 사크토=얽매이다; 니바디야테=한계된.
참나와 하나된 자는 행위의 결과를 떠나
확고한 평화에 이른다. 참나와 하나되지 않은 자는
욕망의 충동에 의해, 행동의 결과에 얽매이느니라.

참나와 하나됨이라는 것은 세 가지가 있다. 사비칼파 삼매인 초월 의식, 니르비칼파 삼매인 우주 의식, 사하자 삼매인 통일 의식이 있다. 궁극적으로 이것은 개인적인 나에 휩쓸리지 않는 나의 상태를 말한다. 그러나 어떤 식으로든 그 의식 상태에 들어가지 않으면 개인적인 욕망에 휘둘리게 되어 있는 것이 사실이다.

13 सर्वकर्माणि मनसा संन्यस्यास्ते सुखं वशी । नवद्वारे पुरे देही नैव कुर्वन्न कारयन् ॥ १३

사르바카르마니 마나사 삼냐스야스테 수캄 바시 |
나바드바레 푸레 데히 나이바 쿠르반나 카라얀 |13|

사르바 카르마니=모든 행위; 마나사=마음에 의해; 삼냐스야=내맡기다; 아스테=머무는; 수캄=행복하게; 바시=자아 통제; 나바드바레=아홉 개의 문; 푸레=성 안에; 데히=몸; 나=아닌; 에바=그럼에도; 쿠르반=행동하다; 나=아닌; 카라얀=행동의 원인.
마음으로 모든 행위를 내맡기고
이 몸 속에 사는 이는,
아홉 개 문의 성 안에서 행복하게 머무나니,
행동하지도 않고 해야 할 행동도 만들어 내지 않느니라.

마음은 행동과 행동자의 연결고리이다. 몸은 마치 거대한 성처럼 다양한 감각·마음·이지·에고 등의 수많은 성문으로 둘러쌓여 있다. 마치 성주처럼 모든 것을 증거하고 행복하게 지켜보는 이가 있으니 그가 참나이다. 그는 행동하지도 어떠한 행동도 만들어 내지 않는다.

14 न कर्तृत्वं न कर्माणि लोकस्य सृजाति प्रभुः ।
न कर्मफलसंयोगं स्वभावस्तु प्रवर्तते ॥ १४

나 카르트리트밤 나 카르마니 로카스야 스리자티 프라부흐 |
나 카르마팔라삼요감 스바바바스투 프라바르타테 |14|

나=아닌; 카르트르트밤=지어내다; 나=아닌; 카르마니=행동; 로카스야=이 세상에; 스리자티=창조하다; 프라부흐=주, 신; 나=아닌; 카르마팔라 삼요감=행동의 결과와 연결된; 스바바바흐=자연; 투=그러나; 프라바르타테=행동으로 이끄는.

그는 행동의 원인을 지어내지 않고
세상의 행위들을 만들어 내지도 않으면서
그는 행위자의 행동과 그 결과를 연결하지 않으나
자연이 그것을 만들어 내느니라.

그 자신이 무엇을 만들어 내는 것이 없다. 그는 절대적인 존재로 존재한다. 다만 자연이 모든 것을 만들어 낸다. 프라나 경전에서 말하기를 시바 신은 어떠한 것도 만들어 내는 작위(作爲)를 행하지 않는다. 그는 히말라야 동굴 속에서 깊이깊이 우주적인 명상을 하고 있다. 그의 부인 파르바티가 시바 신의 눈을 살짝 가렸다. 우주는 다시 깊은 마야(Maya)의 환상에 들어갔다. 모든 우주의 힘이 새로 재편되고 혼란이 일어났다. 시바 신은 그의 부인 파르바티에게 그대가 만든 우주의 마야는 환상이니 그대가 거두라고 하였다. 파르바티는 깊은 고행의 명상에 들어가 우주의 질서를 다시 원상복구하였다는 이야기가 있다. 신들의 시간은 인간의 엄청난 긴 시간을 말한다. 인간의 가장 아름다운 상태는 바로 무한 의식에서 모든 행동을 내맡기는 것이다.

15 नादत्ते कस्यचित्पापं न चैव सुकृतं विभुः ।
अज्ञानेनावृतं ज्ञानं तेन मुह्यन्ति जन्तवः ॥ १५

나다떼 카스야치트파팜 나 차이바 수크리탐 비부흐 |
아그야네나브리탐 그야남 테나 무흐얀티 잔타바흐 |15|

나=아닌; 아다떼=취하는; 카스야치트=어느 누구의; 파팜=죄; 나=아닌; 차=그리고; 에바=같은; 수크리탐=덕; 비부흐=주(主); 아그야네나=무지; 아브리탐=전개된; 그야남=지혜; 테나=이것에 의해; 무흐얀티=무지에 의해; 잔타바흐=뭇생명, 존재.

모든 것에 퍼져 있는 지성은 어느 누구의
죄도 받아들이지 않으며 덕도 받아들이지 않는다.
지혜는 무지에 의해 가려진다. 그로 인해 뭇생명들은 헤매느니라.

참실재를 알아보는 두 가지의 방식이 있는데 하나는 절대의 입장이며 다른 하나는 상대의 입장이다. 요소인 구나들이 행위와 상대적인 영역에 있는 것을 맡는다. 절대는 어디에나 편재하지만 휘말림이 없다. 참나는 영원한 자유 안에 그대로 존재한다.

16 ज्ञानेन तु तदज्ञानं येषां नाशितमात्मनः ।
तेषामादित्यवज्ज्ञानं प्रकाशयति तत्परम् ॥ १६

그야네나 투 타다그야남 예샴 나시타마트마나흐 |

테샤마디트야바즈그야남 프라카사야티 타트파람 |16|

그야네나=지혜에 의해; 투=그러나; 타트=그것; 아그야남=무지; 예샴=누구의 나시탐=깨어진, 소멸하는; 아트마나흐=참나의; 테샴 =그들의; 아디트야바트=태양처럼; 그야남=지혜; 프라카사야티= 드러내다; 타트 파람=그 초월적인.
그러나 저 무지가 지혜에 의해 깨쳐진 이들은
지혜가 태양처럼 그 초월적인 것을 비추느니라.

어둠은 빛에 의해 사라지듯이 무지 또한 지식이 들어오면 사라지는 것이다. 참나의 지식인 브라마 그야나는 상대 세계의 프라크리티의 실체이며, 지혜 또는 그야나라는 것에 의해 아그야나인 무지가 사라지는 것이다. 브리하드아란야카 우파니샤드(Brihadaranyaka Upanishad)에서는 이러한 것을 "아사토 마 사드 가마야 타마소 마 조티르 가마야 무르트요르 마 암리탐 가마야(Asto Ma Sad Gamaya Tamaso Ma Jotir Gamaya Mrtyor Ma Aritam Gamaya)"라고 하였는데 이 뜻은 "허상으로부터 실상을, 무지로부터 빛을, 죽음으로부터 불멸을 주소서"라는 것이다.

17 तद्बुद्धयस्तदात्मानस्तन्निष्ठास्तत्परायणाः ।
गच्छन्त्यपुनरावृत्तिं ज्ञाननिर्धूतकल्मषाः ॥ १७

탄드부따야스타다트마나스탄니쉬타스타트파라야나흐 |
가짠트야푸나라브리띰 그야나니르두타카칼마샤흐 |17|

타드 부따야흐=그것에 이성을 집중하고; 타드 아트마나흐=그것에 마음이; 탄니스타흐=그것에 확립하여; 타트 파라야나흐=그것에 궁극의 목표로 삼아; 가짠티=나아간다; 아푸나라브리띰=다시 돌아옴 없는; 그야 니르두타 칼마샤흐=지혜로 모든 더러움은 씻

겨졌으며.
이성과 마음이 그것에 집중하고, 그것을 궁극의 목표로 삼아
그것에 온전히 바쳐졌으며, 지혜로 모든 더러움은 씻겨졌으며,
그들은 다시 돌아옴이 없는, 환생이 없는 곳으로 간다.

삼크야와 요가의 목표는 순수하고 영원한 해탈이다. 산스크리트어 아트만(Atman)인 참나는 에고 · 이성 · 마음 · 감각 · 호흡 · 육체 모두에 존재한다는 뜻이다. 우파니샤드의 "그것은 당신이다." 즉 탓 트밤 아시(Tat Tvam Asi)를 말한다. 이 지구상에 육체를 가지고 왔을 때 한계없는 우주 의식을 획득하게 되면 생사의 영역을 넘어선다. 그것은 변함이 없으며 인간으로서만 가능하다. 그것을 찾기 위한 내맡김의 가르침이다. 많은 구도자들이 그 길을 가려고 한다. 삶이 존재하는 한 계속해서 진행되는 과정이다.

18 विद्याविनयसंपन्ने ब्राह्मणे गवि हस्तिनि ।
शुनि चैव श्वपाके च पण्डिताः समदर्शिनः ॥१८

비드야 비나야삼판네 브라흐마네 가비 하스티니 |
수니 차이바 스바파케 차 판디타흐 사마다르시나흐 |18|

비드야 비나야 삼판네=학식과 겸손을 갖춘; 브라흐마네=브라만; 가비=소에; 하스티니=코끼리나; 수니=개나; 차이=그리고; 에바=마저도; 스바파케=신분이 없는 이; 차=그리고; 판디타흐=깨달은 이, 여기서 판디트(Pandit)는 학자, 성자, 자아를 실현한 자이지만 대부분은 브라만의 신분으로 경전에 달통한 사람을 말한다; 사마다르시나흐=동등하게 보면서.

깨달은 이는 학식과 겸손함을 갖춘
브라만에게나, 소나 코끼리에게나,
개에 있어서나, 신분이 없는 이에게까지 평등한 눈으로 바라본다.

이 절은 중요한 절로서 크리쉬나가 존재의 평등성에 대하여 말하고 있다. 모든 생물의 평등성을 강조하면서 모든 존재의 본질은 같다는 것을 표현한 것이다. 학식과 겸손이란 말은 지혜로운 이의 성품이며 모든 존재의 평등성에 가까워질 때 생기는 산물이다. 그는 어떠한 다른 것을 보더라도 확고함은 동일한 마음을 지니고 있다는 것이다. 판디트란 원래는 이론을 포함한 깨달은 사람인데 지금은 브라만이며 산스크리트어와 수행을 겸한 사람을 말한다. 바가바드 기타에서 말한 것보다는 좀더 학문적인 성향으로 알려져 있다. 여기에서 '평등한 눈으로 보는 것'이란 우주적인 의식이나 신의식의 관점을 말하는 것이다. 그러므로 진정한 겸손이란 마음의 태도에 있는 것이 아니라 존재의 특성 속에 있는 것이다. 지혜로운 이이며 깨달은 이는 존재가 하나로 보여진다. 무엇을 보든지 단일성을 지니게 되는 것이다.

19 इहैव तैर्जितः सर्गो येषां साम्ये स्थितं मनः ।
निर्दोषं हि समं ब्रह्म तस्माद्ब्रह्मणि ते स्थिताः ॥ १९

이하이바 타이르지타흐 사르고 예샴 삼예 스티탐 마나흐 |
니르도샴 히 사맘 브라흐마 타스마드브라흐마니 테 스티타흐 |19|

이하=여기; 에바=그럼에도; 타이흐=그들에 의해; 지타흐=정복된; 사르가흐=창조; 예샴=누구의; 삼예=평정에 자리잡은; 스티탐=확립된; 마나흐=마음; 니르 도샴=흠이 없는; 히=참으로; 사맘=한결같은; 브라흐마=브라만; 타스마트=그러므로; 브라흐마니=브라만; 테=그들의; 스티타흐=자리잡히다.

마음의 평정에 자리잡은 이들은
현세에서 태어남이 정복된 이이다.
흠이 없고 모든 곳에 한결같이 있음이 브라만이로다.
그러므로 그들은 브라만 안에 자리잡혔느니라.

누구나 절대 존재를 체득하고 알게 된다면 그는 모든 것 안에 존재하는 브라만을 아는 이이다. 마치 수액이 모든 나무줄기나 잎이나 뿌리에 존재하듯이 그는 모든 곳에 편재한다.

20 न प्रहृष्येत्प्रियं प्राप्य नोद्विजेत्प्राप्य चाप्रियम् । स्थिरबुद्धिरसंमूढो ब्रह्मविद्ब्रह्मणि स्थितः ॥ २०

나 프라흐리쉬예트프리얌 프라프야 노드비제트프라프야 차프리얌 |
스티라부띠라삼무도 브라흐마비드브라흐마니 스티타흐 |20|

나=아닌; 프라흐리쉬예트=기뻐하다; 프리얌=좋은 것; 프라프야=획득하다; 나=아닌; 우드비제트=불쾌하다; 프라프야=획득하다; 차=그리고; 아프리얌=좋지 않은; 스티라부띠흐=이성에 흔들림이 없는 이; 아삼무다흐=현혹되지 않는; 브라흐마비트=브라만을 아는 자; 브라흐마니=브라만에; 스티타흐=자리잡은.
자신에게 좋은 것을 얻어도 크게 기뻐하지 않으며
싫은 것을 얻어도 불쾌하지 않는 이,
이성에 흔들림이 없는 이,
그는 브라만을 아는 이이며 브라만에 자리잡혀 있다.

이 절은 신성 의식과 우주 의식이 내면에 자리잡혀 있는 이를 말하고 있다. 그러한 이는 외부적인 것에는 어떤 것에도 크게 기뻐하지 않으며, 깨달은 사람의 삶이 지닌 온전한 내맡김의 상태를 밝혀 준다.

21 बाह्यस्पर्शेष्वसक्तात्मा विन्दत्यात्मनि यत्सुखम् ।
स ब्रह्मयोगयुक्तात्मा सुखमक्षयमश्नुते ॥ २१ ॥

바흐야스파르세쉬바삭타트마 빈다트야트마니 야트수캄 |
사 브라흐마요가육타트마 수카마크샤야마스누테 |21|

바흐야 스파르세슈=바깥 접촉에; 아삭타트마=매이지 않는 이; 빈다티=알다; 아트마니=참나; 야트=그것; 수캄=행복; 사흐=그는; 브라흐마 요가 육타트마=브라만과 하나됨에 이르렀다; 수캄=행복; 아크샤얌=영원한; 아스누테=기쁨을.

자아가 바깥 접촉에 매이지 않는 이는
참나 안에 있는 그 행복을 알도다.
그는 브라만과 하나됨에 이르렀나니
그는 영원한 기쁨을 누리느니라.

'브라만과 하나됨'이라는 것은 우주 의식을 체득했을 때 스스로 판가름 할 수 있는 하나의 기준 상태이다. 이 상태는 외부적인 상태로부터 독립되며 항구적인 행복을 얻는다는 것이다. 바깥과 안이 깨어 있으며 온전한 내 맡김의 상태가 되는 것이다.

22 ये हि संस्पर्शजा भोगा दुःखयोनय एव ते ।
आद्यन्तवन्तः कौन्तेय न तेषु रमते बुधः ॥ २२ ॥

예 히 삼스파르사자 보가 두흐카요나야 에바 테 |
아드얀타반타흐 카운테야 나 테슈 라마테 부다흐 |22|

예=그것; 히=매우; 삼스파르사자흐=접촉에서 오는; 보가흐=쾌락

들; 두흐카요나야흐=괴로움의 원인; 에바=오직; 테=그들은; 아드
얀타 반타흐=시작과 끝이 있다; 카운테야=아르주나; 나=아닌 테
슈=그들에게; 라마테=기뻐하다; 부다흐=지혜로운 이.
접촉에서 오는 쾌락들은 다만 괴로움의 원인이다.
그것은 시작과 끝이 있도다.
오 쿤티의 아들이여, 지혜로운 이는 그것을 기뻐하지 않는다.

이 절은 '브라마스티티(Brahmisthti)'라고 하여 '브라만의 상태'라고 하며
항구적인 행복의 상태를 말한다. 현상적인 쾌락이란 곧 사라질 것이다. 고
통이란 진정한 희열 의식의 부재 때문이다.

23 शक्नोतीहैव यः सोढुं प्राक्शरीरविमोक्षणात् ।
कामक्रोधोद्भवं वेगं स युक्तः स सुखी नरः ॥ २३

사크노티하이바 야흐 소둠 프라크사리라비목샤나트 ㅣ
카마크로도드바밤 베감 사 육타흐 사 수키 나라흐 |23|

사크노티=하는; 이하=여기; 에바=같은; 야흐=누구; 소둠=견디다;
프라크=전에; 사리라 비목샤나트=몸으로 해방되기 이전에; 카마
크로도드바밤=욕정과 분노에서 나오는; 베감=흥분; 사흐=그는;
육타흐=통제된; 사흐=그는; 수키=행복; 나라흐=사람.
여기에서도 몸으로부터 해방되기 이전에
욕정과 분노에서 나오는 흥분을 이겨낼 수 있는 이,
그는 통제된 사람이며 행복한 사람이다.

몸으로부터 자유롭기 위하여 욕정인 카마(Kama)와 분노인 크로다(Krodha)
에서 나오는 흥분인 베감(Vegam)은 인간의 진화를 방해하는 것이다. 그러나
이러한 정욕을 제어하기 위한 금욕주의나 극단적인 고행주의는 잘못된 것

이다. 다만 양쪽을 자연스럽게 통제한 사람이 진정으로 절대의 신성과의 하나된 사람인 것이다.

24 योऽन्तः सुखोऽन्तरारामस्तथान्तर्ज्योतिरेव यः ।
स योगी ब्रह्मनिर्वाणं ब्रह्मभूतोऽधिगच्छति ॥ २४

요안타흐 수코안타라라마스타탄타르즈요티레바 야흐 |
사 요기 브라흐마니르바르남 브라흐마부토아디가짜티 |24|

야흐=누구; 안타흐 수카흐=행복 안에 있는 이; 안타라라마흐=만족 안에 있는 이; 타타=또한; 안타르즈요티흐=내면에서 광명을 찾는 이; 에바=그럼에도; 야흐=누구; 사흐=그것; 요기=요가수행자; 브라흐마니르바나=영원한 자유 브라흐마; 부타흐=브라만과 하나됨, 절대와 하나됨; 아디가짜티=도달하다.

행복 안에 있는 이, 만족 안에 있는 이,
오직 내면에서 광명을 찾는 이, 그러한 요가의 행자는
브라만과 하나되어 브라마 니르바나
즉 성스러운 의식 안에 영원한 자유를 얻느니라.

이 절은 내맡김의 극치를 말한다. 브라마니르바나(Brahmanirvana)는 브라만에서 누리는 자유를 말한다. 우주 의식, 성스러운 의식에 굳게 서서 상대적인 의식이 끄집어 내리지를 못한다.

25 लभन्ते ब्रह्मनिर्वाणमृषयः क्षीणकल्मषाः ।
छिन्नद्वैधा यतात्मानः सर्वभुतहिते रताः ॥ २५

로반테 브라흐마니르바나므리샤야흐 크쉬나칼마샤흐 |
친나드바이다 야타트마나흐 사르바부타히테 라타흐 |25|

로반테=획득하다; 브라흐마 니르바남=절대적인 자유; 리샤야흐=깨달은 이, 리시들; 크쉬나칼마샤흐=죄가 부서졌으며; 친나드바이다흐=의심은 사라졌고; 야타트마나흐=스스로 다스려졌으며; 사르바 부타 히테=모든 존재들의 복지를 위하는; 라타흐=기뻐하다.
죄가 부서졌으며 의심은 사라졌으며,
스스로 다스려졌고, 또 모든 존재들에
선을 행함에서 기쁨을 얻는 깨달은 이들은
성스러운 의식 속에 브라마니르바나에 이른다.

　내맡김의 원리처럼 이 경지의 사람들은 모든 생명에게 선을 베푸는 것을 즐거움으로 삼는다.

26 कामक्रोधवियुक्तानां यतीनां यतचेतसाम् ।
अभितो ब्रह्मनिर्वाणं वर्तते विदितात्मनाम् ॥ २६

카마크로다비육타남 야티남 야타체타삼 |
아비토 브라흐마니르바남 바르타테 비디타트마남 |26|

카마 크로다 비육타남=욕망과 분노에서 벗어나; 야티남=금욕적이며; 야타 체타남=음을 통제하고; 아비타흐=모든 부분에서; 브라흐마 니르바나=영원한 자유, 절대적인 자유; 바르타테=존재하는; 비디타트마남=참나에 실현한 이.
욕망과 분노에서 벗어났으며
마음이 통제되고 참나를 아는 수행자들에게는
성스러운 의식 안에 영원한 자유인 브라마 니르바나에 이른다.

이 절은 영원한 자유 안에 있는 사람을 묘사하였다. 23절보다는 높은 경지이다. 25절에서 열거한 죄의 소멸과 의심의 제거로 얻어지는 것이다. 23절에서는 신성으로 합일된 사람은 욕망과 성냄에서 생기는 흥분을 저지할 수 있는 사람으로 제시하였다. 이것은 신성과 하나된 사람도 욕망과 성냄의 흥분이 끓어오를 수 있으며 단지 그 흥분을 저지할 수 있음을 의미한다.

27 स्पर्शान्कृत्वा बहिर्बाह्यांश्चक्षुश्चैवान्तरेभ्रुवोः । प्राणापानौ समे कृत्वा नासाभ्यन्तरचारिणौ ॥ २७

스파르산크리브바 비히르바흐야스착슈스차이반타레브루보흐 |
프라나파나마우 사마우 크리트바 나사브야타라차리나우 |27|

스파르산=접촉; 크리트바=남겨두다; 바히흐=외부의; 바흐얀=외부에; 차크슈흐=바라보는 눈; 차=그리고; 에바=조차도; 안타레=중간에; 브루보흐=두 눈썹 사이, 미간에; 프라나파나우=숨이 들어가고 나가는; 사마우=고르게; 크리트바=만들다; 니사브얀타라차리나우=콧구멍을 거쳐 안으로.

외부의 접촉을 외부에 남겨두고
바라보는 눈은 두 눈썹 사이에 고정시키고
콧구멍을 거쳐 안으로 들어오고 나가는 숨을 고르게 하여.

이 절은 크리쉬나가 시대를 거쳐 수행 방식을 깨우친 자들에게 스스로 터득하게 하여 수행하거나 아니면 오랜 전통을 가진 수행자들의 스승들의 맥을 통해서 전수받기를 바랄 것이다. 이것은 좋은 스승을 만나 호흡과 마음을 내면으로 집중하는 방식을 터득하는 것이 가장 올바른 방법이다. 그러지 못할 때는 그냥 바가바드 기타를 경전으로서 공부를 하는 것이 바람직하다.

우파니샤드나 요가 수트라에서나 하타요가의 경전인 하타요가 프라디피카나 시바 삼히타 등에 이 수행 방식에 더 자세하게 나와 있으나 모든 수행 방식은 좋은 스승이 이끄는 것이 가장 안전한 방법이다. 두 눈썹 사이에 고정시킨다는 것은 양미간이나 어떠한 지점을 응시하라는 말로 알 수가 있으며, 호흡을 고르라고 할 때 어떠한 호흡 방식을 쓰는지는 일대일의 개인지도가 반드시 필요한 것이다. 반드시 오랜 전통이 있는 방식의 수행법을 직접 스승을 통해 배우는 게 좋을 것이다.

28 यतेन्द्रियमनोबुद्धिर्मुनिर्मोक्षपरायणः ।
विगतेच्छाभयक्रोधो यः सदा मुक्त एव सः ॥ २८

야텐드리야마노부띠르무니르목샤파라야나흐 |
비가테짜바야크로도 야흐 사다 묵타 에바 사흐 |28|

야텐드리야 마노부띠흐=감각 기관과 마음과 이성이 다스려졌고; 무니흐=성자; 목샤 파라야나흐=목적하는 바가 해탈이며; 비가테짜 바야크로도흐=욕망과 두려움과 분노를 떠난; 야흐=누구; 사다=영원히; 묵타흐=자유로운; 에바=참으로; 사흐=그는.

감각 기관과 마음과 이성이 다스려졌고,
목적하는 바가 해탈이며, 욕망과 두려움과
분노를 떠나 버린 성자는 참으로 해탈한 자이다.

"목적하는 바가 해탈이며"라는 것은 고대 수행자들이 추구했던 길이며, 내면으로 몰입하는 명상과 균형 있는 활동에 자신의 삶이 향해 있다는 것이다. 이 절의 "욕망과 두려움과 분노를 떠나 버린"이란 그러한 욕망들이 사람을 버린 것이며 26절의 "욕망과 분노에서 벗어난"이란 사람이 그것을 버린 것이다. 그래서 앞의 26절보다 지금의 절의 경지가 더욱 깊은 경지이다. 왜냐하면 참나가 활동으로부터 분리되어 있음을 체득하는 경지에 도달하여 "참으로 해탈한 자"를 말하는 것이기 때문이다. 여기에서 성자라고 하는 산스크리트어 무니(Muni)는 수행자 또는 성자라는 뜻이다. 이 절은 삼냐사, 즉 내맡김(Renunciation)에 대한 것을 보여주는 것이다. 다음 절은 내버림의 철학의 극치를 보여준다.

29 भोक्तारं यज्ञतपसां सर्वलोकमहेश्वरम् ।
सुहृदं सर्वभूतानां ज्ञात्वा मां शान्तिमृच्छति ॥ २९

보크타람 야그야타파삼 사르바로카마헤스바람 |
수흐리담 사르바부타남 그야트바 맘 산팀리짜티 |29|

보크타람=즐기는 이; 야그야 타파삼=희생과 고행을 받아; 사르바로카 마헤스바람=모든 세계의 지배자; 수흐리담=벗; 사르바부타남=모든 존재의; 그야트바=아는; 맘=나에게; 산팀=평안; 리차티=이르다.
나를 희생과 고행을 받아 즐기는 이로, 모든 세계의 지배자로서 모든 나타난 존재의 벗으로 알았으매 그는 평안에 이르느니라.

크리쉬나는 4장 9절에서 14절까지 절대와 하나가 된 그에 대한 여러 가지를 말하였다. "그는 태어남과 행위가 성스럽다" "집착, 공포, 성냄으로부터 벗어난 사람, 지혜의 금욕으로 정화된 이" "사람들이 내게 다가오듯 똑같이 그들에게 호의를 베푸는 이" "창조계에 네 가지의 질서를 창조하였지만 행위를 하지 않는 부동이신 이" "행위의 결과에 대한 갈망이 없는 이, 행위의 속박으로부터 인간을 해방시켜 주는 지혜를 가진 이" "희생과 고행을 받아 나를 즐기는 이"라는 것은 많은 수행자들이 자신의 삶을 높이는 방법이 희생인 야그야와 자신의 강한 수행을 행하는 고행인 타파스야(Tapasya)를 통하여 진행된다는 것을 수천 년 전부터 알고 계속해 오고 있는 것이다. 다만 그러한 극단에 달하는 수행법을 통하여 몸이 망가지고 마음이 흐트러지는 사람들도 많은데 그러한 것은 잘못된 길이다.

"모든 나타난 존재의 벗"이라는 말처럼 가까운 친구란 행복의 근원이다. 모든 나타난 존재들에게 자신의 의식 수준에 맞게 친근함과 사랑을 느끼고 행복을 주는 것이다. 크리쉬나는 아르주나가 모든 것을 크리쉬나에게 내맡겼다는 것을 알고 그 자신을 다 드러내 주는 것이다.

이 장에서는 행위의 내맡김의 지혜를 말하였다. 자신을 온전히 내맡기고 포기함으로써 가장 높은 상태까지 발전될 수 있다. 인간의 가장 높은 성취는 내버림의 축복을 얻는 것이다. 그가 행위의 길을 가든지 아니면 행위를 내버리는 길을 가든지.

इति श्रीमद्भगवद्गीतासूपनिषत्सु ब्रह्मविद्यायां योगशास्त्रे श्रीकृष्णार्जुनसंवादे कर्मसंन्यासयोगो नाम पञ्चमोऽध्यायः ॥

이티 스리마드바가바드기타수파니샤트수 브라흐마비드야얌 요가사스트레
스리크리쉬나르주나삼바데 카르마삼냐사요고 나마
판차모아드야야흐 ॥

바가바드 기타의 우파니샤드 안에 요가의 과학이며
지고의 브라만의 지식이며 스리 크리쉬나와 아르주나의 대화인
제5장 카르마 삼냐사 요가를 말한다.

제6장
드야나 요가
명상요가

　드야나(Dhyana) 요가는 명상요가이다. 이 장에서는 어떻게 마음을 자연스럽게 집중하게 하는가에 대하여 말하고 있다. 제1장에서는 아르주나가 아무것도 하지 못하는 고통의 상태에 놓여 있었다. 아르주나는 크리쉬나에게 이러한 고통으로부터 벗어나게 해줄 것을 요청하였다. 제2장에서는 절대와 상대를 밝히고 절대적인 가치를 상대의 상태에 부여하는 방법을 제시하였다. 제3장은 초월적인 상태를 확고히 한 후에 우주적인 의식 상태에서 희생적인 행위의 타당성을 말하였다. 제4장은 우주 의식 상태가 활동하는 가운데에서도 유지되는 신의식 상태에서의 지혜를 말하였다. 제5장은 신의식에서의 내맡김의 상태가 삼크야요가와 카르마요가 둘 다의 공통적인 길이라는 것을 보여주었다. 제6장은 위대한 신의식과 통일된 의식의 무집착의 내맡김 상태에 이르는 수행법을 말한다.

1

श्री भगवानुवाच

अनाश्रितः कर्मफलं कार्यं कर्म करोति यः ।

स संन्यासी च योगी च न निरग्निर्न चाक्रियः ॥ १

스리 바가바누바차
아나스리타흐 카르마팔람 카르얌 카르마 카로티 야흐 ǀ
사 삼냐시 차 요기 차 나 니라그니르나 차크리야흐 ǀ1ǀ

스리 바가반 우바차=크리쉬나 말하기를; 아나스리타흐=의지함이 없이; 카르마팔람=행동의 결과; 카르얌=해야 할; 카로티=수행하는; 야흐=누구; 사흐=그는; 삼냐시=출가자; 차=그리고; 요기=요가수행자; 차=그리고; 나=아닌; 니르 아그니흐=불이 없고; 나=아닌; 차=그리고; 아크리야흐=행위를 하지 않는.

거룩한 주께서 말하기를
행동의 결과에 의지함이 없이 해야 할 행동을 하는 사람,
그가 삼냐시인 출가자이며, 요기이다.
그는 제사의 불이 없고, 행위를 하지 않는 사람이 아니다.

"행동의 결과에 의지함이 없이 행동을 하는 사람"이 되는 것은 그가 출가 수행자에게나 카르마 요가를 행하는 사람에게나 같은 목표이기도 하다. 그러나 인위적으로 무집착의 행위를 하려 한다면 그것은 자신을 속이는 일이 될 것이다. 그러한 방법으로 수행을 하는 것은 결국 자신에 대한 집중력이 약화되어 지속성을 잃게 된다. 결과를 바라보고 행해진 행위는 시작은 좋으나 과정이 순조롭게 진행되지 않아 목표에 도달할 수가 없게 되는 것이다. 이 절에서 '불이 없이'란 출가 수행자인 삼냐시는 불을 사용하여 음식을

만들지 않는다는 것이다. 그 이유는 불은 파괴하는 것을 나타내고 욕망을 나타내는 것과 같은 것으로 상징한다.

2 यं सं‍न्यासमिति प्रहुर्योगं तं विद्धि पाण्डव । न ह्यसंन्यस्तसङ्कल्पो योगी भवति कश्चन ॥ २

얌 삼냐사미티 프라후르요감 탐 비디 판다바 |
나 흐야삼냐스타상칼포 요기 바바티 카스차나 |2|

얌=그것; 삼냐삼=내버림; 이티=그래서; 프라후흐=부르다; 요감=요가; 탐=그것; 비디=알다; 판다바=아르주나; 나=아닌; 히=아주; 아삼냐스타 삼칼파흐=욕망의 씨앗을 버리지 않고는; 요기=요가수행자; 바바티=되다; 카스차나=누구도.
사람들이 삼냐사라 불리는 그것이 요가임을 알라.
오 판두의 아들이여, 욕망의 씨앗을 버리지 않고는
그 누구도 요기, 즉 요가수행자가 될 수가 없다.

욕망의 씨앗인 삼칼파(Samkalpa)는 욕망이 일어나는 시발점을 말한다. 욕망이 일어나 자신의 삶에 영향을 미치는 것은 어느 누구나 다 마찬가지이다. 이러한 욕망을 제거하는 과정은 일반적인 삶을 살면서 수행하는 재가자나, 요가수행자인 요기나, 출가 수행자인 삼냐사나 모두 다 필수적으로 거쳐야 하는 중요한 과정이다. 내면의 깊숙이 뿌리박혀 있는 잠재된 욕망의 줄기를 제거하고 삶을 욕망의 씨앗으로부터 자유롭게 살려면 욕망을 넘어서는 경지에 들어가야만 한다. 그러기 위해서는 깊이 몰입된 명상을 통하여 자신의 욕망으로부터 넘어서는 경지로 끌고 가야만 한다.

3 आरुरुक्षोर्मुनेर्योगं कर्म कारणमुच्यते ।
योगारूढस्य तस्यैव शमः कारणमुच्यते ॥ ३

아루룩쇼르무네르요감 카르마 카라나무챠테 |
요가루다스야 타스야이바 사마흐 카라나무챠테 |3|

아루룩쇼흐=오르기를 바라는; 무네흐=성자; 요감=요가; 카르마=행동; 카라남=원인; 우챠테=말하다; 요가루다스야=도달된 이; 타스야니=그의; 에바=그럼에도; 사마흐=고요함, 무행위; 카라남=원인; 우챠테=말하다.
행동은 요가에 오르기를 바라는 사람의 수단이라 한다.
요가에 이미 도달된 사람에게는 고요함이 수단이라 한다.

이 절에서 말하는 '오르기를 바라는 이'인 '아루루크쇼(Aruruksho)'는 행위가 필요한 것이며 이미 오른 이인 '요가루다스야(Yogarudasya)'는 고요하며 행위를 넘어선 상태를 말하는 것이다. 오르는 과정과 이미 오른 상태를 동시에 말하는 것은 크리쉬나의 가르침의 위대함이다. 어떤 이가 산을 오를 때 세부적인 많은 과정을 통해서 정상에 오른다면 정상에 오르기까지의 그 과정과 결과가 세밀하게 파악될 것이다. 고요함 또는 진공 상태는 세 가지가 있다. 초월 의식인 사비칼파 사마디, 우주의식인 니르비칼파, 통일 의식인 사하자 사마디인 것이다.

4 यदा हि नेन्द्रियार्थेषु न कर्मस्वनुषज्जते ।
सर्वसङ्कल्पसंन्यासी योगारूढस्तदोच्यते ॥ ४

야다 히 넨드리야르테슈 나 카르마스바누샤짜테 |
사르바상칼파삼냐시 요가루다스타도챠테 |4|

제6장 드야나 요가 247

야다=그때; 히=매우; 나=아닌; 인드리야르테슈=감각의 대상; 나
=아닌; 카르마수=행동 안에; 아누샤짜테=매달리지 않는; 사르바
상칼파 삼냐시=모든 생각과 욕망을 씨앗을 벗어난; 요가루다흐=
요가에 도달한 이; 타다=그래서; 우챠테=말하다.
오직 감각의 대상이나 행동에 매달리지 않고
그가 모든 생각과 욕망의 씨앗을 벗어났을 때만
그는 요가에 도달했다고 하느니라.

명상을 함으로써 모든 생각이나 감각이나 대상은 내면으로부터 물러나 있게 된다. 처음에는 거친 외부 상태와 거친 생각의 상태로부터 명상이 시작된다. 그런 다음 마음은 명상을 통해서 거친 상태로부터 내면의 섬세한 상태를 지나게 된다. 그 섬세한 상태를 넘어서 내면으로 합일된 상태인 초월 의식에 이르게 된다. 이 상태는 외부 활동이나 생각이나 감각의 대상으로부터 영향을 받지 않는다. 생각과 생각의 과정과 생각하는 자가 없다. 순수한 의식 상태이다. 이것이 생각과 욕망을 벗어난 '요가에 도달한 상태'인 것이다. 이 상태는 초월 의식과 우주 의식 상태에서도 적용되는 것이다.

5 उद्धरेदात्मनात्मानं नात्मानमवसादयेत् ।
आत्मैव ह्यात्मनो बन्धुरात्मैव रिपुरात्मनः ॥ ५

우따레다트마나트마남 나트마나마바사바예트 |
아트마이바 흐야트마노 반두라트마이바 리푸라트마나흐 |5|

우따레트=높이다; 아트마나=자신에 의해; 아트마남=참나; 나=아
닌; 아트마남=자신의; 아바사다예트=비하하다; 아트마=자신의;
에바=오직; 히=매우; 아트마나흐=자신의 반; 흐=친구; 아트마=자
신; 에바=오직; 리푸=적; 아트마나흐=자신.
자신이 자신에 의해 스스로의 참나를 높여라.

자신을 비하하지 마라. 자기 자신이야말로 친구이며 적이다.

자기 자신을 높이라고 한다. 산스크리트어 우따레트(Uddharet)는 높여 주다, 자유로워지다, 빠져나오다라는 뜻이 있다. 모든 발전은 나로부터 나에게 가는 길이라고 한다. 한계된 나로부터 한계없는 나까지의 여행이 나의 길이다. 우리의 의식은 계속 발전함으로써 또한 자신의 의식이 높아짐으로써 자신은 가장 좋은 친구가 되는 것이다. 거기에는 자신을 비하하거나 적으로 만들지 않음으로써 가장 높은 의식으로 발전할 수 있는 길이 있다. 그것은 자신의 내면을 변화시켜 개인 의식에서 무한 의식으로 발전시키는 것이다. 내면을 변화시키는 가장 좋은 방법은 명상이다. 진정한 자아로 되돌아가게 하는 자아회귀명상이야말로 자기 자신을 높이는 가장 좋은 방법이다.

6 बन्धुरात्मात्मनस्तस्य येनात्मैवात्मना जितः ।
अनात्मनस्तु शत्रुत्वे वर्तेतात्मैव शत्रुवत् ॥ ६

반두라트마트마나스타스야 예나트마이바트마나 지타흐 |
아나트마나스투 사트루트베 바르테타트마이바 사트루바트 |6|

반두흐=친구; 아트마=성스러운 자아, 참나; 아트마나흐=자신의; 타스야=그의; 예나=그에 의해; 아트마=자아; 에바=그럼에도; 아트마나=자신의; 지타흐=정복된; 아나트마나흐=자아를 정복하지 못한; 투=그러나; 사트루트베=적대 행위로 덤비는; 바르테나=머무는; 아트마=자아; 에바=그럼에도; 사트루바트=적과 같이.
자신에 의해서 자신의 성스러운 자아를 정복한 사람은
그 자신이 스스로 친구이나
제 자신의 자아를 정복하지 못한 사람의 자아는
적과 같이 적대 행위로 덤비느니라.

이 세상에서 가장 가까운 사람이 바로 자신이다. 자기 자신은 가장 가까운 친구이지만 동시에 가장 강력한 적이 될 수도 있다. 바깥의 적에 의해서는 절대 무너지지 않는 철옹성 같은 성벽도 내부의 적을 통해서는 무너진다. 모든 문제는 자신이 만들어 내고 없애는 것이다. 자아라는 것도 작은 자아(self)가 있으며 큰 자아(Self)가 있을 수 있다. 자신이 자신을 정복하지 않은 자아는 작은 자아 또는 나이며 자신을 정복한 자아는 큰 나이다.

7 जितात्मानः प्रशान्तस्य परमात्मा समाहितः ।
शीतोष्णसुखदुःखेषु तथा मानापमानयेः ॥ ७

지타트마나흐 프라산타스야 파라마트마 사마히타흐 |
시토쉬나수카두흐케슈 타타 마나파마나요흐 |7|

지타트마나흐=자아를 정복한; 프라산타스야=평안의; 파라마트마=초월적인 자아; 사마히타흐=흔들림 없는; 시토쉬나 수카 두흐케슈=뜨거움과 차가움, 즐거움과 괴로움; 타타=또한; 마나파마나요흐=명예와 치욕.

자신의 자아를 정복한 이, 평안에 깊이 들어 있는 이,
그에게 있어 초월적인 자아는 뜨거움과 차가움,
즐거움과 괴로움, 명예와 치욕에서 한결같이 흔들림이 없다.

4절에서는 크리쉬나가 활동의 영역과 존재의 영역을 구분하였다. 5절과 6절에서는 그 둘이 협동하게 하였다. 자아에 확립한 이는 대립적인 것도 초월적인 참나의 영광에 함께 스며든다.

8

ज्ञानविज्ञानतृप्तात्मा कूटस्थो विजितेन्द्रियः ।
युक्त इत्युच्यते योगी समलोष्टाश्मकाञ्चनः ॥ ८

그야나비그야나트리프타트마 쿠타스토 비지텐드리야흐 |
유크타 이트유츠야테 요기 사말로쉬타스마칸차나흐 |8|

그야나 비그야나 트르프타트마=지혜와 지식에 만족하며; 쿠타스 타흐=흔들림 없으며; 비지텐드리야흐=감각을 정복한; 유크타흐= 평정한; 이티=그래서; 우츠야테=말하다; 요기=요가수행자; 사마 로스타스마 칸차나흐=땅과 돌과 금을 만지면서도 평정한 이.
지혜와 지식에 만족했고 흔들림이 없으며
감각을 정복한 이, 땅과 돌과 금을 만지면서도 평정한 이,
그 요가수행자는 하나 되었다 할지니라.

진정한 지혜가 굳건한 요지부동한 상태를 정비한 이는 모든 감각에 흔들 리지 않는다고 한다. 그를 진정한 요가수행자나 하나가 된 이라고 한다.

9

सुहृन्मित्रार्युदासीन मध्यस्थद्वेष्यबन्धुषु ।
साधुष्वपि च पापेषु समबुद्धिर्विशिष्यते ॥

수흐린미트라르유다시나 마드야스타드베쉬야반두슈 |
사두쉬바피 차 파페슈 사마부띠르비시쉬야테 |9|

수흐리트 미트라 아리 우다시나 마드야스타 드베쉬야 반두슈=친 구나 동료나 적이나 냉담한 사람이나 중립적인 사람 가운데서 미워 하는 사람이나 친족 가운데서; 사두슈=덕 높은 사람이나; 아피=또 한; 차=그리고; 파페슈=죄 지은 사람이나; 사마부띠흐=이성이 한

결같은 사람은; 비시쉬야테=뛰어난 사람이다.
친구나 동료나 적이나 냉담한 사람이나
중립적인 사람 가운데서, 미워하는 사람이나
친족 가운데서, 덕 높은 사람이나 죄지은 사람들에게서
이성이 한결같은 사람은 뛰어난 사람이다.

위에서 크리쉬나가 언급한 어떠한 상황에서든지 한결같은 이성은 마음의 고요함 속에 거주한다. 마음의 흔들림이 일어나지 않는 것이다.

10 योगी युञ्जीत सततमात्मानं रहसि स्थितः ।
एकाकी यतचित्तात्मा निराशीरपरिग्रहः ॥ १०

요기 윤지타 사타타마트마남 라하시 스티타흐 |
에카키 야타치따트마 니라시라파리그라하 |10|

요기=요가수행자; 윤지타=마음은 확고하게 유지하고; 사타탐=언제나; 아트마남=자신의 라하시=한적한, 고요한; 스티타흐=머물며; 에카키=홀로; 야타치 타트마=마음과 몸을 다스려; 니라시흐=바라지 않으며; 아파리그라하흐=어떠한 소유가 없이.
요가수행자는 언제나 한적한 곳에
머물며 홀로 제 마음과 몸을 다스려 수행한다.
아무것도 바라지 않으며, 어떠한 소유도 없이.

요가수행자는 마음은 확고하게 유지하고 한적하고, 홀로, 마음과 몸을 다스리며, 아무것도 바라지 않으며, 어떠한 소유도 없이 수행한다고 하였다. 여기에서 크리쉬나는 명상을 하기 위한 구도자에게 말하는 것인데 첫째는 고요한 장소에서 행하고, 둘째는 홀로 스스로 행하라고 하였으며, 셋째는 몸과 마음을 동시적으로 다스리라고 하였으며, 넷째는 어떠한 것도 기대하지 말고, 다섯째는 어떠한 것도 소유함 없이 하라는 것이다. 이 과정들은 자연스럽게 고요한 장소에서 홀로 스스로의 몸과 마음을 동시적으로 통제하는 것이다. 기대함이 없이 편안한 상태에서 어떤 거추장스러움이나 가진 것 없이 단순한 마음으로 안으로 몰입할 준비를 하라는 것이다.

11 शुचौ देशे प्रतिष्ठाप्य स्थिरमासनमात्मनः ।
नात्युच्छ्रितं नातिनीचं चैलाजिनकुशोत्तरम् ॥ ११ ॥

수차우 데세 프라티쉬타프야 스티라마사나마트마나 |
나트유쯔리탐 나티니참 차일라지나쿠소따람 |11|

수차우=깨끗한; 데세=곳에 프라티쉬타프야=마련하되; 스티람=든든하게; 아사남=자리; 아트마나흐=그 자신의; 나=아 아티; 우쯔리탐=아주 높이; 나=아닌; 아티니참=아주 낮게; 차일라 아지나 쿠사 우따람=쿠사 풀과 사슴가죽과 천을 겹쳐 놓는다.
깨끗한 곳에 제 앉는 자리를 든든하게 마련하되
높지도 낮지도 않게 하며,
쿠사풀과 사슴가죽과 천을 겹쳐 놓으라.

쿠사풀이란 신성한 풀이라고 하며 여러 인도의 수행자들이 실제적으로 그 위에 앉아 명상을 하기도 한다.

12 तत्रैकाग्रं मनः कृत्वा यतचित्तेन्द्रियक्रियः ।
उपविश्यासने युञ्ज्याद्योगमात्मविशुद्धये ॥ १२ ॥

타트라이카그람 마나흐 크리트바 야타치뗀드리야크리야흐 |

우파비샤사네 운쟈드요가마트마비수따예 |12|

타트라=거기; 에카그람=한곳으로 모이게 하여; 마나흐=마음을; 크리트바=만들다; 야타치뗀드리야크리야흐=생각과 감각을 다스리고; 우파비샤=그 자리에 앉아; 아사네=앉아; 운쟈트=수련하다; 요감=요가; 아트마비수다예=스스로 맑아지기 위하여.
거기 그 자리에 앉아 마음을 한곳으로 모이게 하고,
생각과 감각을 다스리고
스스로 맑아지기 위하여 요가를 수련할지어다.

    이 절은 명상을 하기 위한 방법을 제시하고 있는 것이다. 우선 명상을 할 때는 앉아서 하는 것이 눕거나 서서 하는 것보다 효과적인 방법이라고 말하고 있다. 명상을 하거나 하지 않거나 모든 순간에 집중이 된다면 앉아서나 서서나 누워서나 잠을 자거나 꿈을 꾸거나 깨어 있거나 어느 순간에서든지 마음은 한곳으로 모이게 된다. 생각과 감각을 다스려서 아트마 비수다예 (Atma Visuddhaye), 즉 스스로 자신을 정화하는 수련을 하게 하는 것이다.

13 समं कायशिरोग्रीवं धारयन्नचलं स्थिरः ।
संप्रेक्ष्य नासिकाग्रं स्वं दिशश्चानवलोकयन् ॥ १३

사맘 카야시로그리밤 다라얀나찰람 스티라흐 |
삼프레크쉬야 나시카그람 스밤 디사스차나발로카얀 |13|

    사맘=바로 세워 카야; 시라흐 그리밤=몸과 머리와 목; 다라야=정지시키고; 아찰람=차분하게; 스티라흐=확고하게; 삼프레크쉬야=집중하고; 나시카그람=코 끝에다; 스밤=그; 자신의 디사흐=방향을; 차=그리고; 아나발로카얀=바라봄이 없이.
차분하게 몸통과 목을 바로 세워 정지시키고

그 눈길을 코 끝에다 두고 어느 쪽도 바라봄이 없이.

이 절은 기타에서 가장 실천적인 면을 표현한 것이다. 모든 수행의 전통은 이 방식을 응용하여 가르치고 있는 것이다. 우선 "차분하게 몸통과 목을 바로 세워 정지시키고 그 눈길을 코 끝에다 두고 어느 쪽도 바라봄이 없이"라는 말은 모든 수행의 전통에서 이 절을 그 자신의 수행 방식에 따라 다르게 해석하고 있다.

일단 몸을 바로 세운다는 것은 명상 수행을 하는 데 있어 척추를 바로 세우는 것은 이미 정신을 집중할 수 있는 준비 과정이며, 그 다음에 눈길을 코 끝에다 주는 것은 입문 과정에서 몸과 호흡과 마음을 자연스럽게 집중하게 할 수 있게 한다.

그러나 어느 쪽도 바라봄이 없이라는 말은 눈을 뜨거나 감거나 자연스럽게 내면으로 집중될 수가 있다면 명상의 과정을 자신이 편한 것에 따라 할 수가 있다. 처음 명상을 할 때에는 눈을 감고 시작하는 것이 편할 수가 있다. 그후에는 어느 상황에서든지 눈을 감거나 뜨거나 상관이 없을 것이다.

14 प्रशान्तात्मा विगतभीर्ब्रह्मचारिव्रते स्थितः ।
मनः संयम्य मच्चित्तो युक्त आसीत मत्परः ॥ १४

프라산타트마 비가타비르브라흐마차리브라테 스티타흐 |
마나흐 삼얌야 마찌토 육타 아시타 마트파라흐 |14|

프라산타트마=고요한 마음; 비가타비흐=두려움 없이; 브라흐마차리 브라테=청정한 맹세 속에 안정되어; 스티타흐=안정되어; 마나흐=마음이; 삼얌야=다스려지고; 마찌타흐=생각이 나에게 넘겨져; 육타흐=하나로 합일된; 아시타=앉아 있게 하라; 마트파라흐=나를 초월의 것으로 깨달아.

고요한 마음으로 두려움 없이 청정한 맹세 속에 안정되어

마음이 다스려지고 생각이 나에게 넘겨져
나를 초월의 것으로 깨달으며 합일된 상태로 앉아 있게 하라.

"고요한 마음으로 두려움 없이 청정한 맹세"라는 것은 청정한 수행자들은 브라흐마차리의 과정을 거쳐 자신의 몸과 감각과 마음을 정화하는 내면과 외면의 맹세이다. 이 과정을 통해서 마음은 통제되고 확신을 가지고 살아갈 수가 있으며 초월적인 삶을 바라며 수행해 나가는 것이다. 마음은 하나로 합일된 상태가 되는 것이 중요하다. 우파니샤드에서 이원적인 상태에서 두려움을 느낀다고 하였다. 자아회귀명상은 내면을 고요하게 하나로 합일된 상태에 이르게 하여 내 자신의 생각을 넘어서고 초월하게 하는 것이다. "나에게 넘겨져 나를 초월의 것으로 깨달으며"라는 것은 자신의 참나에 온전히 내맡겨지는 순수한 의식의 상태를 말한다.

15 युञ्जन्नेवं सदात्मानं योगी नियतमानसः । शान्तिं निर्वाणपरमां मत्संस्थामधिगच्छति ॥ १५

윤잔네캄 사다트마남 요기 니야타마나사흐 |
산팀 니르바나파라맘 마트삼스타마디가짜티 |15|

윤잔=균형 있는; 에캄=그래서; 사다=한결같이; 아트마남=자신을; 요기=요가수행자; 니야타 마나사흐=마음을 통제하여; 산팀=평안에; 니르바나파라맘=가장 높은 해탈; 마트삼스탐=내 안에 있는; 아디가짜티=도달하다.

한결같이 자신을 수련하며 다듬어진
요가수행자는 평안에 이르는데
그것은 내 안에 있는 가장 높은 해탈이니라.

여기에서 사다(Sada), 즉 '한결같이'란 말은 수행자에 있어 무척 중요한 말이다. 그것은 요가수행자들이 규칙적이고 체계적인 자신의 명상을 꾸준하게 실천한다는 말이다. 예를 들어 출가수행자는 수행을 일반 재가자들보다 훨씬 많이 행할 것이며 또한 수행 방식도 다를 것이다. 재가자들은 바쁜 와중에서도 일상 속에서 명상을 체계적으로 실천하는 것이 좋다.

'가장 높은 해탈'에 이르기까지는 명상을 가르칠 수 있는 좋은 스승을 만나 지속적으로 실천하는 것이 가장 올바른 길이다.

16 नात्यश्रतस्तु योगोऽस्ति न चैकान्तमनश्रतः ।
न चाति स्वप्नशीलस्य जाग्रतो नैव चार्जुन ॥ १६

나트야스나타스투 요고아스티 나 차이칸타마나스나타흐 |
나 차티 스바프나실라스야 자그라토 나이바 차르주나 |16|

나=아닌; 아트야스나타흐=지나치게 먹는 사람이나; 투=참으로; 요가흐=요가; 아스티=하는; 나=아닌; 차=그리고; 에칸탐=모든; 아나스나타흐=지나치게 먹지 않는 사람; 나=아닌; 차=그리고; 아티 스바프나 시라스야=너무 많이 자거나; 자그라타흐=깨어 있는 사람; 나=아; 에바=같은; 차=그리고; 아르주나=아르주나.

참으로 이 요가는 지나치게 먹는 사람이나
지나치게 먹지 않는 사람을 위한 것은 아니며
너무 많이 자거나 너무나 깨어 있는
사람을 위한 것은 아니다. 오 아르주나여.

모든 수행은 적당하게 먹고 적당하게 자면서 하는 것이 가장 빠른 길이다. 우리의 몸은 마음처럼 아주 예민해서 조금만 과하면 그 반대 작용을 되돌려 준다. 많은 수행자들이나 현자들이 느슨하지도 강하지도 않게 실천하는 것이 가장 좋다고 하는 것이다.

17 युक्ताहारविहारस्य युक्तचेष्टस्य कर्मसु ।
युक्तस्वप्नावबोधस्य योगो भवति दुःखहा ॥ १७

육타하라비하라스야 육타체쉬타스야 카르마수 |
육타스바프나바보다스야 요고 바바티 두흐카하 |17|

육타 아하라 비하라스야=음식과 휴식에서 절제를 알고; 육타 체스타야 카르마수=활동에서 절제를 알고; 육타 스바푸나 아보다스야=잠자고 깨어 있기를 알맞게 하는 이; 요가흐=요가; 바바티=되다; 두흐카하=고통을 없애는 이.
음식과 휴식에서 절제를 알고 활동에서 절제를 알고
잠자고 깨어 있기를 알맞게 하는 이
그들에게만 고통을 없애 주는 요가로다.

"음식, 휴식, 활동, 잠자고 깨기에서 절제를 알고 알맞게 하는 이"라는 것은 모든 생활 안에서 휴식과 활동이 조화롭게 잘 짜여지는 것을 말한다. 생활의 움직임은 자연스럽게 흘러가지만 그 원리가 체계화되는 것을 말한다. 이러한 것을 재창조라고 하며 영어로는 레크리에이션(Recreation)이라고 한다. 가장 훌륭한 재창조는 바로 명상이다. 명상은 자신의 휴식과 활동을 조절하는 위대한 재창조를 만들어 낸다. 현대 생활은 휴식을 취할 만한 여유를 주지 않고 활동으로 치닫게 한다. 오히려 그런 강한 활동이 마치 유행처럼 번져 있어서 쉴 틈 없이 활동하는 것이 자신을 높여 주는 것으로 알고 있기도 하다. 결국은 지나친 활동과 그로 인한 스트레스와 긴장은 자신을 질병과 부조화된 삶으로 변하게 한다. 반드시 자신에게 휴식을 주어 더 큰 활동을 담는 삶을 만들어 가는 것이 좋다.

중용(中庸)에서는 이 말을 "진실로 지극한 덕이 아니면 지극한 도는 이루어지지 않는다. 고로 군자는 덕성을 높이고 묻고 배우는 길을 가는 것이니 넓고 큼에 이르되 정미함도 다하여 높고 밝음을 극하되 중용의 길을 가며 옛 것을 익히어 새것을 알며 돈후함으로 예를 높인다〔苟不至德 至道不凝焉 故

君子尊德性而道問學　致光大而盡精微　極高明而道中傭　溫故而知新　敦厚以崇禮]."[17]

18 यदा विनियतं चित्तमात्मन्येवावतिष्ठते ।
निःस्पृहः सर्वकामेभ्यो युक्त इत्युच्यते तदा ॥ १८

야다 비니야탐 치따마트만예바바티쉬타테 |
니흐스프리하흐 사르바카메브요 육타 이트유챠데 타다 |18|

야다=그때; 비니야탐=완전히 안정되어; 치땀=마음; 아트마니=참나; 에바=오직; 아바티스타테=휴식하다; 니흐스프리하흐=갈망으로부터 벗어나; 사르바 카메브야흐=모든 쾌락에 대한; 육타흐=요기; 이티=그래서; 우챠테=말하다; 타다=그래서.
그의 마음이 완전히 안정되어 오직 참나에게만 자리잡혔을 때
그가 모든 쾌락에 대한 갈망에서 벗어나 있을 때
그는 하나가 되었다 할지니라.

자신의 의식이 순수한 초월 의식, 우주 의식, 통일 의식으로 발전되었을 때 그는 온전히 합일되고 하나가 되었다고 할 것이다.

19 यथा दीपो निवातस्थो नेङ्गते सोपमा स्मृता ।
योगिनो यतचित्तस्य युञ्जतो योगमात्मनः ॥ १९

야타 디포 니바타스토 넹가테 소파마 스므리타 |
요기노 야타치따스야 윤자토 요가마트마나흐 |19|

야타=같은; 디파흐=등잔불; 니바타스타흐=바람이 없는 곳; 나=아닌; 잉가테=흔들리다; 사=그것; 우파마=비유, 직유; 스므리타=생각; 요기나흐=요기의; 야타 치타스야=마음을 통제하고; 윤자타흐=수련하는; 요감=요가; 아트마나흐=참나의.
'바람이 없는 곳에서 흔들리지 않는 등잔불' 과 같이 생각을 통제하고
참나와 하나됨을 수련하는 요가수행자이니라.

의식인 치따(Chitta)는 흔들리지 않고 고요하며 부동이며 마음인 마나스(Manas)는 그 고요한 바다의 흔들림이나 움직임이다. 참나인 아트만(Atman)과의 하나됨으로의 수행하는 자를 요가수행자인 요기(Yogi)라 한다.

20 यत्रोपरमते चित्तं निरुद्धं योगसेवया । यत्र चैवात्मनात्मानं पश्यन्नात्मनि तुष्यति ॥ २०

야트로파라마테 치땀 니루땀 요가세바야 |
야트라 차이바트마나트마남 파스얀나트마니 투쉬야티 |20|

야트라=어디에; 우파라마테=고요해진다; 치땀=의식; 니루땀=통제하다; 요가 세바야=요가의 실천에 의해; 야트라=어디에; 차=그리고; 에바=오직; 아트마나=참나에 의해; 파스얀=보다; 아트마니=참나 안에; 투쉬야티=만족하다.
요가의 실천에 의해서 통제되어 생각이 쉬게 될 때
스스로 자아에 의하여
참나를 보며 그 참나 안에서 만족을 찾아낸다.

우파라마테(Uparamate), 즉 마음이 고요해진다는 것은 모든 수행법의 기초이다. 어떠한 수행을 행하거나 마음의 고요함을 얻지 못한다면 자신의 본

체, 즉 참나인 아트마(Atma)를 파악하기가 쉽지 않다. 고요함의 바다에서 참나라는 빛나는 물고기가 살 수 있다는 것이다.

21 सुखमात्यन्तिकं यत्तद्बुद्धिग्राह्यमतीन्द्रियम् । वेत्ति यत्र न चैवायं स्थितश्चलति तत्त्वतः ॥ २१

수카마트얀티캄 야따드부띠그라흐야마틴드리얌 |
베띠 야트라 나 차이바얌 스티타스찰라티 타뜨바타흐 |21|

수캄=기쁨; 아티얀티캄=한계없는; 야트=이런; 타트=그것; 부띠그라흐얌=지성에 의해 지각할 수 있는; 아틴드리얌=감각을 넘어서서; 베띠=알다; 야트라=어디에; 차=그리고; 에바=그럼에도; 아얌 =이것; 스티타흐=확고한; 찰라티=움직이다; 타뜨바타흐=실체로부터.

감각을 넘어서서 지성에 의해
지각할 수 있는 지극한 기쁨을 알 때
실체로부터 조금도 벗어나지 않고 확고하게 자리잡는다.

지극한 기쁨은 감각 기관을 넘어서 날카로운 이지로 파악할 수 있는 확고한 곳에 존재하며 그러할 때 외부적인 대상과 감각 기관으로부터 흔들리지 않고 실체를 자각할 수 있는 것이다.

22 यं लब्ध्वा चापरं लाभं मन्यते नाधिकं ततः । यस्मिन्स्थितो न दुःखेन गुरुणापि विचाल्यते ॥ २२

얌 라브드바 차파람 라밤 만야테 나디캄 타타흐 |

야스민스티토 나 두흐케나 구루나피 비찰야테 |22|

얌=그것; 라브드바=얻음; 차=그리고; 아파람=다른; 라밤=얻음; 만야테=생각하는; 나=아닌; 아디캄=더한; 타타흐=그것에; 야스민=그래서; 스티타흐=확고한; 나=아닌; 두케나=고통에; 구루나=무거운; 아피=그럼에도; 비찰야테=움직이는.
그것을 얻고 나면 어떠한 얻음도
그것보다 높다고 생각하지 않고
확고하게 자리잡아 어떠한 고통에 의해서도 흔들리지 않는다.

이지가 확고하게 자리잡을 때 외부적인 상황들이 그에게 영향을 주는 것에 의해 흔들림이 없다는 것이다.

23 तं विद्यद्दुःखसंयोगवियोगं योगसंज्ञितम् । स निश्चयेन योक्तव्यो योगोऽनिर्विण्णचेतसा ॥ २३

탐 비드야드두흐카삼요가비요감 요가삼그이탐 |
사 니스차예나 요크타브요 요고아니르빈나체타사 |23|

탐=그것; 비드야트=아는; 두흐카삼요가비요감=고통과 연결되어 있는 것을; 요가삼그이탐=요가라고 알려졌다; 사흐=그것; 니스차예나=풀어 주다; 요크타브야흐=실천하는; 요가흐=요가; 아니르비나 체타사=실망하지 않는 마음.
이것이 고통과 연결되어 있는 것을
풀어 주는 요가라 알려져 있는 것이다.
이 요가는 실망하지 않는 마음으로
꾸준하게 실천되어져야만 한다.

위 19절에서 22절까지 말한 부띠(Buddhi)는 이지 또는 지성이 확고한 상태에 자리잡는 것을 말하였다. 이 절은 고통으로부터 해방되는 것을 말하며 20절의 고요한 상태에서 21절 감각을 넘어 이지로서 실체를 파악하며 22절에서는 이지가 확고하게 자리잡혀 어떠한 고통이나 외부적인 상황으로부터 흔들리지 않는다. 23절은 고통으로부터 벗어나는 이 요가를 외부적인 것에 흔들리지 않고 실망하지 않으며 실천하는 것이다. 요가를 꾸준하게 실천함으로써 우주의 요소인 세 구나의 특성으로부터 단계적으로 벗어나게 된다. 세 구나의 영역 안에 포괄된 에고인 아함카라와 이지인 부띠의 요소인 마하트 타뜨바(Mahat Tattva)를 넘어서고, 마음의 요소인 아함 타뜨바(Aham Tattva)의 경지를 넘어서고, 다섯 가지 감각 기관인 인드리야스(Indriyas)를 넘어서고, 다섯 가지 대상 즉 소리·촉감·맛·냄새·형태의 지각 기관인 탄마트라(Tanmatra)를 넘어서며, 그리고 마하부타스(Mahabutta)라는 가장 거칠은 다섯 원소를 넘어선다. 마하부타는 그것은 땅·물·바람·불·에테르가 나오며 그것의 결합이 상대 세계의 모든 창조물을 말하는 것이다.

20절에서 23절까지 인생의 네 가지 목적을 말하고 있다. 네 가지 목적 중에 첫번째는 다르마(Dharma)인데 그것은 사람의 의무이며 인간의 모든 법칙을 말하는 것이다. 인간은 다르마를 통하여 자연의 법칙에 따라 살 수가 있는 것이다. 두번째는 아르타(Artha)이다. 그것은 부와 경제적인 활동을 말하는 것인데 진정한 행복을 체험함으로써 그러한 목적을 달성시킨다. 세번째는 카마(Kama)이다. 욕망으로 즐거움을 얻는다는 것인데 욕망으로부터 벗어나 성취하려는 생각이 없을 때 달성되는 것이다. 네번째는 목샤(Moksha)인데 이것은 해탈이며 자유이며 모든 슬픔과 괴로움으로부터 벗어난 자유를 말한다.

24 सङ्कल्पप्रभवान्कामांस्त्यक्त्वा सर्वानशेषतः ।
मनसैवेन्द्रियग्रामं विनियम्य समन्ततः ॥ २४

상칼파프라바반카만스트야크트바 사르바나셰샤타흐 |
마나사이벤드리야그라맘 비니얌야 사만타타흐 |24|

삼칼파 프라바반=목표 의식에서 생긴; 카만=욕망들; 트야크트바=포기하고; 사르반=모든; 아셰샤타흐=남김없이; 마나사=마음으로; 에바=그럼에도; 인드리야그라맘=모든 감각 기관들의; 비니얌야=온전히; 사만타타흐=모든 부분의.

**목표 의식에서 생긴 모든 욕망들은 남김없이 포기하고
마음으로서 모든 감각 기관들의 조복을 받으면서**

모든 감각 기관은 마음이 지배하며 마음이 통제되면 하부 구조의 감각을 다스릴 수가 있다. 그것은 무한 의식의 참나를 정신적으로 체득하게 되면 모든 신경 계통과 감각들이 따라서 변화를 일으키기 때문이다. 마음으로 감각을 정복한다는 것은 우선적인 구조인 마음을 다스리게 되었을 때 그 다음의 하부 구조의 삶을 변화시킬 수 있다는 것이다. 그러나 이것은 절대로 인위적으로 되는 것이 아니다. 마음이 자연스럽게 깊은 내면의 상태를 경험하게 된다면 감각 기관은 자연스럽게 그 경험을 따라가기 때문에 자연스럽게 통제가 되는 것이다.

25 शनैः शनैरुपरमेद्बुद्ध्या धृतिगृहीतया ।
आत्मसंस्थं मनः कृत्वा न किञ्चिदपि चिन्तयेत् ॥ २५

사나이흐 사나이루파라메드부뜨야 드리티그리히타야 |
아트마삼스탐 마나흐 크리트바 나 킨치다피 친타예트 |25|

사나이흐=조금씩, 점차적으로; 사나이흐=조금씩, 점차적으로; 우파라메트=고요하게 하면서; 부뜨야=이지로; 드리티 그리히타야=꾸준하게 확고한; 아트마 삼스땀=참나에 머물며; 마나흐=마음; 크리트바=만들며; 나=아닌; 킴치트=어떠한; 아피=그럼에도; 친타예트=생각지 마라.
꾸준하게 확고한 이지로 마음을 참나에 머물도록 하면서
조금씩, 조금씩 고요하게 하면서
그 어떠한 것도 생각지 마라.

이 절은 수행에 대한 과정을 설명하였는데 '꾸준하게 확고하며' 인 드르티 그리히타야(Dhrti Grihitaya)와 '꾸준하고 계속해서' 인 사나이흐 사나이르(Sanaih Sanair)를 통하여 어떠한 생각도 일어나지 않는 이지의 상태인 부띠(Buddhi)를 통하여 고요하고 예리하게 참나에 머물도록 하는 것이다. 이 절은 모든 삶의 방식도 이러한 방식으로 살아야만 성공적으로 살수가 있다는 것을 보여준다.

26 यतो यतो निश्चरति मनश्चञ्चलमास्थिरम् ।
ततस्ततो नियम्यैतदात्मन्येव वशं नयेत् ॥ २६

야토 야토 니스차라티 마나스찬찰라마스티람 |
타타스타토 니얌야이타다트만예바 바삼 나예트 |26|

야타흐 야타흐=어떤 것의 원인으로; 니스차라티=방황하는; 마나흐=마음; 찬찰람=흔들리는, 휴식 없는; 아스티람=불안한; 타타흐 타타흐=그것으로부터; 니얌야이=통제하는; 에타트=이것; 아트마니=참나; 에바=홀로; 바삼=통제하는; 나예트=지배하에 있다.
흔들리고 불안한 마음이 어떠한 것에 의해
방황하든지 그것으로부터 마음을 통제하면서

오직 참나의 지배하에 있다.

이 절에서 니야마(Niyama)는 되돌리고 통제한다는 뜻이며 참나로 회귀하는 것을 말한다. 자기 자신으로 돌이킬 수 있는 방법은 위대하다. 자아회귀 명상은 수천 년 전부터 스승들에 의해 전해 내려온 방식으로 진정한 자기 자신인 참나로 돌아가게 하는 위대한 명상 방법이다.

27 प्रशान्तमनसं ह्येनं योगिनं सुखमुत्तमम् । उपैति शान्तरजसं ब्रह्मभुतमकल्मषम् ॥ २७

프라샨타마나삼 흐예남 요기남 수카무따맘 |
우파이티 샨타라자삼 브라흐마부타마칼마샴 |27|

프라샨타 마나삼=평화로운 마음; 히=아주; 에남=이것; 요기남=요기; 수캄=행복, 즐거움; 우타맘=최상의; 우파이티=오다; 샨타 라자삼=걱정이 평정된; 브라마 부탐=브라만이 된; 아칼마샴=죄 없는 이.

마음이 고요해지고 걱정이 평정되어 브라만과 하나된
죄 없는 요기에게는 최상의 행복이 도래한다.

크리쉬나는 초월한 상태를 '경험하다'라고 말하지 않고 우파이티(Upaiti) 즉 '오다' '이르다'라고 하였다. '경험하다'라고 말하여도 타당할 것이다. 절대적인 상태는 상대적인 상태와 접합될 때 체험된다. 마음은 바로 그때 체험하게 되는 것이다. 절대적인 상태는 마음이라는 개성이 사라짐으로써 경험 능력도 사라지기 때문에 상대적인 상태와 접합되어야만 경험될 수 있다. 브리하드아란야카 우파니샤드에서도 참나의 실재는 마음에 의해서만 경험된다고 한다. 브라만과 하나된다는 것은 우주 의식을 얻은 상태인데 이러한 경험을 표현한다는 것은 바람직하지 않다. 왜냐하면 일반인들이 바로 그것에 혼동이 올 수도 있고, 주관적으로 그런 기분을 따라할 수도 있기 때문이다. 그래도 간단히 표현하자면 그 상태를 마음은 깊은 평안에 잠겨 있어야 하고 활동을 일으키는 자극이 안정되고 흠이 없는 상태이다. 다음 다섯 절도 계속해서 크리쉬나는 신성한 지혜에 대하여 말하고 있다.

28 युञ्जन्नेवं सदात्मानं योगी विगतकल्मषः । सुखेन ब्रह्मसंस्पर्शमत्यन्तं सुखपश्नुते ॥ २८

윤잔네밤 사다트마남 요기 비가타칼마샤흐 |
수케나 브라흐마삼스파르사마트얀탐 수카마스누테 |28|

윤잔=요가 수행; 에밤=그래서; 사다=언제나; 아트마남=참나; 요기=요가수행자; 바가타칼마샤흐=죄로부터 자유로운; 수케나=쉽게; 브라흐마 삼스파르삼=브라만의 접촉에 의해; 아트얀탐=한계 없는, 수캄=희열; 아스누테=즐기다.
이처럼 마음을 항시 수련하면서 모든 죄가 사라진 수행자에게는 쉽게 브라만과의 접촉으로부터 오는 한계 없는 희열을 누리게 된다.

크리쉬나가 수케나(Skena), 즉 '쉽게'라는 말을 쓴 것은 의미심장하다. 마음을 수련하는 데는 어렵지 않고 쉽고 재미있어야만 계속 진행할 수가 있다. '쉽게'라고 한 것은 애쓰지 않고 노력하지 않아야 하는 것이다. 한계 없는 브라만의 길이 어렵지 않아야 하며 그렇게 할 때 도달되는 것은 자동적으로 진행되는 것이다. 이러한 과정에는 방향을 정확하게 잡는 것이 중요하다. 그 시작부터 정확한 방향을 가지고 할 때 가는 길은 더욱 즐거우며 쉽게 도달될 수가 있는 것이다.
자아회귀명상은 자연스럽고 쉽지만 깊이 몰입하게 하는 뛰어난 고전적인 명상 방법이다.

29 सर्वभूतस्थमात्मानं सर्वभूतानि चात्मनि ।
ईक्षते योगयुक्तात्मा सर्वत्र समदर्शनः ॥ २९

사르바부타스타마트마남 사르바부타니 차트마니 |
익샤테 요가육타트마 사르바트라 사마다르사나흐 |29|

사르바 부타 스탐=모든 존재 안에 머무는; 아트마남=참나; 사르바 부타니=모든 존재; 차=그리고; 아트마니=참 안에; 익샤테=보는; 요가 육타트마=요가에 의해 자신을 통제한 이; 사르바트라=모든 것에서; 사마다르사나흐=평등하게 보는 이.
요가에 의해 자신을 통제한 자는 참나가 모든 존재에 있음을 보며 참나 안에서 모든 존재를 본다.
그는 모든 것에서 평등하게 본다.

요가에 의해 자신을 통제한 자는 우파니샤드에서 말하는 "푸르남아다 푸르남이담(Purnamadha Purnamidam)," 즉 저것도 완전하며 이것도 완전하다는 것이며 반야심경(般若心經)의 "색즉시공 공즉시색(色卽是空 空卽是色)" 즉 상대와 절대가 텅 비어 있으며 순수함으로 가득 차 있다는 것이다.
 참나를 보는 자는 모든 것 안에서 참나를 보고 모든 것 안에서 참나를 보는 것이다.
 평등하게 본다는 말은 이미 깨달은 자의 말이다. 중요한 것은 가는 자와 가는 과정 그리고 이미 간 자, 이 모두의 과정 중에서 어느 위치에서 말하고 어느 위치에서 듣느냐를 가르치는 것이다. 그것을 가르치는 교육은 위대한 교육이다. 다르샨한(Darsahan), 즉 인도의 여섯 철학 체계는 최고의 지혜라는 베다, 우파니샤드 외에 수많은 경전을 검증하고 해석하고 바로 직시하게 하는 전승된 수행 방식이다. 이러한 체계를 가진 것이 진정한 인도철학이다.

30 यो मां पश्यति सर्वत्र सर्वं च मयि पश्यति ।
तस्याहं न प्रणश्यामि स च मे न प्रणश्यति ॥ ३०

요 맘 파샤티 사르바트라 사르밤 차 마이 파샤티 |
타스야함 나 프라나샤미 사 차 메 나 프라나샤티 |30|

야호=누구; 맘=나에게; 파샤티=보는; 사르바트라=모든 곳에서;
사르밤=모든; 차=그리고; 마이=나에게; 파샤티=보다; 타스야=그
에게; 아함=나; 나=아닌; 프라나샤미=잃어지는; 사흐=그; 나=아
닌; 메=나에게; 나=아닌; 프라나샤티=잃어지는.
어디에서나 나를 보며 나에게서 모든 것을 보는 이
그에게서 나는 잃어지지 않으며 그도 나에서 잃어지지 않는다.

 어디에서나 참나를 보며 참나 안에서 모든 것을 보는 이는 결코 참나를 놓치지 않는다. 이것은 꾸준하고 규칙적인 수행을 통하여 반복되는 존재를 체험함으로써 언제나 참나의 존재가 잃어지지 않는 것이다. 우주적인 존재와 개인적인 존재가 강이 바다에서 만나듯이 합일되어 그 한계없음이 사라지지 않는 것이다.

31 सर्वभूतास्थितं यो मां भजत्येकत्वमास्थितः ।
सर्वथा वर्तमानोऽपि स योगी मयि वर्तते ॥ ३१

사르바부타스티탐 요 맘 바자트예카트바마스티타흐 |
사르바타 바르타마노아피 사 요기 마이 바르타테 |31|

사르바 부타 스티남=모든 존재에 머무는; 야흐=누구; 맘=나에게;
바자티=예배하는; 에카트밤=하나됨; 아스티타흐=확립된; 사르바

트하=어떠한 상황에서든, 모든 길 안에; 바르타마나흐=머무는; 아
피=또한; 사흐=그것; 요기=요기; 마이=내 안에; 바르타테=머물다.
하나됨에 집중하여 모든 존재에 머무는 나를 예배하는 자,
그러한 요가수행자는 어떠한 상황에서든 내 안에 머문다.

바자트(Bajat), 즉 예배라는 단어는 중요하다. 그것은 헌신 · 순종 · 의지 ·
바치다라는 뜻이 있다. 보통의 수준에서는 이해가 잘 되지 않지만 높은 대
존재인 신성 의식에 이르게 되면 이해가 된다. 그런 이는 일반적으로 살지
만 그는 일반인이 아닌 것이다. 그는 신성 의식이 존재하는 것이다. 근대 인
도의 위대한 수행자인 라마나 마하리쉬는 평범한 일반 어린 고등학생이었
다. 그가 절대 신성을 경험한 것은 어느 날 그냥 눈을 감고 있는 동안에 갑자
기 모든 존재를 파악하게 된 것이다. 그것은 "나는 몸도, 감각도, 이지도, 에
고도 아니다. 나에게는 참나가 존재한다"라는 것이 갑자기 일어난 어린 학
생의 깨달음이었다. 물론 그가 말했듯이 그것은 갑자기 일어난 일이 아닌
많은 과거의 과정을 통해서 일어난 것이라고 하였지만 그는 진정한 예배자
가 자기 안에 존재한다는 것을 자각한 것이다.

32 आत्मैपम्येन सर्वत्र समं पश्यति योऽर्जुन ।

सुखं वा यादि वा दुःखं स योगी परमो मतः ॥ ३२

아트마우팜예나 사르바트라 사맘 파스야티 요아르주나 |
수캄 바 야디 바 두흐캄 사 요기 파라모 마타흐 |32|

아트마우팜예나=참나와 같은 것을 통해서; 사르바트라=모든 곳에
서; 사맘=평등함에; 파샤티=보다; 야흐=누구; 아르주나=아르주
나; 수캄=즐거움; 바=그리고; 야디=만약; 바=또한; 두흐캄=괴로
움; 사흐=그는; 요기=요기; 파라모=지고의; 마타흐=여겨진다.
즐거움이든 괴로움이든 참나와 같은 것을 통하여

어디서나 평등함을 보는 자는 오 아르주나여,
지고의 요가수행자로 여겨진다.

아트마우팜예나(Atmaupamyena)는 참나와 같은 것을 보고 모든 것을 평등하게 보는 것을 말한다. 여기에서 참나를 보는 자는 즐거움에서나 괴로움에서나 평등함을 보며 흔들림이 없는 것이다. 언제나 평등한, 즉 사맘(Samam)의 마음을 가진 자는 어떠한 대상으로부터 어떠한 내면의 흔들림에서도 참나를 놓치지 않는다는 것이다.

이 절은 신성한 의식의 존엄성을 표현하였다. 진정한 참나와의 하나됨은 위대하다. 하나됨의 원리에 차별을 일으키는 것은 참나에 대한 죄이다. 어떤 특정된 사상을 따르는 추종자이거나 자신의 목표를 성취하기 위한 다른 견해 역시 그 자체의 차원에서 옳음을 깨닫게 하는 것이다.

33 अर्जुन उवाच

योऽयां योगस्त्वया प्रोक्तः साम्येन मधुसूदन ।
एतस्याहं न पश्यामि चञ्चलत्वात्स्थितिं स्थिराम् ॥ ३३

아르주나 우바차
요아얌 요가스트바야 프록타흐 삼예나 마두수다나 |
에타스야함 나 파샤미 찬찰라트바트스티탐 스티람 |33|

아르주나 우바차=아르주나 말하기를; 야흐=그것이; 아얌=이것; 요가흐=요가; 트바야=그대에 의해; 프록타흐=가르쳐진; 삼예나=평등함; 마두수다나=크리쉬나, 악마인 마두를 죽이는 자; 에타스야=그것의; 아함=나; 나=아닌; 파샤미=보다; 찬찰라트바트=마음의 불안정함; 스티탐=계속해서; 스티람=확고한.

아르주나 말하기를

그대에 의해 평등함이라 말해진
이 요가의 흔들림 없는 확고한 상태를
오 마두수다나여, 마음의 불안정함으로 인해
저는 볼 수가 없습니다.

아르주나는 마음이 흔들리고 있을 때에도 평등한 합일의 요가를 유지할 수 있는지에 대하여 묻는 것이다. 그것은 집중하는 것 때문이 아니라 의식의 차원이 신성 의식에 확고해야만 하는 것이다.

34 चञ्चलं हि नमः कृष्ण प्रमाथि बलवद्दृढम् । तस्यहं निग्रहं मन्ये वायोरिव सुदुष्करम् ॥ ३४

찬찰람 히 마나흐 크리쉬나 프라마티 발라바드리담 |
타스야함 니그라함 만예 바요리바 수두쉬카람 |34|

찬찰람=휴식 없는; 히=참으로; 마나흐=마음; 크리쉬나=크리쉬나; 프라마티=격렬한, 거친; 발라바드=억세다, 강한; 다르담=굽힐 줄 모른다, 완고한; 타스야=그것의; 아함=나; 니그라함=통제; 만예=생각하다; 바요흐=바람의; 이바=처럼; 수두쉬카람=어렵다.

마음은 휴식 없이 떠돌고, 격렬하며 억세고 굽힐 줄 모르기 때문입니다.
오 크리쉬나여, 생각한다면 마음을 통제하기란
바람을 통제하는 것처럼 몹시 어렵습니다.

이 절에서 아르주나는 마음이란 떠돌고, 격렬하며, 억세고, 굽힐 줄 모른다고 하였다. 그러한 마음을 통제하는 것이 힘들다고 하였다. 그러나 그것은 마음의 자연스런 집중의 명상을 통해서 내면으로 몰입함으로써 자연스럽게 통제될 수가 있다. 여기에서 통제된다는 말은 의식 수준이 높아지면 자연스럽게 변화가 일어나는 것을 말하는 것이다. 통제 능력을 키우려고 애쓰는 것은 분명히 아니다. 자아회귀명상을 계속하게 되면 의식의 통제 능력은 자연스럽게 변하게 된다.

35 श्री भगवानुवाच
असंशयं महवाहो मनो दुर्निग्रहं चलम् ।
अभ्यासेन तु कौन्तेय वैराग्येण च गृह्यते ॥ ३५

스리 바가바누바차
아삼사얌 마하바호 마노 두르니그라함 찰람 |
아브야세나 투 카운테야 바이라그예나 타 그리흐야테 |35|

바가반 우바차=크리쉬나 말하기를; 아삼사얌=의심없이; 마하바호=억센 팔을 가진; 마나흐=마음; 두르니그라함=통제하기 어려운; 찰람=안정되어 있지 않은; 아브야세나=훈련, 실천; 투=그러나; 기운테야=아르주나, 쿤티의 아들; 바이라그예나=무집착; 차=그리고; 그리흐야테=붙잡을 수 없는.
거룩하신 주께서 말하기를
의심의 여지없이 오 억센 팔을 가진 자여,
마음은 통제하기 어려우며 안정되어 있지 않다.
그러나 쿤티의 아들이여, 훈련과 무집착에 의해 마음은 붙잡을 수가 있다.

마음의 통제는 아브야세나(Abhyasena), 즉 수행의 실천과 바이라그예나(Vairagyena), 즉 무집착을 통해서라고 하였다. 파탄잘리(Patanjali)의 요가 수트라에서 "아브야사 바이라그야브얌 탄니로다흐(Abyasa Vairagyabhyam Tannrodhah) 상념의 움직임은 무집착의 반복적인 실천을 통해 통제된다"라고 하는 것에서 볼 수가 있다. 훈련과 무집착은 스바 삼 비드야 드야나(Sva Sam Vidya Dhyana), 즉 자아회귀명상을 통하여 한계없는 의식를 체득함으로써 자연스럽게 이루어진다.

36 असंयतात्मना योगो दुष्प्राप इति मे मतिः ।
वश्यात्माना तु यतता शक्योऽवाप्तुमुपायतः ॥ ३६

아삼야타트마나 요고 두쉬프라파 이티 메 마티흐 |
바샤트마나 투 야타타 사크요아바프투무파야타흐 |36|

아삼야타트마나=통제되지 않는 마음; 요가흐=요가; 두쉬프라파흐=이르기 어렵다; 이티=그래서; 메=나의; 마티흐=견해; 바샤트마나=통제하고 노력하는 사람; 투=그러나; 야타타=노력하는 사람; 사크야흐=가능한; 아바프툼=획득하는; 우파야타흐=올바른 방법.
통제되지 않은 마음으로 요가에 이르기란 어렵다.
그러나 자신을 통제하고 노력하는 사람은
올바른 방법에 의해 도달될 수가 있다.

아삼야트 아트마나(Asamyat Atmana)는 통제되지 않은 마음이며 자신을 제대로 닦지 않은 사람이다. 바스야 아트마나(Vasya Atmana)는 자신을 통제하는 사람이다. 자신을 한계없는 의식으로 이끄는 올바른 방법이란 자아회귀명상을 규칙적으로 행하는 방법이다.

37 अर्जुन उवाच

अयातिः श्रद्धयोपेतो योगम्रच्चलितमानसः ।

अप्राप्य योगसंसिद्धिं कां गतिं कृष्ण गच्छति ॥ ३७

아르주나 우바차
아야티흐 스라따요페토 요가짤리타마나사흐 |
아프라프야 요가삼시띰 캄 가팀 크리쉬나 가짜티 |37|

아르주나 우바차=아르주나 말하기를; 아야티흐=통제되지 않는; 스라따야=믿음에 의해; 우페타흐=소유한다; 요가트=요가로부터; 찰리타 마나사흐=실패한 수행자는; 아프라프야=도달하지 못하는; 요가삼시띰=요가 안에; 안정 캄=그것; 가팀=끝; 크리쉬나=크리쉬나 가차티=만나다.
아르주나 말하기를
믿음은 갖추었으나 마음이 요가로부터 분리되어
요가의 안정을 얻지 못하는 실패한 수행자는
어떠한 길을 가게됩니까? 오 크리쉬나여.

아르주나는 믿음과 신앙이 참나와 신을 깨닫는데 실천적으로 얼마나 도움을 줄 수 있는가를 보여주는 절이다. 이 절은 크리쉬나의 대답을 끌어내기 위한 것이다.

38 कच्चिन्नोभयविभ्रष्टश्छिन्नाभ्रमिव नश्यति ।

अप्रतिष्ठो महाबाहो विमूढो ब्रह्मणः पथि ॥ ३८

카찐노 바야비브라쉬타스친나브라미바 나샤티 |

제6장 드야나 요가 275

아프라티쉬토 마하바호 비무도 브라흐마나흐 파티 |38|

카치트=그것은 무엇입니까?; 나=아닌; 우바야 비브라쉬타흐=둘 다로부터 떨어져나가; 친나=조각난; 아브람=구름; 이바=같은; 나샤티=멸망한; 아프라티쉬타흐=받침이 없는; 마하바호=억센 팔을 가진 자; 비무다흐=혼미하다; 브라흐마나흐=브라만의; 파티흐=길에서.
둘 다로부터 떨어져나가 조각난 구름처럼 설 곳을 잃고
브라만의 길에서 혼미하여
그는 멸망하지 않습니까? 오 억센 팔을 가진 자여.

의식의 단계에서 깊은 의식과 우주 의식의 과정에 이르지 못하면 둘 다로부터 떨어져 나와 안정되지 않을 때 조각난 구름처럼 설 곳을 잃는다는 것을 말하고 있는 것이다.

39 एतन्मे संशयं कृष्ण छेत्तुमर्हस्यशेषतः ।

त्वदन्यः संशायस्यास्य छेत्ता न ह्युपपद्यते ॥ ३९

에탄메 삼사얌 크리쉬나 체뚜마르하스야세샤타흐 |
트바단야흐 삼사야스야스야 체따 나 흐유파파드야테 |39|

에탄=이것; 메=나의; 삼사얌=의심; 크리쉬나=크리쉬나; 체툼=끊어 주는; 아르하시=해야 하는; 아세샤타흐=완전히; 트바트=그대보다; 안야흐=다른; 삼사야스야=의심; 아스야=이것의; 체따=끊을 자; 나=아닌; 히=아주; 우파파드야테=적합한.
이러한 나의 의심을, 오 크리쉬나여,
남김없이 끊어 주셔야만 합니다.
당신말고는 이 의심을 끊을 자가 없기 때문입니다.

제자가 스승의 지혜에 고마움을 느낄 때 그 지혜는 사랑과 자비로 부드럽게 스승으로부터 흘러나오는 것이다.

40 श्री भगवानुवाच

पार्थ नैवेह नामुत्र विनाशस्तस्य विद्यते ।

न हि कल्याणकृत्कश्चिद्दुर्गतिं तात गच्छति ॥ ४०

스리 바가바누바차
파르타 나이베하 나무트라 비나사스타스야 비드야테 |
나 히 칼야나크리트카스치두르가팀 타타 가차티 |40|

바가반 우바차=크리쉬나 말하기를; 파르타=아르주나; 나=아닌; 에바=매우; 이하=여기; 아무트라=저 세상; 비나사흐=멸망; 타스야=그에게; 비드야테=하는; 나=아닌; 히=매우; 칼리야나크리트=선행을 하는 어느 누구도; 카스치=누구나; 두루가팀=나쁜 길; 디타=나의 아들; 가차티=가다.
거룩하신 주께서 말하기를
파르타여, 이 세상이나 저 세상이나
그러한 사람들의 멸망은 있을 수가 없다.
선행을 하는 이는 누구도,
나의 아들이여, 나쁜 길을 가지 않기 때문이다.

타타(Tata)는 아버지라는 뜻이며 아버지는 아들이 될 수가 있는 것이다. 그래서 아들이라 부르는 것은 애정을 표현하는 것이다. 구루(Guru)인 스승은 제자에게 마치 아버지가 아들과 같은 관계이다. 크리쉬나는 아르주나에게 깊은 은총의 표현을 하고 있는 것이다. 스승이며 지고의 화신인 크리쉬나는 아르주나에게 "선행을 하고 결코 슬퍼하지 마라"라고 하였다.

명상을 하여 한 번의 초월 의식을 체험하는 것만으로도 내면의 순수성은 유지된다. 그리고 초월 의식이 거듭되고 계속 이어져 잠을 자거나, 꿈을 꾸거나, 깨어 있는 상태에서도 유지가 되면 우주적인 의식 상태의 자유를 누리게 되는 것이다.

41 प्राप्य पुण्यकृतां लोकानुषित्वा शाश्वतीः समाः । शुचीनां श्रीमतां गेहे योगभ्रष्टोऽभिजायते ॥ ४१ ॥

프라프야 푼야크리탐 로카누쉬트바 사스바티흐 사마흐 |
수치남 스리마탐 게헤 요가브라쉬토아비자야테 |41|

프라프야=도달된; 푼야크리탐=올바른; 로칸=세계; 우시트바=머무는; 사스바티흐=오랜 기간 동안; 사마흐=해, 년(年); 수치남= 순수의; 스리마탐=부의; 게헤=가문의 요가; 브라쉬타흐=통제된 것으로부터 떨어진 이; 아비자야테=태어난.
**올바른 삶을 성취하고 오랜 기간 동안 살면서
통제된 삶으로부터 떨어진 이는
고결하고 저명한 사람의 가문에 태어난다.**

모든 과정이란 원인과 결과를 가지고 있다. 마찬가지로 현재의 행위가 훗날의 결과와 연결되지 않는다면 세상의 질서는 없을 것이다. 인도뿐만 아니라 다른 나라들도 좋은 집안이나 명문가에는 그들 나름대로의 전통과 그 유전인자를 보존하면서 대를 이어가고 있는 경우가 많다. 물로 현대인들에게는 그런 맥락이 잘 이해가 되지 않을 수도 있으나 어쨌든 명문가의 집안에 태어난 사람은 바로 삶을 사는 시점이 좋은 상태에서 시작되는 것이다. 타이테리야 우파니샤드(Taittriya Upanishad)에서는 창조계의 존재들은 각각 다른 행복을 누리고 있다고 말하였다. 이 지상의 세계의 인간으로 태어나는 것은 가장 진화가 빠르다. 그리고 수행적인 집안에서 다시 태어난다는 것은 해탈을 성취할 수 있는 큰 기반이 되는 것이다.

42 अथवा योगिनामेव कुले भवति धीमताम् । एतद्धि दुर्लभतरं लोके जन्म यदीदृशम् ॥ ४२

아타바 요기나메바 쿨레 바바티 디마탐 |
에타띠 두를라바타람 로케 잔마 야디드리삼 |42|

아타바=또는; 요기남=요기의; 에바=그럼에도; 쿨레=가계; 바바티=태어난; 디마탐=지혜로운; 에타티=이것; 히=매우; 두르 라바타람=아주 어려운; 로케=세상 안에; 잔마=태어난; 야트=그것; 이드리삼=이와 같이.
아니면 그는 지혜로운 요가수행자의 가계에서 태어난다.
이러한 출생은 세상에서 더욱더 얻기 어렵기 때문이다.

위대한 성인인 삼카라(Samkara)는 영성이 가득한 집안에 태어나 어린 나이에 모든 것을 터득하였다. 인도에서 가장 위대한 진리의 가르침을 완벽하게 실천하고 짧은 나이에 이 세상을 떠났다. 영성의 집안에 태어난다는 것은 앞절의 명문가의 집안에서 태어나는 것보다 더욱 어렵다.

43 तत्र तं बुद्धिसंयोगं लभते पौर्वदेहिकम् । यतते च ततो भूयः संसिद्धौ कुरुनन्दन ॥ ४३

타트라 탐 부띠삼요감 라바테 파우르바데히캄 |
야타테 차 타토 부야흐 삼시따우 쿠루난다나 |43|

타트라=거기에; 탐=그것 부띠; 삼 요감=이성와 결합하다; 라바테
=획득하다; 파우르바 데이캄=전생의 몸에 지녔던; 야타테=애쓰
다; 차=그리고; 타타흐=그것보다; 부야흐=더욱; 삼시따우=완성을
향해; 쿠루 난다나=쿠루족의 아들.
거기에서 그는 전생의 몸에 지녔던 이성과 결합한다.
그리고 그 지점으로부터
더욱더 완성을 향해 전진한다. 오 쿠루족의 아들이여.

몸과 신경계통이 정화되고 순수해지면 과거의 삶에서 가지고 온 정신은 발전되고 미래의 삶은 더욱 발전되고 완성될 것이다. 이러한 것은 결정되어진 계급제도의 삶을 말하는 것이 아니다. 다만 인간의 삶에 대하여 자신의 의무와 완성을 향한 집중력을 주는 것이며 태어나면서부터 발전된 상태에서 살 수 있게 하는 지혜를 말하는 것이다. 천을 염색할 때 한번에 완전하게 염색되지 않았다면 두번째에는 처음의 물들여진 상태에서부터 다시 염색하기 시작할 것이다. 이 생애에서 수행을 중단하거나 사람의 몸이 소멸할 수도 있다. 마찬가지로 이런 경우는 그전의 의식 수준에서부터 새로운 삶이 시작된다.

44 पूर्वाभ्यासेन तेनैध हियते ह्यवशोऽपि सः ।
जिज्ञासुरपि योगस्य शब्दब्रह्मातिवर्तते ॥ ४४

푸르바브야세나 테나이바 흐리야테 흐야바소아피 사흐 │
지그야수라피 요가스야 사브다브라흐마티바르타테 │44│

푸르비야세나=전생의 훈련으로; 테나=그것에 의해; 에바=매우; 흐리야테=태어난; 히=참으로; 아바사흐=도와주지 않는; 아피=그럼에도; 사흐=그것; 지그야나수흐=요가를 알기 원하는 자; 요가스야=요가의; 사브다 브라흐마=브라만의 말, 베다를 말함; 아티바르

타테=초월한.
전생에 행하였던 바로 그 훈련으로
그는 원치 않아도 이끌어지기 때문이다.
요가를 단지 알기만 원하였던 사람조차 베다를 초월한다.

사브다 브라흐마(Sabda Brahma)는 말과 언어의 진리인 베다(Veda)를 말하는 것이다. 요가의 초월적인 수행은 외부적인 베다의 경전이나 지식을 넘어선다고 말하는 것이다.

45 प्रयत्नाद्यतमानस्तु योगी संशुद्धकिल्बिषः ।
अनेकजन्मसंसिद्धस्ततो याति परां गतिम् ॥ ४५

프라야트나드야타마나스투 요기 삼수따킬비샤흐 |
아네카잔마삼시따스타토 야티 파람 가팀 |45|

프라야트나트=애써; 야타마나흐=노력하다; 투=그러나; 요기=요가수행자; 삼수따킬비샤흐=죄가 정화된; 아네카 잔마 삼시따흐=많은 출생을 통하여 완성된; 타타흐=그래서; 야티=도달하다; 파람=지고의; 가팀=이르다.
그러나 애써 노력하면서 죄가 정화된 요가수행자는
많은 출생을 통하여 완성되어 지고의 목표에 이른다.

'많은 출생'이라는 말은 많이 태어나는 것으로 생각할 수 있지만 요가의 성취에 이르는 과정에 있는 여러 과정들을 말하는 것이다. 그리고 많은 수행 과정들을 통해서 의식 수준이 높아짐에 따라 누구나 초월적인 경지에 이를 수 있다는 가능성을 말하는 것이다.

46 तपस्विभ्योऽधिको योगी ज्ञानिभ्योऽपि मतोऽधिकः ।
मर्मिभ्यश्चाधिको योगी तस्माद्योगी भवार्जुन ॥ ४६

타파스비브요아디코 요기 그야니브요아피 마토아디카흐 |
카르미브야스차디코 요기 타스마드요기 바바르주나 |46|

타파스비브야흐=고행수행자보다; 아디카흐=높다; 요기=요기; 그
야니브야흐=지혜의 사람보다; 아피=그럼에도; 마타흐=생각; 아디
카흐=높다; 카르미브야흐=행동하는 사람보다 더; 차=그리고; 아
디카흐=더 높은; 요기=요가수행자; 타스마트=그러므로; 요기=요
가수행자; 바바=되다; 아르주나=아르주나.
요가수행자는 고행수행자보다 높고 지혜의 사람보다 높으며
의식을 행하는 사람보다도 높다.
그러므로 요가수행자가 되어라, 오 아르주나여.

크리쉬나는 고행자인 타파스빈(Tapasvin)과 베다 의식을 행하는 자인 카
르민(Karmin)과 지혜의 길을 가는 그야니(Gyani) 보다도 요가 수행이 더 높
다고 한 것은 실천적인 수행을 말하는 것이다. 요가수행자인 요기는 단순
하고 자연스럽고 직접적으로 존재의 본질에 도달할 수가 있는 것이다.

47 योगिनामपि सर्वेषां मद्गतेनान्तरात्मना ।
श्रद्धावान्भजते यो मां स मे युक्ततमो मतः ॥ ४७

요기나마아피 사르베샴 마드가테난타라트마나 |
스라따반바자테 요 맘 사 메 육타타모 마타흐 |47|

요기남=요기의; 아피=그럼에도; 사르베샴=모두의; 마드가테나=

나를 향한; 안타라트마나=내면적인 자아; 스라따반=믿음 가운데; 바자테=예배하는; 야흐=누구; 맘=나에게; 사흐=그는; 메=나에게; 육타타마흐=헌신하는; 마타흐=생각하다.
모든 요가수행자 가운데에서도 나를 향한 내면적인 자아로서
믿음 가운데 나를 헌신하는 사람들을
나는 가장 통제된 이로 여긴다.

이 절은 모든 절을 전체적인 입장에서 설명하였다. 이제까지 여러 종류의 요가수행자를 말하였으나 카르마 요가(Karma Yoga)를 넘어서 라자 요가(Raja Yoga)로, 라자 요가를 넘어서 나아가 박티 요가(Bakti Yoga)로 나아가는 것을 말하는 것이다.

명상을 행하고 집중하고 마음을 정화하는 사람들이 요가수행자이다. 그들의 지고의 참나인 지바 아트만(Jiva atman)은 개인적인 자아에서 지고의 신의 헌신으로 나아가게 된다.

모든 요가수행자가 나아갈 의식의 네 단계를 크리쉬나는 단계적으로 설명하였는데 첫번째는 참나의 실현이며(10-18절), 두번째는 우주적인 의식이며(24-29절), 세번째는 신에 대한 의식이며(30-32절), 네번째는 신의 의식 안에서 모든 것의 실현(32절)을 말하였다. 요가의 경지에 대해 단계적으로 설명한 것이다.

इति श्रीमद्भगवद्गीतासूपनिषत्सु ब्रह्मविद्यायां योगशास्त्रे
श्रीकृष्णार्जुनसंवादे ध्यानयोगो नाम
षष्ठोऽध्यायः ॥

이티 스리마드바가바트기타수파니샤트수 브라흐마비드야얌 요고 사스트레
스리크리쉬나르주나나삼바데 드야나요고 나마

샤쉬토아드야야흐 ||
바가바드 기타의 우파니샤드 안에 요가의 과학이며
지고의 브라만의 지식이며 스리 크리쉬나와 아르주나의 대화인
제6장 드야나요가를 말한다.

제7장
그야나 비그야나 요가
지혜와 실현을 통한 요가

그야나 비그야나 요가는 그야나는 지혜이며 비그야나는 지혜가 아닌 것을 구별하는 분별적인 지혜를 말하는 것이다.

1

श्री भगवानुवाच

मय्यासक्तमनाः पार्थ योगं युञ्जन्मदाश्रयः ।

असंशयं समग्रं मां यथा ज्ञास्यसि यच्छृणु ॥ १

스리 바가바누바차
마이야삭타마나흐 파르타 요감 윤잔마다스라야흐 |
아삼사얌 사마그람 맘 야타 그야스야시 타쯔리누 ||1|

스리 바가바 우바차=스리 바가반이 말하기를; 마이=나에게; 아삭타마나흐=마음에 의존하다; 파르타=오 파르타여; 요감=요가; 윤잔=실천하는; 마다스라야흐=내 안에서 안식하라; 아삼사얌=의심 없이; 사마그람=완전히; 맘=나; 야타=어떻게; 그야스야시=알아야 한다; 타트=그것; 스리누=귀기울이다.

은총의 주께서 말하기를
오 파르타여, 어떻게 그대의 마음이
나에게 의존하고 내 안에서 안식을 취하며
요가를 실천할 수 있는지 들어보라.
그대는 어떤 의심도 없이 나를 완전히 알아야 한다.

크리쉬나는 아르주나에게 마다스라야흐(Madasrayah)인 "내 안에 안식하라"는 말과 "의심없이 나를 완전히 알아야 한다"라고 말한 것은 한계없는 크리쉬나의 무한함을 절대 자아인 초월 의식에 머물러 크리쉬나를 파악하라는 것이다. 마음을 나에게 의존하고 내 안에서 안식을 취하며 요가를 실천하는 것이라고 말하는 것이다.

의심이 없이 나를 완전히 안다는 것은 그의 모든 세부적인 면까지 파악하는 것이다. 그렇게 될 때 신성한 그와 하나가 되며 지혜인 그야나가 생기는 것이다. 크리쉬나를 앎으로써 무지와 지혜를 분명히 구별하고 파악할 수가 있다는 것이다.

2 ज्ञानं तेऽहं सविज्ञानमिदं वक्ष्याम्यशेषतः ।
यज्ज्ञात्वा नेह भूयोऽन्यज्ञातव्यमवशिष्यते ॥ २

그야남 테아함 사비그야나미담 바크쉬얌야세샤타흐 |
야즈그야트바 네하 부요안야그야타브야마아바시쉬야테 |2|

그야남=지식; 테=당신의; 아함=나; 사비그야남=지혜와 결합된; 이담=이것; 바크쉬야미=선포할 것이다; 아세샤타흐=전부; 야트=그것; 그야트바=알았던; 나=아니다; 이하=여기; 부야흐=더 이상; 안야트=어떤 것 또한; 그야타브얌=알려져야 하는 것; 아바시쉬야테=남다.
나는 그대에게 지혜와 결합된 이러한 지식을 전부 가르칠 것이다. 그것은 알려진 것이지만 여기에
알려진 것은 더 이상 남아 있지 않다.

절대적인 지혜인 그야나와 절대적인 지혜의 세부적인 지식을 자세하게 파악하는 비그야나를 말하는 것이다. 그러할 때 어떠한 개별적이거나 세부적인 지식조차 남아 있지가 않는 것이다.

3 मनुष्याणां सहस्रेषु कश्चिद्यतति सिद्धये ।
यततामपि सिद्धानां कश्चिन्मां वेत्ति तत्त्वतः ॥ ३

마누쉬야남 사하스레슈 카스치드야타티 시따예 ǀ
야타타마피 시따남 카스친맘 베띠 타뜨바타흐 ǀ3ǀ

마누쉬야남=사람의; 사하스레슈=천 명의 사람들 중에; 카스치트=
어떤 존재; 야타티=애쓰다; 시따예=완전함을 위해; 야타탐=노력
하는 존재들의; 아피=심지어; 시따남=성취한 존재들의; 카스치트
=어떤 존재; 맘=나에게; 베띠=알다; 타뜨바타흐=본질 안에서.
천 명의 사람들 가운데 완전함을 위해
노력하는 사람은 거의 없으며
노력하고 성취한 존재들마저도
진실로 나를 아는 자는 거의 없다.

수많은 사람들이 열심히 노력하며 삶을 살고 있지만 진정으로 삶의 완성을 성취한 존재들은 극소수이다. 우리의 존재와 많은 생물과 자연은 얼마나 오랜 시간과 수많은 과정을 통해 표현 된 것인가? 한계 없는 시간을 통하여 나타난 우리의 존재와 끝없는 미래의 시간들에 의해 표현될 모든 존재, 그 모든 것, 그것이 바로 절대의 그일 것이다.

4 भुमिरापोऽनलो वायुः खं मनो बुद्धिरेव च ।
अहङ्कार इतीयं मे भिन्ना प्रकृतिरष्टधा ॥ ४

부미라포아날로 바유흐 캄 마노 부띠레바 차 ǀ
아항카라 이티얌 메 빈나 프라크리티라쉬타다 ǀ4ǀ

부미흐=대지; 아파흐=물; 아날라=불; 바유=공기; 캄=창공; 마나
=마음; 부띠흐=지성; 에바=심지어; 차=그리고; 아함카라=자아;
이티=그러므로; 이얌=이것; 메=나에게; 빈나=분할된 프라크리티
=자연; 아쉬타다=여덟 겹.
땅 · 물 · 불 · 공기 · 창공 · 마음 · 지성 · 자아, 이것들은 여덟 겹으
로 나뉘어진 나의 본성이다.

이 여덟 갈래는 삼크야 철학의 24범주의 참나(푸루샤)와 자연(프라크리티)
의 상대적인 표현인 1. 우주적인 지성(마하트), 2. 이지(부띠), 3. 에고(아함
카라), 4. 마음(마나스), 다섯 가지의 감각의 지각인 5. 보고, 6. 듣고, 7. 맛
보고, 8. 냄새 맡고, 9. 접촉하는(부디 인드리야스) 다섯 가지 감각의 행동인
10. 언어 표현, 11. 쥐는 것, 12. 운동, 13. 생식, 14. 제거하는 것(카르마 인
드리야스) 다섯 가지 섬세한 요소인 15. 소리, 16. 색깔, 17. 맛, 18. 냄새,
19. 피부, 다섯 가지의 거친 요소인 20. 바람, 21. 에테르, 22. 땅, 23. 물,
24. 불 안에 포함되는 것이다.

5 अपरेयामितस्त्वन्यां प्रकृतिं विद्धि मे पराम् ।
जीवभुतां महाबाहो ययेदं धार्यते जगत् ॥ ५

아파레야미타스트반얌 프라크리팀 비띠 메 파람 ǀ
지바부탐 마하바호 야예담 다르야테 자가트 ǁ5ǁ

아파라=하부의; 이얌=이것; 이타흐=이것으로부터; 투=그러나; 안
얌=다른; 프라크리팀=자연; 비띠=알다; 메=나의; 파람=더 높은;
지바부탐=삶의 요소; 마하바호=오 강한 팔을 가진; 야야=그것으
로; 이담=이것; 다르야테=유지된 자가트=세상.
이것은 나의 본성의 하부이다.
그러나 그것으로부터 차이점을 알아라.

오 강한 팔을 가진 이여, 더 높은 나의 본성은
우주를 유지하는 삶의 요소이다.

삼크야 철학에서 말하는 참나인 푸루샤와 자연인 프라크리티와 그것을 주재하는 물질을 아는 자인 크쉐트라즈나와 그것의 형태인 크쉐트라를 말한다.

6 एतद्योनीनि भूतानि सर्वाणीत्युपधारय ।
अहं कृत्स्नस्य जगतः प्रभवः प्रलयस्तथा ॥ ६

에타드요니니 부타니 사르바니트유파다라야 |
아함 크리트스마스야 자가타흐 프라바바흐 프랄라야스타타 |6|

에타드요니니=요니니는 이런 두 가지의 근원이다; 부타니=존재; 사르바니=모든; 이티=그러므로; 우파다라야=알다; 아함=자아; 크리스나스야=전체의; 자가트=세상의; 프라바바흐=근원; 프랄라야흐=흡수; 타타=또한.
이러한 두 가지는 모든 존재의 근원을 아는 것이다.
나는 우주 전체의 기원이며 소멸이다.

우주의 근원적인 자궁의 존재는 절대적인 것과 상대적인 것을 포함하며 그것은 모든 존재의 근원인 프라바바흐(Prabhavah)이며 시작이며 끝이다.

7 मत्तः परतरं नान्यत्किञ्चिदस्ति धनञ्जय ।
मयि सर्वमिदं प्रोतं सूत्रे मणिगण इव ॥ ७

마따흐 파라타람 난야트킨치다스티 다난자야 |

마이 사르바미담 프로탐 수트레 마니가나 이바 |7|

마따흐=나보다; 파라타람=더 높은; 나=아니다; 안야트=다른; 킴치트=누군가; 아스티=이다; 다남자야=오 다남자야여; 마이=내 안에서; 사르밤=모든; 이담=이것; 프로탐=꿰어지다; 수트레=실로; 마니가나흐=보석들; 이바=처럼.
나보다 더 높이 있는 것은 없나니 오 다남자야여,
모든 것은 실에 꿰어진 보석들처럼 줄지어 나에게 매달려 있다.

경전을 산스크리트어로는 수트라(Sutra)라고 하며 그것을 실이라고 하는 것이며 비유한다면 모든 진리를 마치 보석을 한 줄에 꿰는 것과 같은 것이다.

8 रसोऽहमप्सु कैन्तेय प्रभास्मि शशिसूर्ययोः । प्रणवः सर्ववेदेषु शब्दः खे पौरुषं नृषु ॥ ८

라소아하마프수 카운테야 프라바스미 사시수르야요흐 |
프라나바흐 사르바베데슈 사브다흐 케 파우루샴 느리슈 |8|

라사흐=맛; 아함=나; 아프수=물에; 카운테야=쿤티의 아들들; 프라바=빛; 아스미=이다; 사시수르야요흐=달과 태양에서; 프라나바='옴'의 음절; 사르바베데슈=모든 베다에서; 사브다흐=소리; 케=창공에서; 파우루샴=사내다운; 느리슈=남자에게.
오 쿤티의 아들이여, 나는 물의 맛이며 달과 태양의 빛이며
나는 모든 베다에서 '옴'의 음절이며
창공에서 소리이며 남자에게는 사내다움이다.

프라나바(Pranava)는 근원적인 소리의 상징인 옴(OM) 또는 아우음(AUM)을 말하며 창조인 아, 유지인 우, 소멸인 음을 말하는 것이다.

9

पुण्यो गन्धः पृथिव्यां च तेजश्चास्मि विभावसौ ।

जीवनं सर्वभूतेषु तपश्चास्मि तपस्विषु ॥ ९

푼요 간다흐 프리티브얌 차 테자스차스미 비바바사우 |
지바남 사르바부테슈 타파스차스미 타파스비슈 |9|

푼야흐=달콤한; 간다흐=향기; 프리티브얌=대지에; 차=그리고; 테자=빛; 차=그리고; 아스미=이다; 비바바사우=불에서; 지바남=삶; 사르바부테슈=모든 존재들에; 타파흐=엄숙한; 차=그리고; 아스미=이다; 타파스비슈=고행자들에게.

나는 대지의 달콤한 향기이며 불 속에서 빛나는 불이며
나는 모든 존재들에게 삶이며 고행자들에게는 엄숙함이다.

크리쉬나께서는 요소들에 대해 설명하고 있다.

10

बीजं मां सर्वभूतानां विद्धि पार्थ सनातनम् ।

बुद्धिर्बुद्धिमतामस्मि तेजस्तेजस्विनामहम् ॥ १०

비잠 맘 사르바부타남 비띠 파르타 사나타남 |
부띠르부띠마타마스미 테자스테자스비나마함 |10|

비잠=씨앗; 맘=나에게; 사르바부타남=모든 존재의; 비띠=알다; 파르타=오 파르타여; 사나타남=영원한; 부띠=이지; 부띠마탐=이지의; 아스미=이다; 테자흐=빛; 테자스비남=빛의; 아함=나.

모든 존재의 영원한 씨앗으로서 나를 알라,
오 파르타여, 나는 이지적인 것들의 이지이며
빛나는 것들 중의 빛이다.

빛나는 것들 중의 빛이란 많은 철학자나 예술가나 수행자 그리고 현대의 과학자들까지도 실질적인 내면의 체험을 하고 표현하는 언어들인 것이다.

11 बलं बलवतामस्मि कामरागविवर्जितम् ।
धर्माविरुद्धो भूतेषु कामोऽस्मि भरतर्षभ ॥ ११

발람 발라바타마스미 카마라가비바르지탐 |
다르마비루또 부테슈 카모아스미 바라타르샤바 |11|

발람=강력함; 발라바탐=강력함의; 아스미=이다; 카마라가비바르지탐=욕망과 집착이 없는; 다르마비루따흐=정의에는 저항하지 않는; 부테슈=존재들 안에서; 카마흐=욕망; 아스미=이다; 바라타 리샤바=오 바라타의 주인이여.
나는 욕망과 열정이 사라진 강력함 중의 강력함이다.
내가 열망하는 것들 안에서
정의에 반대되는 것은 없다, 오 바라타의 주인이여.

크리쉬나는 가장 위대한 정신적인 의식은 욕망과 집착이 없는 것이 강력하다고 하였다. 그러나 참나와 하나되려는 욕망은 반드시 존재해야 한다.

12 ये चैव सात्त्विकभावा राजसास्तामसाश्च ये ।
मत्त एवेति तान्विद्धि न त्वहं तेषु ते मयि ॥ १२

예 차이바 사뜨비카바바 라자사스타마사스차 예 |
마따 에베티 탄비띠 나 트바함 테슈 테 마이 |12|

예=무엇이든지; 차=그리고; 에바=심지어; 사뜨비카흐=선한; 바바흐=자연, 라자사흐=활동적인; 타마사흐=둔한; 차=그리고; 예=무엇이든지; 마따흐=나에게로부터; 에바=진실로; 이티=그러므로; 탄=그들을; 비디=알다; 나=아니다; 투=그러나; 아함=나; 테슈=그들 안에; 테=그들은; 마이=내 안에.

그리고 순수하거나 활동적이거나
둔한 존재들은 무엇이든지 나에게로부터
그들이 전진하는 것을 알지만
나는 그들 안에 없으며 그들은 내 안에 있다.

절대는 상대 안에 포함되지만 상대는 절대를 포함할 수가 없는 것이다. 상대적인 구나인 활동적인 라자스, 둔한 존재인 타마스, 순수한 사트바는 절대의 푸루샤 안에 포함되어 있다.

13 त्रिभिर्गुणमयैर्भावैरेभिः सर्वमिदं जगत् । मोहितं नाभिजानाति मामेभ्यः परमव्ययम् ॥ १३

트리비르구나마야이르바바이레비흐 사르바미담 자가트 |
모히탐 나비자나티 마메브야흐 파라마브야얌 |13|

트리비흐=세 가지에; 구나마야이흐=속성들로 구성된; 바바이흐=자연에 의해; 에비흐=이것들에 의해; 사르밤=모든; 이담=이것; 자가트=세상; 모히삼=속이다; 나=아니다; 아비자나트=알다; 맘=나에; 데브야흐=그들로부터; 파람=더 놓은; 아브야얌=불변의.

이러한 자연의 속성들의 세 구나의 배열로 인해
이 세상은 환영에 빠져 그것들로부터 넘어서서
불변하는 나를 알지 못한다.

자연의 세 가지 구나의 속성은 환영인 마야(Maya)에 의해 진정한 본성을 파악하지 못한다.

14 दैवी ह्येषा गुणमयी मम माया दुरत्यया ।
मामेव ये प्रपद्यन्ते मायामेतां तरन्ति ते ॥ १४

다이비 흐예샤 구나마이 마마 마야 두라트야야 |
마베바 예 프라파드얀테 마야메탐 타란티 테 |14|

다이비=성스러운; 히=진실로; 에샤=이것; 구나마얌=만들어진 속성들; 마마=나의; 마야=환상; 두라트야야=넘어서기 어려운; 맘=내 안에; 에바=오직; 예=누구; 프라파드얀테=안식을 취하다; 마야=환영; 에탐=이것; 타란티=건너가다; 테=그들은.
진실로 속성들로 구성된 이렇게
성스러운 마야의 환영은 넘어서기 어렵다.
그러나 내 안에서 안식을 취하는 자는 이러한 환영을 넘어선다.

성스러운 환영(幻影)인 다이비 마야(Daivi Maya)는 실상을 체득하게 되면 환영인 마야는 사라지게 된다. 그것은 어둠 때문에 노끈이 마치 뱀인 것처럼 보였지만 빛이 오게 되면 그러한 잘못된 인식이 사라지게 되는 것과 같다.

15 न मां दुष्कृतिनो मूढाः प्रपद्यन्ते नराधमाः ।
माययापहृतज्ञाना आसुरं भावमाश्रिताः ॥ १५

나 맘 두쉬크리티노 무다흐 프라파드얀테 나라다마흐 |
마야야파흐리타그야나 아수람 바밤마스리타흐 |15|

나=아니다; 맘=나에게; 두쉬크리티나흐=사악함을 행하는 자; 무
다=현혹하다; 프라파드얀테=찾다; 나라 아다마흐=가장 낮은 사
람; 마야야=환영에 의해; 아파흐리타 그야나=지식을 빼앗긴; 아수
람=악마에게 속한; 바밤=자연; 아스리타흐=취하다.
사악한 행위를 하는 자들, 속이는 자들,
가장 낮은 자들은 환영으로 분별력을 빼앗겨
악마에게 속한 길로 따라가며 내 안에서 안식을 찾지 못한다.

도덕적인 단계를 넘어선 영적인 단계에서 우리는 이원성을 지나 하나가 되는 것을 경험하고 그것을 실천하는 것이다. 그렇게 될 때 부정적인 것에 휘둘리지 않으며 발전이 시작된다.

16 चतुर्विधा भजन्ते मां जनाः सुकृतिनोऽर्जुन ।
आर्तो जिज्ञासुरर्थार्थी ज्ञानी च भरतर्षभ ॥ १६

차투르비다 바잔테 맘 자나흐 수크리티노아르주나 |
아르토 지그야수라르타르티 그야니 차 바라타르샤바 |16|

차투르비다흐=네 가지 종류; 바잔테=믿는, 예배; 맘=나에게; 자나흐=사람들; 수크리티나흐=미덕; 아르주나=오 아르주나여; 아르타흐=고민하는; 지그야수흐=지식을 찾는 자; 아르타르티=부를 찾는 자; 그야니=현명한 사람; 차=그리고; 바라타 리샤바=바라타의 주인이여.
나를 믿는 네 종류의 사람들이 있다.
그들은 미덕이 있나니, 오 아르주나여,
고민하는 사람과 지식을 찾는 사람, 부를 찾는 사람,
그리고 지혜를 가진 사람이다. 바라타의 최고자여!

크리쉬나를 믿는 미덕이 있는 네 가지 유형은 고민하는 자인 아르타 (Artha), 지식을 찾는 자인 지그야수르(Jigyasur), 부를 찾는 자인 아르타르티 (Arthatthi), 지혜를 가진 자인 그야니(Gyani)이다.

17 तेषां ज्ञानी नीत्ययुक्त एकभक्तिर्विशिष्यते ।
प्रियो हि ज्ञानिनोऽत्यर्थमहं स च मम प्रियः ॥ १७

테샴 그야니 니트야육타 에카박티르비시샤테 |
프리요 히 그야니노아트야르타마함 사 차 마마 프리야흐 |17|

테샴=그들의; 그야니=지혜로운 자; 니트야유크타흐=언제나 확고한; 에카박티흐=유일한 존재에게 헌신하는 자; 비시샤테=훌륭한; 프리야흐=사랑하는; 히=진실로; 그야니나흐=지혜로운 자들에게; 아트야르탐=대단히; 아함=나; 사흐=그; 차=그리고; 마마=나에게; 프리야흐=친애하는.
확고하고 유일한 존재에게 헌신하는
이렇게 지혜로운 사람들은 훌륭하다.
나는 진실로 지혜로운 이들을 사랑하고 그들은 나를 사랑한다.

지혜로운 자인 그야니와 무한한 신의 사랑이 통한다는 것을 분명하게 말하고 있다.

18 उदाराः सर्व एवैते ज्ञानीत्वात्मैव मे मतम् ।
आस्थितः स ही युक्तात्मा मामेवानुत्तमां गामि ॥ १८

우다라흐 사르바 에바이테 그야니트바트마이바 메 마탐 |

아스티타흐 사 히 육타트마 마메바누따맘 가팀 |18|

우다라흐=고귀한; 사르베=모든; 에바=확실히; 에테=이것들의; 그야니=지혜로운 이; 투=그러나; 아트마=참나; 에바=매우; 메=나의; 마탐=견해; 아스티타흐=확립되었다; 사흐=그; 히=진실로; 육트마=확고한; 마음 맘=나에게; 에바=오직; 아투따맘=지고의 것; 가팀=목적.
고결함은 실로 이러한 모든 것이다.
그러나 지혜로운 이는 내가 참나라고 생각한다.
마음이 확고한 사람은 오직 지고의 목적인 나에게 확립되어 있다.

인간은 분명한 목적을 가지고 있을 때 힘을 지니게 된다. 그러한 의미에서 무한한 참나에 대한 확고한 마음을 가진 이는 지혜로운 이라고 말할 수 있다.

19 बहूनां जन्मनामन्ते ज्ञानवान्मां प्रपद्यते ।
वासुदेवः सर्वमिति स महात्मा सुदुर्लभः ॥ १९

바후남 잔마나만테 그야나반맘 프라파드야테 |
바수데바흐 사르바미티 사 마하트마 수두를라바흐 |19|

바후남=많은; 잔마남=탄생의; 안테=마지막; 그야나반=현명한 사람; 맘=나에게; 프라드야테=접근하다; 바수데바흐=바수데바이며 모든 것의 근원이며 크리쉬나를 말한다; 사르밤=모든 것; 이티=그러므로; 사흐=그; 마하트마=위대한 영혼; 수두를라바흐=찾기 어려운.
수많은 탄생의 끝에 지혜로운 이는 나에게 안식을 취하며,
바수데바이며 모든 것을 실현한
위대한 영혼을 찾기는 매우 어렵고 드물다.

바수데바(Vasudeva), 즉 크리쉬나는 만물의 근원이며 모든 것이다라고 유명한 철학자인 마드흐바(Madhva)는 말하였다.

20 कामैस्तैस्तैर्हृतज्ञानाः प्रपद्यन्तेऽन्यदेवताः ।
तं तं नियममास्थय प्रकृत्या नियताः स्वया ॥ २०

카마이스타이스타이르흐리타그야나흐 프라파드얀테안야데바타흐 |
탐 탐 니야마마스타야 프라크리트야 니야타흐 스바야 |20|

카마이흐=욕망에 의해; 타이흐 타이흐=이것 또는 저것에 의해; 흐리타그야나흐=지혜와 분리된 자들; 프라파드얀테=접근하다; 안야데바타흐=다른 신들; 탐 탐=이것 또는 저것; 니야맘=의식(儀式); 아스타야=따르는; 프라크리트야=자연에 의해; 니야타흐=이끌다; 스바야=고유한 존재에 의해.
그러나 이런저런 욕망에 의해
지혜와 분리된 자들은 다른 우상들에게 가며
이것저것 의식을 따르면서
자신들이 소유한 본성에 의해 압박당한다.

21 यो यो यां यां तनुं भक्तः श्रद्धयार्चितुमिच्छति ।
तस्य तस्याचलां श्रद्धां तामेव विदधाम्यहम् ॥ २१

요 요 얌 얌 타눔 박타흐 스라따하야르치투미짜티 |
타스야 타스야찰람 스라땀 타메바 비다담야함 |21|

야흐=누구; 야흐=누구; 얌=그것; 얌=그것; 타누마=형상; 박타흐=헌신자; 스라따야=믿음으로; 아르치투마=예배하는 것; 이짜티=욕망; 타스야 타스야=그의; 아찰람=물러서지 않는; 스라땀=믿음; 탐=그것; 에바=틀림없이; 비다다미=만들다; 아함=나.
믿음을 가진 어떤 헌신자가 예배를 소망하는 것은 무엇이든지 나는 그 믿음을 확고하게 만든다.

22 स तया श्रद्धया युक्तस्तस्याराधनमीहते । लभते च ततः कामान्मयैव विहितान्हि तान् ॥२२॥

사 타야 스라따야 육타스타스야라다나미하테 |
라바테 차 타타흐 카만마야이바 비히탄히 탄 |22|

사=그는; 타야=그것과; 스라따야=믿음으로; 육타흐=부여된; 타스야=그것의; 이하테=약속하다; 라바테=얻다; 차=그리고; 타타=그것으로부터; 카만=욕망하다; 마야=나에 의해; 에바=확실히; 비히탄=정하다; 히=진실로; 탄=그것들의.
그 믿음으로 부여된 그는 그 형상에 예배하며,
그것으로부터 그는 그가 욕망하는 것을 얻는다.
그것은 실제로 나에 의해 정해진다.

23 अन्तवत्तु फलं तेषां तद्भवत्यल्पमेधसाम् । देवान्देवयजो यान्ति मद्भक्ता यान्ति मामपि ॥२३॥

안타바뚜 팔람 테샴 타드바바트얄파메다삼 |
데반데바야조 얀티 마드박타 얀티 마마피 |23|

안타바트=한정된; 투=진실로; 팔람=열매; 테샴=그들의; 타트=그
것; 바바티=이다; 알파메다삼=낮은 지식의; 데반=신들에게; 데바
야자흐=신들에 대한 예배; 얀티=계속하다; 마드박타흐=헌신자;
얀티=계속하다; 맘=나에게; 아피=또한.
그러나 낮은 지식의 사람들에게 생산되는 열매는 한계가 있다.
우상들에게 예배하는 사람들은 우상들에게로 가며
나의 헌신자들은 나에게로 온다.

자신을 발전시키는 명상은 마음을 내면으로 몰입하게 하여 자신의 깊이 있는 내면 의식을 체험시킨다. 그것을 통하여 외부적인 우상을 안쪽으로 돌려 무한한 의식을 체험하게 한다. 그것이 진정한 헌신을 말하는 것이다.

24 अव्यक्तं व्यक्तिमापन्नं मन्यन्ते मामबुद्धयः ।
परं भावमजानन्तो ममाव्ययमनुत्तमम् ॥ २४

아브약탐 브약티마판남 만얀테 마마부따야흐 |
파람 바바마자난토 마마브야야마누따맘 |24|

아브약탐=드러난; 브약팀=드러나지 않는; 아판남=오다; 만얀테=
생각하다; 맘=나를; 아부따야흐=어리석은; 파람=가장 높은; 바밤
=자연; 아잔타흐=알지 못하는; 마마=나의; 아브야얌=불변의; 아
누따맘=가장 훌륭한.
드러난 것으로 드러나지 않는 나를 이해하지 못하는 사람들은
나의 불변하고 가장 높은 최고의 상태를 알지 못한다.

드러난 것으로 드러나지 않는 것을 파악하는 것은 마음의 축복이다. 모든 드러난 세계 안에 숨어 있는 깊이 있고 변하지 않는 최상의 상태가 있다는 것을 알고자 하는 것이 삶의 궁극적인 목표인 것이다.

25 नाहं प्रकशः सर्वस्य योगमायासमावृतः ।
मूढोऽयं नाभिजनाति लोको मामजमव्ययम् ॥ २५

나함 프라카사흐 사르바스야 요가마야사마브리타흐 |
무도아얌 나비자나티 로코 마마자마브야얌 |25|

나=아니다; 아함=나; 프라카사흐=나타나다; 사르바스야=모든 것의; 요가마야사마브리타흐=요가마야에 의해, 환영에 의해; 무다흐=현혹된; 아얌=이것; 나=아니다; 아미자나티=알다; 로카흐=세상; 맘=나를; 아잠=태어나지 않은; 아브야얌=불사의.

나는 요가마야에 의해 가려진 것처럼 모든 것에 드러나지 않는다.
이 현혹된 세상은 태어나지도 않고
변하지도 않는 나를 알지 못한다.

요가 마야(Yoga Maya)란 삶의 환영(幻影)이며 그것은 마치 연극이나 영화와 같은 것이다. 관객들은 연극을 보면서 즐거워하고 슬퍼한다. 그러나 그 연극이 만들어진 배경이나 시나리오, 그리고 배우들의 모습과 연기력 하나 하나를 파악하면서 감독 이상으로 연극을 즐기는 이는 연극의 전체를 이해하면서 보게 될 것이다.

26 वेदाहं समतीतानि वर्तमानानि चाऽर्जुन ।
भविष्याणि च भूतानि मां तु वेद न कश्चन ॥ २४

베다함 사마티타니 바르타마나니 차아르주나 |
바비쉬야니 차 부타니 맘 투 베다 나 케스차나 |26|

베다=알다; 아함=나; 사마티타니=과거; 바르타마나니=현재; 차=

그리고; 아르주나=오 아르주나여; 바비쉬야니=미래; 차=그리고;
부타니=존재들; 맘=나를; 투=진실로; 베다=알다; 나=아니다; 카
스차나=어떤 존재.
나는 과거와 현재와 미래의 존재들을 안다,
오 아르주나여, 그러나 그들은 나를 알지 못한다.

27 इच्छाद्वेषसमुत्थेन द्वन्द्वमोहेन भारत ।
सर्वभूतानि संमोहं सर्गे यान्ति परंतप ॥ २७

이짜드베샤사무떼나 드반드바모헤나 바라타 |
사르바부타니 삼모함 사르게 얀티 파람타파 |27|

이짜드베샤사무떼나=욕망과 혐오로부터 일어난; 드반드바모헤나
=한 쌍의 반대편의 현혹으로 인해; 바라타=오 바라타여; 사르바=
모든 존재들; 삼모함=속이는 것; 사르게=태어났을 때; 얀티=지배
당하는; 파람타파=적을 괴롭히는 이.
오 바라타여, 욕망과 혐오로부터 일어난
한 쌍의 반대편의 환영으로 인해 모든 존재들이 태어났을 때
환영의 지배를 받게 된다. 오 적을 괴롭히는 이여.

28 येषां त्वन्तगतं पापं जनानां पुण्यकर्मणाम् ।
ते द्वन्द्वमोहनिर्मुक्ता भजन्ते मां दृढव्रताः ॥ २८

예샴 트반타가탐 파팜 자나남 푼야카르마남 |
테 드반드바모하니르묵타 바잔테 맘 드리다브라타흐 |28|

예샴=그들의; 투=그러나; 안타가탐=끝이다; 파팜=죄; 자나남=인간의; 푼야카르마남=미덕을 행하는 사람들의; 테=그들은; 둔드바모하니르무크타흐=한 쌍의 반대편의 환영으로부터 자유로운; 바잔테=예배; 맘=나를; 드리다브라타흐=서약으로 확고한.

그러나 죄의 종말을 고하고 한 쌍의
반대편의 환영으로부터 자유롭게 되어
미덕을 행하는 사람들은 그들의 서약에
확고함을 가지고 나에게 예배한다.

29 जरामरणमोक्षाय मामाश्रित्य यतन्ति ये ।
ते ब्रह्म तद्विदुः कृत्स्नमध्यात्मां कर्म चाखिलम् ॥ २९

자라마라나목샤야 마마스리트야 야탄티 예 |
테 브라흐마 타드비두흐 크리트스나마드야트맘 카르마 차킬람
|29|

자라마라나목샤야=나이 들고 죽는 것으로부터; 자유롭기 위해; 맘=나를; 아스리트야=안식을 취한; 야탄티=노력하다; 예=누구; 테-그들은; 브라흐마=브라흐만; 타트 비두흐=알다; 크리스트남=전체; 아드야트맘=자아에 대한 지식; 카르마=행위; 차=그리고; 아킬람=전체의.

나에게 안식을 취하고 죽고 망하는 것으로부터 해방된 사람들은
브라흐만과 개인적인 자아와 모든 행위를 완전히 실현한 자이다.

30 साधिभूताधिदैवं मां साधियज्ञं च ये विदुः ।
प्रयाणकालेऽपि च मां ते विदुर्युक्तचेतसः ॥ ३०

사디부타디다이밤 맘 사디야그얌 차 예 비두흐 |
프라야나칼레아피 차 맘 테 비두르육타체타사흐 |30|

사디부타 아디다이밤=아디부타와 아디다이바와 함께; 맘=나를; 사디야그얌=아디야그야와 함께; 차=그리고; 예=누구; 비두=알다; 프라야나칼레=죽음의 시간; 아피=심지어; 차=그리고; 맘=나를; 테=그리고; 비두흐=알다; 육타체타사흐=마음의 확고함.
아디부타, 아디다이바, 아디야그나로서
나를 아는 확고한 사람들은 죽음의 시간에서도 나를 자각한다.

크리쉬나는 아디부타는 물질적 나타남의 존재이며, 아디바이타는 신성한 존재, 아디야그나는 모든 희생의 존재인데, 그러한 상태로 나를 아는 사람은 임종의 순간에도 특정한 교리를 생각하지 않고 참나를 자각한다고 말한다.

इति श्रीमद्भगवद्गीतासूपनिषत्सु ब्रह्मविद्यायां योगशास्त्रे
श्रीकृष्णार्जुनसंवादे ज्ञानविज्ञानयोगो नाम
सप्तमोऽध्यायः ॥

이티 스리마드 바가바드기타수파니샤트수 브라흐마비드야얌 요가사스트레
스리크리쉬나르주나삼바데 그나나비그야나요고 나마
사프타모드야야흐
바가바드 기타의 우파니샤드 안에 요가의 과학이며

지고의 브라만의 지식이며 스리 크리쉬나와 아르주나의 대화인 제7장 그야나비그야나 요가를 말한다.

제8장
아크샤라 브라흐마 요가
불멸의 브라만으로 가는 요가

   제8장은 불멸의 브라흐마 요가이며 행위의 요가인 카르마 요가에 포함되는 지혜와 실현을 통한 요가인 그야나 비그야나 요가에 대한 가르침이 계속되는 것이다.

1

अर्जुन उवाच

किं तद्ब्रह्म किमध्यात्मं किं कर्म पुरुषोत्तम ।

अधिभूतं च किं प्रोक्तमधिदैवं किमुच्यते ॥ १

아르주나 우바차
킴 타드브라흐마 키마드야트맘 킴 카르마 푸루쇼따마 |
아디부탐 차 킴 프로크타마디다이밤 키무챠테 |1|

아르주나 우바차=아르주나가 말했다; 킴=무엇; 타트=그것; 브라흐마=절대자; 아드야트맘=참나의 지식; 킴=무엇; 카르마=행위; 푸루쇼따마=오 인간중의 최고여; 아디부탐=물질적인, 모든 피조물; 차=그리고; 킴=무엇; 프로크탐=선포하다; 아디다이밤=모든 신들; 킴=무엇; 우챠테=불려진다.

아르주나가 말했다.
절대자는 무엇입니까? 참나의 지식은 무엇입니까?
행위는 무엇입니까? 오 인간중의 최고여!
피조물은 무엇인지 말해 주소서.
그리고 모든 신들이라고 불려지는 것은 무엇입니까?

절대자인 브라만과 참나의 지식인 아드야트만과 행위인 카르마와 물질적인 존재이며 피조물인 아디부탐과 모든 신들인 아디다이밤이며 여기에서 산스크리트 아디(Adhi)는 '그 안의'와 '그 물건 속에'이며 아르주나는 절대와 상대와 행위와 신과 물질에 대해 질문을 하고 있는 것이다.

2 अधियज्ञः कथं कोऽत्र देहेऽस्मिन्मधुसूदन । प्रयाणकले च कथं ज्ञेयोऽसि नियतात्मभिः ॥ २

아디야그야흐 카탐 코아트라 데헤아스민마두수다나 |
프라야나칼레 차 카탐 그예요아시 니야타트마비흐 |2|

아디야그야흐=모든 희생; 카탐=어떻게; 카흐=누구; 아르타=여기에; 데헤=몸으로; 아스민=이것; 마두수다나=악마 마두를 죽이는이; 프라야나칼레=죽음의 시간에; 차=그리고; 카탐=어떻게; 그예야흐=알 수 있는; 아시=이다; 니야타트마비흐=자기 제어로 인해.
모든 희생을 하는 이는 누구이며
어떻게 몸을 가지고 여기에 있습니까, 오 마두수다나여!
그리고 죽음의 순간에 어떻게 자기 제어를 통하여
당신을 알 수 있습니까?

모든 희생을 말하는 아디야그야(Adhiyagya)는 모든 존재의 생명체를 살리기 위해 강렬한 열기를 내뿜는 태양과 같다. 그 존재는 부정적인 악을 몰아내는 마두수다나이다. 또한 아르주나는 많은 사람들과 수행자들이 죽는 순간인 프라야나 칼레(Prayana Kale)에서 어떻게 자신의 죽음을 극복할 만한 통제를 할 수 있는가를 묻고 있다. 많은 경전은 죽음의 순간에서도 흔들림 없는 경지를 보여주고 있다.

3 श्री भगवानुवाच

अक्षरं ब्रह्म परमं स्वभावोऽध्यात्ममुच्यते ।

भुतभावोद्भवकरो विसर्गः कर्मसांज्ञितः ॥ ३

스리 바가바누바차.
아크샤람 브라흐마 파라맘 스바보아드야트마무챠테 |
부타바보드바바카로 비사르가흐 카르마삼그야타흐 |3|

스리 바가바누바차=성스러운 바가반이 말하기를; 아크샤람=불멸의; 브라흐마=브라흐만; 파라맘=지고의; 카바바흐=자연; 아드야트맘=자아의 지식; 우챠테=불려진다; 부타바바 우드바바카라흐=존재들의 원인을 일으키는 것; 카르마삼그야타흐=행위라고 한다.
성스러운 바가반 말하시기를
브라흐만은 불멸이며 지고의 존재이다.
그것이 개인적인 몸에 머무는 것을 아디야트마라고 한다.
존재들의 원인을 일으키는 것을 행위라고 한다.

불멸하는 것을 브라만이라고 하며 그 안에 사는 모든 생물체인 아디야트마는 삶의 본질이며 거기에서 나오는 행위를 카르마라고 한다.

4 अधिभूतं क्षरो भावः पुरुषश्चाधिदैवतम् ।

आधियज्ञोऽहमेवात्र देहे देहभृतां वर ॥ ४

아디부탐 크샤로 바바흐 푸루샤스차디다이바탐 |
아디야그요아하메바트라 데헤 데하브리탐 바라 |4|

아디부탐=물질적인 존재; 크샤라흐=죽기 쉬운; 바바흐=자연; 푸루샤흐=우주 영혼; 차=그리고; 아디바이바탐=신; 아디야그요흐=모든 희생; 아함=나; 에바=홀로; 아트라=여기; 데헤=몸으로; 데하브리탐=발현된; 바라=오 최고여.
물질적인 존재는 사멸하기 쉬운 자연에 속해 있으며
우주 영혼은 신들이다.
나는 오직 몸으로 여기 있는 희생의 존재이다,
오 발현된 것 중의 최고여.

우주의 영혼이며 참나인 푸루샤(Purusha)는 산스크리트어원학적으로 '임신하다' 라는 뜻이며 모든 것에 가득 차 있다는 의미이다. 프리(Pri)의 어원은 가득 차 있다는 것이며 푸라(Pura) 또는 푸리(Puri)는 도시 · 성(城) · 요새를 의미하는데 절대자가 머무는 성이 푸루샤인 것이다. 푸루샤는 황금빛 우주 영혼이 개인적인 영혼에 비치는 우주의 모태(母胎)인 히란야가르바(Hiranyagarbha)이다.
크리쉬나이며 비쉬누는 희생인 아디야그야와 다르지 않으며 우주 의식의 성스러움이 개인 의식에 발현되는 것이다.

5 अन्तकाले च मामेव स्मरन्मुक्त्वा कलेवरम् । यः प्रयाति स मद्भावं याति नास्त्यत्र संशयः ॥ ५

안타칼레 차 마메바 스마란무크트바 칼레바람 |
야흐 프라야티 사 마드바밤 야티 나스트야트라 삼사야흐 |5|

안타칼레=죽음의 시간에; 차=그리고; 맘=나를; 에바=오직; 스마란=기억하는; 무크트바=살고 있는; 칼레바람=몸; 야흐=누구; 프라야티=전진하다; 사흐=그는; 마드바밤=나의 존재; 야티=얻다; 나 아스티=아니다; 아트라=여기; 삼사야흐=의심.

그리고 죽을 때에나 몸을 가지고 살아가는 동안에
누구든지 나를 기억하면서 앞으로 나아가는 사람은
나의 존재를 얻으며 그것에 대해 의심이 없다.

모든 수행자들과 수행 방식들은 끊임없이 절대 존재를 놓치지 않으려 하며 그 존재를 기억하며 의심없이 전진하려고 한다.

6 यं यं वापि स्मरन्भावं त्यजत्यन्ते कलेवरम् । तं तमेवैति कौन्तेय सदा तद्भावभावितः ॥ ६

얌 얌 바피 스마란바밤 트야자트얀테 칼레바람 |
탐 타메바이티 카운테야 사다 타드바바바비타흐 |6|

얌=그것; 얌=그것; 바=또는; 아피=심지어; 스마란=기억하는; 바밤=자연; 트야자티=살다; 안테=끝에서; 칼레바람=몸; 탐=그것에; 탐=그것에; 에바=오직; 에티=가다; 카운테야=쿤티의 아들; 사다=끊임없이; 타드바바바비타흐=그것의 대상의 생각.

몸을 떠나는 목숨이 끝나는 순간에 기억하는 것은
그것대로 되는 것이며, 오 쿤티의 아들이여,
그것은 일생 동안 그 생각에 흡수되어 있었기 때문이다.

인도의 수행자나 티베트의 수행자나 선승들은 마지막에 목숨이 끝나고 몸을 떠나며 이 상대 세계의 흔적과 까르마를 완전히 소멸하였을 때를 니르바나(Nirvana)라고 한다. 그러하지 못할 때 몸은 기억하고 다시 상대 세계의 흔적을 따라서 윤회하고 자연의 프라크리티의 세 구나의 순열과 조합에 의해 태어난다.

7 तस्मात्सर्वेषु कालेषु मामनुस्मर युद्ध्य च ।
मय्यार्पितमनोबुद्धिर्मामेवैष्यस्यसंशयः ॥ ७

타스마트사르베슈 칼레슈 마마누스마라 유뜨야 차 |
마이야르피타마노부띠르마메바이샤스야삼사야흐 |7|

타스마트=그러므로; 사르베슈=모든 것에; 칼레슈=시간; 맘=나를; 아누스마라=기억하다; 유다야=싸우다; 차=그리고; 마이 아르피타 마마흐 부띠흐=나에게 확립된 마음과 지식으로; 맘=나에게; 에바 =홀로; 에쉬야시=당신은 올 것이다; 아삼사야흐=의심없이.

그러므로 언제나 나만을 생각하고 싸우라.
나에게 확립된 마음과 지식을 가지고
그대는 틀림없이 나에게로 올 것이다.

8 अभ्यासयोगयुक्तेन चेतसा नान्यगामिना ।
परमं पुरुषं दिव्यं याति पार्थानुचिन्तयन् ॥ ८

아브야사요가육테나 체타사 난야가미나 |
파라맘 푸루샴 디브얌 야티 파르타누친타얀 |8|

아브야사요가육테나=끊임없는 실천을 통하여 확립된 마음; 체타 사=마음으로; 나=아니다; 안야가미나=다른 것을 향한 움직임; 파 라맘=지고의; 푸루샴=참나; 디브얌=빛나는; 야티=가다; 파르타= 프리타 부인의 아들; 아누친타얀=명상.

끊임없는 실천으로 요가에 확립되어
어떤 것에도 헤매지 않는 마음을 가지고
지고의 빛나는 참나를 명상하며 그에게 도달한다, 오 파라타여.

위 절에서는 확립된 마음과 지식을 가지고 싸우게 되면 반드시 크리쉬나 의식인 참나의 상태에 도달된다고 하였다. 그리고 이 절에서는 끊임없는 실천으로 요가에 확립되어 참나를 명상한다고 하였다. 위 절은 무한한 목표를 정확하게 제시한 것이고, 이 절은 쉼 없이 통일된 마음으로 참나에 몰입하면 도달한다고 확언하고 있는 것이다.

9 कविं पुराणमनुशासितारमणोरणीयांसमनुस्मरेद्यः ।
सर्वस्य धातारमचिन्त्यरूपमादित्यवर्णं तमसः परस्तात् ॥ ९

카빔 푸라나마누사시타라마노라니얌사마누스마레드야흐 |
사르바스야 다타라마친트야루파마디트야바르남 타마사흐 파라스타트 |9|

카빔=전지전능한 푸라남=태초에; 아누사시타람=지배자; 아노흐=원자보다; 아니얌삼=미세한; 아누스마레트=기억하다; 야흐=누구; 사르바스야=모든 것의; 다타람=지지자; 아친트야 루팜=모습을 상상할 수 없는 존재; 아디트야바르남=태양처럼 빛나는; 타마사흐=어둠으로부터; 파라스타트=너머에.
그는 전지전능한 태초의 지배자이며 원자보다도 미세하며
모든 것을 기억하며 모습을 상상할 수 없으며
태양처럼 빛나며 모든 어둠 너머에 있다.

10 प्रयाणकाले मनसाऽचलेन भक्त्या युक्तो योगबलेन चैव ।
भ्रुवोर्मध्ये प्राणमावेश्य सम्यक् स तं परं पुरुषमुपैति दिव्यम् ॥ १०

프라야나칼레 마나사아찰레나 박트야 육토 요가발레나 차이바 |

브루보르마드예 프라나마베샤 삼야크 사 탐 파람 푸루샤무파이티 디브얌 |10|

프라야나칼레=죽음의 시간에; 마나사=마음으로; 아찰레나=흔들리지 않는; 박트야=헌신으로; 육타=일치된; 요가발레나=요가의 힘으로; 차=그리고; 에바=오직; 브루보=양미간의; 마드예=중간의; 프라남=호흡; 아베스야=위치한; 삼야크=완전히; 사흐=그는; 탐=그것; 파람=최고의; 푸루샴=참나; 우파이티=도달하다; 디브얌=신성한.
그리고 죽는 순간까지 명상으로 집중된 헌신과
요가의 힘에 의해 확립된 마음으로 양미간의 중간에
완전히 호흡을 고정하면서 지고의 참나에 도달한다.

평소처럼 몰입된 상태를 유지하면서 죽음이란 단절된 세계의 장막까지 몰입된 상태가 흔들리지 않는다면 그뒤의 세계까지 걱정할 필요가 없을 것이다.

11 यदक्षरं वेदविदो वदन्ति विशान्ति यद्यतयो वीतरागाः । यदिच्छन्तो ब्रह्मचर्यं चरन्ति तत्ते पदं संग्रहेण प्रवक्ष्ये ॥ ११

야다크샤람 베다비도 바다나티 비산티 야드야타요 비타라가흐 |
야디짠토 브라흐마차르얌 차란티 타떼 파담 삼그라헤나 프라바크셰 |11|

야트=그것; 아크샤람=불변의; 베다비다흐=베다를 아는 자; 베다나티=선포하다; 비산티=들어가다; 야트=그것; 야타야흐=자기 제어; 비타라가흐=집착으로부터 자유; 야트=그것; 이찬타흐=욕망하는; 브라흐마차르얌=금욕; 차란티=실행; 타트=그것; 테=당신에게; 파담=목적, 경지 삼그헤나=간단히; 프라바크셰=말할 것이다.

베다를 아는 자들은 불멸의 것을 선포하며
자기 제어와 집착으로부터 자유롭게 된다.
그들은 금욕적인 삶으로 이끄는 것을 열망하며
나는 그대에게 그것을 간결하게 말할 것이다.

12 सर्वद्वाराणि संयम्य मनो हृदि निरुध्य च ।
मूर्ध्न्याधायात्मनः प्राणमास्थितो योगधरणाम् ॥ १२

사르바드바라니 삼얌야 마노 흐리디 니루드야 차 |
무르드냐다야트마나흐 프라나마스티토 요가다라남 |12|

사르바드라니=모든 문, 아홉 개의 문; 삼얌야=제어된; 마나흐=생각; 흐리디=마음으로; 니루드야=제어된; 차=그리고; 무르드니=이성으로; 아다야=놓인; 아트마나흐=자아의; 프라남=호흡; 아스티타흐-확립된; 요가다라남=집중이 이어짐.
몸을 차단하는 모든 문들은 마음으로 생각을 통제하고
이성으로 자아를 통제하고
호흡을 고르게 하여 마음의 집중을 이어지게 한다.

13 ओमित्येकाक्षरं ब्रह्म व्याहरन्मामनुस्मरन् ।
यःप्रयाति त्यजन्देहं स याति परमां गतिम् ॥ १३

오미트예카크샤람 브라흐마 브야하란마마누스마란 |
야흐 프라야티 트야잔데함 사 야티 파라맘 가팀 |13|

옴=옴; 이티=그러므로; 에카크샤람=한 음절로 된; 브라흐마=브라만; 브야하란=발설하는; 맘=나를; 아누스마란=기억하는; 야흐=누구; 프라야트=시작하다; 트야잔=떠나는; 데함=몸; 사흐=그는; 야티=성취하다; 파라맘=최고의; 가팀=목적.
그러므로 한 음절의 '옴'을 부르고 브라흐만인 나를 기억하면서 몸을 떠나 지고의 목적을 성취한다.

이 절에 말하는 절대의 만트라인 옴(OM)에 대하여 많은 우파니샤드에서는 수행하는 법을 말하고 있다. 만두캬 우파니샤드에서 "옴은 전체 우주이다. 옴을 말하라. 옴은 과거, 현재, 미래 그 모든 것을 말하며 시간, 공간, 원인을 말한다" "모든 곳에 존재하는 절대인 브라만이다"라고 하였다.[18]

14 अनन्यचेताः सततं यो मां स्मरति नित्यशः ।
त्स्याहं सुलभः पार्थ नित्ययुक्तस्य योगिनः ॥ १४

아난야체타흐 사타탐 요 맘 스마라티 니트야샤흐 |
타스야함 술라바흐 파르타 니트야육타스야 요기나흐 |14|

아난야체타흐=마음으로 다른 어떤 것도 생각하지 않는; 사타탐=끊임없이; 야흐=누구; 맘=나를; 스마라티=기억하다; 니트야사흐=매일의; 타스야=그의; 아함=나; 술라바흐=쉽게 도달할 수 있는; 파르타=오 파르타여; 니트야유크타스야=언제나 확고한; 요기나흐=요기의.
나는 쉽게 성취할 수 있나니, 오 파라타여, 언제나 확고한 요기는 매일 끊임없이 나를 기억하고 다른 것을 생각하지 않는다.

15 मामुपेत्य पुनर्जन्म दुःखालयमशाश्वतम् ।
नाप्नुवन्ति महात्मानः संसिद्धिं परमां गताः ॥ १५

마무페트야 푸나르잔마 두칼라야마샤스바탐 |
나프누반티 마하트마나흐 삼시띰 프라맘 가타흐 |15|

맘=나에게; 우페트야=성취된; 푸나흐=다시; 잔마=탄생; 두흐칼라 야=고통의 장소; 아샤스바탐=영원하지 않은; 나=아니다; 아프누반티=얻다; 마하트마나흐=위대한 마음; 삼시띰=완전함; 파람=최고의; 가타흐=도달한.
나에게 도달하면 위대한 마음은 더 이상 다시 태어나지 않으며 영원하지 않는 고통의 장소를 벗어나 가장 높은 완전함을 성취한다.

16 आब्रह्मभुवनाल्लोकाः पुनरावर्तिनोऽर्जुन ।
मामुपेत्य तु कौन्तेय पुनर्जन्म न विद्यते ॥ १६

아브라흐마부바날로카흐 푸나라바르티노아르주나 |
마무페트야 투 카운테야 푸나르잔마 나 비드야테 |16|

아브라흐마부반트=브라흐마의 세상에 도달한; 로카흐=세상; 푸나라바르티나흐=다시 돌아오는; 아르주나=아르주나; 맘=나에게; 우페트야=성취된; 투=그러나; 카운테야=쿤티의 아들; 푸나르잔마=다시 태어남; 나=아니다; 비드야테=이다.
브라흐마에게 포함된 모든 세상은 다시 돌아오나니, 오 아르주나여, 그러나 나에게 도달한 사람은, 오 쿤티의 아들이여, 다시 태어나지 않는다.

17 सहस्रयुगपर्यन्तमहर्यद्ब्रह्मणो विदुः ।
रात्रिं युगसहस्रान्तां तेऽहोरात्रविदो जनाः ॥ १७

사하스라유가파르얀타마하르야드브라흐마노 비두흐 |
라트림 유가사하스란탐 테아호라트라비도 자나하 |17|

사하스라유가파르얀탐=천 유가의 끝에; 아하흐=낮; 야트=그것;
브라흐마나흐=브라흐마의; 비두흐=알다; 라트림=밤; 유가사하스
란탐=천 유가의 끝에; 테=그들은; 아호라트라비다흐=낮과 밤을
아는 자; 자나하=사람들.
브라흐마의 한낮이 천 유가를 이끌고 그의 밤이 천 유가를
이끈다는 것을 아는 사람은 낮과 밤을 아는 자이다.

우주의 시간은 현대물리학에서도 많은 이야기를 하고 있다. 현대 양자물리학에서도 무한의 시간에 대한 것은 끊임없이 추구하고 있는 과제이다. 이미 고대 인도인들의 직관적인 사유 체계에서 나온 시공간의 개념은 현대의 시공간 개념과 다르지 않다.

18 अव्यक्ताद्व्यक्तयः सर्वाः प्रभवन्त्यहरागमे ।
रात्र्यागमे प्रलीयन्ते तत्रैवाव्यक्तसंज्ञके ॥ १८

아브약타드브약타야흐 사르바흐 프라바반트야하라가메 |
라트르야가메 프랄리얀테 타트라이바브약타삼그야케 |18|

아브약타트=나타나지 않는 것으로부터; 브약타야흐=나타난 것;
사르바흐=모든; 프라바반티=나아가다; 아하라가메=낮이 오는 때;
라트리 아감=밤이 오는 때; 프랄리얀테=용해된; 타트라=거기에;

에바=진실로; 아브약타삼그야케=보이지 않는 것으로.
낮이 될 때 모든 것은 보이지 않는 것으로부터 나타나기 시작하며
밤이 되면 다시 나타나지 않는 것으로 녹아든다.

19 भूतग्रामः स एवायं भूत्वा भुत्वा प्रलीयते । रात्र्यागमेऽवशः पार्थ प्रभवत्यहरागमे ॥ १९

부타그라마흐 사 에바얌 부트바 부트바 프랄리야테 |
라트르야가메아바사흐 파르타 프라바바트야하라가메 |19|

부타그라마흐=많은 존재들; 사흐=그것; 에바=진실로; 아얌=이것;
부트바 부트바=계속해서 태어나는 존재; 프랄리야테=흡수된; 라
트리 아가메=밤이 오는 때; 아바사흐=도움 없이; 파르타- 파르타
프라바바티=나타나다; 아하라가메=낮이 오는 때.
이런 많은 존재들은 계속해서 나타나며 밤이 되면
스스로 흡수된다, 오 파르타여, 그리고 낮이 되면 다시 나타난다.

20 परस्तस्मात्तुभावोऽन्योऽव्यक्तोऽव्यक्तात्सनातनः । यः स सर्वेषु भूतेषु नश्यत्सु न विनश्यति ॥ २०

파라스타스마뚜 바보안요아브약토아브약타트사나타나흐 |
야흐 사 사르베슈 부테슈 나스야트수 나 빈다스야티 |20|

파라흐=높은; 타스마트=그것보다; 투=그러나; 바바흐=존재; 안
야흐=다른; 아브약타흐=나타나지 않는; 아브약타트=나타나지 않
는 것보다; 사나타나흐=영원한; 야흐=누구; 사흐=그것; 사르베슈

=모든 것에; 부테슈=존재에서; 나스야트수=파괴된 존재에서; 나
=아니다; 비나스야티=파괴된.
그러나 이렇게 나타나지 않는 것 너머에 보다
나타나지 않는 영원한 존재가 있다.
그것은 모든 존재들이 사라진다 해도 사라지지 않는다.

21 अव्यक्तोऽक्षर इत्युक्तस्तमाहुः परमां गतिम् ।
यं प्राप्य न निवर्तन्ते तद्धाम परमं मम ॥ २१

아브야토아크샤라 이트육타스타마후흐 파라맘 가팀 |
얌 프라프야 나 니바르탄테 타따마 파라맘 마마 |21|

아브야타흐=나타나지 않는; 아크샤라흐=사라지지 않는; 이티=그
러므로; 우크타흐=불린; 탐=그것; 아후흐=말하다; 파라맘=가장
높은; 가팀=목적; 얌=그것; 프란야=도달한; 나=아니다; 니바르탄
테=되돌아오다; 타트=그것; 다마=거하다; 파라맘=가장 높은; 마
마=나의.
이렇게 나타나지 않는 것은 사라지지 않는 것이라고 불리며
가장 높은 목적이라고 한다.
그것을 성취한 사람은 다시 돌아오지 않는다.
이것은 나의 지고의 상태이다.

22 पुरुषः स परः पार्थ भक्त्या लभ्यस्त्वनन्यया ।
यस्यान्तःस्थानि भूतानि येन सर्वमिदं ततम् ॥ २२

푸루샤흐 사 프라흐 파르타 박트야 라브야스트바난야야 |

야스얀타흐스타니 부타니 예나 사르미담 타탐 |22|

푸루샤=참나; 사흐=그것; 파라흐=가장 높은; 파르타=프리타의 아들; 박트야=헌신에 의해; 라브야흐=도달할 수 있는; 투=진실로; 아난야야=다른 대상들 없이; 야스야=누구의; 안타흐 스타니=안에서 거하는; 부타니=존재들; 예나=누구에 의해; 사르밤=모든; 이담=이것; 타탐=퍼지다.
가장 높은 참나는, 오 프리타의 아들이여, 확고한 헌신으로
모든 존재에게 거하며 모든 것들에 퍼져 있는 그에게 도달한다.

"가장 높은 참나는 확고한 헌신으로 모든 곳에 존재하는 신에게 도달한다"라고 말하는 것은 개인적인 참나인 지바 아트만은 모든 것에 퍼져 있는 파라 아트만에 도달한다는 것이다.

23 यत्र काले त्वनावृत्तिमावृत्तिं चैव योगिनः ।
प्रयाता यान्ति तं कालं वक्ष्यामि भरतर्षभः ॥ २३

야트라 칼레 트바나브리띠마브리띰 차이바 요기나흐 |
프라야타 얀티 탐 칼람 바크쉬야미 바라타르샤바흐 |23|

야트라=어디에; 칼레=시간에; 투=진실로; 아나브리띰=돌아오진 않는; 아브리띰=돌아오다; 차=그리고; 에바=심지어; 요기나흐=요기들; 프라야타흐=시작하는; 얀티=가다; 탐=그것; 칼람=시간; 바크쉬야미=말할 것이다; 바라타 리샤바=바라타의 주인.
이제 내가 그대에게 말하노니, 바라타의 주인이여,
요기들은 다시 돌아오지 않기 위해
출발의 시간을 가지며 또한 다시 돌아오기 위해
출발의 시간의 갖는다.

누구든지 자신이 선택권을 가지고 가고 오고 하는 것은 요가 수행자들의 수행의 깊이와 자유 의지에 따라 달라질 수가 있다. 완전히 우주에 융해되어 하나가 될 것인가 아니면 덜 소진되어 다시 돌아올 것인가 하는 것이다. 니르바나(Nirvana), 즉 열반은 넘어선다는 말과 함께 소멸되어 흔적도 없는 상태를 말하는 것이다.

24 अग्निज्योंतिरहः शुक्लः षण्मासा उत्तरायणम् ।
तत्र प्रयाता गच्छन्ति ब्रह्म ब्रह्मविदो जनाः ॥ २४

아그니르죠티라하흐 수클라흐 샨마사 우따라야남 |
타트라 프라야타 가짠티 브라흐마 브라흐마비도 자나흐 |24|

아그리흐=불; 죠티흐=빛; 아하흐=낮; 수클라흐=빛나는 2주; 샨마사흐=6개월; 우따라야남=태양의 북쪽 길; 타트라=거기에; 프라야타흐=출발된; 가짠티=가다; 브라흐마=브라흐만에게; 브라흐마비다흐=브라흐만을 아는; 자나흐=사람들.
불, 빛, 낮, 반달의 빛, 태양의 북쪽길의 6개월,
그 안에서 떠나면 브라흐만을 아는 사람들은 브라흐만에게 간다.

25 धूमो रात्रिस्तथा कृष्णः षण्मासा दक्षिणायम् ।
तत्र चान्द्रमसं ज्योतिर्योगी प्राप्य निवर्तते ॥ २५

두모 라트리스타타 크리쉬나흐 샨마사 다크쉬나야남 |
타트라 찬드라마삼 죠티르요기 프라프야 니바르타테 |25|

두모=연기; 라트라흐=밤; 타타=또한; 크리쉬나=밤(어두운 2주);

샨마사흐=6 개월; 다크쉬나야남=태양의 남쪽길; 타트라=거기에;
찬드라마삼=달의; 죠티스=빛; 요기=요기; 프라프야=도달한; 니바
르타테=돌아가다.
연기, 밤, 반달의 어두운 쪽, 태양의 남쪽길의 6개월,
그 안에서 떠나면 요기들은 달의 빛을 얻고 돌아온다.

26 शुक्लकृष्णे गती ह्येते जगतः शाश्वते मते । एकया यात्यनावृत्तिमन्ययावर्तते पुनः ॥ २६

수클라크리쉬네 가티 흐예테 자가타흐 사스바테 마테 |
에카야 야트야나브리띠만야야바르타테 푸나흐 |26|

수클라크리쉬네=밝고 어두운; 가티=길들; 히=진실로; 에테=이것
들; 자가타흐=세상의; 사스바테=영원한; 마테=생각된; 에카야=
하나에 의해; 야티=가다; 아나브리띰=돌아가지 않는; 안야야=다
른 것들에 의해; 아바르타테=돌다가다; 푸나흐– 다시.
밝음과 어두움, 이러한 두 길은 세상의 영원한 길로 간주되며
그 하나에 의해 간 사람은 돌아오지 않으며
다른 하나에 의해 다시 돌아온다.

27 नैते सृती पार्थ जानन् योगी मुह्यति कश्चन । तस्मात्सर्वेषु कालेषु योगयुक्तो भवार्जुन ॥ २७

나이테 스리티 파르타 자난 요기 무흐야티 카스차나 |
타스마트사르베슈 칼레슈 요가육토 바바르주나 |27|

나=아니다; 에테=이러한; 수리티=두 길; 파르타=프리타의 아들; 자난=아는; 요기=요기 무흐야티=현혹된; 카차나=어떤 사람; 타스마트=그러므로; 사르베슈=모든 것에; 칼레슈=시간; 요가육타흐=요가에 확립된; 바바=이다; 아르주나=아르주나.
이러한 두 가지의 길을 아는 요기는 현혹되지 않는다, 오 파르타여,
그러므로 아르주나여, 언제나 요가에 확립되어라.

28 वेदेषु यज्ञेषु तपःसु चैव दानेषु यत्पुण्यफलं प्रदिष्टम् । अत्येति तत्सर्वमिदं विदित्वा योगी परं स्थानमुपैति चाद्यम् ॥

베데슈 야그네슈 타파흐수 차이바 다네슈 야트푼야팔람 프라디쉬탐 |
아트예티 타트사르바미담 비디트바 요기 파람 스타나무파이티 차드얌 |28|

데베슈=베다에서; 야그네슈=제사에서; 타파흐수=고행으로; 차=그리고; 에바=또한; 다네슈=재능으로; 야트=무엇이든; 푼야팔람=공적의 열매; 프라디쉬탐=선포된; 아트예티=너머로 가는; 타트=그것; 사르밤=모든; 이담=이것; 비디트바=알고 있는; 요기=요기; 파람=최고의; 스타남=거하다; 우파이티=도달하다; 차=그리고; 아드얌=태초의.
베다의 내용과 제사와 고행과 재능으로 인해
집착된 공적 있는 행위의 결과를 초월할 줄 아는 요기는
지고의 태초의 상태를 성취한다.

इति श्रीमद्भगवद्गीतासूपनिषत्सु ब्रह्मविद्यायां योगशास्त्रे श्रीकृष्णार्जुनसंवादे अक्षरब्रह्मयोगो नाम अष्टमोऽध्यायः ॥

이티 스리마드바가바드기타수파니샤트수 브라흐마비드야얌 요가사트르세
스리크리쉬나르주나삼바데 아크샤라브라흐마요고 나마
아쉬타모아드야야흐 ॥
바가바드 기타의 우파니샤드 안에 브라만의 지식이며
요가의 과학과 크리쉬나와 아르주나의 대화인
제8장 아크샤라 브라흐마 요가를 말한다.

제9장
라자비드야 라자구흐야 요가
최상의 과학이며 비밀인 요가

이 장은 앞장에서 말한 그야나 비그야나 요가의 설명을 계속하고 있다.

1

श्री भगवानुवाच

इदं तु ते गुह्यतमं प्रवक्ष्याम्यनसूयवे ।
ज्ञानं विज्ञानसहितं यज्ज्ञात्वा मोक्ष्यसेऽशुभात् ॥ १

스리 바가바누바차
이담 투 테 구흐야타맘 프라바크쉬얌야나수야베 ㅣ
그야남 비그야나사히탐 야즈그야트바 모크쉬야세아수바트 ㅣ1ㅣ

스리 바가바누바차=스리 바가반이 말하기를; 이담=이것; 투=실로; 테=그대에게; 구흐야타맘=위대한 비밀; 프라바크쉬야미=선포하다; 안수야베=탓을 하지 않는 사람에게, 결점을 말하지 않는 사람; 그야남=지식; 비그야나사히탐=지혜와 결합된; 야트=그것; 그야트바=알려진; 모크쉬야세=그대는 자유롭게 될 것이다; 아수바트=사악함으로부터.

스리 바가반 말하기를
탓을 하지 않는 그대에게 나는 진실로 말하노니,
가장 심오한 지식은 사악함으로부터 벗어날 수 있다는 것을
아는 것으로 인해 지혜와 결합된 것이다.

사악함으로부터 벗어날 수 있다는 것을 앎으로써 지혜로울 수 있으며 심오한 지식을 받을 수가 있다.

2 राजविद्या रजगुह्यं पवित्रमिदमुत्तमम् ।
प्रत्यक्षावगमं धर्म्यं सुसुखं कर्तुमव्ययम् ॥ २

라자비드야 라자구흐얌 파비트라미다무따맘 |
프라트야크샤바가맘 다르므얌 수수캄 카르투마브야얌 |2|

라자비드야=최고의 지식; 라자구흐얌=최상의 비밀; 파비트람=정화하는 자; 이담=이것; 우따맘=가장 높은; 프라트야크샤 아바가맘=직접 체험하는; 다르므얌=정의에 따라; 수수캄=매우 쉬운; 카르툼=행동하기 위해; 아브야얌=불변의.
최고의 지식과 최상의 비밀, 가장 높이 정화하는 자,
이것은 정의에 따라 직접 체험하고 가장 쉽게 실천하며
불변하는 것이다.

최고의 지혜는 원래 단순하고 쉬우며 자연스러우며 직접적이며 편안하게 자연의 법칙에 따라 실천할 수 있는 것이다. 모든 종류의 삶의 기술의 대부분은 그러한 것이며 크리쉬나는 그 방법을 말해 주는 것이다.

3 अश्रद्दधानाः पुरुषा धर्मस्यास्य परंतप ।
अप्राप्य मां निवर्तन्ते मृत्युसंसारवर्त्मनि ॥ ३

아스라따다나흐 푸루샤 다르마스야스야 파람파타 |
아프라프야 맘 니바르탄테 므리트유삼사라바르트마니 |3|

아스라따다나흐=믿음 없이; 푸루샤흐=인간들; 다르마스야=정의, 삶의 법칙; 아스야=이것의; 파람타파=적을 태우는 이; 아프란야=성취하는 것 없이; 맘=나에게; 니바르탄테=돌아오다; 므리트유삼

사라바르트마니=여기 필멸하는 세상의 길로.
정의에 대한 믿음이 없는 사람들은 나에게 이르지 못하나니,
오 적을 무찌르는 자여,
그들은 죽음을 피하지 못하는 이 세상으로 돌아온다.

삶을 가장 능률적이며 효과적으로 사는 것은 다르마인 정의와 진리를 따르는 것이다. 정의에 대한 믿음이란 자신의 수행과 명상을 통하여 멸하는 세계에서 내면의 자유를 얻게 된다는 것이다.

4 मया ततमिदं सर्वं जगदव्यक्तमूर्तिना ।
मत्स्थनि सर्वभुतानि न चाहं तेष्ववस्थितः ॥ ४

마야 타타미담 사르밤 자가다브야크타무르티나 |
마트스타니 사르바부타니 나 차함 테쉬바바스티타흐 |4|

마야=나에게; 타탐=퍼져 있는; 이담=이것; 사르밤=모든; 자가트=세상; 아브야크타무르티타=보이지 않는 형상의; 마트스타니=나에게 존재하다; 사르바부타니=모든 존재하는 것; 나=아니다; 차=그리고; 아함=나; 테슈=그들에게; 아바스티타흐=위치한.
여기 모든 우주는 나의 보이지 않는 형상으로 나에 의해
퍼져 있으며 모든 존재들은 내 안에 존재한다.
그러나 나는 그들에게 거하지 않는다.

5 न च मत्स्थानि भूतानि पश्य मे योगमैश्वरम् ।
भूतभृन्न च भतस्थो ममात्मा भूतभावनः ॥ ५

타 차 마트스타니 부타니 파스야 메 요가마이스바람 |
부타브린나 차 부타스토 마마트마 부타바바나흐 |5|

나=아니다; 차=그리고; 마트스타니=나에게 거하는; 부타니=존재들; 파스야=보다; 메=나의; 요감=요가; 아이스바라=성스러운; 부타브리트=존재들을 부양하는; 나=아니다; 차=그리고; 부타스야흐=존재들에게 거하는; 마마=나의; 아트마=자아; 부타바바나흐=존재들이 생기다.

나에게 거하지 않는 존재들은 보라,
나의 성스러운 요가를!
나는 생겨나고 부양하는 존재들에게 거하지 않는다.

6 यथाकाशस्थितो नित्यं वायुः सर्वत्रगो महान् ।
तथा सर्वाणि भुतानि मत्स्थानीत्युपधारय ॥ ६

야타카사스티토 니트얌 바유흐 사르바트라고 마한 |
타타 사르바니 부타니 마트스타니트유파다라야 |6|

유타=~처럼; 아카사스티타=창공에서 쉬다; 니트얌=언제나; 바유흐=공기; 사르바트라가흐=어디로나 움직이는; 마한=위대한; 타타=그래서; 사르바니=모든; 부타니=존재들; 마트스타니=내 안에서 쉬다; 이티=그러므로; 우파다라야=알다.

강력한 바람이 어디로든지 움직이면서
언제나 창공에서 휴식하는 것처럼 모든 존재들은

그렇게 내 안에서 휴식한다는 것을 알라.

7 सर्वभूतानि कौन्तेय प्रकृतिं यान्ति मामिकाम् । कल्पक्षये पुनस्तानि कल्पादौ विसृजाम्यहम् ॥ ७

사르바부타니 카운테야 프라크리팀 얀티 마미캄 |
칼파크샤예 푸나스타니 칼파다우 비스리잠야함 |7|

사르바부타니=모든 존재들; 카운테야=쿤티의 아들; 프라크리팀=자연; 얀티=가다; 마미캄=나의; 칼파크샤예=시간의 끝에; 푸나=다시; 타니=그들에게; 칼파다우=시간이 시작할 때; 비스리자미=보내다; 아함=나는.

모든 존재들은, 오 카운테야여,
나의 시간의 끝에 자연으로 간다.
나는 시간이 시작하는 때 다시 그들을 발생시킨다.

8 प्रकृतिं स्वामवष्टभ्य विसृजामि पनः पनः । भुतग्रममिमं कृत्स्नमवशं प्रकृतेर्वशात् ॥ ८

프라크리팀 스바마바쉬타브야 비스리자미 푸나흐 푸나흐 |
부타그라마미맘 크리트스나마바샴 프라크리테르바사트 |8|

프라크리팀=자연; 스밤=나의 존재; 아바쉬타브야=생명을 불어넣은; 비스리자미=나는 던지다; 푸나흐=다시; 푸나흐=다시; 부타그라마=수많은 존재들; 이맘=이것; 크리트스남=모든; 아바샴=어찌할 수 없는; 프라크리테흐=자연의; 바사트=힘으로.

나의 자연에 생명을 불어넣으면서 나는
자연의 체계 아래로 이 모든 수많은 존재들을 계속해서 보낸다.

9 न च मां तानि कर्माणि निबध्नन्ति धनञ्जय । उदासीनवदासीनमसक्तं तेषु कर्मसु ॥ ९

나 차 맘 타니 카르마니 니바드난티 다난자야 |
우다시나바드다시나마사크탐 테슈 카르마수 |9|

나=아니다; 차=그리고; 맘=나를; 타니=이것들; 카르마니=행동하다; 니바드난티=묶다; 다난자야=부의 정복자; 우다시나반=무관심한 것처럼; 아시남=앉아 있는; 아사크탐=집착하지 않는; 테슈=그것들에; 카르마수=행동하다.

무관심한 것처럼 남아 있는 나를 구속하는 행위를 하지 마라,
오 다남자야여, 이러한 행동들에서 벗어나라.

10 मयाध्यक्षेण प्रकृतिः सूयते सचराचरम् । हेतुनानेन कौन्तेय जगद्विपरिवर्तते ॥ १०

마야드야크셰나 프라크리티흐 수야테 사차라차라남 |
헤투나네나 카운테야 자가드비파리바르타테 |10|

마야=나를; 아드야크셰나=굽어살피는; 프라크리티흐=자연; 수야테=생산하다; 사차라차람=움직이고 움직이지 않는 것; 헤투나=원인으로; 아네나=이것에 의해; 카운테야=쿤티의 아들; 자가트=세상; 비파리바르타테=계속 돌아가는 것.

나의 굽어살핌으로써 자연은 움직이며 움직이지 않는
모든 것을 생산한다. 이 세상은 계속해서 돌아가는 것이다,
오 쿤티의 아들이여.

세상은 그냥 제멋대로 움직이는 것 같지만 철저한 법칙에 지배를 받는 것을 깨닫게 되며 또한 현상 세계는 조금의 멈춤도 없이 끊임없이 진행되고 있음을 알게 될 것이다.

11 अवजानन्ति मां मूढा मानुषीं तनुमाश्रितम् ।
परं भावमजानन्तो मम भूतमहेश्वरम् ॥ ११ ॥

아바자난티 맘 무다 마누쉼 타누마스리탐 |
파람 바바마잔토 마마 부타마헤스바람 |11|

아바자난티=경시하다; 맘=나를; 무다흐=어리석은 자; 마누쉼=인간; 나툼=형상; 아스리탐=은신하는; 파람=더 높은; 바밤=자연, 상태; 아자난타흐=알지 못하는; 마마=나의; 부타마헤스바람=존재들의 위대한 주인.
어리석은 자들은 인간의 형상을 하고 있는 나를 경시하며 존재들의 최고의 주인인 나의 더 높은 자연을 알지 못한다.

12 मोघाशा मोघकर्माणो मोघज्ञाना विचेतसः ।
राक्षसीमासुरीं चैव प्रकृतिं मोहिनीं श्रिताः ॥ १२ ॥

모가사 모가카르마노 모가그야나 비체타사흐 |
라크샤시마수림 차이바 프라크리팀 모히님 스리타흐 |12|

모가사흐=헛된 희망의; 모가카르마니=헛된 행위의; 모가그야나흐
=헛된 지식의; 비체타사흐=분별력 없는; 라크샤심=악마 같은; 아
수림=사악한; 차=그리고; 에바=진실로; 프라크리팀=자연; 모히
님=속이는; 스리타흐=소유된.

헛된 희망과 헛된 행동과 헛된 지식과 결여된 분별력은
실로 사악하고 악마적인 자연이 현혹하는 부분이다.

13 महात्मानस्तु मां पार्थ दैवीं प्रकृतिमाश्रिताः ।
भजन्त्यनन्यमनसो ज्ञात्वा भूतादिमव्ययम् ॥ १३

마하트마나스투 맘 파르타 다이빔 프라크리티마스리타흐 |
바잔트야난야마나소 그야트바 부타디마브야얌 |13|

마하트마나흐=위대한 정신; 투=그러나; 맘=나에게; 파르타=프리
타의 아들; 다이빔=성스러운; 프라크리팀=자연; 아스리타흐=은신
하는; 바잔티=예배; 아난야마나사흐=하나의 마음으로; 즈나트바
=알고 있는; 부타딤=존재들의 근원; 아브야얌=불변의.

그러나 성스러운 자연에 속한 위대한 정신, 오 파르타여,
모든 존재들의 근원으로서 불변하는 나를 알고
하나의 마음으로 나에게 예배하라.

14 सततं कीर्तयन्तो मां यतन्तश्च दृढव्रताः ।
नमस्यन्तश्च मां भक्त्या नित्ययुक्ता उपासते ॥ १४

사타탐 키르타얀토 맘 야탄타스차 드리다브라타흐 |
나마스얀타스차 맘 박트야 니트야육타 우파사테 |14|

사타탐=언제나; 키르타얀타흐=영광스럽게 하는; 맘=나를; 야탄타
흐=노력하는; 차=그리고; 드리다브라타흐=맹세 안에서 확고한;
나마스얀타흐=엎드려 절하는; 차=그리고; 맘=나를; 박트야=헌신
으로; 니트야육타흐=언제나 확고한; 우파사테=예배하다.
언제나 나를 영광스럽게 하고 노력하면서 맹세 안에서 확고하며
내 앞에 절하고 헌신과 확고함으로 나에게 예배한다.

15 ज्ञानयज्ञेन चाप्यन्ये यजन्तो मामुपासते । एकत्वेन पृथक्त्वेन बहुधा विश्वतोमुखम् ॥ १५

그야나야그예나 차프얀예 야잔토 마무파사테 |
에카트베나 프리타크트베나 바후다 비스바토무캄 |15|

그야나야그예나=지혜의 제물로; 차=그리고; 아피=또한; 안예=다
른 것들; 야잔타흐=제사의 맘=나를; 우파사테=제사; 에카트베나
=일치된; 프리타크베나=무관심으로; 바후다=다양한 방식; 비스바
토무캄=모든 얼굴을 한.
그러나 어떤 사람들은 지혜로 제물을 바치며, 일치되고
명확하고 모든 얼굴을 한 여러 가지 방식으로서 나에게 예배한다.

이 예배는 다양한 예배자가 있는데 삼카라의 불이 일원론과 라마누자의
제한적 불이론과 마드흐바의 이원론과 그 외에 다원론으로의 예배를 할 수
가 있다.

16 आहं ऋतुरहं यज्ञः स्वधाहमहमौषधम् ।
मन्त्रोऽहमहमेवाज्यमहमग्निरहं हुतम् ॥ १६ ॥

아함 크라투라함 야그야흐 스바다하마하마우샤담 |
만트로아하마하메바즈야마하마그리라함 후탐 |16|

아함=나는; 크라투흐=제물을 바치다; 아함=나는; 야즈나흐=제물;
스바다=조상에게 바치는; 아함=나는; 아우샤담=치료하는 허브와
모든 식물들; 만트라=신성한 음절; 아함=나는; 에바=또한; 아즈얌
=버터기름; 아함=나는; 아그니흐=불; 아함=나는; 후탐=바치는.
나는 예배이며 나는 제물이며 나는 조상에게 바치는 것이며
나는 병을 고치는 허브이며 나는 신성한 음절 만트라이며
나는 정화시키는 버터기름이며 나는 불이며 나는 제물이다.

17 पिताहमस्य जगतो माता धाता पितामहः ।
वेद्यं पवित्रमोङ्कार ऋक्साम यजुरेव च ॥ १७ ॥

피타하마스야 자가토 마타 다타 피타마하흐 |
베드얌 파비트라몽카라 리크사마 야주레바 차 |17|

피타=아버지; 아함=나는; 아스야=이것의; 자가타흐=세상; 마타=
어머니; 다타=창조자; 피타마하흐=할아버지; 베드얌=알려진 것;
피비트람=정화하는 자; 아움카라=옴(OM); 리크=리그 베다; 사마
=사마 베다; 야주흐=야주르 베다; 에바=또한; 차=그리고.
나는 이 세상의 아버지이며, 어머니이며,
지지하는 자이며, 할아버지이며, 나는 아는 자이며,
정화하는 자이며, 옴(Om)의 음절이며, 리그 베다이며,

사마 베다이며, 야주르 베다이다.

18 गतिर्भर्ता प्रभुः साक्षी निवासः शरणं सुहृत् ।
प्रभवः प्रलयः स्थानं निधानं बीजमव्ययम् ॥ १८

가티르바르타 프라부흐 사크쉬 니바사흐 사라남 수흐리트 |
프라바바흐 프랄라야흐 스타남 니다남 비자마브야얌 |18|

가티=목적; 바르타=지지자; 프라부흐=주인; 사크쉬=목격자; 니바사흐=지속하는; 사라남=은신처; 수프리트=친구; 프라마바흐=기원; 프랄라야흐=흡수; 스타남=기초; 니다남=보석의 집; 비잠=씨앗; 아브야얌=불멸하는.

나는 목적이며, 지지자이며, 주(主)이며, 보는 자이며, 유지자이며, 은신처이며, 친구이며, 기원이며, 소멸이며, 근본이며, 보석의 집이며, 불멸의 씨앗이다.

19 तपाम्यहमहं वर्षं निगृह्णाम्युत्सृजामि च ।
अमृतं चैव मृत्युश्च सदसच्चाहमर्जुन ॥ १९

타팜야하마함 바르샴 니그리흐남유트스리자미 차 |
아므리탐 차이바 므리트유스차 사다사짜하마르주나 |19|

타파미=열을 주다; 아함=나는; 아함=나는; 바르샴=비; 니그리흐나미=억제하다; 우트스리자미=보내다; 차=그리고; 아므리탐=불멸의; 차=그리고; 에바=또한; 므리트유흐=죽음; 차=그리고 사트=있음; 아사트=안 있음; 아함=나는; 아르주나=아르주나.

나는 열을 주며, 나는 억제하며, 비를 보내며,
나는 불멸성이며, 나는 죽음이며, 나는 있음이며,
또한 안 있음이니라, 오 아르주나여.

20 त्रैविद्या मां सोमपाः पूतपापा यज्ञैरिष्ट्वा स्वर्गतिं प्रार्थयन्ते ।
ते पुण्यमासाद्य सुरेन्द्रलोकमश्नन्ति दिव्यान्दिवि देवभोगान् ॥ २०

트라이비드야 맘 소마파흐 푸타파파 야그야이리쉬트바 스바르가
팀 프라르타얀테 |
테 푼야마사드야 수렌드라로카마스난티 디브얀디비 데바보간 |20|

트라이비드야흐=세 개의 베다를 아는 자; 맘=나를; 소마파흐=소마즙을 마시는 자; 푸타파파흐=죄로부터 정화된; 야그야이흐=제사로 인해; 이쉬타=예배하는; 스바르가팀=천상으로 가는 길; 프라르타얀테=기도하다; 테=그들은; 푼얌=거룩한; 아사드야=도달하는; 수렌드라로캄=신들의 주인의 세상; 아스란티=먹다; 디브얀=성스러운; 디비=천상으로; 데바보간=신성한 즐거움.
세 개의 베다를 아는 자, 소마주를 마시는 자, 죄를 정화시키는 자는 제사로서 나를 예배하며 천상으로 가기 위해 기도한다.
그들은 신들의 주인의 거룩한 세상에 도달하며
천상에서 신성한 즐거움을 즐긴다.

세 개의 베다란 리그·사마·야주르 베다를 말하며, 소마(Soma)즙은 외부적인 액체를 말하기도 하나 영적인 상태에서 오는 의식 상태에서 생성되는 것을 말한다. 소마즙에 대한것은 리그베다 아홉번째 만달라에서 자세히 나온다. 야그야는 죄를 정화시키는 제사를 말하며 야그야를 통하여 더 높은 세계에 도달하여 살 수가 있다는 것이다.

21

ते तं भुक्त्वा स्वर्गलोकं विशालं क्षीणे पुण्ये मर्त्यलोकं विशन्ति ।

एवं त्रयीधर्ममनुप्रपन्ना गतगतं कामकामा लभन्ते ॥ २१

테 탐 부크트바 스바르갈로캄 비사람 크쉬네 푼예 마르트야로캄 비산티 |
에밤 트라이다르마마누프라판나 가타가탐 카마카마 라반테 |21|

테=그들은; 탐=그것; 부크트바=즐거운; 스바르갈로캄=천상계; 비살람=광대한; 크쉬네=고갈될 때; 푼예=장점; 마르트얄로캄=필멸의 세상; 비산티=들어가다; 에밤=그러므로; 트라이다르맘=세 가지의 베다의; 아누프라판나흐=영구적인; 가타사탐=가고 돌아오는 상태; 카마카마흐=욕망을 욕망하는; 라반테=도달하다.
광대한 천상계를 즐기면 그들은 취할 것을 다 취하고
필멸하는 이 세상으로 돌아온다.
그러므로 세 개의 베다의 지속적인 가르침에 의해
욕망의 대상을 바라면서 그들은 가고 온다.

22

अनन्याश्चिन्तयन्तो मां ये जनाः पर्युपासते ।

तेषां नित्याभियुक्तानां योगक्षेमं वहाम्यहम् ॥ २२

아난야스친타얀토 맘 예 자나흐 파르유파사테 |
테샴 니트야비육타남 요가크셰맘 바함야함 |22|

아난야흐=다른 것들 없이; 친타얀타흐=생각하는 것; 맘=나를; 예=누구; 자나흐=사람들; 파르유파사테=예배하다; 테샴=그들의; 니트야미육타남=합일된; 요가크셰맘=아직 소유되지 않은 것을 부양하고 이미 소유된 것을 유지함; 바하미=나르다; 아함=나는.

나는 나에게 예배하고 다른 것을 생각하지 않는
헌신적인 사람들을 보호하고 은혜를 베푼다.

23 येऽप्यन्यदेवता भक्ता यजन्ते श्रद्धयाऽन्विताः ।
तेऽपि मामेव कौन्तेय यजन्त्यविधिपूर्वकम् ॥ २३

예아프얀야데바타 박타 야잔테 스라따야안비타흐 |
테아피 마메바 카운테야 야잔트야비디푸르바캄 |23|

예=누구; 아피=심지어; 안야데바타흐=다른 신들; 바카흐=헌신자;
야잔테=예배하다; 스라따야=믿음으로; 안비티흐=부여된; 테=그
들은; 아피=또한; 맘=나를; 에바=또한; 카운테야=오 카운테야여;
야잔티=예배하다; 아비디 푸르바캄=잘못된 목적으로.
믿음을 가진 헌신자들마저도 다른 신들에게 예배하며
잘못된 목적으로 나에게 예배한다. 오 쿤티의 아들이여.

크리쉬나는 단순히 다른 것을 배타하고 자신만을 믿어야 한다는 그러한 신관을 말하지는 않을 것이다. 그것은 기타 전체를 통하여 말하고자 하는 핵심일 것이다.

24 अहं हि सर्वयज्ञानां भोक्ता च प्रभुरेव च ।
न तु मामभिजानन्ति तत्त्वेनातश्च्यवन्ति ते ॥ २४

아함 히 사르바야그야남 보크타 차 프라부레바 차 |
나 투 마마비자난티 타뜨베나타스챠반티 테 |24|

아함=나는; 히=진실로; 사르바야그야남=모든 제사의; 보크타=즐기는 자; 차=그리고; 프라부흐=주인; 에바=홀로; 차=그리고; 나=아니다; 투=그러나; 맘=나를; 아비자난티=알다; 타뜨베나=실재함으로; 아타흐=그러므로; 챠반티=떨어지다; 테=그들은.
나는 진실로 즐기는 자이며 모든 제물들의 주인이다.
그러나 나를 실재함으로 알지 못하는 사람들은 그렇게 떨어진다.

25 यान्ति देवव्रता देवान्पितॄन्यान्ति पितृव्रताः ।
भूतानि यान्ति भूतेज्या यान्ति मद्याजिनोऽपि माम् ॥ २५॥

얀티 데바브라타 데반피트린얀티 피트리브라타흐 |
부타니 얀티 부테즈야 얀티 마드야지노아피 맘 |25|

얀티=가다; 데바브라타흐- 신들의 숭배자; 데반- 신들에게; 피트린- 조상들에게; 얀티- 가다; 피트리브라타흐- 조상들의 숭배자; 부타니- 혼령들에게; 얀티- 가다; 부테즈야흐- 혼령들에게 예배하는 자; 얀티- 가다; 마드야지나흐- 나에게 예배하는 자; 아피- 또한; 맘- 나에게
신들의 숭배자들은 신들에게로 간다. 조상을 숭배하는 자들은 조상에게로 간다.
혼령들에게 예배하는 자들은 혼령들에게 가며 나에게 예배하는 자들은 나에게로 온다.

26 पत्रं पुष्पं फलं तोयं यो मे भक्त्या प्रयच्छति ।
तदहं भक्त्युपहृतमश्नामि प्रयतात्मनः ॥ २६

파트람 푸쉬팜 팔람 토얌 요 메 바크트야 프라야짜티 |
타다함 바크트유파흐리타마스나미 프라야타트마나흐 |26|

파트람=잎; 푸쉬팜=꽃; 팔람=열매; 토얌=물; 야흐=누구; 메=나에게; 바크트야=헌신으로; 프라야짜티=바치다; 타트=그것; 아함=나는; 바크트유파흐리탐=헌신으로 제공된; 아스나미=먹다; 프라야타트마나흐=순수한 마음으로.

나는 잎이나 꽃이나 열매나 물을 가지고 헌신으로 나에게 예배하는 자들이 바치는 순수한 마음의 경건한 제물을 받아들인다.

27 यत्करोषि यदश्नासि यज्जुहोषि ददासि यत् ।
यत्तपस्यसि कौन्तेय तत्कुरुष्व मदर्पणम् ॥ २७

야트카로쉬 야다스나시 야쭈호쉬 다다시 야트 |
야따파스야시 카운테야 타트쿠루쉬바 마다르파남 |27|

야트=무엇이든지; 카로쉬=그대는 한다; 야트=무엇이든지; 아스나시=먹게 된; 야트=무엇이든지; 주호시=그대는 제물로 바치다; 다다시=주다; 야트=무엇이든지; 야트=무엇이든지; 타파스야시=금욕으로 실천하는; 카운테야=쿤티의 아들; 타트=그것; 쿠루쉬바=하다; 마다르파남=나에게 바치는.

그대가 무엇을 하던지, 그대가 무엇을 먹던지,
그대가 무엇을 제물로 바치던지, 그대가 무엇을 주던지,
그대가 무슨 고행을 실천하던지, 오 카운테야여, 나를 위해 행하라.

28 शुभाशुभफलैरेवं मोक्ष्यसे कर्मबन्धनै: ।
संन्यासयोगयुक्तात्मा विमुक्तो मामुपैष्यसि ॥ २८

수바수바팔라이레밤 모크샤세 카르마반다나이흐 |
삼냐사요가육트마 비묵토 맘무파이쉬야시 |28|

수바 아수바 팔라이흐=선과 악의 열매로부터; 에밤=그러므로; 모크샤세=자유롭게 될 것이다; 카르마반다나이흐=행동의 속박으로부터; 삼냐사 요가육트마=포기의 요가로 확립된 마음으로; 비묵타흐=해방된; 맘=나에게; 우파이쉬야시=올 것이다.
그러므로 그대는 행동이 선과 악의 결과를 가져오는
행위의 속박으로부터 자유롭게 될 것이다.

29 समोऽहं सर्वभूतेषु न मे द्वेष्योऽस्ति न प्रिय: ।
ये भजन्ति तु मां भक्त्या मयि ते तेषु चाप्यहम् ॥ २९

사모아함 사르바부테슈 나 메 드베쉬요아스티 나 프리야흐 |
예 바잔티 투 맘 박트야 마이 테 테슈 차프야함 |29|

사마흐=같은, 평등한; 아함=나는; 사르바부테슈=모든 존재에게; 나=아니다; 메=나를; 드베쉬야흐=증오하는; 아스티=이다; 나=아니다; 프리야흐=사랑스러운; 예=누구; 바잔티=예배하다; 투=그러나; 맘=나를; 박트야=헌신으로; 마이=나에게로; 테=그들은; 테슈=그들에게; 차=그리고; 아피=또한; 아함=나는.
나는 모든 존재들에 대해 평등하다. 나에게는 증오함도 없으며 사랑스러운 것도 없다. 그러나 헌신으로 나에게 예배하는 사람들은 내 안에 있으며 나 또한 그들 안에 있다.

30

अपि चेत्सुदुराचारो भजते मामनन्यभाक् ।
साधुरेव स मन्तव्यः सम्यग्व्यवासितो हि सः ॥ ३०

아피 체트수두라차로 바자테 마마난야바크 |
사두레바 사 만타브야흐 삼야그브야바시토 히 사흐 |30|

아피=심지어; 체트=만약; 수두라차라흐=아주 사악한 사람; 바자테
=예배하다; 맘=나를; 아난야바크=어떤 것도 아닌 헌신으로; 사두
흐=정의의; 에바=진실로; 사흐=그는; 만타브야흐=간주되어야 한
다; 삼야크=바르게; 브야바시타흐=결심한; 히=실로; 사흐=그는.
만일 가장 사악한 일을 행한 사람이 올바른 헌신으로 나에게
예배한다 해도 그는 정의롭다고 간주되어야만 한다. 왜냐하면
그는 실로 올바른 결정을 한 것이기 때문이다.

31

क्षिप्रं भवति धर्मात्मा शश्वच्छन्तिं निगच्छति ।
कौन्तेय प्रतिजानीहि न मे भक्तः प्रणश्यति ॥ ३१

크쉬프람 바바티 다르마트마 사스바짠팀 니가짜티 |
카운테야 프라티자니히 나 메 박타흐 프라나스야티 |31|

크쉬프람=곧; 바바티=~이 되다; 다르마트마=정의로운; 사스바트
=영원한; 산팀=평화; 니가짜티=도달하다; 카운테야=오 쿤티의 아
들이여; 프라티자니히=알다; 나=아니다; 메=나의; 바크타흐=헌신
자; 프라나스야티=파괴된.
곧 그는 정의로운 사람이 되며 마지막의 평화를
얻는다, 오 카운테야여, 나의 헌신자들은 결코
사라지지 않는다는 것을 확고하게 알라.

32

मां हि पार्थ व्यपाश्रित्य येऽपि स्युः पापयोनयः ।
स्त्रियो वैश्यास्तथा शूद्रास्तेऽपि यान्ति परां गतिम् ॥ ३२

맘 히 파르타 브야파스리트야 예아피 스유흐 파파요나야흐 |
스트리요 바이샤스타타 수드라스테아피 얀티 파람 가팀 |32|

맘=나를; 히=실로; 파르타=오 프리타의 아들이여; 브야파스리트야=안식을 취하다; 예=누구; 아피=심지어; 스유흐=아마도; 파파요나야흐=평범한 탄생; 스트리흐=여자; 바이샤흐=상인들; 타타=또한; 수드라흐=천민들; 테=그들은; 아피=또한; 얀티=도달하다; 파람=지고의; 가팀=목적.

나에게 안식을 취하는 사람들은, 오 파르타여,
그들은 여자, 상인, 천민으로 평범하게 태어나지만
지고의 목적을 성취한다.

33

किं पुनर्ब्राह्मणाः पुण्या भक्ता राजर्षयस्तथा ।
अनित्यमसुखं लोकमिमं प्राप्य भजस्व माम् ॥ ३३

킴 푸나르브라흐마나흐 푼야 박타 라자르샤야스타타 |
아니트야마아수캄 로카미맘 프라프야 바자스바 맘 |33|

킴 푸나흐=얼마나; 더 많은; 브라흐마나흐=브라흐만들; 푼야흐=신성한; 박타흐=헌신의; 라자르샤야흐=왕의 성자; 타타=또한; 아니트얌=일시적인; 아수캄=불행한; 로캄=세상; 이맘=이것; 프라프야=성취한; 바자스바=예배; 맘=나를.

얼마나 많은 신성한 브라흐만들과 헌신적인 왕의 성자들이
있었는가! 기쁨이 없는 일시적인 세상을 너머

이리로 와서 나에게 예배하라.

34 मन्मना भव मद्भक्तो मद्याजी मां नमस्कुरु ।
मामेवैष्यसि युक्त्वैवमात्मानं मत्परायणः ॥ ३४

만마나 바바 마드박토 마드야지 맘 나마스쿠루 |
마메바이쉬야시 육트바이바마트마남 마트파라야나흐 |34|

만마나흐=나에게 가득한 마음으로; 바바=그대이다; 마드박타=나의 헌신자들; 마드야지=제사를 지내는 사람; 맘=나에게; 나마스쿠루=절하다; 맘=나에게; 에바=홀로; 에쉬야시=올 것이다; 육타바=합일된; 에밤=그러므로; 아트마남=자아; 마트파라야나흐=지고의 목적으로 나를 취하다.

너의 마음을 나에게 확고히 하고 나에게 헌신하며 내게 예배하고 나에게 절하라.

내 안에서 너를 확립하고 지고의 목적으로 나를 취하라. 그러면 너는 나에게로 올 것이다.

इति श्रीमद्भगवद्गीतासूपनिषत्सु ब्रह्मविद्यायां योगशास्त्रे
श्रीकृष्णार्जुनसंवादे राजविद्याराजगुह्ययोगो नाम
नवमोऽध्यायः ॥

이티 바가바드기타수파니샤트수 브라흐마비드야얌 요가사스트레 스리크리쉬나르주나삼바데 라자비드야라자구흐야요고 나마 나바모아드야야흐 ||

352 스리마드 바가바드 기타

바가바드 기타의 우파니샤드 안에 요가의 과학이며
지고의 브라만의 지식이며 스리 크리쉬나와 아르주나의 대화인
제9장인 라자 비드야 라자 구흐야 요가를 말한다.

제10장
비부티 요가
성스러운 영광이 나타나는 요가

1 श्री भगवानुवाच

भुय एव महाबाहो शृणु मे परमं वचः ।

यत्तेऽहं प्रीतमाणाय वक्ष्यामि हितकाम्यया ॥ १

스리 바가바누바차
부야 에바 마하바노 스리누 메 파라맘 바차흐 |
야뗴아함 프리타마나야 박쉬야미 히타캄야야 |1|

스리 바가바누바차=스리 바가반이 말하기를; 부야흐=다시; 에바
=진실로; 마하바호=오 강한 팔을 가진 이여; 스리누=듣다; 메=나
의; 파라맘=지고의; 바차흐=말; 야트=그것; 테=그대에게; 아함=
나는; 프리야마나야=사랑받는; 바크야미=선포할 것이다; 히타캄
야야=풍요로움을 소망하는.

은총의 주께서 말하기를
다시 한번 들어라, 나의 지고의 말을 들어라, 오 강한 팔을 가진 이
여. 나는 그대가 선한 일을 행하려는 욕망을 너머
그대를 흡수하는 기쁨에 대해 말할 것이다.

2 न मे विदुः सुरगणाः प्रभवं न महर्षयः ।

अहमादिर्हि देवानां महर्षीणां च सर्वशः ॥ २

나 메 비두흐 수라가나흐 프라바반 나 마하르샤야흐 |
아하마디르히 데바남 마하르쉬남 차 사르바사흐 |2|

나=아니다; 메=나의; 비두흐=알다; 수라가나흐=신들의 주인; 프라바밤=기원; 나=아니다; 마하르사야흐=위대한 성자; 아함=나는; 아디흐=태초의; 히=대해서; 데바남=신들의; 마하르쉬남=위대한 성자; 차=그리고; 사르바사흐=모든 길에서.

신들의 주인도 위대한 성자들도 나의 기원을 알지 못한다.
모든 면에서 나는 신들과 위대한 성자들의 근원이다.

3 यो मामजमनादिं च वेत्ति लोकमहेश्वरम् ।
असंमूढः स मर्त्येषु सर्वपापैः प्रमुच्यते ॥ ३

요 마마자마나딤 차 베띠 로카마헤스바람 |
아삼무다흐 사 마르트예슈 사르바파파이흐 프라무챠테 |3|

야흐=누구; 맘=나를 아잠=태어나지 않는; 아나딤=시작이 없는; 차=그리고; 베띠=알다; 로케마헤스바람=위대한 세상의 주(主); 아삼무다흐=현혹되지 않는; 사흐=그는; 마르트예슈=필멸의 세상에서; 사르바파파이흐=모든 죄로부터; 프라무챠테=자유롭게 된

세상의 위대한 주이며 태어남도 없고 시작함도 없는 나를 아는 자는 죽음의 세상에서 현혹되지 않으며 모든 신들로부터 자유롭다.

4 बुद्धिर्ज्ञानमसंमोहः क्षमा सत्यं दमः समः ।
सुखं दुःखं भवोऽभावो भयं चाभयमेव च ॥ ४

부띠르그야나마삼모하흐 크샤마 사트얌 다마흐 사마흐 |
수캄 두흐캄 바보아바보 바얌 차바야메바 차 |4|

부띠흐=이지; 그야나=지혜; 아삼모하흐=환영이 없는; 크샤마=용서; 사트얌=진실; 다마흐=제어; 사마흐=고요함; 수캄=행복; 두흐캄=고통; 바바흐=탄생; 아바바흐=비실재; 바얌=두려움; 차=그리고; 아바얌=두려움 없는; 에바=심지어; 차=그리고.
이지, 지혜, 현혹되지 않는 것, 인내, 진리, 자아를 통제함, 고요함, 기쁨, 고통, 탄생, 죽음, 두려움, 두려움이 없는 것.

5 अहिंसा समता तुष्टिस्तपो दानं यशोऽयशः ।
भवन्ति भावा भूतानां मत्त एव पृथग्विधाः ॥ ५

아힘사 사마타 투쉬티스타포 다남 야소아야사흐 |
바반티 바바 부타탐 마따 에바 프리타그비다흐 |5|

아힘사=무해함; 사마타=평정; 투쉬티흐=만족함; 타파흐=금욕; 다남=선행; 야사흐=명성; 아야사흐=불명예; 바반티=올리다; 마따흐=나로부터; 에바=홀로; 프리타그비다흐=다른 종류들.
무해함, 평정함, 만족, 금욕, 선행, 명성, 불명예,
이런 다른 존재의 성질들은 나에게로부터 일어난다.

6 महर्षयः सप्त पूर्वे चत्वारो मनवस्तथा ।
मद्भावा मानसा जाता येषां लोक इमाः प्रजाः ॥ ६

마하르샤야흐 사프타 푸르베 차트바로 마나바스타타 |
마드바바 마나사 자타 예샴 로카 이마흐 프라자흐 |6|

마하르사야흐=대성자; 사프타=7의; 푸르베=조상; 차트바라흐=4

제10장 비부티 요가 359

의; 마나바흐=아버지; 타타=또한; 마드바바흐=나와 같은 힘을 소
유한; 마나사흐=마음으로부터; 자타흐=태어나다; 예샴=누구로부
터; 로케=세상의; 이마흐=이것들의; 프라자흐=창조물.
일곱 명의 대성자와 네 명의 조상들은 나의 힘이 부여되었으며
나의 마음으로 태어났다.
그리고 그들로부터 세상의 모든 창조물이 나왔다.

일곱 명의 위대한 성자인 마하리쉬(Maharishi)는 브리구(Bhrigu), 마리치
(Marichi), 아트리(Atri), 푸라흐(Pulah), 푸라스트야(Pulastya), 크라투(Kratu),
앙기라스(Angiras), 네 명의 고대의 조상은 스바로치사(Svarochisha), 스바얌
부(Svayambhu), 라이바타(Raivata), 우타마(Uttama)이다.

7 एतां विभूतिं योगं च मम यो वेत्ति तत्त्वतः ।
सोऽविकम्पेन योगेन युज्यते नात्र संशयः ॥ ७

에탐 비부팀 요감 차 마마 요 베띠 타뜨바타흐 |
소아비캄페나 요게나 유즈야테 나트라 삼사야흐 |7|

에탐=이것들의; 비부팀=나의 존재들의; 요감=요가의 힘; 차=그리
고; 마마=나의 것; 야흐=누구; 베띠=알다; 타뜨바흐=진실로; 사
흐=그는; 아비캄페나=흔들리지 않는; 요게나=요가로; 유즈야테=
확고하게 되다; 나=아니다; 야트라=여기; 삼사야흐=의심.
진실 안에서 이러한 영광과 나의 힘을 아는 사람은 요가 안에서
흔들림이 없으며 여기에 의심이 없다.

8 अहं सर्वस्य प्रभवो मत्तः सर्वं प्रवर्तते ।

इति मत्वा भजन्ते मां बुधा भावसमन्विताः ॥ ८

아함 사르바스야 프라바보 마따흐 사르밤 프라바르타테 |
이티 마트바 바잔테 맘 부다 바바사만비타흐 |8|

아함=나는; 사르바스야=모든 것의; 프라바흐=근원; 마따흐=나로부터; 사르밤=모든 것; 프라바르타테=진화하다; 이티=그러므로; 마트바=이해; 바잔테=예배하다; 맘=나를; 부다흐=현명한 자; 바바사만비타흐=명상이 부여된.

나는 모든 것의 근원이며 나로부터 모든 것들이 진화한다.
현명한 자는 이것을 알며 모든 마음으로 그를 숭배한다.

9 मच्चित्ता मद्गतप्राणा बोधयन्तः परस्परम् ।

कथयन्तश्च मां नित्यं तुष्यन्ति च रमन्ति च ॥ ९

마찌타 마드가타프라나 보다얀타흐 파라스파람 |
카타얀타스차 맘 니트얌 투쉬얀티 차 라만티 차 |9|

마찌따흐=완전히 내 안에 있는 그들의 마음으로; 마드가타프라나흐=그들의 삶이 내 안에 흡수된; 보다얀타흐=깨치는; 파라스파람=상호적으로; 카타얀타흐=이야기의; 차=그리고; 맘=나를; 니트얌=항상; 투쉬얀티=만족된; 차=그리고; 라만티=기뻐하는; 차=그리고.

나에게 확립된 마음으로 그들의 삶은 나에게 몰입되어 서로 깨달으면서
언제나 나의 이야기를 하는 사람들은 만족하며 기뻐한다.

10 तेषां सततयुक्तानां भजतां प्रीतिपूर्वकम् ।
ददामि बुद्धियोगं तं येन मामुपयान्ति ते ॥ १०॥

테샴 사타타육타남 바자탐 프리티푸르바캄 |
다다미 부띠요감 탐 예나 마무파얀티 테 |10|

테샴=그들의; 사타타유크타남=영원히 확고한; 바자탐=예배하는 것의; 프리티푸르바캄=사랑으로; 다다미=주다; 부띠요감=분별의 요가; 탐=그것; 예나=그것에 의해; 맘=나에게; 우파얀티=오다; 테=그들은.

영원히 확고한 사랑의 헌신을 바치며 예배하는 이들에게
나에게 다가오도록 분별의 요가를 준다.

11 तेषामेवानुकम्पार्थमहमज्ञानजं तमः ।
नाशयाम्यात्मभावस्थो ज्ञानदीपेन भास्वता ॥ ११॥

테샤메바누캄파르타마하마그야나잠 타마흐 |
나샤얌야트마바바스토 그야나디페나 바스바타 |11|

테샴=그들을 위해; 에바=단지; 아누캄파르탐=동정심을 너머; 아함=나는; 아그야나잠=무지의 탄생; 타마흐=어둠; 나샤야미=파괴하다; 아트마바바스타흐=그들의 자신에게 거하는; 그야나디페타=지식의 등불; 바스바타=빛나는.

그들을 위한 순수한 동정심너머
그들의 마음에 거하면서 나는 지혜의 빛나는 등불을 밝혀
무지로 인해 태어나는 것을 끝마치게 한다.

12 अर्जुन उवाच

परं ब्रह्म परं धम पवित्रं परमं भवान् ।

पुरुषं शाश्वतं दिव्यमादिदेवमजं विभुम् ॥ १२

아르주나 우바차
파람 브라흐마 파람 다마 파비트람 파라맘 바반 |
푸루샴 사스바탐 디브야마디데바마잠 비붐 |12|

아르주나 우바차=아르주나가 말했다; 파람=지고의; 브라흐마=브라흐만; 파람=지고의; 다마=거주하다; 파비트람=정화하는 자; 파라맘=지고의; 바반=당신은; 푸루샴=절대; 사스바탐=영원한; 디브야=성스러운; 아디데밤=태초의 신; 아잠=태어나지 않는; 비붐=전지전능한.

아르주나 말하기를
당신은 최고의 브라만이며, 지고의 상태에 거하며,
최고의 정화하는 자이며, 영원하고 성스러운 절대이며,
태초의 신이며, 태어나지 않는 전지전능한 자입니다.

13 आहुस्त्वामृषयः सर्वे देवर्षिर्नारदस्तथा ।

असितो देवलो व्यासः स्वयं चैव ब्रवीषि मे ॥ १३

아후스트바므리샤야흐 사르베 데바르쉬르나라다스타타 |
아시토 데발로 브야사흐 스바얌 차이바 브라비쉬 메 |13|

아후흐=선포하다; 트밤=그대에게; 리샤야흐=보는 자; 사르베=모든; 데바르쉬흐=신을 보는 자; 나라다흐=나라다; 타타=또한; 아시

제10장 비부티 요가 363

타흐=아시타; 데발라흐=데발라; 브야사흐=브야사; 스바얌=그대
스스로; 차=그리고; 에바=심지어; 브라비쉬=말하다; 메=나에게.
모든 보는 자들은 그렇게 당신을 환호하며 신을 보는 자,
나라다와 아시타와 데발라와 브야사와
또한 이제 당신은 당신 스스로 나에게 말합니다.

나라다(Narada) · 아시타(Asita) · 데발라(Devala) · 브야사(Vyasa)는 위대한 리시(Rishi), 즉 성자를 말한다.

14 स्वमेतदृतं मन्ये यन्मां वदासि केशव ।
न हि ते भगवन्व्यक्तिं विदुर्देवा न दानवाः ॥ १४

사르바메타드리탐 만예 얀맘 바다시 케사바 |
나 히 테 바가반 브약팀 비두르데바 나 다나바흐 |14|

사르밤=모든; 에타트=이것; 리탐=진리; 만예=생각하다; 야트=그
것; 맘=나에게; 바다시=말하다; 케사바=케사바; 나=아니다; 히=
진실로; 테=그들의; 바가반=은총의 주; 브약팀=발현; 비두흐=알
다; 데바흐=신; 나=아니다; 다나바흐=다나바.
오 케사바여, 나는 당신이 말하는 모든 것을 진리로 가졌나이다.
신도 악마도 아닌, 은총의 주여, 당신의 나타남을 알려 주소서.

15 स्वयमेवात्मनात्मानं वेत्थ त्वं पुरुषोत्तम ।
भूतभावन भूतेश देवदेव जगत्पते ॥ १५

스바야메바트마나트마남 베따 트밤 푸루쇼따마 |

부타바바나 부테사 데바데바 자가트파테 |15|

스바얌=당신 자신; 에바=오직; 아트마나=혼자서; 아트마남=당신 스스로; 베따=알다; 트밤=당신은; 푸루쇼땀=절대적인 존재; 부타바바나=존재의 근원; 부테사=근원의 주; 데바데바=신들의 신; 자가트파테=세상의 지배자.
진실로 당신만이 스스로 당신 자신을 아나니,
오 절대의 존재여, 존재의 근원이여, 존재들의 주인이여,
신들의 신이여, 모든 세상의 지배자여.

16 वक्तुमर्हस्यशेषेण दिव्या ह्यात्मविभूतयः ।
याभिर्विभूतिभिर्लोकानिमांस्त्वं व्याप्य तिष्ठसि ॥ १६

바크투마르하스야세세나 디브야 흐라트마비부타야흐 |
야비르비부티비를로카니맘스트밤 브야프야 티쉬타시 |16|

바크툼=말하는 것; 아르하시=해야 한다; 아세세나=남은 사람들 없이; 디브야흐=신성한; 히=실로; 아트마비부타야흐=당신의 영광들; 히=실로; 아트마비부타야흐=당신의 영광들; 야비흐=그것에 의해; 비부티비흐=영광에 의해; 로칸=세상; 이만=이것들의; 트밤=당신은; 브야프야=퍼져 있는; 티쉬타시=존재.
당신의 성스러운 영광을 남김없이 말해 주소서.
영광에 의해 당신은 이렇게 모든 세상에 퍼져 있나이다.

17 कथं विद्यामहं योगिंस्त्वं सदा परिचिन्तयन् ।
केषु केषु च भावेषु चिन्त्योऽसि भगवन्मया ॥ १७

카탐 비드야마함 요깅스트밤 사다 파리친타얀 |
케슈 케슈 차 바베슈 친트요아시 바가반마야 |17|

카탐=어떻게; 비드얌=알 것이다; 아함=나는; 요긴=요가를 실천하는 자; 트밤=당신에게; 사다=언제나; 파리친타얀=명상하는; 케슈 케슈=무엇과 무엇으로; 차=그리고; 바베슈=관점; 친트야=생각되는 것; 아시=이다; 바가반=은총의 주; 마야=나로 인해.
오 요가를 실천하는 이여, 어떻게 나는 끊임없이 명상으로 당신을 알 수 있습니까? 오 주여, 다양한 관점들 안에 당신은 무엇이며 나로 인해 생각되는 것은 무엇입니까?

18 विस्तरेणात्मनो योगं विभूतिं च जनार्दन ।
भूयः कथय तृप्तिर्हि शृण्वतो नास्ति मेऽमृतम् ॥ १८

비스타레나트마노 요감 비부팀 차 자나르다나 |
부야흐 카타야 트리프티르히 스린바토 나스티 메아므리탐 |18|

비스타레나=자세하게; 아트마나흐=그대의; 요감=요가; 비부팀=영광; 차=그리고; 자나르다나=열망을 성취시키는 이; 부야흐=다시; 카타야=말하다; 트리프티흐=만족; 부야흐=다시; 히=위하여; 스린바타흐=듣는 것; 나=아니다; 아스티=이다; 메=나의; 암리탐=신성한 음료.
내 말을 다시 자세히 들어주십시오, 오 자나르다나여, 당신의 요가의 힘과 특성들에 대하여 당신의 삶을 고취시키는 말을 듣는 것만으로 만족할 수 없습니다.

19 श्री भगवानुवाच
हन्त ते कथयिष्यामि दिव्या ह्यात्मविभूतयः ।
प्राधान्यतः कुरुश्रेष्ठ नास्त्यन्तो विस्तरस्य मे ॥ १९

스리 바가바누바차
한타 테 카타이쉬야미 디브야 흐야트마비부타야흐 ǀ
프라단야타흐 쿠루스레쉬타 나스트얀토 비스타라스야 메 ǀ19ǀ

한타=이제; 테=그대에게; 카타이쉬얌=선포할 것이다; 디브야흐=신성한; 히=실로; 아트마비부타야흐=나의 영광들; 프라단야타흐=그들의 탁월함으로; 쿠루스레쉬타=쿠루들 중에 최고; 나=아니다; 아스티=이다; 안타흐=끝; 비스타라스야=자세히; 메=나에게.
은총의 신께서 말하기를
보라! 나는 이제 그대에게 그들의 탁월함을 따라 나의
성스러운 영광을 말할 것이다, 오 쿠루의 최고여,
나의 발현의 이야기는 끝이 없다.

나의 발현은 끝이 없다는 것은 마하 바가바트 푸라나(Maha Bhagavat Purana)의 제15장에서 스리 크리쉬나가 우다바(Uadhava)에게 말해주는 무한한 이야기를 통하여 들 수가 있는 것이다.[19]

20 अहमात्मा गुडाकेश सर्वभूताशयस्थितः ।
अहमादिश्च मध्यं च भूतानामन्त एव च ॥ २०

아하마트마 구다케사 사르바부타사야스티타흐 |
아하마디스차 마드얌 차 부타나만타 에바 차 |20|

아함=나는; 아트마=참나; 구다케사=잠의 정복자; 사르바부타 아
사야스티타흐=모든 존재들의 마음속에서; 아함=나는; 아디흐=최
초; 차=그리고; 마드얌=중간; 차=그리고; 부타남=모든 존재들;
안타흐=끝; 에바=심지어; 차=그리고.
오 구다케사여, 나는 모든 존재의 마음속의 자아이다.
나는 모든 존재들의 시작이며 한가운데이며 마지막이다.

21 आदित्यानामहं विष्णुज्र्योतिषां रविरंशुमान् ।
मरीचिर्मरुतामस्मि नक्षत्राणामहं शशी ॥ २१

아디트야나마함 비쉬누르죠티샴 라비람수만 |
마리치르마루타마스미 나크샤트라나마함 사시 |21|

아디트야남=태양의 정신의; 아함=나는; 비쉬누흐=비쉬누; 죠티샴
=빛 가운데; 라바흐=태양; 암수만=빛나는; 마리치흐=천상을 다스
리는 신; 마루탐=바람의 신; 아스미=이다; 나크샤트라남=별 가운
데; 아함=나는; 사시=달.
나는 태양의 정신 비쉬누이며 나는 빛나는 태양의 광휘이며
나는 바람을 다스리는 신들 중의 신 마리치이며
나는 별 가운데 달이다.

22 वेदानां सामवेदोऽस्मि देवानामस्मि वासवः ।
इन्द्रियाणां मनश्चास्मि भूतानामस्मि चेतना ॥ २२

베다남 사마베도아스미 데바나마스미 바사바흐 |
인드리야남 마나스차스미 부타나마스미 체타나 |22|

베다남=베다 가운데; 사마베다=사마베다; 아스미=이다; 데바남=
신들 중에서; 아스미=이다; 바사바흐=인드라의 다른 이름; 인드라
야남=감각 가운데; 마나흐=마음; 차=그리고; 아스미=이다; 부타
남=살아 있는 존재들 가운데; 아스미=이다; 체타나=지성.
베다 중에서 나는 사마 베다이며
신들 중에서 나는 인드라이며 감각 중에서 나는 마음이며
살아 있는 존재들 가운데 나는 의식이다.

23 रुद्राणां शङ्करश्चास्मि वित्तेशो यक्षरक्षसाम् ।
वसूनां पावकश्चास्मि मेरुः शिखरिणामहम् ॥ २३

루드라남 상카라스차스미 비떼소 야크샤라크샤삼 |
바수남 파바카스차스미 메루흐 시카리나마함 |23|

루드라남=파괴의 정신; 삼카라흐=시바 신; 차=그리고; 아스미=이
다; 비떼사흐=부의 신 쿠베라; 야크샤라삼=야크샤스들과 라크샤
사들 중에; 바수남=여덟 신들이며 아파, 아닐, 소마, 아날라, 두르
바, 프라바사, 프라트유사, 다라; 파바카흐=파바카; 차=그리고; 아
스미=이다; 메루흐=일곱 개의 대륙의 중심인 산; 시카리남=산의;
아함=나는.
나는 파괴의 정신 루드라들의 시바 신이며

나는 악마 야크샤사들과 라크샤사들의 부의 신 쿠베라이다.
바수들 중에서 나는 파바카이며 산들 중에 나는 메루 산이다.

24 पुरोधसां च मुख्यं मां विद्धि पार्थ बृहस्पतिम् ।
सेनानीनामहं स्कन्दः सरसामस्मि सागरः ॥ २४

푸로다삼 차 무캄 맘 비띠 파르타 브리하스파팀 |
세나니나마함 스칸다흐 사라사마스미 사가라흐 |24|

푸로다삼=사제들 중에서; 차=그리고; 무캄=우두머리; 맘=나를; 비띠=알다; 파르타=파르타; 브리하스팀=브리하스티; 세나니남=장군들; 아함=나는; 스칸다흐=스칸다; 사라삼=호수들 중에; 아스미=이다; 사가람=바다.
오 파르타여, 사제들은 나를 우두머리 사제 브리사흐파티로 알며 장군들 중에서 스칸다이며 호수들 중에서 나는 바다이다.

25 महर्षीणां भृगुरहं गिरामस्म्येकमक्षरम् ।
यज्ञानां जपयज्ञोऽस्मि स्थावराणां हिमालयः ॥ २५

마하르쉬남 브리구라함 기라마스므예카마크샤람 |
야그야남 자파야그노아스미 스타바라남 히말라야흐 |25|

마하르쉬남=위대한 성자들 사이에; 브리구흐=브리구; 아함=나는; 기람=말 가운데; 아스미=이다; 에캄=하나; 아크샤람=음절; 야그야남=희생 의식 가운데; 자파야그야=고요한 암송의 희생; 아스미=이다; 스타바라남=움직이지 않는 것들 중에; 히말라야흐=히말라야 산.
위대한 성자들 중에 나는 브리구이며 발음 중에서 나는
하나의 음절 '옴(OM)'이다. 희생 의식중에 나는
고요한 암송을 하는 희생 의식인 자파야그야이며
움직이지 않는 것들의 히말라야이다.

26 अश्वत्थः सर्ववृक्षाणां देवर्षीणां च नारदः ।

गन्धर्वाणां चित्ररथः सिद्धानां कपिलो मुनिः ॥ २६

아스바따흐 사르바브리크샤남 데바르시남 차 나라다흐 |
간다르바남 치트라타타흐 시따남 카필로 무니흐 |26|

아스바따흐=신성한 무화과나무; 사르바드리크샤남=모든 나무들
사이에; 데바르시남=성스러운 보는 자들 사이에; 차=그리고; 나라
다흐=나라다; 갸다르바남=천상의 음악; 치트라라타흐=가장 노래
를 잘하는 신; 시따남=완전한 사람들 가운데; 카필라흐=카필라;
무니흐=현명한 자.
나는 모든 나무들 중에 신성한 무화과나무이며
성스러운 현자들 가운데 나라다이며 나는
천상의 음악들 가운데 가장 음악을 잘하는 신이며
완전한 사람들 가운데 현명한 카필라이다.

27 उच्चैःश्रवसमश्वानां विद्धि माममृतोद्भवम् ।

ऐरावतं गजेन्द्राणां नराणां च नराधिपम् ॥ २७

우짜이흐스라바사마스바남 비띠 마마므리토드바밤 |

아이라바탐 가젠드라남 나라남 차 나라디팜 |27|

우짜이흐스라바삼=인드라 신의 말; 아스바나마=말들 가운데; 비띠=알다; 맘=나에게; 암리토드바밤=신성한 음료가 생겨남; 아이라바타남=위풍당당한 인드라 신의 코끼리들 가운데; 가젠드라남=인간들 중에; 나라남=사람들 사이에; 차=그리고; 나라디팜=왕.
말들 중에서는 신성한 감로로 태어나는 우짜이스라바로 나를 알며
위풍당당한 코끼리들 중에서는 아이라바타로 알며
사람들 중에는 왕으로 안다.

28 आयुधानामहं वज्रं धेनूनामस्मि कामधुक् । प्रजनश्चास्मि कन्दर्पः सर्पाणामस्मि वासुकिः ॥ २८

아유다나마함 바즈람 데누나마스미 카마두크 |
프라자나스차스미 칸다르파흐 사르파나마스미 바수키흐 |28|

아유다남=무기들 가운데; 아함=나는; 바즈람=천둥번개; 데누남=소들 가운데; 아스미=이다; 카마두크=모든 욕망을 가져오는 천상의 소; 프라자나흐=조상; 차=그리고; 아스미=이다; 칸다르파흐=칸다르파; 사르파남=뱀들 가운데; 아스미=이다; 바수키흐=바수키.
모든 무기들 중에 나는 천둥번개이며 소들 중에서 나는
모든 욕망을 가져다주는 천상의 소 카마누크이며
먼저 온 뱀의 조상들 중에 나는 바수키이다.

29 अनन्तश्चास्मि नागानां वरुणो यादसामहम् ।
पितॄणामर्यमा चास्मि यमः संयमतामहम् ॥ २९

아난타스차스미 나가남 바루노 야다사마함 |
피트리나마르야마 차스미 야마흐 삼야마타마함 |29|

아난타흐=아난타; 차=그리고; 아스미=이다; 나가남=뱀들 사이에; 바루나흐=바루나; 야다삼=물의 신들 가운데; 아함=나는; 피트리남=조상들; 아르야마=아르야마; 차=그리고; 아스미=이다; 야마흐=야마; 삼야마탐=지배자들 중에.

뱀들 중에 나는 아난타이며 물의 신들 중에 나는 바루나이다.
조상들 중에 나는 아르야마이며 지배자들 중에 나는 야마이다.

30 प्रह्लादश्चास्मि दैत्यानां कालः कलयतामहम् ।
मृगाणां च मृगेन्द्रोऽहं वैनतेयश्च पक्षिणम् ॥ ३०

프라흘라다스차스미 다이트야남 칼라흐 칼라야타마함 |
므리가남 차 므리겐드로아함 바이나테야스차 파크쉬남 |30|

프라흘라다흐=히란야카시푸의 아들이며 티탄의 왕; 차=그리고; 아스미=이다; 다이트야남=악마들 가운데; 칼라흐=시간; 칼라야탐=수를 세는 사람들 가운데; 아함=나는; 므리가남=짐승들 가운데; 차=그리고; 므리겐드라흐=짐승들의 주인; 아함=나는; 바이나테야흐=비나타의 아들 가루다이며 금시조(金翅鳥)라고 번역된다; 차=그리고; 파크쉬남=새들 중에서.

악마들 중에 나는 프라흘라다이며 수를 세는 자들 중에 나는 시간이며 짐승들 가운데 나는 짐승의 주인이며 새들 중에서 가루다이다.

31 पवनः पवतामस्मि रामः शस्त्रभृतामहम् । झषाणां मकरश्चास्मि स्रोतसामस्मि जाह्नवी ॥ ३१

파바나흐 파바타마스미 라마흐 사스트라브리타마함 |
자샤남 마카라스차스미 스로타사마스미 자흐나비 |31|

파바나흐=바람; 파바탐=정화하는 자들 가운데; 아스미=이다; 라마흐=라마; 사스트라브리탐=무사들 가운데; 아함=나는; 자샤남=물고기들 가운데; 마카라흐=상어; 차=그리고 아스미=이다; 스로타삼=강들 사이에; 아스미=이다; 자흐나비=강가, 갠지스 강.

순수하게 하는 것들 중에 나는 바람이며
무사들 중에 나는 라마이다. 물고기들 중에 나는 상어이며
강들 중에 나는 강가이다.

32 सर्गाणामादिरन्तश्च मध्यं चैवाहमर्जुन । अध्यात्मविद्या विद्यानां वादः प्रवदतामहम् ॥ ३२

사르가나마디란타스차 마드얌 차이바하마르주나 |
아드야트마비드야 비드야남 바다흐 프라바다타마함 |32|

사르가남=창조물들 사이에; 아비흐=최고의; 안타흐=끝; 차=그리고; 마드얌=중간; 차=그리고; 에=또한; 아함=나는; 아르주나=아르주나; 아드야트마비드야=자아의 과학; 비드야남=과학 중에; 바드야=논쟁; 프라바다탐=논쟁들 가운데; 아함=나는.

창조된 것들 가운데 나는 최고이며 끝이며 중간이니,
오 아르주나, 과학 중에서 나는 자아의 과학이며
논쟁하는 사람들 중에 나는 이성이다.

33 अक्षराणामकारोऽस्मि द्वन्द्वः सामासिकस्य च ।
अहमेवाक्षयः कालो धाताहं विश्वतोमुखः ॥ ३३

아크샤라나마카로아스미 드반드바흐 사마시카스야 차 |
아하메바크샤야흐 칼로 다타함 비스바토무카흐 |33|

아크샤라남=문자들 중에 첫번째 소리인; 아 아카라=글자의 의미; 아스미=이다; 드반드바흐=두 개의; 사마시카스야=모든 혼합된 것들 가운데; 차=그리고; 아함=나는; 에바=진실로; 아크샤야흐=영원한 것들 중에; 칼라흐=시간; 다타흐=창조자; 아함=나는; 비스바토무카흐=모두 얼굴을 한.

문자들 중에 나는 문자의 첫번째 음절인 아(A)이며
모든 혼합된 것들 가운데 나는 한 쌍이다.
나는 진실로 영원한 시간이다.
나는 모든 것의 얼굴을 나타나게 하는 자이다.

34 मृत्युः सर्वहरश्चाहं उद्भवश्च भविष्यताम् ।
कीर्तिः श्रीर्वाक्च नारीणां स्मृतिर्मेधा धृतिः क्षमा ॥ ३४

므리트유흐 사르바하라스차함 우드바바스차 바비쉬야탐 |
키르티흐 스리르바크차 나리남 스므르티르메다 드리티흐 크샤마 |34|

므리트유흐=죽음; 사르바하라흐=모든 것을 삼키는; 차=그리고; 아함=나는; 우드바바흐=풍요로움; 차=그리고; 바비쉬야탐=풍요롭게 된 사람들의; 키르티흐=명성; 스리흐=풍요로움; 바크=말하다; 차=그리고; 나리남=여성의; 스므리티흐=기억; 메다=지성; 드리티흐=확고함; 크샤마=용서.

그리고 나는 모든 것을 삼켜 버리는 죽음이다.
나는 풍요롭게 된 사람들의 풍요로움이며
나는 여성의 성질들 중에 명성 · 행운 · 말 · 기억 · 지성 · 만족 · 인내이다.

35 बृहत्साम तथा साम्नां गायत्री छन्दसामहम् ।
मासानां मार्गशीर्षोऽहं ऋतूनां कुसुमाकरः ॥ ३५

브리하트사마 타타 삼남 가야트리 찬다사마함 |
마사남 마르가시르쇼아함 리투남 쿠수마카라흐 |35|

브리하트사마=브리하트사마; 타타=또한; 삼남=사마의 찬송 중에; 가야트리=가야트리 찬다삼=운율; 아함=나는; 마사남=매 월들 중에; 마르가시르샤흐=첫째 달; 아함=나는; 리투남=계절들 중에; 쿠수마카라흐=꽃피는 계절.

사만의 찬송들 중에 나는 브리하트 사마이며
음율중에 나는 가야트리이다. 매 월들 중에 나는 첫번째 달이며
매 계절들 중에 나는 꽃피는 계절 봄이다.

사만의 음률은 모든 신들이 좋아하며 특히 브리하트사만(Brihatsaman)은 가장 좋은 음조이다. 가야트리 음율은 베다에서 가장 신성한 음률이다. 가야트리는 여러 종류의 가야트리가 있는데 데비 · 르드라 · 브라흐마 · 파라마한사 가야트리들이 있다.

36 द्यूतं छलयतामस्मि तेजस्तेजस्विनामहम् । जयोऽस्मि व्यवसायोऽस्मि सत्त्वं सत्त्ववतामहम् ॥ ३६॥

드유탐 찰라야타마스미 테자스테자스비나마함 |
자요아스미 브야바사요아스미 사뜨밤 사뜨바바타마함 |36|

드유탐=노름; 찰라야탐=사기의; 아스미=이다; 테자흐=눈부신; 테자스비남=광휘의; 아함=나는; 자야흐=승리; 아스미=이다; 브야바사야흐=노력; 아스미=이다; 사뜨밤=미덕; 사뜨바바탐=선(善)의; 아함=나는.

나는 사기꾼들의 노름이며 나는 빛나는 것 중에 광휘이다.
나는 승리이며 나는 모험이다. 나는 미덕과 선이다.

37 वृष्णीनां वासुदेवोऽस्मि पाण्डवानां धनञ्जयः । मुनीनामप्यहं व्यासः कवीनामुशना कविः ॥ ३७॥

브리쉬니남 바수데보아스미 판다바남 다난자야흐 |
무니나마프야함 브야사흐 카비나무사나 카비흐 |37|

브리쉬니남=브리쉬쉬 가운데; 바수데바흐=바수데바 ;아스미=이다; 판다바남=판다바들 중에; 다난자야흐=부의 정복자; 무니남=성자들 중에; 아피=또한; 아함=나는; 브야사흐=브야사; 카비남=시인들 중에 우사나=우사나; 카비흐=시인.

나는 브리쉬니들 중에 바수데바이며
나는 판다바들 중에 부의 정복자이며 성자들 중에 나는 브야사이며
보는 자들 중에 나는 시인 우사나이다.

브리쉬니는 크리쉬나의 종족이며 바수데바는 크리쉬나의 아버지이다. 브야사는 마하바라타와 열여덟 개의 푸라나를 직접 썼으며 태어나면서부터 성자인 브라마 그야나인 수크 데바의 아버지이기도 하다.

38 दण्डो दमयतामस्मि नीतिरस्मि जिगीषताम् । मौनं चैवास्मि गुह्यानां ज्ञानं ज्ञानवतामहम् ॥ ३८

단도 다마야타마스미 니티라스미 지기샤탐 |
마우남 차이바스미 구흐야남 그야남 그야나바타마함 |38|

단도흐=왕권; 다마야탐=응징자들 중에; 아스미=이다; 니티흐=정치적 수완; 아스미=이다; 지기샤탐=승리를 찾는 사람들 중에; 마우남=고요함; 차=그리고; 에바=또한; 아스미=이다; 구흐야남=비밀; 그야남=지식 그야나바탐=아는 자들 사이에; 아함=나는.
응징자들 중에 나는 왕권을 가진 자이며
승리를 구하는 자들 중에 나는 정치적인 능력이며
나는 비밀의 고요함이며 나는 현명한 자들의 지혜이다.

나는 정치적인 능력이며 비밀의 고요함이라는 것은 외부적으로 활동적인 것과 내부적으로 고요한 것 둘 다를 말하는 것이다.

39 यच्चापि सर्वभूतानां बीजं तदहमर्जुन । न तदस्ति विना यत्स्यान् मया भूतं चराचरम् ॥ ३९

야짜피 사르바부타남 비잠 타다하마르주나 |
나 타다스티 비나 야트스얀 마야 부탐 차라차람 |39|

야트=그것; 차=그리고; 아피=또한; 사르바부타남=모든 것들 중
에; 비잠=씨앗; 타트=그것; 아함=나는; 아르주나=아르주나; 나=
아니다; 타트=그것; 아스티=이다; 비타=~없이; 야트=그것 스야
트=아마; 마야=나에 의한; 부탐=존재; 차라차람=움직이는 것이
나; 움직이지 않는 것.
그리고 존재의 씨앗은 무엇이든지 그것은 나이다,
아르주나여, 나 없이 움직이거나 움직이지 않는 것은
존재하지 않는다.

40 नान्तोऽस्मि मम दिव्यानां विभूतीनां परंतप ।
एष तूद्देशतः प्रोक्तो विभूतेर्विस्तरो मया ॥ ४०

난토아스미 마마 디브야남 비부티남 파람타파 |
에샤 투떼사타흐 프록토 비부테르비스타로 마야 |40|

나=아니다; 안타흐=끝; 아스티=이다; 마마=나의; 디브야남=성스
러운; 비부티남=영광의; 파람타파=적을 괴롭히는 자; 에샤=이것;
투=실로; 우데사타흐=간단한 상태; 프록타흐=정해진; 비부테흐=
영광의 비스타라흐=특정한; 마야=나에 의해.
나의 성스러운 발현의 끝은 없다,
오 적을 괴롭히는 자여,
이것은 실로 내 영광의 한 부분이 나타난 것이다.

41

यद्यद्विभूतिमत्सत्त्वं श्रीमदूर्जितमेव वा ।
तत्तदेवावगच्छ त्वं मम तेजोंशसंभवम् ॥ ४१

야드야드비부티마트사뜨밤 스리마두르지타메바 바 |
타따데바바가짜 트밤 마마 테좀사삼바밤 |41|

야드야트=무엇이든; 비부티마트=영광스러운; 사뜨밤=존재; 스리마트=번영하는; 우르지탐=강력한; 에바=또한; 바=또는; 타따트=그것; 에바=오직; 아바가짜=알다; 트밤=그대; 마마=나의; 테자흐 암사 삼바밤=빛의 한 부분의 발현.
영광스럽고 번창하며 또한 강력한 존재들은 무엇이든지
그대가 나의 빛의 불꽃에서 솟아나왔다는 것을 안다.

42

अथवा बहुनैतेन किं ज्ञातेन तवार्जुन ।
विष्टभ्याहमिदं कृत्स्नं एकांशेन स्थितो जगत् ॥ ४२

아타바 바후나이테나 킴 그야테나 타바르주나 |
비쉬타브야하미담 크리트스남 에캄세남 스티토 자가트 |42|

아타바=또는; 바후나=많이; 에테나=이것; 킴=무엇; 그야테나=아는; 타바=그대의; 아르주나=오 아르주나여; 비쉬타브야=지지하는; 아함=나는; 이담=이것; 크리트스탐=모든; 에캄세나=한 부분에 의해; 스티타흐=존재하다; 자가나=세상.
그러나 오 아르주나여,
이런 자세한 지식을 위해 필요한 것이 무엇이겠느냐?
나는 나의 한 부분으로 우주 전체를 유지시킨다.

इति श्रीमद्भगवद्गीतासूपानिषत्सु ब्रह्मविद्यायां योगशास्त्रे श्रीकृष्णार्जुनसंवादे विभूतियोगो नाम दशमोऽध्यायाः ॥

이티 바가바드기타수파니샤트수 브라흐마비드야얌 요가사스트레
스리크리쉬나르주나삼바데 비부티요고 나마
다사모아드야야흐 ||

바가바드 기타의 우파니샤드 안에 요가의 과학이며
지고의 브라만의 지식이며 스리 크리쉬나와 아르주나의 대화인
제10장인 비부티 요가를 말한다.

제11장
비스바루파 다르사나 요가
우주적인 형상과 비전의 요가

    이 장은 아르주나가 크리쉬나에게 크리쉬나의 진정한 모습을 보고 싶다고 하자 크리쉬나는 자신의 모습을 보여주게 된다. 이윽고 아르주나는 너무나 엄청나고 무한한 체험을 하게 된다. 이 장은 바가바드 기타의 절정을 보여주는 장이다. 만일 이 장이 없었다면 우리는 크리쉬나의 초월적인 말과 이론만을 접할 수밖에 없었을 것이다. 이것은 크리쉬나의 축복이며 위대한 나타냄인 것이다.

1

अर्जुन उवाच

मदनुग्रहाय परमं गुह्यमध्यात्मसंज्ञितम् ।

यत्त्वयोक्तं वचस्तेन मोहोऽयं विगतो मम ॥ १

아르주나 우바차
마다누그라하야 파라맘 구흐야마드야트마삼그야니탐 |
야뜨바요크탐 바차스테나 모호아얌 비가토 마마 |1|

아르주나 우바차=아르주나가 말했다; 마다누그라하야=동정심을 나에게로; 파라맘=가장 높은; 구흐얌=비밀; 아드야트마삼즈니탐=본질적인 참나라고 불려지는; 야트=그것; 트바야=그대에 의해; 우크탐=말한; 바바흐=단어; 테나=그것에 의해; 모하흐=환영; 아얌=이것; 비가타흐=지나간; 마마=나의.

아르주나가 말했다.
당신의 동정심은 나에게 이렇게 본질의 자아에 대한 최고의 비밀을 주었으니 나의 환영은 사라졌습니다.

2

भवाप्ययौ हि भूतानां श्रुतौ विस्तरशो मया ।

त्वत्तः कमलपत्राक्ष माहात्म्यमपि चाव्ययम् ॥ २

바바프야야우 히 부타남 스루타우 비스타라소 마야 |
트바따흐 카말라파트라크샤 마하트먀마피 차브야얌 |2|

바바프야야우=기원과 용해; 히=실로; 부타남=존재들의; 스루타우
=듣게 된; 비스타라사흐=자세한; 마야=나로 인해; 트바따흐=당신
으로부터; 카말라 푸르라 아크샤=오 연꽃의 눈이여; 마하뜨먐=위
대함; 아피=또한; 차=그리고; 아브야얌=지칠 줄 모르는.
당신으로부터, 오 연꽃의 눈이여, 존재들의 기원과 용해, 또한
당신의 그치지 않는 위대함에 대하여 자세하게 듣게 되었습니다.

3 एवमेतद्यथात्थ त्वमात्मानं परमेश्वर ।
द्रष्टुमिच्छामि ते रूपमैश्वरं पुरुषोत्तम ॥ ३

에바메타드야타따 트바마트마남 파라메스바라 |
드라쉬두미짜미 테 루파마이스바람 푸루쇼따마 |3|

에밤=그러므로; 에타트=이것; 야타=그렇게; 아따=선포한; 트밤=
당신은; 아트마남=그대 자신; 파라메스바라=초월의 주여; 드라쉬
둠=보는 것; 이짜미=욕망하다; 테=당신의; 루팜=형태; 아이스바
람=통치자; 푸루쇼땀=오 절대의 존재여.
오 지고의 주여, 당신은 당신 자신이 선포한 것처럼 그러합니다.
나는 통치자의 모습인 당신을 보기 원합니다, 오 초월의 주여.

아르주나는 크리쉬나에게 초월적인 주인 파라메스바라와 절대의 존재인
푸루쇼땀을 말하면서 크리쉬나의 가르침을 이끌어 내고 있다.

4 मन्यसे यदि तच्छक्यं मया द्रष्टुमिति प्रभो ।
योगेश्वर ततो मे त्वं दर्शयात्मानमव्ययम् ॥ ४

만야세 야디 타짜크얌 마야 드라쉬두미티 프라보 |
요게스바라 타토 메 트밤 다르사야트마나마브야얌 |4|

만야세=당신은 생각한다; 야디=만일; 타트=그것; 사크얌=가능한; 마얌=나에게; 드라쉬툼=보는 것; 이티=그러므로; 프라보=오 주여; 요게스바라=요기들의 주; 타타흐=그런 다음; 메=나를; 트밤=당신은; 다르스야=보이다; 아트마남=자아; 아브야얌=사라지지 않는.
오 주여, 만일 당신이 내가 그것을 보는 것이 가능하다고 생각한다면
그렇게 해주십시오, 오 요가의 주이시여, 당신의 영원한 자아를 나에게 보여주소서.

　1절에서 말한 영적인 참나인 아드야트마와 3절에서 말한 초월의 주인 파라메스바라와 이 절에서 말한 요기들의 주인 요게스바라는 제2장에서부터 제6장까지 이론적인 것과 실천적인 면을 설명하였으며, 제7장은 그야나와 비그야나를 말하였으며, 제7장과 제8장은 영적인 참나인 아드야트마와 초월의 주인 파라메스바라를 말하였으며, 제9장과 제10장에서는 인식할 수 있는 모습을 알게 되었다. 이제 아르주나는 크리쉬나의 직접적인 체험을 원하며 그의 초월적인 발현을 이끌어 내고 있는 것이다.

5 श्री भगवानुवाच
पश्य मे पार्थ रूपाणि शतशोऽथ सहस्रशः ।
नानाविधानि दिव्यानि नानावर्णाकृतीनि च ॥ ५

스리 바가바누바차
파스야 메 파르타 루파니 사타소아타 사하스라사흐 |
나나비다니 디브야니 나나바르나크리티니 차 |5|

스리 바가바누바차=스리 바가반이 말했다; 파스야=보다; 메=나의; 파르타=오 파르타여; 루파니=형상; 사타사흐=수백 가지에 의해; 아타=그리고; 사하트라사흐=수천 가지에 의해; 나나비다니=다른 종류들의; 디브야니=성스러운; 나나바르나 아크리티니=다양한 색채와 모양; 차=그리고.

은총의 주께서 말하기를
수백 가지, 수천 가지로 나타나는 나의 형상들을 보라,
오 파라타여, 각양각색의 성스럽고 수많은 형상들을 보라.

이 절부터 크리쉬나는 우주적인 형태와 무한을 나타내는 형태를 보여주기 위하여 준비하고 있는 것이다.

6 पश्यादित्यान्वसून्रुद्रानाश्विनौ मरुतस्तथा ।
बहून्यदृष्टपूर्वाणि पश्याश्चर्याणि भारत ॥ ६

파스야디트얀바순루드라나스비나우 마루타스타타 |
바훈야드리쉬타푸르바니 파스야스차르야니 바라타 |6|

파스야=보다; 아디트얀=태양의 정신; 바수나=빛의 주인; 루드란
=파괴의 주인; 아스비나우=두 개의 아스빈들; 마루타흐=마루트
들; 타타=또한; 바후니=많은; 아드리쉬타푸르바니=본 적이 없는;
파스야=보다; 아스차르야니=경이로움; 바라타=오 바라타여.
태양의 정신을 보라, 아디트얀과 빛의 주인 바수들과
두 개의 아스빈들과 또한 마루트들을.
결코 본 적이 없는 수많은 경이로움을 보라, 오 바라타여.

바가반 크리쉬나는 서서히 베다의 신들의 무한함을 표현하며 그의 초월
적인 경이로운 비전을 나타내는 전조의 말을 하고 있는 것이다.

7 इहैकस्थं जगत्कृत्स्नं पश्याद्य सचराचरम् ।
मम देहे गुडाकेश यच्चान्यद्द्रष्टुमिच्छसि ॥ ७

이하이카스탐 자가트크리트스남 파스야드야 사차라차람 │
마마 데헤 구다케샤 야짠야드드라쉬투미짜시 │7│

이하=이것으로; 에카스탐=하나에 집중한; 자가트=우주; 크리스남
=전체; 파스야=보다; 아드야=이제; 사차라차람=움직이는 것과 움
직이지 않는 것으로; 마마=나의; 데헤=몸으로; 구다케사=잠의 정
복자; 야트=그것; 차=그리고; 안야트=다른 것; 드라쉬둠=보는 것;
이짜시=욕망하다.
이제 하나에 집중된 여기
움직이며 움직이지 않는 우주 전체와 나의 몸으로
그대가 보기 원하는 모든 것들을 보라, 오 구다케사여.

크리쉬나는 구다케사인 '잠을 정복하는 이'라고 하면서 그대가 보기 원하
는 것을 보라고 하였다. 이 절은 실천적인 설인데 모든 상황에서도 깨어 우

주전체의 몸을 하나로 집중하라고 하였다.

8 न तु मां शक्यसे द्रष्टुमनेनैव स्वचक्षुषा । दिव्यं ददामि ते चक्षुः पश्य मे योगमैश्वरम् ॥ ८

나 투 맘 사크야세 드라쉬투마네나이바 스바차크슈샤 |
디브얌 다다미 테 차크슈흐 파스야 메 요가마이스바람 |8|

나=아니다; 투=그러나; 맘=나를; 사크야세=할 수 있다; 드라쉬둠=보는 것; 아네나=이것으로; 에바=심지어; 스바차크슈샤=자신의 눈으로; 디브얌=성스러운; 다다미=주다; 테=거기에; 차크슈=눈; 파스야=보다 메=나의; 요감=요가; 아이스바람=신비스런, 지고의.

그러나 그대의 눈으로는 나를 볼 수 없나니,
나는 그대에게 성스러운 시야를 열어 줄 것이다.
나의 지고의 요가를 보라.

마치 눈에 보이지 않는 X광선이 자신에게는 보이지 않지만 존재하는 것처럼 성스러운 시야가 열린다면 새로운 차원의 세계가 보일 것이다. 그렇다면 무엇으로 그렇게 될 수가 있을 것인가? 바로 신비스런 요가의 직관적인 힘으로 보라는 것이다. 이것을 성스러운 눈의 경지인 바바 삼매(Bhava Samadhi) 또는 우주의식인 니르비칼파 삼매를 통하여 성스러운 형태를 볼 수가 있을 것이다. 여기에서 성스러운 눈은 디브야 차크슈(Dvya Chakshu)이며 육체의 눈은 맘사 차크슈(Mamsa Chakshu)를 말한다.

9 सञ्जय उवाच

एवमुक्त्वा ततो राजन्महायोगेश्वरो हरिः ।

दर्शयामास पार्थाय परमं रूपमैश्वरम् ॥ ९

산자야 우바차
에바무크바 타토 라잔마하요게스바로 하리흐 |
다르사야마사 파르타야 파라맘 루파마이스바람 |9|

산자야 우바차=산자야가 말했다; 에밤=그러므로; 우크바=말하는; 타타흐=그런 다음; 라잔=오 왕이여; 마하요게스바라흐=요가의 위대한 주; 하리흐=하리; 다르사야마사=보이는; 파르타야=파르타에게; 파람=지고의; 루팜=형상; 아이스바람=지배자.

산자야가 말하기를
그런 다음에, 오 왕이여, 위대한 요가의 주 하리는
그의 지고의 형상을 파르타에게 보여주었습니다.

10 अनेक वक्त्र नयनमनेकाद्भुत दर्शनम् ।

अनेकदिव्याभरणम् दिव्यानेकोद्यतायुधम् ॥ १०

아네카 바크트라 나야나마네카드부타 다르사남 |
아네카디브야바라남 디브야네코드야타유담 |10|

아네카 바크트라 나야남=수많은 입과 눈으로; 아네카 아드부타 다르사남=수많은 놀라운 광경들로; 아네카 디브야 아바라남=수많은 성스러운 장식들로; 디브야 아네카 우드야타 아유담=수많은 장대한 성스러운 무기들로.

수없이 많은 입과 눈으로, 수없이 많은 놀라운 광경들로,
수많은 성스러운 장신구들로, 수없이 많은 장대한 성스러운 무기
들로.

찬란한 성스러운 영적인 세계를 아르주나의 삼매의 경지로 끌어올려 찬
란한 우주 의식의 세계를 보여주며 무한의 우주의 양자역학의 물리적인 세
계가 수많은 신화와 함께 펼쳐지는 것이다.

11 दिव्यमाल्याम्बरधरं दिव्यगन्धानुलेपनम् ।
सर्वाश्चर्यमयं देवं अनन्तं विश्वतो मुखम् ॥ ११

디브야말르얌브라다람 디브야간다눌레파남 |
사르바스차르야마얌 데밤 아난탐 비스바토 무캄 |11|

디브야 말르야 암브라; 다람=성스러운 화환과 옷을 입고; 디브야
간다 아눌레파남=성스러운 기름을 머리에 바르고; 사르바 아스차
르야 마얌=경이로운 모든 것; 데밤=찬란한; 아난탐=영원한; 비스
바토무캄=모든 면의 얼굴을 하고.
천상의 화환과 의복을 입고 천상의 향유를 머리에 바르고
경이로운 모든 것과 찬란하고 무한하며 모든 면의 얼굴로.

12 दिवि सूर्यसहस्रस्य भवेद्युगपदुत्थिता ।
यदि भाः सदृशी सा स्याद्भासस्तस्य महात्मनः ॥ १२

디비 수르야사하스라스야 바베드유가파두띠타 |
야디 바흐 사드리시 사 스야드바사스타스야 마하트마나흐 |12|

디비=하늘에서; 수르야사하스라스하=천 개의 태양; 바테트=이다;
유가파트=한번에; 우띠타=일어난; 야디=만일; 바흐=빛나는; 사드
리시=~처럼; 사=그것; 스야트=될 것이다; 바사흐=광채; 타스야=
그것의; 마하트마나흐=강력한 존재의.
만일 천 개의 태양의 빛이 하늘에서 단번에 타오른다면
그것은 강력한 존재의 광채가 빛나는 것과 같을 것이다.

13 तत्रैकस्थं जगत्कृत्स्नं प्रविभक्तमनेकधा ।

अपश्यद्देवदेवस्य शरीरे पाण्डवस्तदा ॥ १३

타트라이카스탐 자가트크리트스나 프라비박타마네카다 |
아파샤떼바데바스야 사리레 판다바스타다 |13|

타트라=거기에; 에카스탐=하나에서 쉬고 있는; 자가트=우주; 크
리트스남=전체; 프라비박탐=분리된; 아네카다=많은 무리들 속에;
아파스야트=보았다; 데바데바스야=신들의 신; 사리레=몸으로; 판
다바흐=판두의 아들; 타다=그런 다음.
판두의 아들은 분리된 것들이 한 곳으로 모여 있는
우주 전체를 신중의 신의 몸으로 보았다.

14 ततः स विस्मयाविष्टो हृष्टरोमा धनञ्जयः ।

प्रणम्य शिरसा देवं कृताञ्जलिरभाषत ॥ १४

타타흐 사 비스마야비쉬토 흐리쉬타로마 다난자야흐 |
프라남야 시라사 데밤 크리탄잘리라바샤타 |14|

타타흐=그런 다음; 사흐=그는; 비스마야 아비쉬타흐=놀라움으로 꽉 찬; 흐리쉬타로마=머리칼을 바닥에 대고; 다남자야=아르주나; 프라남야=절하는; 시라사=머리로; 데밤=신 크리탄잘리흐=합장을 한; 아바샤타=말했다.
그런 다음 다난자야는 놀라움에 벅차
그의 머리칼을 바닥에 대고 주를 숭배하면서
머리를 엎드려 절하고 두 손을 합장하며 말했다.

15 अर्जुन उवाच

पश्यामि देवांस्तव देव देहे सर्वांस्तथा भूतविशेषसङ्घान् ।

ब्रह्माणमीशं कमलासनस्थमृषींश्च सर्वानुरगांश्च दिव्यान् ॥ १५

아르주나 우바차
파샤미 데밤스타바 데바 데헤 사르밤스타타 부타비세샤상간 |
브라흐나미삼 카말라사나스타므리쉼스차 사르바누라감스차 디브얀 |15|

아루주나 우바차=아르주나가 말했다; 파스야미=보다; 데반=신들; 타타=당신의; 데바=오 신이여; 데헤=몸으로; 사르반=모든; 타타=또한; 부타비세샤삼간=브라흐마; 이삼=주카말라; 아사나스탐=연꽃 위에 앉은; 리쉰=현명한 자들; 차=그리고; 사르반=모든; 우라간=뱀들; 차=그리고; 디브얀=성스러운.
아르주나가 말했다.
신이여, 나는 당신의 몸으로 모든 신들과
모든 존재들의 층의 주인들과 연꽃 위에 앉아 있는 주 브라흐마와
모든 현명한 자들과 천상의 뱀들을 봅니다.

이 절은 무한 의식 안에 체득되어 빛나는 직관적인 내면의 초월적인 우주의 세계를 표현하는 것이다. 그것은 불교의 화엄(華嚴), 법화(法華)의 경전에서 나오는 찬란한 세계를 말함이요, 도교와 노장에서 말하는 천상의 세계를 말함이요, 그것은 존 밀턴(John Milton)의 《실락원 Paradise》을 말함이요, 그것은 천체물리학과 현대물리학에서 말하는 광대한 우주의 펼쳐짐을 표현하는 것이다. 모든 신화들이 창조와 유지와 소멸의 찬란한 과정의 아름다운 자취나 증거로서 표현되는 것이다.

16 अनेक बाहूदरवक्त्रनेत्रं पश्यामि त्वां सर्वतोऽनन्तरूपम् । नान्तं न मध्यं पुनस्तवादिं पश्यामि विश्वेश्वर विश्वरूप ॥ १६

아네카 바후다라바크트라네트람 파샤니 트밤 사르바토아난타루팜 |
난탐 나 마드얌 푸나스타바딤 파샤미 비스베스바라 비스바루파
|16|

아네카바후 우다라바크트라네트람=각양각색의 팔과 배와 입과 눈; 파샤미=보다; 트밤=당신에게; 사르바타흐=모든 면에서; 아난타루팜=무한한 형상들의; 나=아니다; 안탐=마지막; 나=아니다; 마드얌=중간; 나=아니다; 푸나흐=다시; 타바=당신의; 아딤=기원; 파샤미=보다; 비스베스바라=오 우주의 주여; 비스바루파=오 우주의 형상이여.

나는 셀 수 없는 팔과 배와 입과 눈으로
모든 면에서 형상으로 무한한 당신을 봅니다. 내가 보는 것은
당신의 마지막도 중간도 시작도 아닙니다,
오 우주의 주인이여, 오 우주의 형상이여.

17 किरीटिनं गदिनं चक्रिणं च तेजोराशिं सर्वतो दीप्तिमन्तम् ।
पश्यामि त्वां दुर्निरीक्ष्यं समन्ताद्दीप्तानलार्कद्युतिमप्रमेयम् ॥ १७

키리티남 가디남 차크리남 차 테조라심 사르바토 디프티만탐 |
파샤미 트밤 두르니리크샴 사만타띠프타날라르카드유티마프라메얌 |17|

키르티남=왕관으로; 가디남=곤봉으로; 차크리남=원반으로; 차=그리고; 테조라심=거대한 빛; 사르바타흐=어디에서나; 디프티만탐=빛나는; 파스야미=보다; 트밤=당신에게; 두르니리크샴=보기 어려운; 사만타트=모든 주위에; 디프타 아날라 아르카=불과 태양이 타는 듯이 빛나는; 아프라메얌=측정할 수 없는.

나는 왕관과 곤봉과 원반을 가지고 어디에나 광대한 빛으로 빛나며 불과 태양의 불꽃처럼 주변을 눈부시게 하여
보기 어려운 당신을 봅니다.

18 त्वमक्षरं परमं वेदितव्यं त्वमस्य विश्वस्य परं निधानम् ।
त्वमव्ययः शाश्वतधर्मगोप्ता सनातनस्त्वं पुरुषो मतो मे ॥ १८

트바마크샤람 파라맘 베디타브얌 트바마스야 비스바스야 파람 니다남 |
트바마브야야흐 사스바타다르마고프타 사나타나스트밤 푸루쇼 마토 메 |18|

트밤=당신은; 아크샤람=불멸의; 파라맘=지고의 존재; 베디타브얌=알려진 것; 트밤=당신은; 아스야=이것의; 비스바스야=우주의; 파람=위대한; 니다남=보석의 집; 트밤=당신은; 아브야야흐=사라

지지 않는; 사스바타다르마고프타=영원한 정의의 보호자; 사나타
나흐=고대의; 트밤=당신은; 푸루샤흐=절대의; 마타흐=생각; 메=
나에 의해.
당신은 불멸하며 실현된 최고의 존재입니다.
당신은 우주의 위대한 집이며 당신은
영원한 정의의 불멸의 수호자입니다. 당신은
태초의 절대자라고 나는 생각합니다.

19 अनादिमध्यान्तमनन्तवीर्यमनन्तबाहुं शशिसूर्यनेत्रम् ।
पश्यामि त्वां दीप्तहुताशवक्त्रं स्वतेजसा विश्वमिदं तपन्तम् ॥ १९

아나디마드얀타마난타비르야마난타바훔 사시수르야네트람 |
파샤미 트밤 디프타후타사바크트람 스바테자사 비스바미담 타판
탐 |19|

아나디 마드야 안탐=시작과 중간이나 끝이 없는; 안난타비르얌=무
한한 힘으로; 아난타바훔=무한한 팔; 사시수르야네트람=당신의
눈 태양과 달; 파샤미=보다; 트밤=당신에게; 디프타후타사바크트
람=당신의 입 속에 타는 불; 스바테자사=당신의 빛으로; 디스밤=
우주; 이담=이것; 타판탐=열이 나는.
당신은 시작도 중간도 끝도 없으며 무한한 힘과 무한한 팔이며
태양과 달은 당신의 눈으로 존재하며
당신의 입으로 불을 태우면서 당신의 광휘로
우주 전체에 열을 가합니다.

20 द्यावापृथिव्योरिदमन्तरं हि व्याप्तं त्वयैकेन दिशश्च सर्वाः ।
दृष्ट्वाद्भुतं रूपमुग्रं तवेदं लोकत्रयं प्रव्यथितं महात्मन् ॥ २०

드야바프리티브요리다만타람 히 브야프탐 트바야이케나 디사스 차 사르바흐 |
드리쉬타드부탐 루파무그람 타베담 로카트라얌 프라브야티탐 마하트만 |20|

드야바프리티브요흐=천상과 지상의; 이담=이것; 안타람=사이의 공간; 히=실로; 브야프탐=채워진; 트바야=당신에게; 에케나=홀로; 디사흐=방위; 차=그리고; 사르바흐=모든; 드리쉬타바=보이는; 아다부탐=놀라운; 루팜=형상; 로카트라얌=삼계(三界); 프라브야티탐=두려움에 떠는; 마하트만=위대한 존재.
이것은 천상과 지상 사이의 공간이며
사방이 오직 당신으로 가득 채워져 있습니다. 이것을 보면서
당신의 놀랍고 두려운 형상으로 삼계(三界)는 두려움에 떱니다,
오 강력한 존재시여.

21 अमी हि त्वां सुरसङ्घा विशन्ति केचिद्भीताः प्राञ्जलयो गृणन्ति ।
स्वस्तीत्युक्त्वा महर्षिसिद्धसङ्घाः स्तुवन्ति त्वां स्तुतिभिः पुष्कलाभिः ॥ २१

아미 히 트밤 수라상가 비산티 케치드비타흐 프란잘라요 그리난티 |
스바스티트유크트바 마하르쉬 시따상가흐 스투반티 트밤 스투티비흐 푸쉬칼라비흐 |21|

아미=이것들의; 히=진실로; 트밤=당신에게; 수라상가흐=신들의; 비산티=들어가다; 케치트=어떤; 비타흐=두려움으로; 프란잘라야

흐=합장하고; 그리난티=격찬하다; 스바스티=잘될 것이다; 이티=
그러므로; 우크트바=말하는; 마하르쉬시따삼가흐=위대한 보는 자
들과 완전한 자들; 스투반티=찬미하다; 트밤=그대에게; 스투티비
흐=찬양으로; 푸쉬칼라미흐=완전한.

이러한 신들의 주인들은 실로 당신 안에 있나니, 어떤 것은
양손을 모아 합장하면서 두려움으로 당신을 격찬하며
위대한 보는 자들과 완전한 자들은 만세를 외치며
장엄한 노래로 찬양합니다.

22 रुद्रादित्या वसवो ये च साध्या विश्वेऽश्विनौ मरुतश्चोष्मपाश्च । गन्धर्वयक्षासुरसिद्धसङ्घा वीक्षन्ते त्वां विस्मिताश्चैव सर्वे ॥ २२

루드라디트야 바사보 예 차 사드야 비스베아스비나우 마루타스초
쉬마파스차 |
간다르바야그샤수라시따상가 비크샨테 트밤 비스미타스차이바
사르베 |22|

루드라 아디트야흐=파괴의 신과 태양의 정신; 바사바흐=빛의 신;
테=이것들의; 차=그리고; 사드야흐=하늘의 정신; 비스베=보잘것
없는 신; 아스비나우=두 기수; 마루타흐=태풍의 주; 차=그리고;
우쉬마파흐=더운 음료를 마시는 자; 차=그리고; 간다르바 야크샤
아수라 시따 상가흐=천상의 음악과 악귀들와 악마들과 완전한 존
재들의 주인들; 비크샨테=바라보고 있다; 트밤=그들에게; 비스미
타흐=놀란; 차=그리고; 에바=심지어; 사르베=모든.

파괴의 신 루드라와 태양의 정신 아디트야, 빛의 신 바사바흐,
하늘의 정신 사드야흐, 보잘 것 없는 편의 신 비스베,
두 기수들 아스비나우와 태풍의 주 마루타흐,
더운 음료를 마시는 우쉬파마흐, 그리고 천상의 음악을 하는 간다

르바, 악귀들과 악마들과 완전한 존재의 주인들,
그들은 모두 당신을 바라보며 놀라워합니다.

23 रूपं महत्ते बहुवक्त्रनेत्रं महाबाहो बहुबाहुरुपादम् ।
बाहूदरं बहुदंष्ट्राकरालं दृष्ट्वा लोकाः प्रव्यथितास्तथाहम् ॥ २३

루팜 마하떼 바후바크트라네트람 마하바호 바후바후루파담 |
바후다람 바후담쉬트라카랄람 드리쉬트바 로카흐 프라브야티타
스타타함 |23|

루팜=형상; 마하트=위대한; 테=그들의; 바후바크트라네트람=많
은 입들과 눈들로; 마하바호=강한 팔을 가진 이; 바후바후 우루파
담=많은 팔과 넓적다리와 발로; 바루 우다람=많은 배로; 바후담쉬
트라카랄람=많은 엄니로; 무시무시한 드리쉬타=보여진; 로카흐=
세상; 프라브야티타흐=겁에 질린; 타타=또한; 아함=나는.
오 강한 팔을 가진 이여, 당신의 무수한 입과 눈과
수많은 팔과 허벅지와 발과 수많은 배와
수많은 엄니와 무시무시한 위대한 당신의 형상을 보면서
세상은 공포에 떨며 나 또한 그러합니다.

24 नभः स्पृशं दीप्तमनेकवर्णं व्यात्ताननं दीप्तविशालनेत्रम् ।
दृष्ट्वा हि त्वां प्रव्यथितान्तरात्मा धृतिं न विन्दामि शमं च विष्णो ॥ २४

나바흐 스프리샴 디프타마네카바르남 브야따나남 디프타비샬라
네트람 |
드리쉬타 히 트밤 프라브야티탄타라트마 드리팀 나 빈다미 샴

차 비쉬노 |24|

나바흐 스프리삼=하늘에 닿을 때; 디프탐=빛나는; 아네카바르남=많은 색으로; 브야따나남=입이 크게 벌어지면서; 디프타비살라=타는듯한 두 눈으로; 드리쉬타=보이는; 히=진실로; 트밤=당신에게; 프라브야티타 안타라트마=가슴이 떨리는; 드리팀=용기; 나=아니다; 빈다미=찾다; 사맘=평화; 차=그리고; 비쉬노=오 비쉬누여.
입이 크게 벌어지고 활활 타는 듯한 두 눈으로 수많은 빛나는 색으로
당신이 하늘에 닿는 것을 볼 때 나의 가슴은 공포로 벌벌 떨리며
나는 평화를 찾거나 용기를 낼 수 없습니다, 오 비쉬누여.

25 दंष्ट्राकरालानि च ते मुखानि दृष्ट्वैव कालानलसन्निभानि ।
दिशो न जाने न लभे च शर्म प्रसीद देवेश जगन्निवास ॥ २५

담쉬트라카랄라니 차 테 무카니 드리쉬트바이바 칼라날라산니바니 |
디소 나 자네 나 로베 차 사르마 프라시다 데베사 자간니바사 |25|

담쉬트라카랄라니=엄니로 무시무시한; 차=그리고; 테=당신의; 무카니=입들; 드리쉬타=보이는; 에바=심지어; 칼라 아날라삼니바니=프랄라야, 시간의 불꽃처럼 타오르는; 디사흐=방위; 나=아니다; 자네=알다; 나=아니다; 라베=찾다; 차=그리고; 사르마=평화; 프라시다=은총; 데베사=오 신들의 주여; 자간니바사=오 우주의 거하는 이여.
프랄라야의 불꽃처럼 타오르는 엄니가 있는 무시무시한
당신의 입을 보았을 때 나는 방향을 구분하지 못하고
평화를 찾을 수 없습니다. 은총을 주소서, 오 신들의 주여,

오 우주에 거하는 이시여.

26 अमी च त्वां धृतराष्ट्रस्य पुत्राः सर्वे सहैवावनिपालसङ्घैः ।
भीष्मो द्रोणः सूतपुत्रस्तथासौ सहास्मदीयैरपि योधमुख्यैः ॥ २६

아미 차 트밤 드리타라쉬트라스야 푸트라흐 사르베 사하이바바니
팔라상가이흐 |
비쉬모 드로나흐 수타푸트라스타타사우 사하스마디야이라피 요
다무크야이흐 |26|

아미=이것들의; 차=그리고; 트밤=당신에게; 드리타라쉬트라스야
=드리타라쉬트라의; 푸트라흐=아들들; 사르베=모든; 사하=~와
함께; 에바=심지어; 아바니팔라상가이흐=대지의 왕의 주인; 비쉬
마흐=비쉬마; 드로나흐=드로나; 수타푸트라흐=전차장의 아들; 타
타흐=또한; 아사우=이것; 사하=~와 함께; 아스미디야이흐=우리
와 함께; 아피=또한; 요다무크야이흐=전사들의 지배자.
드리타라쉬트라의 모든 아들들과 대지의 왕, 비쉬마, 드로나,
수타푸트라흐와 우리 전사들의 지배자들은 모두,

27 वक्त्राणि ते त्वरमाणा विशन्ति दंष्ट्राकरालानि भयानकानि ।
केचिद्विलग्ना दशनान्तरेषु संदृश्यन्ते चूर्णितैरुत्तमाङ्गैः ॥ २७

바크트라니 테 트바라마나 비산티 담쉬트라카랄라니 바야나카니 |
케치드빌라그나 다사난타레슈 삼드리스얀테 추르니타이루따망가
이흐 |27|

바크트라니=입들; 테=당신의; 트바라마나흐=급히; 비샨티=들어
가다; 담쉬트라카랄라니=공포의 이가 있는; 바야나카니=보기에
무시무시한; 케치트=어떤; 빌라그라흐=끼인; 다사나 운타레슈=이
사이에; 삼드라스얀테=찾게 되다; 추르니타이흐=가루로 부셔 버
린; 우따마 앙가이흐=머리들로.
공포의 엄니가 있는 무시무시한 당신의 입 속으로
순식간에 들어가 어떤 것은 머리가 가루로 부서져
이 사이에 끼여 보입니다.

28 यथा नदीनाम् बहवोऽम्बुवेगाः समुद्रमेवाभिमुखाद्रवन्ति ।
तथा तवामी नरलोकवीरा विशान्ति वक्त्राण्यभिविज्वलन्ति ॥ २८

야타 나디남 바하보암부베가흐 사무드라메바비무카드라반티 |
타타 타바미 나라로카비라 비샨티 바크트란야비비즈발란티 |28|

야타=~처럼; 나디남=강들의; 바하바흐=많이; 암부베가흐=물의
흐름; 사무드람=바다로; 에바=진실로; 아비무카흐=~쪽으로; 드
라반티=흐르다; 타타=그렇게; 타바=당신의; 아미=이것들의; 나랄
로카비라흐=인간 세상의 영웅들; 비산=들어가다; 바크트라니=입;
아비비즈발란티=불타는.
진실로 많은 강물이 바다로 흘러가는 것처럼
그렇게 인간 세상의 이러한 영웅들도
당신의 불타는 입 속으로 내던져집니다.

29

यथा प्रदीप्तं ज्वलनं पतङ्गा विशन्ति नाशाय समृद्धवेगाः ।
तथैव नाशाय विशन्ति लोकास्तवापि वक्त्राणि समृद्धवेगाः ॥ २९

야타 프라디프탐 즈발라남 파탕가 비샨티 나사야 사므리따베가흐 ǀ
타타이바 나사야 비샨티 로카스타바피 바크트라니 사므리따베가흐 ǀ29ǀ

야타=~처럼; 프라디프탐=타오르는; 즈발라남=불; 파탕가흐=나 방들; 비샨티=들어가다; 나사야=파괴로; 사므리따베가흐=빠른 속도로; 타타=그렇게; 에바=오직; 나사야=파괴로; 비샨티=들어가다; 로카흐=창조물들; 타바=당신의; 아피=또한; 바크트라니=입들; 사므리따베가흐=빠른 속도로.

불나방이 죽음을 부르는 불꽃 속으로 쏜살같이 돌진하듯이
이러한 창조물들도 그들의 파멸을 부르는 당신의 입 속으로
순식간에 들어갑니다.

30

लेलिह्यसे ग्रसमानः समन्ताल्लोकान्समग्रान्वदनैर्ज्वलद्भिः ।
तेजोभिरापूर्य जगत्समग्रं भासस्तवोग्राः प्रतपन्ति विष्णो ॥ ३०

렐리흐야세 그라사마나흐 사만탈로칸사마그란바다나이르즈발라드비흐 ǀ
테조비라푸르야 자가트사마그람 바사스타보그라흐 프라타판티 비쉬노 ǀ30ǀ

렐리흐야세=당신은 널름거리다; 그라사마나흐=먹어치우는; 사만타트=모든 면에서; 로칸=세상들; 사마그란=모든; 바다나이흐=입으로; 즈발라드비흐=타오르는; 테조미흐=빛나는; 아푸르야=채우

는; 자가트=세상; 사마그람=전체; 바사흐=광선; 타바=그들의; 우그라흐=흉포한; 프라타판티=불타는; 비쉬노=비쉬누.
당신은 혀를 널름거리며 불타는 입으로
주위의 모든 세상을 삼켜 버립니다. 당신의 흉포한 광선은
빛으로 세상 전체를 가득 채우면서 태워 버립니다, 오 비쉬누여!

31 आख्याहि मे को भवानुग्ररूपो नमोऽस्तु ते देववर प्रसीद ।
विज्ञातुमिच्छामि भवन्तमाद्यं न हि प्रजानामि तव प्रवृत्तिम् ॥ ३१

아크야히 메 코 바바누그라루포 나모아스투 테 데바바라 프라시다 |
비그야투미짜미 바반타마드얌 나 히 프라자나미 타바 프라브리띰
|31|

아크야히=말하다; 메=나를; 카흐=누구; 바반=당신은; 우그라루파흐=광포한 형상으로; 나마흐=경배; 아스투=이다; 테=당신에게; 데바바라=오 지고의 신이여; 프라시다=은총을 가진; 비그야투마=아는 것; 이짜미=원하다; 바반탐=당신에게; 아드얌=근원적인 존재; 나=아니다; 히=실로; 프라자나미=알다; 타바=당신의; 프라브리띰=하는.
나에게 그렇게 광포한 형상의 당신이 누구인지 말해 주십시오.
나는 당신에게 경배하나니, 오 지고의 신이여, 은총을 내리소서.
나는 근본적인 존재인 당신을 알기 원합니다.
나는 당신의 목적을 알지 못합니다.

크리쉬나는 부드러운 이미지의 비쉬누 신의 화신이며 아름답고 행복한 초월적인 이미지만을 부각시켰으나 사실은 강력한 힘을 지니고 있다. 리그 베다에는 파괴와 소멸의 신인 시바 신이 변모하기 전의 신인 루드라 신까지도 포함할 정도로 악을 물리치는 강한 힘을 지니고 있는 것으로 표현되고 있

다. 시바 신은 베다와 우파니샤드 시대 이후 프라나 경전의 시대에 최고의 신으로 알려져 있으며 브라마, 비쉬누 신을 포함하고 위대한 마헤시라고 불리며 성모들과 함께 최고의 신으로 인도인들에게 사랑을 받고 있다. 그러나 크리쉬나는 독특하게 예외적으로 수루티인 베다와 우파니샤드와 기타와 푸라나를 통괄한다. 인도에서 비쉬누 신은 시바 신보다는 상대적으로 좀 약하게 표현되기도 하지만 크리쉬나와 시바, 그리고 성모인 데비들의 예배는 인도 사상과 종교와 예배에 중추적인 역할을 하는 것이다. 그러한 의미에서 바가바드 기타는 계급과 종파와 수행 방법과 종교의 모든 것들을 아우를 수 있는 인도의 대표적인 경전이다.

또한 여기에서 크리쉬나는 그 모든 인도인과 힌두 사상의 중추적인 역할을 하고 있는 것이다. 그러한 그에게 누구냐고 묻는 아르주나의 질문은 크리쉬나의 중요한 대답을 원하는 것이다.

32 श्रीभगवानुवाच

कालोऽस्मि लोकक्षयकृत्प्रवृद्धो लोकान् समाहर्तुमिह प्रवृत्तः ।
ऋतेऽपि त्वां भविष्यन्ति सर्वे येऽवस्थिताः प्रत्यनीकेषु योधाः ॥ ३

스리 바가바누바차
칼로아스미 로카크샤야크리트프라브리또 로칸 사마하르투미하 프라브리따흐 |
리테아피 트밤 나 바비쉬얀티 사르베 예아바스티타흐 프라트야니케슈 요다흐 |32|

스리 바가바누바차=스리 바가반이 말하였다; 칼라흐=시간; 아스미=이다; 로카크샤야크리트=세상을 파괴시키는; 프라브리따흐=강력한; 로칸=세상들; 사마하르툼=파괴하는 것; 이하=여기; 프라브리따흐=약속된; 리테=~없이; 아피=또한; 트밤=당신에게; 나=

아니다; 바비쉬얀티=살 것이다; 사르베=모든; 예=그것들의; 아바스티타흐=정렬시킨; 프라트야니케유=적의에 찬 군사들로; 요다흐=전사들.
스리 바가반 말하기를
나는 세상을 멸망시키는 강력한 시간이다.
지금은 세상을 씻어낼 약속된 때이다. 그대가 없애지 않더라도 적의로 가득 찬 군대들의 정렬된 전사들은 죽게 될 것이다.

크리쉬나는 창조와 유지 그리고 소멸 모두를 포함한 신이며 또한 화신으로 가장 인간에 가까이 다가와 있는 신이기도 하다.

33 तस्मात्त्वमुत्तिष्ठ यशो लभस्व जित्वा शत्रून् भुङ्क्ष्व राज्यं समृद्धम् । मयैवैते निहताः पूर्वमेव निमित्तमात्रं भव सव्यसाचिन् ॥ ३३

타스마뜨바무띠쉬타 야소 로바스바 지트바 사트룬 붕크쉬바 라즈얌 삼리땀 |
마야니바이테 니하타흐 푸르바메바 니미따마트람 바바 사브야사친 |33|

타스마트=그러므로; 트밤=당신은; 우띠쉬타=일어서다; 야사흐=명성; 라바스바=얻다; 지트바=싸우는; 사트란=적들; 분크쉬바=즐기다; 라즈얌=왕조; 사므리땀=무적의; 마야=나에 의해; 에바=심지어; 에테=이것들의; 니하타흐=살해된; 푸르밤=이미; 에바=심지어; 니미따마트람=단순한 도구; 바바=있다; 사브야사치트=왼손의 존재여.
그러므로 그대는 일어나 명성을 얻으라.
적들과 싸우고 비길 데 없는 왕권을 향유하라.
그들은 이미 나에 의해 진정으로 죽게 되었으니

그대는 단순히 외부적인 원인에 불과하다, 오 왼손으로 싸우는 이여.

34 द्रोणं च भीष्मं च जयद्रथं च कर्णं तथान्यानपि योधवीरान् ।
म्या हतांस्त्वं जहि मा व्यथिष्ठा युध्यस्व जेतासि रणे सपत्नान् ॥ ३४

드로남 차 비쉬맘 차 자야드라탐 차 카르남 타탄야나피 요다비란 |
마야 하탐스트밤 자히 마 브야티쉬타 유드야스바 제타시 라네 사파트남 |34|

드로남=드로나; 차=그리고; 비쉬맘=비쉬마; 차=그리고; 자야드라탐=자야드라타; 차=그리고; 카르남=카르나; 타타=또한; 안얀=또 다른; 아피=또한; 요다비란=용감한 전사들; 마야=나에 의해; 하탄=죽인; 트밤=당신은; 자히=죽이다; 마=아니다; 브야티쉬타흐=압박당하는; 유드야스바=싸우다; 제타시=정복할 것이다; 라네=전쟁터에서; 사파트란=적들.

이미 나로 인해 운이 다한 드로나와 비쉬마, 자야드라타, 카르나, 그리고
다른 용감한 전사들을 죽여라. 두려움으로 괴로워 말고 싸워라.
그대는 전쟁터에서 그대의 적들을 정복할 것이다.

35 सञ्जय उवाच

एतच्छ्रुत्वा वचनं केशवस्य कृताञ्जलिर्वेपमानः किरीटी ।
नमस्कृत्वा भूय एवाह कृष्णं सगद्गदं भीतभीतः प्रणम्य ॥ ३५

산자야 우바차

에타쯔루트바 바차남 케사바스야 크리탄잘리르베파마나흐 키리티 |
나마스크리트바 부야 에바하 크리쉬남 사가드가담 비타비타흐 프라남야 |35|

산자야 우바차=산자야가 말했다; 에타트=그것; 스루트바=듣는; 바차남=말; 케사바스야=케사바의; 크리탄잘리흐=합장으로; 베파마나흐=떨리는; 키리티=왕관을 쓴 존재; 나마스크리트바=엎드려 절하는; 부야흐=다시; 에바=심지어; 아하=하다; 크리쉬남=크리쉬나의; 사가드라담=숨막히는 소리로; 비타비타흐=두려움에 놀라; 프라남야=절하는.
산자야가 말했다.
케사바의 말을 들으면서 왕관을 쓴 존재는 떨리는 손으로 합장하며 절하고는
두려움에 놀라 엎드려 절하면서 숨막히는 목소리로 다시 크리쉬나에게 말했다.

36

अर्जुन उवाच

स्थाने हृषीकेश तव प्रकीर्त्या जगत्प्रहृष्यत्यनुरज्यते च ।
रक्षांसि भीतानि दिशो द्रवन्ति सर्वे नमस्यन्ति च सिद्धसङ्घाः ॥ ३६

아르주나 우바차
스타네 흐리쉬케사 타바 프라키르트야 자가트프라흐리쉬야트야누라자야테 차 |
라크샴시 비타니 디소 드라반티 사르베 나마스얀티 차 시따상가흐 |36|

제11장 비스바루파 다르사나 요가 409

아루주나 우바차=아르주나가 말했다; 흐리쉬케소=흐리쉬케사; 타바=당신의; 프라키르트야=찬미로; 자가트=세상; 프라흐리쉬야티=빛나는; 아누라즈야테=즐거움; 차=그리고; 라크샴시=괴물들; 비타니=두려움으로; 디사흐=온 사방으로; 드라딘티=날다; 사르바=모든; 나마스탄티=절하다; 차=그리고; 시따 삼가흐=완전한 자들의 주인.

아르주나가 말했다.
오 흐리쉬케사여, 당신의 은총 속에서 빛나고 기쁜 세상을 만나니,
두려움에 질린 괴물들은 온 사방으로 날아가며
완전한 자들의 모든 주인들은 당신에게 절합니다.

37 कस्माच्च ते न नमेरन्महात्मन् गरीयसे ब्रह्मणोऽप्यादिकर्त्रे । अनन्त देवेश जगन्निवास त्वमक्षरं सदसत्तत्परं यत् ॥ ३७

카스마짜 테 나 나메란마하트만 가리야세 브라흐마노아프야디카르트레 |
아난타 데베사 자간니바사 트밤아크샤람 사다사따트파람 야트
|37|

카스마트=왜; 차=그리고; 테=당신의; 나=아니다; 나메란=절할 것이다; 마하트만=오 위대한 정신이여; 가리야세=위대한 자; 크라흐마나흐=브라흐마의; 아피=또한; 아디카르트레=본질적인 원인; 아난트=무한한 존재; 데베사=신들의 주인; 자간니바사=우주의 주인; 트밤=당신은; 아크샤람=불멸하는; 사트=존재; 아사트=비존재; 타트=그것; 파람=지고의; 야트=그것.

오 위대한 정신이여, 그리고 그런 이유로 그들은 최고의 근원인 브라흐마보다
더 위대한 당신에게 절할 수 없습니다.

오 무한한 존재여, 오 신들의 주인이여, 오 우주의 주인이여,
당신은 불멸하며 지고의 그것인 존재이며 또한 비존재입니다.

38 त्वमादिदेवः पुरुषः पुराणस्त्वमस्य विश्वस्य परं निधानम् ।
वेत्तासि वेद्यं च परं च धाम त्वया ततं विश्वमनन्तरूप ॥ ३८

트밤 아디데베흐 푸루샤흐 푸라나스트바마스야 비스바스야 파람
니다남 |
베따시 베드얌 차 파람 차 다마 트바야 타탐 비스바마난타루파 |38|

트밤=당신은; 아디데바흐=최초의 신; 푸루샤흐=절대의; 푸라나흐
=고대의; 트밤=당신은; 아스야=이것의; 비스바스야=우주의; 파람
=지고의; 니다남=피난처; 베따=아는 자; 아시=이다; 베드얌=알려
진; 차=그리고; 파람=최고의; 차=그리고; 다마=거하다; 트바야=
당신에게; 타탐=퍼져 있는; 비스밤=우주; 아난타루파=무한한 형
상의 존재.
당신은 최초의 신이며 태초의 절대자입니다.
당신은 지고의 상태에 거하며 당신은 알고 있으며
알려질 수 있으며 지고의 상태를 유지하니 당신에 의해
이 우주는 퍼져 있습니다, 오 무한한 형상의 존재여.

39 वायुर्यमोऽग्निर्वरुणः शशाङ्कः प्रजपतिस्त्वं प्रपितामहश्च ।
नमो नमस्तेऽस्तु सहस्रकृत्वः पुनश्च भूयोऽपि नमो नमस्ते ॥ ३९

바유르야모아그니르바루나흐 사상카흐 프라자파티스트밤 프라피
타마하스차 |

제11장 비스바루파 다르사나 요가 411

나모 나마스테아스투 사하스라크리트바흐 푸나스차 부요아피 나
모 나마스테 |39|

바유흐=바람의 신; 야마흐=죽음의 신; 아그니흐=불의 신; 바루나
흐=물의 신; 사상카흐=달; 프라자파티흐=프라자파티; 트밤=당신
은; 프라피타마하흐=위대한 조상; 차=그리고; 나마흐=경배; 테=
당신에게; 아스투=이다; 사하스라=천 번; 푸나흐=다시; 차=그리
고; 부야흐=다시; 아피=또한; 나마흐=경배; 나마흐=경배; 테=당
신에게.
당신은 바람의 신이며 죽음의 신이며 불의 신이며 달이며
프라자파티와 위대한 조상입니다. 당신에게 경배하고 경배하니,
천 번 만 번을 당신에게 경배합니다.

40 नमः पुरस्तादथ पृष्ठतस्ते नामेऽस्तु ते सर्वत एव सर्व ।
अनन्तवीर्यामित विक्रमस्त्वं सर्वं समाप्नोषि ततोऽसि सर्वः ॥ ४०

나마흐 푸라스타다타 프리쉬타스테 나모아스투 테 사르바타 에바
사르바 |
아난타비르야미타 비크라마스트밤 사르밤 사마프노쉬 타토아시
사르바흐 |40|

나마흐=경배; 푸라스타트=전에; 아타=또한; 프리쉬타흐=뒤에; 테
=당신에게; 나마흐=경배; 아스투=이다; 테=당신에게; 사르바흐=
모든 면에서; 에바=심지어; 사르바=오 모든 것이여; 아난타비르야
=무한한 힘으로; 아미타비크라마흐=무한한 힘으로; 트밤=당신은;
사르밤=모든; 사마프로쉬=퍼지다; 타타흐=그런 이유로; 아시=이
다; 사르바흐=모든.
당신 이전에 경배하며 당신 이후에 경배하며 모든 면에 경배합니다.

오 모든 것이여! 무한한 힘과 측정할 수 없는 강력함으로
당신은 모든 곳에 퍼져 있으니, 당신은 모든 것입니다.

41 सखेति मत्वा प्रसभं यदुक्तं हे कृष्ण हे यादव हे सखेति ।
अजानता महिमानं तवेदं मया प्रमादात् प्रणयेन वापि ॥ ४१

사케티 마트바 프라사밤 야두크탐 헤 크리쉬나 헤 야다바 헤 사케
티 |
아자나타 마히마남 타베담 마야 프라마다트 프라나예나 바피 |41|

사카=친구; 이티=~처럼; 마트바=~에 관해서; 프라사밤=건방진;
야트=무엇이든; 우크탐=말하다; 헤 크리쉬나=오 크리쉬나여; 헤
야다바=오 야다바여; 헤 사카=오 친구여; 이티=그러므로; 아자나
타=알지 못하는; 히마남=위대함; 타바=당신의; 이담=이것; 마야
=나에 의해; 프라마다트=부주의함으로부터; 프라나예나=애정 때
문에; 바=또한; 아피=심지어.
나는 부주의함이나 애정으로 당신에게 말할 때마다
"오 크리쉬나여, 오 야다바여, 오 친구여"라고 부르고
당신의 위대함에 무지한 채로
당신을 단순히 친구로 바라보았습니다.

42 यच्चावहासार्थमसत्कृतोऽसि विहारशय्यासनभोजनेषु ।
एकोऽथवाप्यच्युत तत्समक्षं तत्क्षामये त्वामहमप्रमेयम् ॥ ४२

야짜바하사르타마사트크리토아시 비하라샤이야사나보자네슈 |
에코아타바프야츄유타 타트사마크샴 타트크샤마예 트바마하마프

라메얌 |42|

야트=무엇이든지; 차=그리고; 아바하사르탐=재미삼아; 아사트크
리타흐=무례하게; 아시=이다 비하라사이야 아사나보자네슈=장난
할 때에나 잠잘 때 앉아 있거나 음식을 먹을 때; 에카흐=하나의;
아타바=또는; 아피=심지어; 아츄타=나눠지지 않는 성스러운 본성;
타타=그렇게; 사마크샴=동료로서; 타트=그것; 크샤마예=용서를
빌다; 트밤=당신에게; 아함=나는; 아프라메얌=헤아릴 수 없는.

당신이 농담하며 장난칠 때나 잠잘 때나 앉아 있을 때나
음식을 먹는 동안이나 혼자 있을 때에나 친구들과 같이 있을 때
당신에게 무례하게 했던 것들을, 오 아츄타여,
나는 당신에게 용서를 구합니다, 오 헤아릴 수 없는 존재여.

사람들은 누구나 내면의 존재를 파악하지 못하고 외부적인 연결에 의해서 파악하려고 한다. 특히 가족이나 친구나 친지 주위의 아는 사람들은 진정한 본 모습을 파악하기가 어려울 수가 있다. 예를 들면 많은 성자나 성현들도 그러한 과정을 겪은 후에 그의 초월적인 진가가 드러나는 경우가 많은 것이다. 외부적인 관습이나 교육은 아주 중요한 인격 형성의 원인이 되지만 강한 도그마를 만들어 장애를 만들 수도 있기 때문이다.

43 पितासि लोकस्य चराचरस्य त्वमस्य पूज्यश्च गुरुर्गरीयान् ।
न त्वत्समोऽस्त्यभ्यधिकः कुतोऽन्यो लोकत्रयेऽप्यप्रतिमप्रभाव ॥

피타시 로카스야 차라차라스야 트바마스야 푸즈야스차 구루르가
리얀 |
나 트바트사모아스트야브야디카흐 쿠토안요 로카트라예아프야프
라티마프라바바 |43|

피타=아버지; 아시=이다; 로카스야=세상의 차라; 아차라스야=움직이는 것과 움직이지 않는 것; 트밤=당신은; 아스야=이것의; 푸즈야흐=반대의; 차=그리고; 구루흐=스승; 가리야트=무거운; 나=아니다; 트바트사마흐=당신과 동일한; 아스티=이다; 아브야디카흐=능가하는; 쿠타흐=어디로부터 안야흐=다른; 로카트라예=세 가지의 세상에서; 아피=또한; 아프라티마프라바바=오 비길 데 없는 강력한 존재여.

당신은 변하면서 변하지 않는 이 세상의 아버지입니다.
당신은 이 세상에 의해 숭배받으며 위대한 스승입니다.
삼계(三界)에 당신과 같은 사람은 존재하기 않으며,
누가 당신을 능가할 수 있겠습니까? 오 비길 데 없이 강력한 존재여!

44 तस्मात्प्रणम्य प्रणिधाय कायं प्रसादये त्वामहमीशमीड्यम् ।
पितेव पुत्रस्य सखेव सख्युः प्रियः प्रियायार्हसि देव सोढुम् ॥ ४४

타스마트프라남야 프라니다야 카얌 프라사다예 트바마하미사미드얌 |
피테바 푸트라스야 사케바 사크유흐 프리야흐 프리야야르하시 데바 소둠 |44|

타스마트=그러므로; 프라남야=경배; 프라니다야=굽히면서; 카얌=몸; 프라사다예=용서를 구하다; 트밤=당신에게; 아함=나는; 이삼=주(主); 이드얌=숭배할 만한; 피타=아버지; 이바=~처럼; 푸트라스야=아들의; 사카=친구; 이바=~처럼; 사쿠흐=친구의; 프리야흐=사랑하는; 프리야야흐=사랑하는 사람; 아르하시=~해야 한다; 데바=오 신이여; 소둠=참다.

그러므로 숭배받는 주에게 내 몸을 굽혀
절하면서 용서를 구합니다. 오 주여,

아들을 보살피는 아버지처럼, 우정을 나누는 친구처럼,
사랑하는 연인처럼 나를 살피소서.

45 अदृष्टपूर्वं हृषितोऽस्मि दृष्ट्वा भयेन च प्रव्यथितं मनो मे ।
तदेव मे दर्शय देव रूपं प्रसीद देवेश जगन्निवास ॥ ४५

아드리쉬타푸르밤 흐리쉬토아스미 드리쉬트바 바예나 차 프라브
야티탐 마노 메 |
타데바 메 다르샤야 데바 루팜 프라시다 데베사 자간니바사 |45|

아드리쉬타푸르밤=이전에 본 적이 없는; 흐리쉬타흐=빛나는; 아
스미=이다; 드리쉬타=보여진; 바예나=공포로; 차=그리고; 프라브
야티탐=고통받는; 마나흐=마음; 메=나의; 타트=그것; 에바=오직;
메=나에게; 다르샤야=보이다; 데바=오 신이여; 루팜=형상; 프라
시다=은총을 주는; 데베사=오 신들의 주인이여; 자간니바사=우
주의 주인.

나는 이전에 본적이 없었던 것을 본 것이 기쁩니다. 그러나
나의 마음은 두려움으로 혼란스럽습니다.
나에게 은총을 가진 신의 형상을 보여주소서.
오 신들의 신이여, 오 우주의 주인이여.

46 किरीटिनं गदिनं चक्रहस्तमिच्छामि त्वां द्रष्टुमहं तथैव ।
तेनैव रूपेण चतुर्भुजेन सहस्रबाहो भव विश्वमूर्ते ॥ ४६

키리티남 가디남 차크라하스미차미 트밤 드라쉬투마함 타타이바 |
테나이바 루페나 차투르부제나 사하스라바호 바바 비스바무르테

|46|

키리티남=왕관을 쓴; 가디남=철퇴를 들고; 차크라하스탐=손에 원반을 들고; 이짜미=욕망하다; 트밤=그들에게; 드라쉬툼=보는 것; 아함=나는; 타타 이바=그전처럼; 루페나=형상의; 차투르부제나= 네 개의 팔로; 사하스라바호=천 개의 팔을 가진 이; 바바=이다; 비스바부무르테=우주의 형상.
나는 당신이 왕관을 쓰고 손에 철퇴와 원반을 들고 있기 전의 모습 네 개의 팔을 가지기 전의 형상을 을 보기 원합니다.
오 천 개의 팔을 가진 이여, 오 우주의 형상이여.

47 श्री भगवानुवाच

मया प्रसन्नेन तवार्जुनेदं रुपं परं दर्शितमात्मयोगात् ।
तेजोमयं विश्वमनन्तमाद्यं यन्मे त्वदन्येन न दृष्टपूर्वम् ॥ ४७

스리 바가바누바차
마야 프라산네나 타바르주네담 루팜 파람 다르시타마트마요가트 |
테조마얌 비쉬바마난타마드얌 얀메 트바단예나 나 드리쉬타푸르밤 |47|

스리 바가바누바차=스리 바가반이 말하였다; 마야=나에 의해; 프라산네나=영광스러운 타바=그대에게; 아르주나=아르주나; 이담=이것; 루팜=보여주었다; 아트마요가트=내 자신의 요가의 힘으로; 테조마얌- 빛으로=가득 찬; 비스밤=우주의; 아난탐=끝이 없는; 아드얌=태초의; 야트=그것; 메=나의; 트바트=그대로부터; 안예나=다른 것에 의해; 나=아니다; 드리쉬타푸르밤=전에 본.
스리 바가반께서 말하기를

오 아르주나여, 나는 요가의 힘으로 네가 이전에
본 적이 없었던 찬란한 우주의 무한함과
태초의 지고의 형상을 너에게 영광스럽게 보여주었다.

48 न वेदयज्ञाध्ययनैर्न दानैर्न च क्रियाभिर्न तपोभिरुग्रैः ।
एवं रूपः शक्य अहं नृलोके द्रष्टुं त्वदन्येन कुरुप्रवीर ॥ ४८

나 베다야그야드야야나이르나 다나이르나 차 크리야비르나 타포
비루그라이흐 |
에밤 루파흐 사크야 아함 느리로케 드라쉬툼 트바단예나 쿠루프
라비라 |48|

나=아니다 베다야그야; 아드야야나이흐=베다와 희생과 예배의 연
구; 나=아니다; 다나이흐=자선에 의해; 나=아니다; 차=그리고;
크리야미흐=제식에 의해; 나=아니다; 타미흐=고행의; 우그라이
흐=고된; 에밤 루파흐=그런 형상으로; 사크야흐=가능한; 아함=
나는; 느리로케=인간들의 세상으로; 드라쉬툼=보여진; 트바트=
그대 보다 더; 안예나=다른 사람에게; 쿠루프라비라=쿠루들의 위
대한 영웅.
베다를 공부하는 것이나 예배를 연구하는 것이나 자선에 의한 것
이나
제사 의식에 의한 것이나 엄격한 고행에 의해서가 아니라
나는 다른 사람이 아닌 그대에게 인간의 세상에서
나의 형상을 보게 할 수 있다, 오 쿠루의 영웅이여.

49 मा ते व्यथा मा च विमूढभावो दृष्ट्वा रूपं घोरमीदृङ्ममेदम् ।
व्यपेतभीः प्रीतमनाः पुनस्त्वं तदेव मे रूपमिदं प्रपश्य ॥ ४९

마 테 브야타 마 차 비무다바보 드리쉬트바 루팜 고라미드린마메
담 |
브야페타비흐 프리타마나흐 푸나스트밤 타데바 메 루파미담 프라
파스야 |49|

마=아니다; 테=그대에게; 브야타=공포; 마=아니다; 차=그리고;
비무다바바흐=당황한 상태; 드리쉬트바=본 것; 루팜=형상; 고람
=무서운; 이드리크=그런; 마마=나의; 이담=이것 브야페타비흐=
두려움을 몰아내는; 프라티마나흐=기쁜; 마음으로 푸나흐=다시;
트밤=당신은; 타트=그것; 에바=심지어; 메=나의; 루팜=형상; 이
담=이것; 프라파스야=보다.
나의 무시무시한 모습을 보고 두려워하지도 당황하지 마라.
공포로부터 벗어나 기쁜 마음으로 이전의 나의 형상을 다시 보라.

50 सञ्जय उवाच
इत्यर्जुनं वासुदेवस्तथोक्त्वा स्वकं रूपं दर्शयामास भूयः ।
आश्वासयामास च भीतमेनं भूत्वा पुनः सौम्यवपुर्महात्मा ॥ ५०

산자야 우바차
이트야르주남 바수데바스타토크트바 스바캄 루팜 다르사야마사
부야흐
아스바사야마사 차 비타메남 부트바 푸나흐 사움야바푸르마하트
마 |50|

산자야 우바차=산자야가 말했다; 이티=그러므로; 아르주나=아르주나; 바수데바흐=아버지 바수데바와 어머니 데바키의 아들이며 크리쉬나; 타타=그렇게; 우크트바=말한; 스바캄=자신의 소유; 루팜=형상; 다르사야마사=보여주었다; 부야흐=다시; 아스바사야마사=위로함; 차=그리고; 비탐=공포에 떨었던; 에남=그를; 부트바=되었다; 푸나흐=다시; 사움야바푸흐=인자한 형상의; 마하트마=위대한 존재.

산자야가 말했다.

아르주나에게 그렇게 말하고 바수데바는 다시 자신의 형상을 보여주었습니다.

그리고 위대한 정신을 가진 존재는 그의 인자한 형상을 추측하면서 공포에 떨었던 자신을 위로했습니다.

51 अर्जुन उवाच

दृष्टवेदं मानुषं रूपं तव सौम्यं जनार्दन ।

इदानीमस्मि संवृत्तः सचेताः प्रकृतिं गतः ॥ ५१

아르주나 우바차
드리슈트베담 마누샴 루팜 타바 사움얌 자나르다나 ।
이다니마스미 삼브리따흐 사체타흐 프라크리팀 가타흐 |51|

아르주나 우바차=아르주나가 말했다; 드리쉬타=보여진; 이담=이것; 마누팜=인간의; 루팜=형상; 타타=당신의; 사움얌=인자한; 자나르다나=헌신자의 열망을 성취시켜 주는 자; 이다님=이제; 아스미=이다; 삼브리따흐=구성하다; 아스미=이다; 사체타흐=마음으로; 프라크리팀=본성; 가타흐=되돌려주다.

아르주나가 말했다.

오 자나르다나여, 당신의 인자한 인간의 모습을 보면서 나는
이제 만들어졌으며 내 자신의 본성으로 회귀되었습니다.

52 श्री भगवानुवाच

सुदुर्दर्शमिदं रूपं दृष्टवानसि यन्मम ।

देवा अप्यस्य रूपस्य नित्यं दर्शनकाङ्क्षिणः ॥ ५२

스리 바가바누바차
수두르다르사미담 루팜 드리쉬타바나시 얀마마 |
데바 아프야스야 루파스야 니트얌 다르사나캉크쉬나흐 |52|

스리 바가바누바차=스리 바가반이 말했다; 수두르다르삼=매우 어렵게 보는 것; 이담=이것; 루팜=형상; 드리쉬타바나시=당신은 보았다; 야트=그것; 마마=나의; 데바흐=신들; 아피=또한; 아스야=이것으로서; 루파스야=형사의; 니트얌=심지어; 다르사나캉크쉬나=보기를 열망하는.

스리 바가반께서 말하기를
그대가 본 나의 형상은 보는 것은 실로 매우 어려운 일이다.
신들조차도 이러한 형상을 보가를 매우 갈망한다.

53 नाहं वेदैर्न तपसा न दानेन न चेज्यया ।

शक्य एवंविधो द्रष्टुं दृष्टवानसि मां यथा ॥ ५३

나함 베다이르나 타파사 나 다네나 나 체즈야야 |
사크야 에밤비도 드라쉬툼 드리쉬타바나시 맘 야타 |53|

나=아니다; 아함=나는; 베다이흐=베다에 의해; 나=아니다; 타파사=고행으로; 나=아니다; 다네나=자선으로; 나=아니다; 차=그리고; 이즈야야=제식에 의해; 사크야흐=가능한; 에밤비다흐=이것처럼; 드라쉬툼=보여진 것; 드리쉬트바나시=보았다; 맘=나를; 야타=~로서.

베다에 의해서도 고행에 의해서도 자선에 의해서도
제사에 의해서도 그대가 나를 보았던 것처럼
이러한 형상이 보여질 수 없다.

54 भक्त्या त्वनन्यया शक्य अहमेवंविधोऽजर्जुन । ज्ञातुं द्रष्टुं च तत्त्वेन प्रवेष्टुं च परंतप ॥ ५४

바크트야 트바난야야 사크야 아하메밤비도아르주나 |
그야툼 드리쉬툼 차 타뜨베나 프라베쉬툼 차 파람타파 |54|

바크트야=헌신에 의해; 투=실로; 아난야야=하나의 마음으로; 사크야흐=가능한; 아함=나는; 에밤비다흐=이러한 형상으로; 아르주나=오 아르주나여; 그야툼=알려지는 것; 드라쉬툼=보여지는 것; 차=그리고; 타뜨베나=실재에서; 프라베쉬툼=들어가다; 차=그리고; 파람파타=파람파타.

그러나 빗나가지 않는 헌신으로 나는 이러한 형상을 실재로
알려 주었고 보여주었으며 그 속에 들어갔다, 오 파람타파여.

55

मत्कर्मकृन्मत्परमो मद्भक्तः सङ्गवर्जितः ।
निर्वैरः सर्वभूतेषु यः स मामेति पाण्डव ॥ ५५ ॥

마트카르마크린마트파라모 마드박타흐 상가바르지타흐 |
니르바이라흐 사르바부테슈 야흐 사 마메티 판다바 |55|

마트카르마크리트=나를 위해 행동하다; 마트파라마흐=지고의 존재로서 나를 보는; 마드박타흐=나에게 헌신하는; 상가바르지타흐=집착에서 벗어난; 니르바이라흐=악의 없이; 사르바부테슈=모든 창조물을 향하여; 야흐=누구; 사흐=그는; 맘=나에게; 에티=가다; 판다바=판다바.

나를 위해 행동하며 나를 지고의 존재로 바라보며 나에게 헌신하며 집착으로부터 자유로우며 어떤 존재도 증오하지 않는 자는 나에게 온다, 오 판다바여.

इति श्रीमद्भगवद्गीतासूपनिषत्सु ब्रह्मविद्यायां योगशास्त्रे
श्रीकृष्णार्जुनसंवादे विश्वरूपदर्शनयोगो नाम
एकादशोऽध्यायः ॥

이티 바가바드기타수파니샤트수 브라흐마비드야얌 요가사스트레
스리크리쉬나르주나삼바데 비스바루파다르사나요고 나마
에카다소아드야야흐 ||

바가바드 기타의 우파니샤드 안에 요가의 과학이며
지고의 브라만의 지식인 스리 크리쉬나와 아르주나의 대화인
제11장 비스바루파 다르사나 요가를 말한다.

제12장
박티 요가
헌신의 요가

  이 장 헌신의 요가인 박티 요가는 제7장에서 카르마 요가를 성취하는 데 필요한 영적인 지식을 말하였다. 제8장에서는 표현하고 인식될 수 없는 브라만의 형상과 헌신적인 길을 설명하였다. 제10장과 제11장은 능력의 나타냄과 우주적인 형상을 보여주고 이 장에서는 헌신자의 특징에 대해 표현하고 있는 것이다.

1 अर्जुन उवाच

एवं सततयुक्ता ये भक्तास्त्वं पर्युपासते ।

ये चाप्यक्षरमव्यक्तं तेषां के योगवित्तमाः ॥ १

아르주나 우바차
에밤 사타타유크타 예 박타스트밤 파르유파사테 |
예 차프야크샤라마브약탐 테샴 케 요가비따마흐 |1|

아르주나 우바차=아르주나가 말했다; 에밤=그러므로; 사타타=확고한; 예=그것들의; 바크타흐=헌신자들; 트밤=당신에게; 파르유파사테=예배하다; 예=그것들의; 차=그리고; 아피=또한; 아크샤람=불변하는; 아브야크탐=나타나지 않는; 테샴=그것들의; 케=그것의; 요가비따마흐=더욱 요가에 확립된.
아르주나가 말했다.
언제나 확고한 당신의 헌신자들로 당신에게 예배하며 또한
불변하고 나타나지 않는 것에 예배하는 사람들은
더욱 요가에 확립된 사람들입니까?

모든 사람들은 표현과 모양만 다를 뿐 절대적인 형상이나 신이나 종교나 다른 신념이나 철학에 몰입한다. 진정으로 절대적인 것과 하나되기를 갈망하는 헌신자들에게 크리쉬나는 그것이 인격적이든 비인격적이든, 수행적이든 실천적이든 가르침을 주고 있다.

2 श्री भगवानुवाच

मय्यावेश्य मनो ये मां नित्ययुक्ता उपासते ।

श्रद्धया परयोपेतास्ते मे युक्ततमा मताः ॥ २

스리 바가바누바차
마이야베스야 마노 예 맘 니트야육타 우파사테 |
스라따야 파라요페타스테 메 육타타마 마타흐 |2|

마이=나에게; 아베샤=확립된; 마나흐=마음; 예=누구; 맘=나를;
니트야육타흐=언제나 확고한; 우파사테=예배하다; 스라따야=믿
음으로; 파라야=지고의; 우파타흐=부여하다; 테=이것들의; 메=나
의; 육타타마흐=가장 요가에 확립된; 마타흐=견해.
스리 바가반 말하시기를
나에게 마음이 확립되고 언제나 지고의 믿음을 확고히
가지고 나에게 예배하는 사람이라면 나는 그들을
가장 요가에 몰입된 사람이라고 여긴다.

헌신의 실천적인 면을 가르쳐 주고 있는 것이다. 마음이 확립되고 언제나 확고함을 유지하며 예배하는 이, 즉 요가에 확립되어 사는 사람인 것이다.

3 ये त्वक्षरमनिर्देश्यमव्यक्तं पर्युपासते ।

सर्वत्रगमचिन्त्यं च कूटस्थमचलं ध्रुवम् ॥ ३

예 트바크샤라마니르데스야마브야크탐 파르유파사테 |
사르바트라가마친트얌 차 쿠타스타마찰람 드루밤 |3|

예=누구; 투=진실로; 아크샤람=불변하는; 아니르데샴=형용할 수
없는; 아브야크탐=나타나지 않는; 파르유파사테=예배하다; 사르
바트라감=전지전능한; 아친트얌=상상할 수 없는; 차=그리고; 쿠
트스탐=변할 수 없는; 아찰람=움직일 수 없는; 드루밤=영원한.
진실로 예배하는 사람은 불변하며 정의하기 어려우며
드러나지 않으며 전지전능하며 상상할 수 없으며
변하지 않으며 움직이지 않으며 영원하다.

4 सान्नियम्येन्द्रियग्रामं सर्वत्र समबुद्धः ।
ते प्राप्नुवन्ति मामेव सर्वभूतहिते रताः ॥ ४

산니얌옌드리야그라맘 사르바트라 사마부따야흐 |
테 프라프누반티 마메바 사르바부타히테 라타흐 |4|

삼니야스야=제어된; 인드리야그라맘=감각을 모으고; 사르바트라
=어디에서든지; 사마부따야흐=평온한 마음; 테=그들은; 프란누반
티=얻다; 맘=나에게; 에바=오직; 사르바부타히테=모든 존재들의
번영; 라타흐=기뻐하는 자.
모든 감각들을 제어하고 어디에서나 평온한 마음으로 모든 존재들
의 풍요로움 속에서 기뻐하는 자들은 나에게 도달한다.

5 क्लेशोऽधिकतरस्तेषामव्यक्तासक्तचेतसाम् ।
अव्यक्ता हि गतिर्दुःख देहवद्भिरवाप्यते ॥ ५

클레소아디카타라스테샤마브야크타사크타체타삼 |
아브야크타 히 가티르두캄 데하바드비라바프야테 |5|

클레사호=근심; 아디카타라흐=더 큰; 테샴=그것들의; 아브야크타
아사크타 체타삼=마음은 보이지 않는 것에서 일어나는; 아브야크
타흐=나타나지 않는; 히=때문에; 가티흐=목적; 두캄=고통; 데하
바드리흐=발현된; 아바프야테=도달하다.
생각은 보이지 않는 것에서 일어나며 그것에 대한 근심은 더욱 크다.
왜냐하면 보이지 않는 것으로부터 목적을 가지고
발현시키기 위해 도달하는 것은 매우 고통스럽기 때문이다.

6 ये तु सर्वाणि कर्माणि मयि संन्यस्य मत्पराः ।
अनन्येनैव योगेन मां ध्यायन्त उपासते ॥ ६

예 투 사르바니 카르마니 마이 삼냐스야 마트파라흐 |
아난예나이바 요게나 맘 드야얀타 우파사테 |6|

예=누구; 투=그러나; 사르바니=모든; 카르마니=행동; 마이=내 안
에서; 삼냐스야=포기하는; 마트파라흐=지고의 목적으로서 나에
게; 아난예나=하나의 마음; 에바=심지어; 요게나=요가로; 맘=나
를; 드야얀타흐=명상을 하면서; 우파사테=예배하다.
내 안에서 모든 행동을 포기하고
나를 지고의 목적으로 여기며 나에게 명상하며
요가에 몰입한 마음으로 나에게 예배하는 자와.

7 तेषामहं समुद्धर्ता मृत्युसंसारसागरात् ।
भवामि नचिरात्पार्थ मय्यावेशितचेतसाम् ॥ ७

테샤마함 사무따르타 므리트유삼사라사가라트 |

바바미 나치라트파르타 마이야베시타체타샴 |7|

테샴=그들을 위하여; 아함=나는; 사무따르타=구원자; 므리트유삼사라사가라트=윤회하는 죽음의 바다를 건너; 바바미=~이 되다; 나 치라트=오래지 않아; 파르타=파르타; 마이=내 안에서; 아트레시타체타샴=마음이 확고한 자들의.

내 안에서 마음이 확고 일어나는 사람들 때문에
나는 윤회하는 죽음의 바다로부터 구하는 구원자가 되었다.

8 मय्येव मन आधत्स्व मयि बुद्धिं निवेशय ।
निवासिष्यसि मय्येव अत ऊर्ध्वं न संशयः ॥ ८

마이예바 마나 아다트스바 마이 붓딤 니베사야 |
니바시쉬야시 마이예바 아타 우르드밤 나 삼사야흐 |8|

마이=나에게; 에바=오직; 마나흐=마음; 아다트스바=집중하다; 마이=나에게; 붓딤=이지; 니베사야=장소; 니바시쉬야시=당신은 살 것이다; 마이=나에게; 에바=홀로; 아타 우르드밤=장래에; 나=아니다; 삼사야흐=의심.

그대의 마음을 오직 나에게 집중하고
그대의 생각을 나에게 고정하라. 그대는 앞으로 오직
내 안에서 거하리니, 이것에 대하여 의심할 것이 없다.

9 अथ चित्तं समाधातुं न शक्नोषि मयि स्थिरम् ।
अभ्यासयोगेन ततो मामिच्छाप्तुं धनञ्जय ॥ ९

아타 치땀 사마다툼 나 사크노쉬 마이 스티람 |
아브야사요게나 타토 마미짜프툼 다단자야 |9|

아타=만일; 치땀=마음; 사마다툼=고정된; 나=아니다; 사크노쉬=할 수 있는; 마이=내 안에; 스타람=굳건히; 아브야사요게나=끊임없는 요가의 실천에 의해; 타타흐=그런 다음; 맘=나에게; 이짜=원하다; 아툼=도달하는 것; 다남자야=다남자야.
만일 그대가 나의 마음에 굳건히 고정될 수 없다면, 오 다남자나여, 끊임없는 요가의 실천으로 나에게 도달할 길을 찾아라.

10 अभ्यासेऽप्यसमर्थोऽसि मत्कर्मपरमो भव ।
मदर्थमपि कर्माणि कुर्वन्सिद्धिमवाप्स्यसि ॥ १०

아브야세아프야사마르토아시 마트카르마파라모 바바 |
마다르타마피 카르마니 쿠르반시띠마바프스야시 |10|

아브야세=실천으로; 아피=또한; 아사마르야흐=할 수 없는; 아시=이다; 마트카르마파라마흐=나의 목적을 위한 행동의 방향; 바바=이다; 마다르탐=나의 목적을 위한; 아피=또한; 카르마니=행동; 쿠르반=행동에 의해; 시띰=완전함; 아바프스야시=당신은 얻을 것이다.
만일 그대가 요가마저도 실천할 수 없다면 그대는 나의 목적을 위하여 행동하라. 나의 목적을 위한 행동을 함으로써 그대는 완전함을 얻을 것이다.

11 अथैतदप्यशक्तोऽसि कर्तुं मद्योगमाश्रितः ।
सर्वकर्मफलत्यागं ततः कुरु यतात्मवान् ॥ ११

아타이타다프야샤크토아시 카르툼 마드요가마스리타흐 |
사르바카르마팔라트야감 타타흐 쿠루 야타트마반 |11|

아타=만일; 에타트=이것; 아피=또한; 아스크타흐=할 수 없는; 아시=이다; 카르툼=하는 것; 마드요감=나의 요가; 아스리타흐=은신하는; 사르바카르마 팔라트야감=모든 행동의 열매의 포기; 타타흐=그러 다음; 쿠루=하다; 야트마반=자아를 제어하는.
만일 그대가 이것조차 할 수 없다면 자아를 제어하면서
모든 행동의 열매를 포기하고 나에게 은신하라.

12 श्रेयो हि ज्ञानमभ्यासात् ज्ञानाद्ध्यानं विशिष्यते ।
ध्यानात्कर्मफलत्यागस्त्यागाच्छान्तिरनन्तरम् ॥ १२

스레요 히 그야나맘야사트 그야나뜨야남 비시쉬야테 |
드야나트카르마팔라트야가스트야가찬티라난타람 |12|

스레야흐=더욱; 히=실로; 그야남=지식; 아브야스타트=엄격한 수련보다; 그야트=지식보다; 드야남=명상; 비시쉬야테=능가하다; 드얀트=명상보다; 카르마칼라트야가흐=행동의 결과의 내버림; 트야가트=내버림으로부터; 산티흐=평화; 아난타람=즉시.
엄격한 수련보다 지식이 낫고 지식보다 좋은 것은 명상이며
명상보다 더 좋은 것은 행동의 결과를 내버리는 것이며
내버림으로 인해 즉시 평화가 온다.

엄격한 수련과 종교적인 실천인 아브야사(Abyasa)와 지식인 그야나(Gyana) 다만 여기에서 그야나는 지혜가 아닌 지식으로 해석하는 것이 좋을 것이다. 명상인 드야나(Dhyana)보다 더 좋은 것은 행위의 결과를 내버리는 트야가트 (Tyagat)인데 이것은 가장 집중되면서도 얽혀들지 않는 평온한 상태이다.

13 अद्वेष्टा सर्वभुतानां मैत्रः करुण एव च । निर्ममो निरहङ्कारः समदुःखसुखः क्षमी ॥ १३

아드베쉬타 사르바부타남 마이트라흐 카루나 에바 차 ǀ
니르마모 니라항카라흐 사마두흐카수카흐 크샤미 ǀ13ǀ

아드베쉬타=증오하지 않는; 사르바부타남=모든 창조물들의; 마이트라흐=우정 어린; 카루나흐=동정심; 에바=심지어; 차=그리고; 니르마마흐=나의 것 없이; 니라함카라흐=이기적이지 않고; 사마두흐카수카흐=기쁨과 고통의 균형; 크샤미=용서하는.
어떤 창조물들의 대하여 증오하지 않고 우정 어리고
동정심을 가지며 나와 나의 것으로부터 자유로우며
고통과 기쁨에 동등하며 관대한 사람은 나에게 헌신하는 자이다.

14 संतुष्टः सततं योगी यतात्मा दृढनिश्चयः । मय्यर्पितमनोबुद्धियों मद्भक्तः स मे प्रियः ॥ १४

삼투쉬타흐 사타탐 요기 야타트마 드리다니스차야흐 ǀ
마이야르피타마노부띠르요 마드박타흐 사 베 프리야흐 ǀ14ǀ

삼투쉬타흐=만족한; 사타탐=명상에 확립된; 요기=요가를 실천하

는 사람; 야타트마=자아를 제어하는; 드리타니스바야흐=확고한
신념을 가진; 마이 아르피타 마노부띠흐=나에게 헌납하는 마음과
지식으로; 야흐=누구; 마드바크타흐=나의 헌신자; 사흐=그는; 메
=나에게; 프리야흐=사랑하는.
언제나 만족하고 명상에 확립되었으며
자아를 제어하며 확고한 신념을 가졌으며
나에게 집중된 마음과 지식을 가지고 나에게 헌신하는
사람은 나의 사랑을 받는 자이다.

15 यस्मान्नोद्विजते लोको लोकान्नोद्विजते च यः ।
हर्षामर्ष भयोद्वेगैर्मुक्तो यः स मे प्रियः ॥ १५

야스만노드비자테 로코 로칸노드비자테 차 야흐 |
하르샤마르샤 바요드베가이르무크토 야흐 사 차 메 프리야흐 |15|

야스마트=그로부터; 나=아니다; 우드비자테=흔들린; 로카흐=세상; 로카트=세상으로부터; 나=아니다; 우드비자테=흔들린; 차=그리고; 사흐=누구; 이르샤 아마르샤 바야 우드베가이흐=즐거움과 분노와 욕망으로부터; 무크타흐=자유; 야흐=누구; 사흐=그는; 차=그리고; 메=나에게; 프리야흐=사랑하는.
세상을 흔들리지 않게 하고 고통당하지 않게 하며
즐거움과 분노와 욕망으로부터 벗어난 자는 내가 사랑하는 자이다.

16 अनपेक्षः शुचिर्दक्ष उदासीनो गतव्यथः ।
सर्वारम्भपरित्यागी यो मद्भक्तः स मे प्रियः ॥ १६

아나페크샤흐 수치르다크샤 우다시노 가타브야타흐 |
사르바람바파리트야기 요 마드박타흐 사 메 프리야흐 |16|

아나페크샤=욕구로부터 벗어난; 수치흐=순수한; 다크샤=숙련가;
우다시나흐=근심 없는; 가타브야타흐=불편함 없는; 사르바 아람바
파리트야기=모든 책임을 포기한; 사=그는; 마드박타흐=나의 헌신
자; 사흐=그는; 메=나에게; 프리타흐=사랑하는.
결핍된 것이 없고 순수하며 민첩하고 근심이 없으며
불편함이 없으며 자신의 모든 책임을 벗어나
나에게 헌신하는 자는 내가 사랑하는 자이다.

17 यो न हृष्यति न द्वेष्टि न शोचति न काङ्क्षति ।
शुभाशुभपरित्यगी भक्तिमान्यः स मे प्रियः ॥ १७

요 나 흐리쉬야티 나 드베쉬티 나 소차티 나 캉크샤티 |
수바수바파리트야기 박티만야흐 사 메 프리야흐 |17|

야=누구; 나=아니다; 흐리쉬야티=기뻐하다; 나=아니다; 드베쉬티
=증오하다; 나=아니다; 소차티=슬퍼하다; 나=아니다; 캉크샤티=
욕망하다; 수바 아수바파리트야기=선과 악의 포기; 박티만=헌신으
로 충만한; 야=누구; 사흐=그는; 메=나의; 프리야흐=사랑하는.
기뻐하지 않고 증오하지 않고 슬퍼하지 않고 욕망하지 않으며
선과 악을 포기하며 헌신으로 충만한 사람은 내가 사랑하는 자이다.

18 समः शत्रौ च मित्रे च तथा मानापमानयोः ।
शीतोष्णसुखदुःखेषु समः सङ्गविवर्जितः ॥ १८

사마흐 사트라우 차 미트레 차 타타 마나파마나요흐 |
시토쉬나수카두흐케슈 사마흐 상가비바르지타흐 |18|

사마흐=동일함; 사트라우=적에게; 차=그리고; 미트레=친구에게; 차=그리고; 타타=또한; 마나 아파만요흐=명예와 불명예; 시타 우쉬파수카 두흐케슈=차가움과 뜨거움 안에, 즐거움과 괴로움 안에; 사마흐=동일함; 상가비바르지타흐=집착으로부터 벗어난.
적과 친구가 동등하며 명예와 불명예가 동등한 사람
차가움과 뜨거움, 즐거움과 괴로움이 같으며
집착으로부터 벗어난 사람은 내가 사랑하는 자이다.

19 तुल्यानिन्दास्तुतिर्मौनी संतुष्टो येन केनाचित् ।
अनिकेतः स्थिरमतिर्भक्तिमान्मे प्रियो नरः ॥ १९

툴야닌다스투티르마우니 삼투쉬토 예나 케나치트 |
아니케타흐 스티라마티르박티만메 프리요 나라흐 |19|

툴야닌다스투티흐=비난과 찬사를 동등히 여기는 자; 마이니=고요한; 삼투쉬타흐=만족된; 예나 케나치트=어떤 것으로; 아니케타흐=머물 곳이 없는; 스티라마티흐=확고한 마음; 박티만=헌신으로 충만한; 메=나에게; 프라야흐=사랑하는; 나라흐=인간.
비난과 찬사를 동등히 여기는 자, 고요하고 어떤 것으로도 만족되며
머물 곳이 없어도 확고한 마음과 헌신으로 충만한 사람은
내가 사랑하는 자이다.

머물 곳이 없는 이는 아니케타흐(Aniketah)이며 이들은 삶의 단계에서 출가자의 단계인 산야신(Sanyasin)을 말한다. 방랑수행자라고도 하며 머물 곳이나 어떤 기대함도 없이 바람처럼 세상에 물들지 않고 사는 사람이다.

20 ये तु धर्म्यामृतमिदं यथोक्तं पर्युपासते ।
श्रद्दधाना मत्परमा भक्तास्तेऽतीव मे प्रियाः ॥ २०

예 투 담르야므리타미담 야토크탐 파르유파사테 |
스라따다나 마트파라마 박타스테아티바 메 프리야흐 |20|

예=누구; 투=실로; 담르야므리탐=불멸의 정의; 이담=이것; 야타우크탐=선포하면서; 파루유파사테=따라오다; 스라따다나흐=믿음이 부여된; 마트파라마흐=나를 그들의 지고의 상태로서 여기는; 바크타흐=헌신자; 테=그들은; 아티바=광대한.
진실로 이러한 불멸의 정의를 따르는 자들은 믿음을 넘어서 나를 지고의 목적으로 바라보며 말하였고 헌신하였다.
그들은 내가 광대하게 사랑하는 자들이다.

इति श्रीमद्भगवद्गीतासूपनिषत्सु ब्रह्मविद्यायां योगशास्त्रे
श्रीकृष्णार्जुनसंवादे भक्तियोगो नाम
द्वादशोऽध्यायाः ॥

이티 바가바드기타수파니샤트수 브라흐마비드야얌 요가사스트레
스리크리쉬나르주나삼바데 박티요고 나마
드바다소아드야야흐 ||

바가바드 기타의 우파니샤드 안에 요가의 과학이며
지고의 브라만의 지식이며 쉬리 크리쉬나와 아르주나에 대한 대화인
제11장 박티 요가를 말한다.

제13장
크셰트라 크셰트라그야 비바가 요가

아는 대상과 아는 자를 분별하는 요가

이 장은 아는 대상인 크셰트라인 몸과 아는 자인 크셰트라그야인 영혼에 대해서 설명한 것이다.

अर्जुन उवाच

प्रकृतिं पुरुषं चैव क्षेत्रं क्षेत्रज्ञमेव च ।

एतद्वेदितुमिच्छामि ज्ञानं ज्ञेयं च केशव ॥

아르주나 우바차
프라크리팀 푸루샴 차이바 크셰트람 크셰트라그야메바 차 ㅣ
에타드베디투미짜미 그야남 그예얌 차 케샤바 |1|

아르주나 우바차=아르주나가 말했다; 프라크리팀=자연; 푸루샴=절대; 차=그리고; 에바=심지어; 크셰트람=영역; 크셰트라그얌=영역을 아는 자; 에바=심지어; 차=그리고; 에타트=이것; 베디툼=아는 것; 이짜미=이다; 그야남=지식; 그예얌=알려진 것; 차=그리고; 케샤바=오 케샤바여.
아르주나가 말했다.

상대와 절대, 영역과 영역을 아는 자, 아는 것과 알려진 것
이러한 것들을 나는 배우기 원합니다, 오 케사바여.

1 श्री भगवानुवाच

इदं शरीरं कौन्तेय क्षेत्रमित्यभिधीयते ।

एतद्यो वेत्ति तं प्राहुः क्षेत्रज्ञ इति तद्विदः ॥ १

스리 바가바누바차
이담 사리람 카운테야 크셰트라미트야비디야테 |
에타드요 베띠 탐 프라후흐 크셰트라그야 이티 타드비다흐 |1|

스리 바가바누바차=스리 바가반이 말했다; 이담=이것; 사리람=몸; 카운테야=쿤티의 아들; 크셰트람=벌판; 이티=그러므로; 아미디야테=불리다; 에타트=이것; 야흐=누구; 베띠=알다; 탐=그에게; 프라후흐=부르다; 크셰트라그야흐=영역을 아는 자; 이티=그러므로; 타드비다흐=그것을 아는 자.

스리 바가반 말하기를
오 카운테야여, 이 몸을 영역이라고 하며
그 영역에 대하여 아는 이를 현명한 자라고 부른다.

2 क्षेत्रज्ञं चापि मां विद्धि सर्वक्षेत्रेषु भारत ।

क्षेत्रक्षेत्रज्ञयोर्ज्ञानं यत्तज्ज्ञानं मतं मम ॥ २

크셰트라그얌 차피 맘 비디 사르바크셰트레슈 바라타 |
크셰트라크셰트라그야요르그야남 야따즈그야남 마탐 마마 |2|

크셰트라그야남=영역을 아는 자; 차=그리고; 아피=또한; 맘=나를; 비띠=알다; 사르바크셰트레슈=모든 영역에서; 바라타=바라타여; 크셰트라크셰트라그야요흐=영역과 영역을 아는 자; 그야남=지식; 야트=그것; 타트=그것; 그야남=지식; 마탐=생각되어지는; 마마=나의.

그리고 나를 모든 영역에서 영역을 아는 자로 여긴다, 오 바라타여, 영역의 지식과 영역을 아는 자는 나를 진정한 지식으로 여긴다.

3 तत्क्षेत्रं यच्च यादृक्च यद्विकारि यतश्च यत् ।
स च यो यत्प्रभावश्च तत्समासेन मे शृणु ॥ ३

타트크셰트람 야짜 야드리크차 야드비카리 야타스차 야트 |
사 차 요 야트프라바바스차 타트사마사세나 메 스리누 |3|

타트=그것; 크셰트람=영역; 야트=그것; 차=그리고; 야드리크=~처럼; 차=그리고; 야드비카리=변형; 야트=어디서부터; 차=그리고; 야트=무엇; 사흐=그는; 차=그리고; 야흐=누구; 야트 프라바바흐=그의 힘; 차=그리고; 타트=그것; 사마세나=간단히; 메=나에게로부터; 스리누=듣다.

영역이 무엇인지 그것의 성질이 무엇인지 그것의 변형은 무엇이며 어디서부터 온 것인지, 그리고 그는 누구이며 그의 힘은 무엇인지 내가 말하는 것을 들어라.

우수한 지식인 '그야나'는 영역인 '크세트라'라는 낮은 지식인 아파라 비드야(Apara Vidya)와 영역을 아는 자인 '크세트라그야'라는 높은 지식인 파라 비드야(Para Vidya)를 통괄한다. 참나의 지식인 브라마 그야나(Brahma Gyana)는 최상의 지식이며, 낮은 지식으로는 베다, 아가마(Agama), 문법과 수사학, 과학과 예술 등이다.

4 ऋषिभिर्बहुधा गीतं छन्दोभिर्विविधैः पृथक् ।
ब्रह्मसूत्रपदैश्चैव हेतुमद्भिर्विनिश्चितैः ॥ ४

리쉬비르바후다 기탐 찬도비르비비다이흐 프리타크 |
브라흐마수트라파다이스차이바 헤투마드비르비니스치타이흐 |4|

리쉬비흐=보는 자들에 의해; 바후다=많은 방식들 안에; 기탐=노
래 부르는; 찬도비흐=찬가; 비비다이흐=다양한; 프리타크=특유
의; 브라흐마 수트라 파다이흐=브라흐만을 말하는 적합한 언어로;
차=그리고; 에바=심지어; 헤투마드비흐=매우 이성적인; 비니스치
타이흐=확정적인.
이것은 각종의 다양하고 특유한 찬가와
이성적이고 확정적인 브라흐마 수트라의 경전의
구절들에 의하여 노래되었다.

브라흐마 수트라는(Brahma Sutra)는 베단타 수트라(Vedanata Sutra)라고도
불려지며 바다라야나(Badarayana)가 썼다. 바가바드 기타는 중요한 경전들인
베다와 우파니샤드 그리고 브라마 수트라가 다 포함되어 있는 중요한 경전
인 것이다.

5 महाभूतान्यहङ्कारो बुद्धिरव्यक्तमेव च ।
इन्द्रियाणि दशैकं च पञ्च चेन्द्रियगोचराः ॥ ५

마하부탄야항카로 부띠라브야크타메 차 |
인드리야니 다사이캄 차 판차 첸드리야고차라흐 |5|

마하부타니=위대한 요소들; 아함카라흐=자아; 부띠흐=이지; 아브

야크탐=나타나지 않는; 에바=심지어; 차=그리고; 인드리야니=감각들; 다사=열 가지; 에캄=하나의; 차=그리고; 판차=다섯의; 차=그리고; 인드리야고차라흐=감각의 대상.
위대한 요소들, 자아, 이지 또한 보이지 않는 것으로는
열 가지의 감각들과 하나의 마음과 감각의 다섯 가지 대상들.

6 इच्छा द्वेषः सुखं दुःखं सङ्घातश्चेतना धृतिः ।
एतत्क्षेत्रं समासेन सविकारमुदाहृतम् ॥ ६

이짜 드베샤흐 수캄 두흐캄 상가타스체타나 드리티흐 |
에타트크셰트람 사마세나 사비카라무다흐리탐 |6|

이짜=욕망; 드베샤흐=증오; 수캄=기쁨; 두흐캄=고통; 삼가타흐=충돌; 체타나=지성; 드리티흐=인내; 에타트=이것; 크셰트람=벌판; 사마세나=간결하게; 사비카람=변형으로; 우다흐리탐=묘사된.
그리고 욕망, 증오, 기쁨, 고통, 충돌, 지성, 확고함, 즉 그 영역은 간단히 하자면 이러한 변형들로 묘사된다.

7 अमानित्वमदम्भित्वमहिंसा क्षान्तिरार्जवम् ।
आचार्योपासनं शौचं स्थैर्यमात्मविनिग्रहः ॥ ७

아마니트바마담비트바마힘사 크샨티라르자밤 |
아차르요파사남 사우참 스타이르야마트마비니그라하흐 |7|

아마니트밤=겸손; 아담비트밤=잘난 척하지 않는; 아힘사=상처 입히지 않는; 크샨티흐=인내; 아르자밤=올바른; 아차르야 우파사남

=스승에게 봉사; 사우참=순수함; 스타이르얌=확고함; 아트마비
니그라하흐=자아 통제.
겸손과 소박함과 비폭력과 인내와 올바른 방향과
스승에 대한 봉사와 순수함과 확고함과 자아 통제.

8 इन्द्रियार्थेषु वैराग्यमनहङ्कार एव च ।
जन्ममृत्युजराव्याधिदुःखदोषानुदर्शनम् ॥ ८

인드리야르테슈 바이라그야마낭카라 에바 차 |
잔마므리트유자라브야디두흐카도샤누다르샤남 |8|

인드리야 아르테슈=감각의 대상의; 바이라그얌=무집착; 아나항카
라흐=나란 생각이 없음; 에바=심지어; 차=그리고; 잔마 므리트유
자라 브야디 두카 도샤 아누다르샤남=탄생, 죽음, 늙음, 병듦의 고
통을 인식하는.
감각의 대상에 대한 무집착과 나라는 생각이 없으며
태어나고 죽고 늙고 병드는 것에 대한 고통을 인식함과.

9 असक्तिरनभिष्वङ्गः पुत्रदारगृहादिषु ।
नित्यं च समचित्तत्वमिष्टानिष्टोपपत्तिषु ॥ ९

아사크티라나비쉬방가흐 푸트라다라그리하디슈 |
니트얌 차 사마치따트바미쉬타니쉬토파파띠슈 |9|

아사크티흐=무집착; 안비쉬방가=무애착; 푸트라 다라 그리하디슈
=아들과 아내와 가정 니트얌=만족한; 차=그리고; 사마치따트밤=

평온한 마음; 이쉬타 아니쉬타 우파파띠슈=좋은 것과 좋지 않은 것의 일어남.
아들과 아내와 가정에 대해 무애착과 무집착,
좋은 것과 좋지 않은 것이 일어나는 것에 만족하고 평온한 마음과.

10 मयि चानन्ययोगेन भक्तिरव्यभिचारिणी ।
विविक्तदेशसेवित्वमरतिर्जनसंसदि ॥ १०

마이 차난야요게나 바크티라브야비차리니 |
비비크타데사세비트바마라티르자나삼사디 |10|

마이=나에게; 차=그리고; 아난야요게나=흔들리지 않는 요가에 의해; 바크티흐=헌신; 아브야비차리니=확고한; 비비크타데사세비트밤=고독한 상태에 의지하다; 아라티흐=좋아하지 않으며; 자나삼사디=사람들이 많은 곳.
나에게 확고한 헌신으로 고요한 장소에서
흔들리지 않는 요가를 실천하면서
사람들이 많은 곳을 좋아하지 않으며.

11 अध्यात्मज्ञाननित्यत्वं तत्त्वज्ञानार्थदर्शनम् ।
एतज्ज्ञानमिति प्रोक्तमज्ञानं यदतोऽन्यथा ॥ ११

아드야트마그야나니트야트밤 타뜨바그야나르타다르사남 |
에타즈그야나미티 프로크타마그야남 야다토안야타 |11|

아드야트마그야나니트야트밤=참나의 지식에 대한 불변함 타뜨바;

그야나 아르타 다르샤남=진정한 지식의 구경(究竟)에 대한 통찰;
에타트=이것; 그야남=지식; 이티=그러므로; 프로크탐=선포된; 아
그야남=무지함; 야트=그것; 아타흐=그것에게로; 안야타=반대의.
참나의 지식에 대한 불변함과
진정한 지식에 대한 통찰은 진정한 지식이라 하며
그렇지 않으면 이것은 무지함이다.

12 ज्ञेयं यत्तत्प्रवक्ष्यामि यज्ज्ञात्वाऽमृतमश्नुते ।

अनादिमत्परं ब्रह्म न सत्तन्नासदुच्यते ॥ १२

그예얌 야따트프라바크쉬야미 야즈그야트바아므리타마스누테 ।
아나디마트파람 브라흐마 나 사딴나사두츠야테 |12|

그예얌=알려져야 하는; 야트=그것; 타트=그것; 프라바크쉬야미=
선포될 것이다; 야트=그것; 그야트바=아는 것; 암리탐=불멸한 것;
아스누테=성취하다; 안디마트=시작이 없는; 파람=지고의; 브라흐
마=브라흐만; 나=아니다; 사트=있음, 존재; 타트=그것; 나=아니
다; 아사트=있지 않음, 비존재; 우츠야테=불리다.
나는 알려졌고 알고 있는 것, 불멸을 얻은 존재를
설명할 것이다. 지고의 브라흐만은 시작이 없다.
그것은 존재나 비존재라고 불리지 않는다.

13 सर्वतः पाणिपादं तत्सर्वतोऽक्षिशिरोमुखम् ।

सर्वतः श्रुतिमल्लोके सर्वमावृत्य तिष्ठति ॥ १३

사르바타흐 파니파담 타트사르바토아크쉬시로무캄 ।

사르바타흐 스루티말로케 사르바마브리트야 티쉬타티 |13|

사르바타흐=어디든지; 파니파담=손과 발로; 타트=그것; 사르바타흐=모든 곳에서; 아크쉬시라흐 무캄=눈과 머리와 입으로; 사르타흐=모든 곳에서; 스루티마트=귀로; 로케=세상에서; 사르밤=모든; 아브리트야=감싸는; 티쉬타티=존재.
어디든지 손과 발로 어디든지 눈과 머리와 입으로
어디든지 귀로 그는 모든 것을 감싸며 존재한다.

리그 베다의 10장에 푸루샤 숙탐(Purusha Suktam)에서 "참나인 푸루샤는 천 개의 머리와 눈과 발을 가졌으며 열 손가락의 폭 안에 지상의 모든 부분을 담당한다"라고 한 것처럼 그는 모든 것을 포함하고 감싸고 있다.

14 सर्वेन्द्रियगुणाभासं सर्वेन्द्रियविवर्जितम् ।
असक्तं सर्वभृच्चैव निर्गुणं गुणभोक्तृ च ॥ १४

사르벤드리야구나바삼 사르벤드리야비바르지탐 |
아사크탐 사르바브리짜이바 니르구남 구나보크트리 차 |14|

사르바 인드리야 구나 아바삼=모든 감각들의 기능들에 의해; 사르바 인드리야비바르지탐=감각 없이; 아사크탐=부속되지 않는; 사르바부트=모든 것을 부양하는; 차=그리고; 에바=심지어; 니르구남=작용들로부터 벗어남; 구나보크트리=작용들의 표현자; 차=그리고.
그는 감각이 없지만 모든 감각의 기능들에 의해 빛나며
모든 것을 유지시키지만 절대적이며
모든 작용들을 표현하지만 작용들로부터 벗어나 있다.

15 बाहिरन्तश्च भूतानामचरं चरमेव च ।
सूक्ष्मत्वात्तदविज्ञेयं दूरस्थं चान्तिके च तत् ॥ १५

바히란타스차 부타나마차람 차라메바 차 |
수크쉬마트바따다비그예얌 두라스탐 찬티케 차 타트 |15|

바히=~없이; 안타흐=~안에; 차=그리고; 부타남=존재들의; 아차람=움직이지 않는 것; 차람=움직이는 것; 에바=또한; 차=그리고; 수크쉬마트바트=그것의 섬세함 때문에; 타트=그것; 아비그예얌= 알 수 없는; 두라스탐=멀리; 차=그리고; 안티케=가까운; 차=그리고; 타트=그것.

그는 존재하지 않지만 모든 존재 안에 있으며
움직이지만 움직이지 않으며 그 섬세함 때문에
그를 이해할 수 없으며 그는 가까이 있지만 또 멀리 있다.

16 अविभक्तं च भूतेषु विभक्तमिव च स्थितम् ।
भूतभर्तृ च तज्ज्ञेयं ग्रसिष्णु प्रभविष्णु च ॥ १६

아비박탐 차 부테슈 비박타미바 차 스티탐 |
부타바르트리 차 타즈그예얌 그라시쉬누 프라바비쉬누 차 |16|

아비바크탐=분리되지 않는; 차=그리고; 부테슈=존재들 안에; 비바크탐=분리된; 이바=~ 처럼; 차=그리고; 스티탐=존재하는; 부타바르트리=존재들의 유지자; 차=그리고; 타트=그것; 그예얌=알려지는 것; 그라시쉬누=삼키는 자; 프라마비쉬누=발생하는 것; 차=그리고.

그는 분리되지 않지만 존재들 속에서

분리된 것처럼 보인다. 그는 존재들의 유지자로 알려졌으며 그는 모든 것을 삼키고 탄생시킨다.

17 ज्योतिषामपि तज्ज्योतिस्तमसः परमुच्यते । ज्ञानं ज्ञेयं ज्ञानगम्यं हृदि सर्वस्य विष्ठितम् ॥ १७

죠티샤마피 타쯔요티스타마사흐 파라무챠테 |
그야남 그예얌 그야나감얌 흐리디 사르바스야 비쉬티탐 |17|

죠티샴=빛의; 아피=심지어; 타트=그것; 죠티흐=빛; 타마사흐=어둠으로부터; 파람=넘어서; 우츠야테=말한다; 그야남=지식; 그예얌=알려진 것; 그야나감얌=지식의 목적; 흐리디=마음으로; 사르바스야=모든 것의; 비쉬티탐=앉은.

모든 빛의 빛인 그는 어둠과 지식과
알려진 것과 지식의 목적을 넘어
모든 것의 가슴속에 있다고 한다.

우파니샤드에서 나온 '만물이 빛'이라는 표현을 한 것은 이사 우파니샤드 5절, 문다카 우파니샤드 제13장 1절과 7절, 그리고 브리하다란야카 우파니샤드의 제4장 4절과 16절, 스베타스바타라 우파니샤드 제3장 8절과 16절 등이 있다.

18 इति क्षेत्रं तथा ज्ञानं ज्ञेयं चोक्तं समासतः । मद्भक्त एतद्विज्ञाय मद्भावायोपपद्यते ॥ १८

이티 크셰트람 타타 그야남 그예얌 초크탐 사마사타흐 |

마드바크타 에타드비그야야 마드바바요파파드야테 |18|

이티=그러므로; 크세트람=영역; 타타=뿐만 아니라; 그야남=지식; 그예얌=알려진; 차=그리고; 우크탐=선포된; 사마사타흐=간단하게; 마드바크타흐=나의 헌신자들; 네타트=이것; 비그야야=아는 것; 마드바바야=나의 존재에게; 우파파드야테=들어가다.
그러므로 그 영역과 지식과 알려진 것은
쉽게 설명되었다, 나의 헌신자여,
이것을 아는 것은 나의 상태에 도달하는 것이다.

19 प्रकृतिं पुरुषं चैव विद्ध्यनादी उभावपि ।
विकारांश्च गुणांश्चैव विद्धि प्रकृतिसंभवान् ॥ १९

프라크리팀 푸루샴 차이바 비뜨야나디 우바바피 |
비카람스차 구남스차이바 비띠 프라크리티삼바반 |19|

프라크리팀=자연; 푸루샴=절대; 차=그리고; 에바=심지어; 비디=알다; 아나디=시작함 없이; 우바우=양쪽; 아피=또한; 비카란=변형; 차=그리고; 구난=성질들; 차=그리고; 에바=심지어; 비띠=알다; 프라크리티삼바반=자연의 탄생.
절대와 상대 양쪽 모두 시작이 없다는 것을 알라.
그리고 모든 변형과 성질들이 자연의 탄생인 것을 알라.

20 कार्यकारणकर्तृत्वे हेतुः प्रकृतिरुच्यते ।
पुरुषः सुखदुःखानां भोक्तृत्व हेतुरुच्यते ॥ २०

카르야카라나카르트리트베 헤투흐 프라크리티루챠테 |
푸루샤흐 수카두흐카남 보크트리트베 헤투루챠테 |20|

카르야카라나르카르트리트베=몸과 감각의 생기는; 헤투흐=원인; 프라크리티흐=자연; 우챠테=말하다; 푸루샤흐=절대; 수카두흐카남=즐거움과 고통의; 보크트리트베=경험으로; 헤투흐=원인; 우챠테=말하다.
몸과 마음이 생겨나면서 상대는 그 원인이 되었으며
기쁨과 고통의 경험으로 절대는 그 원인이 되었다고 한다.

이 절은 삼크야 철학을 말하고자 하는 것인데 절대의 참나인 푸루샤와 상대인 프라크리티 둘 다 존재한다고 본다. 프라크리티에서 세 가지의 성질인 구나(Guna), 즉 사트바인 빛과 라자스인 활동과 타마스인 어둠이 나온다. 절대와 상대의 과정과 몸과 마음의 과정은 24과정이 있는데 1. 푸루샤(절대)와 프라크리티(상대) 2. 부디(이지) 3. 아함카라(에고) 유기적인 4. 마나스(마음) 5-9. 다섯 감각 기관(눈·귀·코·혀·몸) 10-14. 다섯 행동 기관(손·발·혀·생식 기관·배설 기관) 무기적인 15-19. 다섯 탄마트라(Tanmatra; 빛·소리·냄새·맛·촉각) 20-24 다섯 마하부타(Mahabhuta; 지·수·화·풍·공)이다. 여기에서 프라크리티는 상대적인 모든 것들을 나타내는 원인이 되는 것이다.

21

पुरुषः प्रकृतिस्थो हि भुङ्क्ते प्रकृतिजान्गुणान् ।

कारणं गुणसङ्गोऽस्य सदसद्योनिजन्मसु ॥ २१

푸루샤흐 프라크리티스토 히 붕크테 프라크리티잔구남 |
카르마남 구나상고아스야 사다사드요니잔마수 |21|

푸루샤흐=절대; 프라크리티스타흐=프라크리티에 앉아 있는; 히=
실로; 붕크테=즐기다; 프라크리티잔=자연의 탄생; 구난=성질들;
카라남=원인; 구나상가흐=성들의 집착; 아스야=그의 사트; 아사
트 요니 잔마수=선과 악의 자궁 속에서 탄생한.
절대는 상대 속에 있으며 성질들을 경험하는 것은
상대로부터 나온다. 성질들에 집착하는 것은
선과 악의 자궁 속에서 태어났기 때문이다.

22

उपद्रष्टानुमन्ता च भर्ता भोक्ता महेश्वरः ।

परमात्मेति चाप्युक्तो देहेऽस्मिन्पुरुषः परः ॥ २२

우파드라쉬타누만타 차 바르타 보크타 마헤스바라흐 |
파라마트메티 차프육토 데헤아스민푸루샤흐 파라흐 |22|

우파드라쉬타=관객; 아누만타=허락받은 사람; 차=그리고; 바르타
=지지자; 보크타=즐기는 자; 마헤쉬바라흐=위대한 주; 파라마트
마=지고의 자아; 이티=그러므로; 차=그리고; 아피=또한; 유크타
흐=부르다; 데헤=몸으로; 아스민=이것; 푸루샤흐=절대; 파라흐=
지고의.
이 몸 안에 지고의 절대는 보는 자이며,
인정된 존재이며, 유지자이며, 경험하는 존재이며,

위대한 주이며, 지고의 자아이다.

23 य एवं वेत्ति पुरुषं प्रकृतिं च गुणैः सह ।
सर्वथा वर्तमानोऽपि न स भूयोऽभिजायते ॥ २३

야 에밤 베띠 푸루샴 프라크리팀 차 구나이흐 사하 ㅣ
사르바타 바르타마노아피 나 사 부요아비자야테 ㅣ23ㅣ

야=누구; 에밤=그러므로; 에띠=알다; 푸루샴=절대; 프라크리팀=상대; 차=그리고; 구나이흐=성질들; 사하=~함께; 사르바타=모든 존재 안에; 바르타마나흐=살면서; 아피=또한; 나=아니다; 사흐=그는; 부야흐=다시; 아미자야테=태어난.

그러므로 그는 절대와 상대 모두를 알고 있으며,
그는 속성들과 함께 누구나 태어나는 방식으로
다시 태어나지 않는다.

24 ध्यानेन त्मनि पश्यन्ति केचिदात्मानमात्मना ।
अन्ये सांख्येन योगेन कर्मयोगेन चापरे ॥ २४

드야네나 트마니 파샨티 케치단트마나마트마나 ㅣ
안예 삼크예나 요게나 카르마요게나 차파레 ㅣ24ㅣ

드야네나=명상에 의해; 아트마니=자아 속에; 파샨티=보다; 케치트=어떤; 아트마남=자아; 아트마나=스스로; 안예=다른; 삼크예나 요게나=지식의 요가에 의해; 카르마요게나=카르마 요가에 의해; 차=그리고; 아파레=다른.

어떤 사람은 명상에 의해, 어떤 사람은 지식의 요가에 의해,
어떤 사람은 카르마 요가에 의해, 어떤 사람은 스스로 참나에 의해
참나를 본다.

25 अन्ये त्वेवमजानन्तः श्रुत्वान्येभ्य उपासते ।
तेऽपि चातितरन्त्येव मृत्युं श्रुतिपरायणाः ॥ २५

안예 트베바마자난타흐 스루트반예브야 우파사테 |
테아피 차티타란트예바 므리트윰 스루티파라야나흐 |25|

안예=다른; 투=실로; 에밤=그러므로; 아자난타흐=알지 못하는
것; 스루트바=들은; 안예브야흐=다른 사람으로부터; 우파사테=
예배하다; 테=그들은; 아피=또한; 차=그리고; 아티타란티=건너
다; 에바=심지어; 므리트얌=죽음; 스루티파라야나흐=지고의 안식
처로서 그들이 들었던 것에 대해서.
여전히 다른 사람들은 그렇게 알지 못하고
다른 사람들로부터 들었던 것으로 예배하며 또한
그들이 들었던 헌신에 의해 죽음을 건너간다.

26 यावत्सञ्जायते किञ्चित्सत्त्वं स्थावरजङ्गमम् ।
क्षेत्रक्षेत्रज्ञसंयोगात्तद्विद्धि भरतर्षभ ॥ २६

야바트산자야테 킨치트사뜨밤 스타바랑가맘 |
크셰트라크셰트라그야삼요가따드비띠 바라타르샤바 |26|

야바트=언제든지; 삼자야테=태어나다; 킴치트=어떤; 사뜨밤=존

재; 스타바라장가맘=움직이지 않는 것과 움직이는 것; 크셰트라 크셰트라그나 삼요가트=영역과 영역을 아는 자 사이의 합일로부터; 타트=그것; 비디=알다; 바라타르샤바=오 바라타의 으뜸이여.
오 바라타 중의 으뜸이여,
움직이는 것이나 움직이지 않는 것으로 존재가 태어날 때마다 영역과 영역을 아는 자의 합일로부터 된 것을 알라.

27 समं सर्वेषु भूतेषु तिष्ठन्तं परमेश्वरम् । विनश्यत्स्वविनश्यन्तं यः पश्यति स पश्यति ॥ २७

사맘 사르베슈 부테슈 티쉬탄탐 파라메스바람 |
비나샤트스바비나스얀탐 야흐 파샤티 사 파샤티 |27|

사맘=동등하게; 사르베슈=모든; 부테슈=존재 안에서; 티쉬탄탐=존재하는; 파라메스바람=지고의 주; 비나스야트수=사라지는 것들 중에; 아비나스얀탐=사라지지 않는; 야흐=누구; 파샤티=보다; 사흐=그는; 파샤티=보다.
그는 모든 존재에 동등하게 거하며 죽는 것 속에서
죽지 않는 지고의 주를 아는 자이다.

28 समं पश्यन्हि सर्वत्र समवास्थितमीश्वरम् । न हिनस्त्यात्मनात्मानं ततो याति परां गतिम् ॥ २८

사맘 파스얀히 사르바트라 사마바스티타미스바람 |
나 히나스트야트마나트마남 타토 야티 파람 가팀 |28|

사맘=동등하게; 파스얀=보는 것; 히=실로; 사르바트라=모든 곳에서; 사마바스티탐=동등하게 거하는; 이스바람=주; 나=아니다; 히나스티=파괴하다; 아트마나=스스로; 아트마남=자아; 타타흐=그런 다음; 야티=가다; 파람=최고의; 가팀=목적.

그는 어디에나 동등하게 거하는 주를 보기 때문에
스스로 파괴하지 않는다.
그렇게 그는 지고의 목적에 도달한다.

29 प्रकृत्यैव च कर्माणि क्रियमाणानि सर्वशः ।
यः पश्यति यथात्मानकर्तारं स पश्यति ॥ २९

프라크리트야이바 차 카르마니 크리야마나니 사르바샤흐 |
야흐 파샤티 야타트마나마카르타람 사 파샤티 |29|

프라크리트야=상대에 의해; 에바=홀로; 차=그리고; 카르마니=행위; 크리야마나니=행위하는 존재; 사르바샤흐=모든; 야흐=누구; 파샤티=보다; 타타=또한; 아트마남=자아; 아카르타람=행동하지 않는; 사흐=그는; 파샤티=보다.

그는 진실로 모든 행동은 자연에 의해 행해지고
자아는 행동하지 않는다는 것을 아는 자를 안다.

30 यदा भूतपृथग्भावमेकस्थमनुपश्यति ।
तत एव च विस्तारं ब्रह्म संपद्यते तदा ॥ ३०

야다 부타프리타그바바메카스타마누파샤티 |
타타 에바 차 비스타람 브라흐마 삼파드야테 타다 |30|

야다=~할 때; 부타프리타그바밤=존재의 전체적인 다양성; 에카스탐=하나에 휴식; 아누파스야티=보다; 타타흐=그것으로부터; 에바=홀로; 차=그리고; 비스타람=퍼져 있는; 브라흐마=브라흐만; 삼파드야테=~이 되다; 타다=그런 다음.

그가 존재 안에서 쉬고 있는 것처럼
존재의 전체적인 다양함을 실현하고 그것의 존재로부터
발전한 것일 때 그는 브라흐만이 된다.

31 अनादित्वान्निर्गुणत्वात्परमात्मायमव्ययः ।
शरीरस्थोऽपि कौन्तेय न करोति न लिप्यते ॥ ३१॥

아나디트반니르구나트바트파라마트마야마브야야흐 |
사리라스토아피 카운테야 나 카로티 나 리프야테 |31|

아나디트바트=시작하는 것 없는 존재; 니르구나트바트=성질들로부터 벗어난 존재; 파라마트마=지고의 자아; 아얌=이것; 아브야야흐=불멸하는; 사리라스타흐=이런 몸에 존재하는; 아피=비록; 카운테야=쿤티의; 아들 나=아니다; 카로티=행위; 나=아니다; 리프야테=더럽혀진.

시작도 없으며 성질들을 소유하지 않는 이러한
불멸의 최고의 자아라 해도 육체 안에 거하지만
행위하지도 않고 더럽혀지지도 않는다, 오 쿤티의 아들이여.

32 यथा सर्वगतं सौक्ष्म्यादाकाशं नोपलिप्यते ।
सर्वत्रावस्थितो देहे तथात्मा नोपलिप्यते ॥ ३२

야타 사르바가탐 사우크쉼야다카샴 노팔리프야테 |
사르바트라바스티토 데헤 타타트마 노팔리프야테 |32|

야타=~처럼; 사르바가탐=모든 곳에 퍼져 있는; 사우크쉼야트=그
것의 섬세함 때문에; 아크샴=창공; 나=아니다; 우팔리프야테=더
럽혀진; 사르바트라=어느 곳에서도; 아바스티타흐=거하는; 데헤
=몸 안에; 타타=그렇게; 아트마=자아; 나=아니다; 우팔리스야테
=더럽혀진.

모든 곳에 퍼져 있는 창공이 더럽혀지지 않는 것처럼
그것의 미세함에 의해 몸 어디에나 거하는 자아도
더럽혀지지 않는다.

33 यथा प्रकाशयत्येकः कृत्स्नं लोकमिमं रविः ।
क्षेत्रं क्षेत्री तथा कृत्स्नं प्रकाशयति भारत ॥ ३३

야타 프라카사야트예카흐 크리트스남 로카미맘 라비흐 |
크셰트람 크셰트리 타타 크리트스남 프라카사야티 바라타 |33|

야타=~처럼; 프라카사야티=빛추다; 예카흐=하나의; 크리트스남
=전체의; 로캄=세상; 이맘=이것; 라비흐=태양; 크셰트람=벌판;
크셰트라이=벌판의 주; 타타=그렇게; 크리트스남=전체의; 프라카
사야티=비추다; 바라타=오 바라타여.

하나의 태양이 모든 세상을 비추는 것처럼
영역의 주(主)는 모든 영역을 비춘다, 오 바라타여.

34

क्षेत्रक्षेत्रज्ञयोरेवमन्तरं ज्ञानचक्षुषा ।
भुतप्रकृतिमोक्षं च ये विदुर्यान्ति ते परम् ॥ ३४

크셰트라크셰트라그야요레바만타람 그야나차크슈샤 |
부타프라크리티모크샴 차 예 비두르얀티 테 파람 |34|

크셰트라크셰트라그야야호=영역과 영역의 사이; 에밤=그러므로;
안타람=구별; 그야나차크슈샤=지식의 눈; 부타프라크리티모크샴
=존재의 속성들로부터 해방; 차=그리고; 예=누구; 비두흐=알다;
얀티=가다; 테=그들은; 파람=지고의.
영역과 영역을 아는 자 사이를 지혜의 눈으로
분별하는 자들은 존재의 속성들로부터 벗어나 최고의 상태로 간다.

इति श्रीमद्भगवद्गीतासूपनिषत्सु ब्रह्मविद्यायां योगशास्त्रे

श्रीकृष्णार्जुनसंवादे क्षेत्रक्षेत्रज्ञविभागयोगो नाम

त्रयोदशोऽध्यायाः ॥

이티 바가바드기타수파니샤드수 브라흐마비드야얌 요가사스트레
스리크리쉬나르주나삼바데 크셰트라크셰트라그야비바가요고 나
마
트라요다소아드야야호 ||
바가바드 기타의 우파니샤드 안에 요가의 과학이며
지고의 브라만의 지식이며 크리쉬나와 아르주나에 대한 대화인
제13장 크셰트라 크셰트라 비바가 요가를 말한다.

제14장
구나트라야 비바가 요가
세 구나를 분별하는 요가

    이 장은 상대인 프라크리티와 거기에서 나온 성질인 구나들에 대해서 말하고 있다.

1 श्री भगवानुवाच

परं भुयः प्रवक्ष्यामि ज्ञानानां ज्ञानमुत्तमम् ।

यज्ज्ञात्वा मुनयः सर्वे परां सिद्धिमितो गताः ॥ १

스리 바가바누바차
파람 부야흐 프라바크샤미 그야나남 그야나무따맘 |
야즈그야트바 무나야흐 사르베 파람 시띠미토 가타흐 |1|

스리 바가바누바차=스리 바가반이 말했다; 파람=지고의; 부야흐
=다시; 프라바크쉬야미=선포할 것이다; 그야남=모든 지식의; 그
야나남=모든 지식의; 그야남=지식; 우따맘=최고의; 야트=그것;
그야트바=알려진; 문야흐=현자들; 사르베=모든; 파람=지고의;
시띰=완전함; 이타흐=이러한 삶 후에; 가타흐=가버린.
스리 바가반께서 말하기를
나는 모든 현자들이 최고의 완전함에 도달함으로써
알려진 지고의 모든 지식들 중에
최고의 형상에 대하여 다시 말할 것이다.

2 इदं ज्ञानमुपाश्रित्य मम साधर्म्यमागता ।

सर्गेऽपि नोपजायन्ते प्रलये न व्यथन्ति च ॥ २

이담 그야나무파스리트야 마마 사다름야마가타흐 |
사르게아피 노파자얀테 프랄라예 나 브야탄티 차 |2|

이담=이것; 그야남=지식; 우파스리트야=안식을 취하는; 마마=나의; 사다르므얌=합일; 아가타흐=도달한; 사르게=창조의 시간에; 아피=또한; 나=아니다; 우파자얀테=태어나다; 프랄라예=소멸되는 시간에; 나=아니다; 브야탄티=방해받는; 차=그리고.

이러한 지식에 스스로 헌신하고 나와 합일되어
성취한 자들은 창조의 시간에 태어나지 않으며
소멸하는 시간에도 그들은 방해받지 않는다.

3 मम योनिर्महब्रह्म तस्मिन्गर्भं दधाम्यहम् । संभवः सर्वभूतानां ततो भवति भारत ॥ ३

마마 요니르마하브라흐마 타스민가르밤 다담야함 |
삼바바흐 사르바부타남 타토 바바티 바라타 |3|

마마=나의; 요니흐=자궁; 마하트 브라흐마=위대한 브라흐마; 타스민=그것 속에서; 가르맘=싹; 다다미=장소; 아함=나는; 삼바바흐=탄생; 사르부타남=모든 존재들의; 타타흐=그러므로; 바바티=이다; 바라타=바라타.

나의 자궁은 위대한 브라흐마이며
나는 기원이 되어 그곳에 있다, 오 바라타여,
그렇게 모든 존재들은 탄생한다.

4 सर्वयोनिषु कौन्तेय मूर्तयः संभवन्ति याः । तासां ब्रह्म महद्योनिरहं बीजप्रदः पिता ॥ ४

사르바요니슈 카운테야 무르타야흐 삼바반티 야흐 |

트삼 브라흐마 마하드요니라함 비자프라다흐 피타 |4|

사르바요니슈=모든 자궁들 속에; 카운테야=카운테야여; 무르타야흐=형상들; 삼마반티=생성되다; 야흐=그것; 타삼=그들의; 브라흐마=브라흐마; 마하트=위대한; 요니흐=자궁; 아함=나는; 비자프라다흐=씨앗을 주는; 피타=아버지.
형상들이 생겨날 때마다, 오 카운테야여,
어떤 자궁에서든 위대한 브라흐마가 그들의 자궁에 있으며
나는 그 씨앗을 주는 아버지이다.

5 सत्त्वं रजस्तम इति गुणाः प्रकृतिसंभवाः ।
निबध्नन्ति महाबाहो देहे देहिनमव्ययम् ॥ ५

사뜨밤 라자스타마 이티 구나흐 프라크리티삼바바흐 |
니바드난티 마하바호 데헤 데히나마브야얌 |5|

사뜨밤=선의; 라자흐=활동의; 타마흐=어두움의; 구나흐=성질들; 프라크리티삼바바흐=자연의 탄생; 니바드란티=속박하다; 마하바호=오 힘센 팔을 가진 이여; 데헤=몸 안에서; 데히남=나타난; 아브야얌=파괴할 수 없는.
오 힘센 팔을 가진 이여,
선과 활동력과 어두움의 성질들은 자연에서 탄생된 것이며
파괴할 수 없는 몸으로 나타난 형상을 속박한다.

6 तत्र सत्त्वं निर्मलत्वात्प्रकाशकमनामयम् ।
सुखसङ्गेन बध्नाति ज्ञानसङ्गेन चानघ ॥ ६

타트라 사뜨밤 니르말라트바트프라카사카마나마얌 |
수카상게나 바드나티 그야나상게나 차나가 |6|

타트라=그것들의; 사뜨밤=선의; 니르말라트바트=그것의 더럽혀지지 않는 것으로부터; 프라카사캄=빛나는; 아나마얌=건강의; 수카상게나=행복에 대한 집착에 의해; 바드나티=속박하다; 그야나상게나=지식에 대한 집착에 의해; 차=그리고; 아나가=오 죄 없는 이여.

선하고 더럽혀지지 않는 것들은 빛나며 장애가 없다.
그것은 행복에 집착하고 지식에 집착함으로써 속박한다.
오 죄 없는 이여.

7 रजो रागात्मकं विद्धि तृष्णासङ्गसमुद्भवम् ।
तन्निबध्नाति कौन्तेय कर्मसङ्गेन देहिनम् ॥ ७

라조 라가트마캄 비띠 트리쉬나상가사무드바밤 |
탄니바드나티 카운테야 카르마상게나 데히남 |7|

라자흐=활동력; 라가트마캄=열정의 본성에 대하여; 비띠=알다; 트리쉬나상가사무드바밤=열망과 집착의 근원; 타트=그것의; 나바드나티=속박하다; 카운테야=쿤티의 아들; 카르마상게나=행동의 집착에 의해; 데히남=발현된 존재.

활동력은 열정의 본성이 되며
열망과 집착의 원인이 된다는 것을 알라, 오 카운테야여,

그것은 행동에 대한 집착으로 발현된 존재를 속박한다.

8 तमस्त्वज्ञानजं विद्धि मोहनं सर्वदेहिनाम् ।
प्रमादालस्यनिद्राभिस्तन्निबध्नाति भारत ॥ ८

타마스트바그야나잠 비띠 모하남 사르바데히남 |
프라마달라스야니드라비스탄니바드나티 바라타 |8|

타마흐=타성; 투=그러나; 아그야나잠=무지로 태어남; 비띠=알다; 모하남=속이는; 사르바데히남=모든 발현된 존재에 대한; 프라마다 알라스야 니드라미흐=부주의, 게으름, 잠에 의해; 타트=그것; 니바드라티=강하게 속박하다; 바라타=바라타여.
그러나 무지와 현혹으로 나타난 타성에 대하여 알라.
그것은 부주의와 게으름과 잠에 의해 강하게 속박된다,
오 바라타여.

9 सत्त्वं सुखे सञ्जयति रजः कर्मणि भारत ।
ज्ञानमावृत्य तु तमः प्रमादे सञ्जयत्युत ॥ ९

사뜨밤 수케 산자야티 라자흐 카르마니 바라타 |
그야나마브리트야 투 타마흐 프라마데 산자야트유타 |9|

사뜨밤=선한; 수케=행복에 대한; 산자야티=집착; 라자흐=행동력; 카르마니=행동에 대한; 바라타=오 바라타여; 그야남=지식; 아브리트야=장막; 투=진실로; 타마흐=부정적인; 프라마데=부주의한; 산자야티=집착; 우타=그러나.

선은 행복한 존재를 속박하고
행동력은 행위를 속박한다, 오 바라타여,
무지는 지식에 장막을 드리우며 부주의함으로 존재를 속박한다.

10 रजस्तमश्चाभिभूय सत्त्वं भवति भारत ।
रजः सत्त्वं तमश्चैव तमः सत्त्वं रजस्तथा ॥ १०

라자스타마스차비부야 사뜨밤 바바티 바라타 |
라자흐 사뜨밤 타마스차이바 타마흐 사뜨밤 라자스타타 |10|

라자흐=행동력; 타마흐=부정적인; 차=그리고; 아미부야=압도한; 사뜨밤=선한; 바바티=일어나다; 바라타=바라타; 라자흐=행동력; 사뜨밤=선한; 타마흐=부정적인; 차=그리고; 에바=심지어; 타마=부정적인; 사뜨밤=선한; 라자흐=행동력; 타타=또한.

선은 행동력과 부정적인 성질을 압도하고
스스로 일어난다, 오 바라타여,
행동력은 선과 악을 압도하며 악은 선과 행동력을 압도한다.

11 सर्वद्वारेषु देहेऽस्मिन्प्रकाश उपजायते ।
ज्ञानं यदा तदा विद्याद्विवृद्धं सत्त्वमित्युत ॥ ११

사르바드바레슈 데헤아스민프라카사 우파자야테 |
그야남 야다 타다 비드야드비브리땀 사뜨바미트유타 |11|

사르바레슈=모든 문을 통하여; 데헤=몸 안의; 아스민=이것 안에서; 프라카사=지혜의 빛; 우파자야테=빛나다; 그야남=지식; 야다

=~할 때; 타다=그런 다음; 비드야트=알려질 것이다; 비브리땀=우세한; 사뜨밤=선한; 이티=그러므로; 우타=실로.
지혜의 빛이 몸의 모든 문을 비출 때 그것은
선한 것이 증가된 것을 알게 될 것이다.

12 लोभः प्रवृत्तिरारम्भः कर्मणामशमः स्पृहा ।
रजस्येतानि जायन्ते विवृद्धे भरतर्षभ ॥ १२

로바흐 프라브리띠라람바흐 카르마나마사마흐 스프리하 |
라자스예타니 자얀테 비브리떼 바라타르샤바 |12|

로바흐=탐욕; 프라브리띠흐=활동; 아람바흐=의무를 지다; 카르마남=행동의; 아사마흐=불안; 스프리하=갈망; 라자시=행동력 안에서; 에타니=이런 것의; 자얀테=일어나다; 비브리떼=압도하게 되다; 바라타르샤바=바라타의 왕자여.
탐욕과 행위와 행동의 의무와 불안과 갈망, 이런 것들이 일어나는 것은,
오 바라타의 왕자여, 행동력이 발휘될 때이다.

13 अप्रकाशोऽप्रवृत्तिश्च प्रमादो मोह एव च ।
तमस्येतानि जायन्ते विवृद्धे कुरुनन्दन ॥ १३

아프라카소아프라브리띠스차 프라마도 모하 에바 차 |
타마스예타니 자얀테 비브리떼 쿠루난다나 |13|

아프라카사흐=어두움; 아프라브리띠흐=둔함; 차=그리고; 프라마

제14장 구나트라야 비바가 요가 471

다흐=부주의한; 모하흐=현혹; 에바=심지어; 차=그리고; 타마시=암성, 어두운 성질; 에타니=이것들의; 자야테=일어나다; 비브리떼=압도되었다; 쿠루난다나=오 쿠루의 자손이여.
무지와 둔함과 부주의함과 현혹됨 이런 것들이 일어나는 것은,
오 쿠루의 자손이여, 어두운 성질에 압도될 때이다.

14 यदा सात्त्वे प्रवृद्धे तु प्रलयं याति देहभृत् ।
रदोत्तमविदां लोकानमलान्प्रतिपद्यते ॥ १४

야다 사뜨베 프라드리떼 투 프랄라얌 야티 데하브리트 |
타도따마비담 로카나말란프라티바드야테 |14|

야다=~할 때; 사뜨베=선한; 프라부떼=압도된; 투=진실로; 프랄라얌=죽음; 야티=만나다; 데하브리트=발현된 존재; 타다=그런 다음; 우따마비담=최고의 지식에 대하여; 로칸=세상에 대하여; 아말란=흠이 없는; 프라티파드야테=성취하다.
발현된 존재가 선성이 우세할 때 죽음을 대한다면
그들이 가장 최고로 아는 순수한 세상으로 간다.

15 रजसि प्रलयं गत्वा कर्मसङ्गिषु जायते ।
तथा प्रलीनस्तमसि मूढयोनिषु जायते ॥ १५

라자시 프랄라얌 가트바 카르마상기슈 자야테 |
타타 프랄리나스타마시 무다요니슈 자야테 |15|

라자시=행동력으로; 프랄라얌=죽음; 가트바=만나는; 카르마상기

슈=행동에 집착하는; 사람들 사이에; 자야테=태어나다; 타타=그
렇게; 프랄리나흐=죽는; 타마시=암성의; 무다요니슈=자각하지 않
는 자궁 속에서; 자야테=태어나다.
행동력 속에서 죽음을 당했을 때는 행동에 집착하는 사람들 사이
에서 태어나며
암성 속에서 죽음을 맞이하면 지각없는 자궁 속에서 태어난다.

16 कर्मणः सुकृतस्याहुः सात्त्विकं निर्मलं फलम् ।
रजसस्तु फलं दुःखमज्ञानं तमसः फलम् ॥ १६

카르마나흐 수크리타스야후흐 사뜨비캄 니르말람 팔람 |
라자사스투 팔람 두흐카마그야남 타마사흐 팔람 |16|

카르마나흐=행동의; 수크리타스야=미덕의; 아후흐=말하다; 사뜨
비캄=밝은; 니르말람=순수한; 팔람=열매; 라자사흐=동성, 행동
의; 투=진실로; 팔람=열매; 두흐캄=고통; 아그야남=무지; 타마사
흐=어두운; 팔람=열매.
덕망 있는 행동은 밝음과 순수함의 열매를 맺으며
행동력은 고통의 열매를 맺으며
무지는 어둠의 열매를 맺는다고 한다.

17 सत्त्वात्सञ्जायते ज्ञानं रजसो लोभ एव च ।
प्रमादमोहौ तमसो भवतोऽज्ञानमेव च ॥ १७

사뜨바트산자야테 그야남 라자소 로바 에바 차 |
프라마다모하우 타마소 바바토아그야나메바 차 |17|

사뜨바트=선으로부터; 삼자야테=일어나다; 그야남=지식; 라자사흐=행동으로부터; 로바흐=탐욕; 에바=심지어; 차=그리고; 프라마다모하우=부주의과 현혹; 타마사흐=부정적인 것으로부터; 바바타흐=일어나다; 아그야남=무지; 에바=심지어; 차=그리고.
선으로부터 지혜가 일어나며 행동으로부터 탐욕이 일어나며
부정적인 성질로부터 부주의와 현혹과 무지가 나타난다.

18 ऊर्ध्वं गच्छन्ति सत्त्वस्था मध्ये तिष्ठन्ति राजासः ।
जघन्यगुणवृत्तिस्था अधो गच्छन्ति तामसाः ॥ १७

우르드밤 가찬티 사뜨바스타 마드예 티쉬탄티 라자사흐 |
자간야구나브리띠스타 아도 가찬티 타마사흐 |18|

우쉬르밤=위쪽으로; 가찬티=가다; 사뜨바스타흐=선함 속에 거하는; 마드예=중간에; 티쉬탄티=거하다; 라자사흐=행동하는 사람; 자간야구나브리띠스타흐=가장 낮은 속성의 기능에 거함; 아다흐=아래쪽으로; 가찬티=가다; 타마사흐=암성으로 사는 사람.
선으로 고정된 사람은 위를 향하여 가며
행동으로 사는 사람은 중간에 남아 있으며
가장 낮은 성질의 기능을 하는 암성으로 사는 사람들은
아래로 향해간다.

19 नान्यं गुणेभ्यः कर्तारं यदा द्रष्टानुपश्यति ।
गुणेभ्यश्च परं वेत्ति मद्भावं सोऽधिगच्छति ॥ १९

난얌 구네브야흐 카르타람 야다 드라쉬타누파샤티 |

구네브야스차 파람 베띠 마드바밤 소아디가찬티 |19|

나=아니다; 안얌=다른; 구네브야흐=속성들보다; 카르타람=행위자; 야다=~할 때; 드라쉬타=보는 자; 아누파스야티=보다; 구네브야흐=속성들보다; 차=그리고; 파람=가장 높은; 베티=알다; 마드바밤=나의 존재; 사흐=그는; 아디가차티=성취하다.
보는 자가 속성들이 아닌 다른 행위자들은
인식하지 않으며 속성들보다 높은 이를 알고
나의 존재 안으로 온다.

20

गुणानेतानतीत्य त्रीन्देही देहसमुद्भवान् ।
जन्ममृत्युजरादुःखैर्विमुक्तोऽमृतमश्नुते ॥ २०

구남네타나티트야 트린데히 데하사무드바반 |
잔마므리트유자라두흐카이르비묵토암리타마스누테 |20|

구난=속성들; 에탄=이것들의; 아티트야=교차된; 트린=세 개의; 데히=발현된; 데하스무드바반=몸이 진화함으로; 잔마 므리트유; 자라 두흐카이흐=태어나고 죽고 병들고 괴로운 것으로부터; 비묵타흐=자유; 암리탐=불멸; 아스누테=성취하다.
몸이 진화하면서 이러한 세 개의 속성들을 넘어선 존재는
탄생과 죽음과 병과 고통으로부터 자유로우며 불멸함을 성취한다.

21

अर्जुन उवाच

कैर्लिङ्गैस्त्रीन्गुणानेतानतीतो भवति प्रभो ।
किमाचारः कथं चैतांस्त्रीन्गुणानतिवर्तते ॥ २१

아르주나 우바차
카이르링가이스트린구나네타나티토 바바티 프라보 |
키마차라흐 카탐 차이탐스트린구나나티바르타테 |21|

아르주나 우바차=아르주나가 말했다; 카이흐=무엇에 의해; 링가이흐=표시에 의해; 트린=세 개의; 구난=성질들; 에탄=이것들의; 아티타흐=교차된; 바비티=~이 되다; 프라보=오 주여; 킴 아차라흐=행동하는 것; 카탐=어떻게; 차=그리고; 에탄=이것들의; 트린=세 개의; 구난=성질들; 아티바르타테=건너가다.
아르주나가 말했다.
오 주여, 세 개의 성질을 넘어선 사람들을
어떻게 알아볼 수 있습니까? 그들의 행위는 무엇입니까?
그리고 어떻게 그 성질들을 건너갈 수 있습니까?

22

श्री भगवानुवाच

प्रकाशं च प्रवृत्तिं च मोहमेव च पाण्डव ।
न द्वेष्टि संप्रवृत्तानि न निवृत्तानि काङ्क्षति ॥ २२

스리 바가바누바차
프라카샴 차 프라브리띰 차 모하메바 차 판다바 |
나 드베쉬티 삼프라브리따니 나 니브리따니 캉크샤티 |22|

스리 바가바누바차=스리 바가반이 말했다; 프라카삼=빛; 차=그리고; 프라브리띰=행동; 차=그리고; 모함=현혹; 에바=심지어; 차=그리고; 판다바=판다바; 나=아니다; 드베쉬티=증오하다; 삼프라브리따니=전진한; 나=그리고; 니브라따니=부재한; 캉크샤티=더 이상.
오 판다바여, 빛과 행위와 망상이 일어날 때 싫어하지 않으며 그것이 일어나지 않을 때 원하지 않는 사람이다.

23 उदासीनवदासीनो गुणैर्यो न विचाल्ये ।
गुणा वर्तन्त इत्येव योऽवतिष्ठति नेङ्गते ॥ २३

우다시나바다시노 구나이르요 나 비찰야테 |
구나 바르탄타 이트예바 요아바티쉬타티 넹가테 |23|

우다시나바트=무관심한 존재들처럼; 아시타흐=앉아 있는; 구나이흐=성질들에 의해; 야흐=누구; 나=아니다; 비찰르야테=움직이는; 구나흐=성질; 바르탄테=작동하다; 이티=그러므로; 에바=심지어; 야흐=누구; 아바티쉬타티=자기 중심이 된; 나=아니다; 잉가테=움직이다.

무관심한 존재들처럼 앉아 있는 그들은
속성들에 의해 움직이지 않고 속성들의 작동을 아는 자들로서
확고하며 흔들림이 없다.

24

समदुःखसुखः स्वस्थः समलोष्टाश्मकाञ्चनः ।

तुल्यप्रियाप्रियो धीरस्तुल्यनिन्दात्मसंस्तुतिः ॥ २४

사마두흐카수카흐 스바스타흐 사말로쉬타스마칸차나흐 |
툴야프리야프리요 디라스툴야닌다트마삼스투티흐 |24|

사마두흐카수카흐=기쁨과 고통과 같은; 라바스타흐=존재의 자아에 서 있는; 사말로쉬타 아스마칸차나흐=흙과 돌과 황금덩어리 같은 것에 관해서; 툴야프리야 아프리야흐=사랑하는 것과 싫어하는 것에 대한 동등함; 디라흐=확고한 툴야닌다 아트마삼스투티=비난과 찬미에서 동일함.

기쁨과 고통을 균등하게 대하며
참나에 거하면서 흙과 돌과 황금을 같은 것으로 보며
좋은 것이나 싫은 것에 동등하며 확고하고
비난과 찬미함에 대한 동등한 자들과.

25

मानापमानयोस्तुल्यस्तुल्यो मित्रारिपक्षयोः ।

सर्वारम्भपरित्यागी गुणातीतः स उच्यते ॥ २५

마나파마나요스툴야스툴요 미트라리파크샤요흐 |
사르바람바파리트야기 구나티타흐 사 우챠테 |25|

마나 아파만요흐=명예와 불명예 속에서; 툴야흐=동일함; 툴야흐=동일함; 미트라 아리파크샤요흐=친구와 적에게; 사르바 아람바파리트야기=모든 의무를 포기한; 구나 아티타흐=속성들을 넘어서; 사흐=그는; 우챠테=말하다.

명예와 불명예에 동등하며 친구와 적에게 동등하며

모든 의무를 포기한 자는 속성들 위에 있다고 말한다.

26 मां च योऽव्यभिचारेण भक्तियोगेन सेवते । स गुणान्समतीत्यैतान्ब्रह्मभूयाय कल्पते ॥ २६

맘 차 요아브야비차레나 박티요게나 세바테 |
사 구난사마티트야이탄브라흐마부야야 칼파테 |26|

맘=나에게; 차=그리고; 야흐=누구; 아브야비차레나=확고부동의; 바크티요게나=헌신으로; 세바테=섬기다; 사흐=그는; 구난=성질들; 사마티트야=위에 있는; 에타트=이것들의; 브라흐마부야야=브라흐만이 되기 위해; 칼파테=맞추어진.
그리고 확고한 헌신으로 나를 섬기며 속성들을 넘어선 자는 브라흐만이 되기에 적합한 자이다.

27 ब्रह्मणो हि प्रतिष्ठाहममृतस्याव्ययस्य च । शाश्वतस्य च धर्मस्य सुखस्यैकान्तिकस्य च ॥ २७

브라흐마노 히 프라티쉬타하마므리타스야브야야스야 차 |
사스바타스야 차 다르마스야 수카스야이칸티카스야 차 |27|

브라흐마흐=브라흐만의; 히=실로; 프라티쉬타=거주; 아함=나는; 암리타스야=불멸의; 아브야야스야=불변의; 차=그리고; 사스바타스야=영원한; 차=그리고; 다르마스야=정의의; 수카스야=은총의; 에칸티카스야=절대의; 차=그리고.
나는 브라흐만에 거하며 불멸함이며 또한

불변함이며 영원한 정의이며 절대적인 은총이다.

इति श्रीमद्भगवद्गीतासूपनिषत्सु ब्रह्मविद्यायां योगशास्त्रे
श्रीकृष्णार्जुनसंवादे गुणत्रयविभागयोगो नाम
चतुर्दशोऽध्यायः ॥

이티 바가바드기타수파니샤트수 브라흐마비드야얌 요가사스트레
스리크리쉬나르주나삼바데 구나트라야비가요고 나마
차투르다소아드야야흐 ||
바가바드 기타의 우파니샤드 안에 요가의 과학이며
지고의 브라만의 지식이며 크리쉬나와 아르주나에 대한 대화인
제14장 구나트라야 비가 요가를 말한다.

제15장
푸루쇼따마 요가
초월적인 참나의 요가

이 장은 초월적인 참나인 푸루쇼따마와 그 초월적인 참나에 대해 말하고 있다.

1 श्री भगवानुवाच

ऊर्ध्वमूलमधःशाखं अश्वत्थं प्राहुरव्ययम् ।

छन्दांसि यस्य पर्णानि यस्तं वेद स वेदवित् ॥ १

스리 바가바누바차
우르드바물라마다흐사캄 아스바땀 프라후라브야얌 ㅣ
찬담시 야스야 파르나니 야스땀 베다 사 베다비트 ㅣ1ㅣ

스리 바가바누바차=스리 바가반이 말했다; 우르드바물람=위에 뿌리; 아다흐사캄=아래에 가지; 아스바땀=피팔나무 종류; 프라후흐=그들은 말하다; 아브야얌=파괴되지 않는; 찬담시=노래의; 야스야=그것의; 파르나니=나뭇잎; 야흐=누구; 탐=그것; 베다=알다; 사흐=그는; 베다비트=베다를 아는 자.

스리 바가반 말하기를,
불멸의 아스바땀 나무는 뿌리가 위에 가지가 아래에 있다고 말한다. 그것의 나뭇잎은 베다의 노래이며 그것을 아는 자는 베다를 아는 자이다.

카타 우파니샤드에서 "뿌리는 위에 가지는 아래에 있는 이 아스바땀 세계의 나무는 불멸이다"라고 하였다. 인도에는 오래된 사원이나 아쉬람에는 수천 년이 된 나무들이 있다. 오랜 역사를 말해 주듯이 이 나무들은 그 아래에서 수행하였던 수많은 수행자나 요기들의 에너지를 품고 있는 듯하다. 존재는 드러나고, 드러나지 않는 양쪽에 진리가 존재하는 것이다.[20]

절대적인 진리의 경전인 베다와 베다를 암송하고 그 내용을 철학적으로 강의하고 직관적으로 체험해서 가르침을 펴는 이들이 수행자나 학자들이다.

2

अधश्चोर्ध्वं प्रसृतास्तस्य शाखा गुणप्रवृद्धा विषयप्रवालाः ।

अधश्च मूलान्यनुसंततानि कर्मानुबन्धीनि मनुष्यलोके ॥ २

아다스초르드밤 프라스리타스타스야 사카 구나프라브리따 비샤
야프라발라흐 ।
아다스차 물란야누삼타타니 카르마누반디니 마누쉬야로케 |2|

아다흐=아래에; 차=그리고; 우르드밤=위에; 프라스리타흐=퍼지
다; 타스야=그것의; 사카흐=가지; 구나프라브리띠흐=속성들에 의
해 키워진; 비샤야프라발라흐=감각의 대상은 그것의 싹; 아다흐=
아래에; 차=그리고; 물라니=뿌리; 아누삼타타니=늘어나게 되는;
카르마 아누반디니=행동의 근원; 마누쉬야로케=인간의 세상에서.

아래와 위로 속성들에 의해 키워진 그것의 가지가 뻗어가며
감각의 대상들은 그것의 싹을 틔운다. 그리고
인간의 세상에 아래로 뻗어가는 뿌리는 행동을 야기시킨다.

3

न रूपमस्येह तथोपलभ्यते नान्तो न चादिर्न च संप्रतिष्ठा ।

अश्वत्थमेनं सुविरूढमूलमसङ्गशस्त्रेण दृढेन छित्त्वा ॥ ३

나 루파마스예하 타토팔라브야테 난토 나 차디르나 차 삼프라티
쉬타 ।
아스바따메남 수비루다물라마상가사스트레나 드리데나 치뜨바
|3|

나=아니다; 루팜=형상; 아스야=그것의; 이하=여기; 타타=그런;
우팔라브야테=인지된; 나=아니다; 안타흐=끝; 나=아니다; 차=그
리고; 아디흐=기원; 나=아니다; 차=그리고; 삼프라티쉬타=뿌리;

아스바땀=피팔나무; 에남=이것; 수비루다 물람=확실한 뿌리가 된; 아상가사스트레나=무집착의 도끼; 드리데나=강한; 치뜨바= 조각조각 베어 버린.
그것의 그런 형상은 그것의 끝도 그것의 시작도
그것의 존재도 여기에서 인지할 수 없다.
이렇게 확고한 뿌리를 가진 아스땀 나무를
무집착의 도끼로 조각조각 베어 버리면서.

4 ततः पदं तत्परिमार्गितव्यं यास्मिन्गता न निवर्तन्ति भूयः तमेव चाद्यं पुरुषं प्रपद्ये यतः प्रवृत्तिः प्रसृता पुराणी ॥ ४

타타흐 파담 타트파리마르기타브얌 야스민가타 나 니바르탄티 부야흐 |
타메바 차드얌 푸루샴 프라파드예 야타흐 프라브리띠흐 프라스리타 푸라니 |4|

타타흐=그런 다음; 파담=목적; 타트=그것; 파리마르기타브얌=찾을 것이다; 야스민=어디로; 가타흐=가버린; 나=아니다; 니바르탄티=돌아가다; 부야흐=다시; 탐=그것에; 에바=심지어; 차=그리고; 아드얌=태초의; 푸루샴=절대의; 프라파드예=나는 안식처를 구한다; 야타흐=어디로부터; 프라브리띠흐=행위; 프라수타=흐르다; 푸라니=고대의, 태초의.
그런 다음 그것의 목적이 다시 돌아오지 않는 곳을 찾을 것이다.
나는 영원한 행위로 흐르는 태초의 절대에서 안식을 취한다.

5 निर्मानमोहा जितसङ्गदोषा अध्यात्मनित्या विनिवृत्तकामाः ।
द्वन्द्वैर्विमुक्ताः सुखदुःखसंज्ञैर्गच्छन्त्यमूढाः पदमव्यय तत् ॥ ५

니르마나모하 지타상가도샤 아드야트마니트야 비니브리따카마흐 |
드반드바이르비묵타흐 수카두흐카삼그야이르가짠트야무다흐 파다마브야야 타트 |5|

니르마나모하흐=오만함과 망상에서 벗어남; 지타상가도샤=집착의 사악으로부터 승리함; 아드야트마니트야흐=영원히 참나에 거하는; 비니브리따카마흐=욕망을 완전히 몰아내는; 드반드바이흐=반대편으로부터; 비무크타흐=자유; 수카 두카 삼그야이흐=기쁨과 고통으로 알려진; 가짠티=도달하다; 아무다흐=속이지 않는; 파담=목적; 아브야얌=불멸의; 타트=그것.
오만함과 망상으로부터 자유를 얻으며 집착의 사악함을 이기고 참나에 영원히 거하며 욕망을 몰아내고
기쁨과 고통으로 알려진 양면으로부터 자유로우며 현혹되지 않는 이 그는 불멸의 경지에 도달한다.

6 न तद्भासयते सूर्यो न शशाङ्को न पावकः ।
यद्गत्वा न निवर्तन्ते तद्धाम परमं मम ॥ ६

나 타드바사야테 수르요 나 사상코 나 파바카흐 |
야드가트바 나 니바르탄테 타따마 파라맘 마마 |6|

나=아니다; 타트=그것; 바사야테=빛나는; 수르야흐=태양; 나=아니다; 사상카흐=달; 나=아니다; 파바카흐=불; 야트=그것에; 가트바=가버린; 나=아니다; 니바르탄테=그들은 돌아오다; 타트=그것;

다마=거주; 파라맘=지고의; 마마=나의.
그곳은 태양도 달도 불도 빛나는 곳이 아니다.
그곳에 간 사람은 돌아오지 않으며
그곳이 내가 머무는 가장 높은 곳이다.

7 ममैवांशो जीवलोके जीवभूतः सनातनः । मनः षष्ठानीन्द्रियाणि प्रकृतिस्थानि कर्षति ॥ ७

마마이밤소 지발로케 지바부타흐 사나타나흐 |
마나흐 샤쉬타닌드리야니 프라크리티스타니 카르샤티 |7|

마마=나의; 에바=심지어; 암사흐=부분; 지발로케=생명의 세계에서; 지바부타흐=영원한 생명; 사나타나흐=영원한; 마나흐샤쉬타니=여섯번째 마음으로; 인드리야니=감각을; 프라크리티스타니=자연에 거하는; 카르샤티=끌다.
내 자신의 한 부분이 생명의 세계에서 영원한 생명이 되며
여섯번째 마음으로 자연에서 나온 감각들을 끌어당긴다.

8 शरीरं यदवाप्नोति यच्चाप्युत्क्रामतीश्वरः । गृहीत्वैतानि संयाति वायुर्गन्धानिवाशयात् ॥ ८

사리람 야다바프노티 야짜프유트크라마티스바라흐 |
그리히트바이타니 삼야티 바유르간다니바사야트 |8|

사리람=하나의 몸; 야트=~할 때; 아바프로티=얻다; 야트=~할 때; 차=그리고; 아피=또한; 우트카마티=잎사귀; 이스바라흐=내 안의

주인, 신; 그리히트바=취하는; 에타니=이런 것들; 삼야티=가다;
바유흐=바람; 간단=향기; 이바=~처럼; 아사야트=자세로부터.
내 안의 주인이 몸을 얻었을 때 그리고 그것을 떠났을 때
그는 바람이 그것들의 근원으로부터 향기를 옮기듯
이것들을 취하고 간다.

9 श्रोत्रं चक्षुः स्पर्शनं च रसनं घ्राणमेव च ।
आधिष्ठाय मनश्चायं विषयानुपसेवते ॥ ९

스로트람 차크슈흐 스파르사남 차 라사남 그라나메바 차 |
아디쉬타야 마나스차얌 비샤야누파세바테 |9|

스로트람=귀; 차크슈흐=눈; 스파르사남=촉감; 차=그리고; 라사남
=맛; 그라남=냄새; 에바=심지어; 차=그리고; 아디쉬타야=통솔하
는; 마나흐=마음; 차=그리고; 아얌=그는; 비샤얀=감각의 대상;
우파세바테=즐기다.
귀와 눈과 촉감과 맛과 냄새와 마음마저도 다스리면서
그는 감각의 대상을 경험한다.

10 उत्क्रामन्तं स्थितं वापि भुञ्जानं वा गुणान्वितम् ।
विमूढा नानुपश्यन्ति पश्यन्ति ज्ञानचक्षुषः ॥ १०

우트크라만탐 스티탐 바피 분자남 바 구난비탐 |
비무다 나누파샨티 파샨티 그야나차크슈샤흐 |10|

우트카만탐=시작하는; 스티탐=머무르는; 바=또는; 아피=또한; 분

자난=즐기는; 바=또한; 구난비탐=성질들이 합해진; 비무다흐=미혹된 자들; 나 아누파샨티=알지 못한; 파샨티=보다; 그야나차슈크슈샤흐=지혜의 눈을 가진 자들.
미혹된 자들은 성질들이 연결되어 시작하고
머무르고 즐기는 것을 알지 못하지만
그들을 지혜의 눈을 가진 사람들을 본다.

11 यतन्तो योगिनश्चैनं पश्यन्त्यात्मन्यवस्थितम् । यतन्तोऽप्यकृतात्मानो नैनं पश्यन्त्यचेतसः ॥ ११ ॥

야탄토 요기나스차이남 파샨트야트만야바스티탐 |
야탄토아프야크리타트마노 나이남 파샨트야체타사흐 |11|

야탄타흐=애쓰는; 요기나흐=요가를 실천하는 사람; 차=그리고; 에남=이것; 파스얀티=보다; 아트마니=참나에; 아바스티탐=거하는; 야탄타흐=노력하는; 아피=또한; 아크리타 아트마나흐=수련되지 않는; 나=아니다; 에남=이것; 파샨티=보다; 아체타사흐=무지한.
요가를 실천하는 사람들이 노력하며
참나에 머무는 그를 인식하려고 노력하더라도
수련되지 않고 무지한 사람들은 그를 보지 못한다.

12 यदादित्यगतं तेजो जगद्भासयतेऽखिलम् । यच्चन्द्रमसि यच्चाग्नौ तत्तेजो विद्धि मामकम् ॥ १२ ॥

야다디트야가탐 테조 자가드바사야테아킬람 |
야짠드라마시 야짜구나그나우 타떼조 비띠 마마캄 |12|

야트=그것; 아디트야가탐=태양에 머무는; 테자흐=빛; 자가트=세상; 바사야테=빛나는; 아킬람=전체의; 야트=그것; 찬드라마시=달에서; 야트=그것; 차=그리고; 아그나우=불에서; 타트=그것; 테자흐=빛; 비디=알다; 마마캄=나의 것.
태양에서 나온 빛은 세상 전체를 비추며
달과 불에 있는 빛은 나에게서 나온 것임을 알라.

13 गामाविश्य च भुतानि धारयाम्यहमोजसा ।
पुष्णामि चौषधीः सर्वाः सोमो भुत्वा रसात्मकः ॥ १३

가마비스야 차 부타니 다라야먀하모자사 |
푸쉬나미 차우샤디흐 사르바흐 소모 부트바 라사트마카흐 |13|

감=땅; 아비스야=스며들다; 차=그리고; 부타니=모든 존재들; 다라야미=부양하다; 아함=나는; 오자사=에너지에 의해; 푸쉬나미=양분을 주다; 차=그리고; 오샤디흐=초목; 사르바흐=모든; 소마흐=감로의 수액, 달; 부트바=~이 된; 라사트마카흐=물에 젖은.
땅으로 스며들어 나의 힘으로 모든 존재들에게 활력을 주었으며
감로의 수액이 되어 모든 초목에 양분을 주었다.

소마(Soma)는 달의 에너지이며 리그 베다에 나오는 상징적인 에너지의 흐름이다. 이 에너지는 감로의 진액이 되어 모든 식물과 생물에 많은 영향을 준다고 한다.

14 अहं वैश्वानरो भूत्वा प्राणिनां देहमाश्रितः ।
प्राणापानसमायुक्तः पचाम्यन्नं चतुर्विधम् ॥ १४

아함 바이스바나로 부트바 프라니남 데하마스리타흐 ㅣ
프라나파나사마육타흐 파참얀남 차투르비담 ㅣ14ㅣ

아함=나는; 바이스바나라흐=불; 부트바=~이 된; 프라니남=살아 있는 존재의; 데함=몸; 아스리타흐=거하는; 프라나 아파나 사마유크타흐=호흡으로 내면과 외부가 연결된; 파차미=소화하다; 안남=음식; 차투르비담=네 가지 종류=마시고, 씹고, 빨고, 핥음.

불이 되어 살아 있는 존재의 몸에 거하면서
호흡으로 내면과 외부가 연결된 나는
네 가지 종류의 음식을 소화한다.

15 सर्वस्य चाहं हृदि सन्निविष्टो मत्तः स्मृतिर्ज्ञानमपोहनं च ।
वेदैश्च सर्वैरहमेव वेद्यो वेदान्तकृद्वेदविदेव चाहम् ॥ १५

사르바스야 차함 흐리디 산니비쉬토 마따흐 스므리티르그야나마포하남 차 ㅣ
베다이스차 사르바이라하메바 베됴 베단타크리드베다비데바 차함 ㅣ15ㅣ

사르바스야=존재의; 차=그리고; 아함=나는; 흐리디=가슴속으로; 삼니비쉬타흐=거하는; 마따흐=나로부터; 스므리티흐=기억; 그야남=지식; 아포하남=부재; 차=그리고; 베다이흐=베다에 의해; 차=그리고; 사르바이흐=모든; 아함=나는; 에바=심지어; 데드야흐=알려진; 베단타크리트=베단타의 창시자; 베다비트=베다를 아는 자; 에바=심지어; 차=그리고; 아함=나는.
그리고 나는 모든 것의 가슴속에 거하며
나에게로부터 기억과 지식이 나오며 사라진다.
나는 진실로 모든 베다에 의해 알려졌으며
베다를 아는 자이며 또한 베단타의 창시자이다.

16 द्वाविमौ पुरुषौ लोके क्षरश्चाक्षर एव च । क्षरः सर्वाणि भुतानि कूटस्थोऽक्षर उच्यते

드바비마우 푸루샤우 로케 크샤라스차크샤라 에바 차 |
크샤라흐 사르바니 부타니 쿠타스토아크샤라 우챠테 |16|

드바우=두 가지의; 그야마우=이런 것의; 푸루샤우=사람들; 로케
=세상에서; 크샤라흐=사라지는; 차=그리고; 아크샤라흐=불멸의;
에바=심지어; 차=그리고; 크샤라흐=사라지는; 사르바니=모든;
부타니=존재들; 쿠타스타흐=불변의; 아크샤라흐=불멸의; 우챠테
=말한다.
세상에는 사라지는 사람과 사라지지 않는 두 종류의
사람들이 있다. 모든 존재들은 사라진다고 불멸의 존재는 말한다.

17 उत्तमः पुरुषस्त्वन्यः परमात्मेत्युदाहृतः । यो लोकत्रयमाविश्य विभर्त्यव्यय ईश्वरः ॥ १७

우따마흐 푸루샤스트반야흐 파라마트메트유다흐리타흐 |
요 로카트라야마비스야 비바르트야브야야 이스바라흐 |17|

492 스리마드 바가바드 기타

우따마흐=지고의; 푸루샤흐=사람들; 투=그러나; 안야흐=다른; 파라마트마=최상의 참나; 이티=그러므로; 우다흐리타흐=부르다; 야흐=누구; 로카트라얌=삼계(三界); 아비샤=스며 있는; 비바르트=지탱하다; 아브야야흐=파괴할 수 없는; 이스바라흐=주(主), 인격적인 신.

그러나 최상의 참나로 불리는 지고의 존재,
파괴할 수 없는 주는 삼계에 스며 있으며 그것을 지탱한다고 한다.

18 यस्मत्क्षरमतीतोऽहमक्षरादपि चोत्तमः ।
अतोऽस्मि लोके वेदे च प्रथितः पुरुषोत्तमः ॥ १८

야스마트크샤라마티토아하마크샤라다피 초따마흐 |
아토아스미 로케 베데 차 프라티타흐 푸루쇼따마흐 |18|

야스마트=~처럼; 크샤람=사라지는; 아티타흐=초월한; 아함=나는; 아크샤라트=불멸의 것보다; 아피=또한; 차=그리고; 우따마흐=최고의; 아타흐=그러므로; 아스미=이다; 로케=세상에; 베데=베다에서; 차=그리고; 프라티타흐=선포하다; 푸루쇼따마흐=최고의 존재.

나는 사라지는 것을 초월하며 불멸하는 것마저도 초월한다.
그렇게 나는 베다와 세상에 최고의 존재로 알려졌다.

19 यो मामेवमसंमूढो जानाति पुरुषोत्तमम् ।
स सर्वविद्भजति मां सर्वभावेन भारत ॥ १९

요 마메바마삼무도 자나티 푸루쇼따맘 |

사 사르바비드바자티 맘 사르바바베나 바라타 |19|

야흐=누구; 맘=나에게; 에밤=그러므로; 아사무다흐=미혹에서 벗어난; 자나티=알다; 푸루쇼따맘=지고의 존재; 사흐=그는; 사르바비트=모든 것을 아는; 바자티=예배하다; 맘=나를; 사르바바베나=그의 존재 전체로
미혹에서 벗어난 자는 나를 최고의 자아로 알며
그는 모든 것을 아는 자이다, 오 바라타여,
그리고 그는 모든 마음으로 나에게 예배한다.

20 इति गुह्यतमं शास्त्रमिदमुक्तं मयाऽनघ । एतद्बुद्ध्वा बुद्धिमान्स्यात्कृतकृत्यश्च भारत ॥ २०

이티 구흐야타맘 사스트라미다묵탐 마야아나가 |
에타드부뜨바 부띠만스야타크리트크리트야스차 바라타 |20|

이티=그러므로; 구흐야타맘=최고의 비밀; 사스트람=과학; 이담=이것; 우땀=생각된; 마야=나에게; 아나가=오 죄 없는 존재여; 에타트=이것; 부따바=알고 있는; 부띠만=현명한; 스야트=~이 되다; 크리타크리트야흐=모든 의무를 성취한; 차=그리고; 바라타=오 바라타여.
그러므로 오 죄 없는 이여,
이제 나의 가장 심오한 가르침을 나누어 주었다.
이것을 아는 자는 깨달음을 얻었으니
모든 의무가 성취되었다, 오 바라타여.

इति श्रीमद्भगवद्गीतासूपनिषत्सु ब्रह्मविद्यायां योगशास्त्रे श्रीकृष्णार्जुनसंवादे पुरुषोत्तमयोगो नाम पञ्चदशोऽध्यायाः ॥

이티 바가바드기타수파니샤트수 브라흐마비드야얌 요가사스트레 스리크리쉬나르주나삼바데 푸루쇼따마요고 나마 판차다소아드야야흐 ॥

바가바드 기타의 우파니샤드 안에 요가의 과학이며
지고의 브라만의 지식이며 스리 크리쉬나와 아르주나에 대한 대화인
제15장 푸루쇼따마 요가를 말한다.

제16장
다이바수라 삼파드 비바가 요가

성스러움과 악마적인 요소를 구별하는 요가

이 장은 성스러운 성향과 악마적인 성향에 대해 설명하고 있다.

1

श्री भगवानुवाच

अभयं सत्त्वसंशुद्धिर्ज्ञानयोगव्यवस्थितिः ।
दनं दमश्च यज्ञश्च स्वाध्यायस्त आर्जवम् ॥ १

스리 바가바누바차
아바얌 사뜨바삼수띠르그야나요가브야바스티티흐 |
다남 다마스차 야그야스차 스바드야야스타 아르자밤 |1|

스리 바가바누바차=스리 바가반이 말했다; 아바얌=두려움이 없음; 사뜨바삼수띠흐=마음의 순수함; 그야나요가브야스티티흐=지식과 요가로 확고함; 다남=자선; 다마흐=감각의 제어; 차=그리고; 야그야흐=희생; 차=그리고; 스바드야야흐=경전의 연구; 타파흐=고행; 아르자밤=올곧음.
스리 바가반 말하기를
대담함, 마음의 순수함, 지식과 요가의 확립,
자선과 감각의 통제, 희생, 경전의 연구, 고행, 올곧음.

2

अहिंसा सत्यमक्रोधस्त्यागः शान्तिरपैशुनम् ।
दानं भूतेष्वलोलुप्त्वं मार्दवं ह्रीरचापलम् ॥ २

아힘사 사트야마크로다스트야가흐 산티라파이수남 |
다남 부테쉬발로루프트밤 마르다밤 흐리라차팔람 |2|

아힘사=해 끼치지 않음; 사트얌=진리; 아크로다흐=화내지 않음;
트야가흐=내버림; 산티흐=평화; 아파이수남=이간질하지 않음; 다
야=동정심; 부테슈=존재들에게; 아롤루프트밤=탐욕이 없음; 마르
다밤=인자함; 히흐=겸손함; 아차팔람=확고함.
비폭력, 진리, 화내지 않음, 내버림, 평화, 이간질하지 않음,
동정심, 존재들에 대한 동정심,
탐욕이 없음, 인자함, 겸손함, 흔들리지 않음.

3 तेजः क्षमा धृतिः शौचमद्रोहो नातिमानिता ।

भवन्ति संपदं दैवीमाभिजातस्य भारत ॥ ३

테자흐 크샤마 드리티흐 사우차마드로호 나티마니타 |
바반티 삼파담 다이비마비자타스야 바라타 |3|

테자흐=활기; 크샤마=용서; 드리티흐=인내; 사이참=순수함; 아드
리하흐=증오하지 않음; 나=아니다; 아티마니타=자존심; 바반티=
속하다; 삼파담=상태; 다이빔=성스러운; 아비자타스야=탄생의;
바라타=오 바라타여.
활력, 용기, 인내, 순수함, 증오하지 않음, 자존심이 없음,
이러한 것들은 성스러운 상태를 위해
태어난 존재에게 속한다, 오 바라타여.

4 दम्भो दर्पोऽभिमानश्च क्रोधः पारुष्यमेव च ।

अज्ञानं चाभिजातस्य पार्थ संपदमासुरीम् ॥ ४

담보 다르포아비마나스차 크로다흐 파루쉬야메바 차 |

아그야남 차비자타스야 파르타 삼파다마수림 |4|

담바흐=위선; 다르파흐=오만; 아비마나흐=자만; 차=그리고; 크로다흐=격노함; 파루쉬얌=가혹함; 에바=심지어; 차=그리고; 아그야남=무지; 차=그리고; 아비자타스야=탄생의; 파르타=오 파르타여; 삼파다마=상태; 아수림=악마의.

위선, 오만, 자만, 분노, 가혹함, 무지는
악마의 상태를 위해 태어난 특성들에게 속한다, 오 바라타여.

5 दैवी संपद्विमोक्षय निबन्धायासुरी मता ।
मा शुचः संपदं दैवीमभिजातोऽसि पाण्डव ॥ ५

다비 삼파드비목샤야 니반다야수리 마타 |
마 수차흐 삼파담 다이비마비자토아시 판다바 |5|

다이비=성스러운; 삼파트=상태; 비모크샤야=자유를 위한; 니반다야=속박을 위한; 아수리=악마의; 마타=간주된다; 마=아니다; 수차흐=슬픔; 삼파담=상태; 다이빔=성스러운; 아비자타흐=태어나다; 아시=예술; 판다바=판다바여.

성스러운 본성은 자유와 흉포함을 구속하고
슬픔을 제거하기 위한 것이다, 오 판다바여,
그대는 성스러운 상태를 위해 태어났다.

6 द्वौ भुतसर्गौ लोकेऽस्मिन् दैव आसुर एव च ।
देवो विस्तरशः प्रोक्त आसुरं पार्थ मे शृणु ॥ ६

드바우 부타사르가우 로케아스민 다이바 아수라 에바 차 |
다이보 비스타라사흐 프로크타 아수람 파르타 메 스리누 |6|

드바우=두 가지의; 부타사르가우=존재의 양상들; 로케=세상에서; 아스민=이것; 데바흐=성스러운; 아수라=악마의; 에바=심지어; 차=그리고; 데바흐=성스러운; 비스타라사흐=충분히; 프로크타흐=설명한; 아수람=악마의; 파르타=파르타; 메=나에게로부터; 스리누=듣다.
세상에는 성스러운 것과 악마적인 존재의 두 가지 양상이 있다. 성스러운 것에 대해서는 충분히 설명하였다, 오 파르타여, 나에게로부터 악마적인 것에 대하여 들어보라.

7 प्रवृत्तिं च निवृत्तिं च जना न विदुरासुराः ।
न शौचं नापि चाचारो न सत्यं तेषु विद्यते ॥ ७

프라브리띰 차 니브리띰 차 자나 나 비두라수라흐 |
나 사우참 나피 차차로 나 사트얌 테슈 비드야테 |7|

프라브리띰=행위; 차=그리고; 니브리띰=알다; 아수라흐=악마의; 나=아니다; 사우참=순수함; 나=아니다; 아피=또한; 차=그리고; 아차라흐=올바른 행동; 나=아니다; 사트얌=진리; 테슈=그들에게; 비드야테=이다.
악마적인 것들은 행위하는 것도 발현된 것도 알지 못하며 그들에게는 순수함도 올바른 행위도 진리도 찾을 수 없다.

8 असत्यमप्रतिष्ठं ते जगदाहुरनीश्वरम् ।
अपरस्परसंभुतं किमन्यत्कामहैतुकम् ॥ ८

아사트야마프라티쉬탐 테 자가다후라니스바람 |
아파라스파라삼부탐 키만야트카마하이투캄 |8|

아사트얌=진리 없이; 아프라티쉬탐=윤리의 기초 없이; 테=그들
은; 자가트=세상; 아두흐=말하다; 아니스바람=신 없이; 아파라스
파라삼부탐=상호간의 합일로부터; 야기된 킴=무엇; 안야트=또한;
카마하이투캄=욕망에 의한 원인, 정욕에 의한.
그들의 세상은 진리도 없으며 윤리도 없으며 신도 없으며
단지 욕망에 의한 상호간의 결합으로 야기된 것일 뿐이라고 말한다.

9 एतां दृष्टिमवष्टभ्य नष्टात्मानोऽल्पबुद्धयः ।
प्रभवन्त्युग्रकर्माणः क्षयाय जगतोऽहिताः ॥ ९

에탐 드리쉬티마바쉬타브야 나쉬타트마노알파부따야흐 |
프라바반트유그라카르마나흐 크샤야야 자가토아히타흐 |9|

에탐=이것; 드리쉬팀=보다; 아바쉬타브야=잡는; 나쉬타트마나흐
=파괴된 정신; 알파부따야흐=낮은 지식의; 프라바반티=나오다;
우프라카르마나흐=흉포한 행위; 크샤야야=파괴를 위한; 자가타
흐=세상의; 아히타흐=적들.
이러한 생각으로 고정된 낮은 지식과 흉포한 행위의 파괴된 정신
들은
파멸을 위해 세상의 적이 되어 나타난다.

10 कামমাশ্রিত্য দুষ্পূরং দম্ভমানমদান্বিতাঃ।
মোহাদ্গৃহীত্বাऽসদ্গ্রাহান্প্রবর্তন্তেऽশুচিব্রতাঃ॥ १०

카마마스리트야 두쉬푸람 담바마나마단비타흐 |
모하드그리히트바아사드그라한프라바르탄테아수치브라타흐 |10|

카마마=욕망; 아스리트야=거하면서; 두쉬푸람=탐욕; 담바 마나 마다 안비타흐=위선, 자존심, 오만; 모하트=망상을 통하여; 그리히트바=잡은; 아사다그라하=사악한 생각; 프라바르탄테=행동; 아수치브라타흐=비순수한 해석.
멈출 수 없는 욕망으로 가득 차고 위선과 자존심과
오만이 넘치며 사악한 생각으로 사로잡힌 망상을 통하여
그들은 비순수한 해석을 하면서 행동한다.

11 চিন্তামপরিমেযাং চ প্রলযান্তামুপাশ্রিতাঃ।
কামোপভোগপরমা এতাবদিতি নিশ্চিতাঃ॥ ११

친타마파리메얌 차 프랄라얀타무파스리타흐 |
카모파보가파라마 에타바디티 니스치타흐 |11|

친탐=근심; 아파리메얌=측량할 수 없는; 차=그리고; 프랄라얀탐=안식하는 카마; 우파보가파라마흐=그들의; 최고의 목적인 욕망의 충족에 대하여; 에타바트=그것은 모든 것이다; 이티=그러므로; 니시차타흐=느낌이 확실한.
오직 죽음으로 끝을 맺고 수많은 근심에 갇혀
욕망의 충족을 최고의 목적으로 여기고 그것 뿐이라고 확신한다.

12 आशापाशशतैर्बद्धाः कामक्रोधपरायणाः ।
ईहन्ते कामभोगार्थमन्यायेनार्थसञ्चयान् ॥ १२

아사파사샤타이르바따흐 카마크로다파라야나흐 |
이한테 카마보가르타만야예나르타산츠얀 |12|

아사파사샤타이흐=수백의 바람의 끈; 바따흐=묶인; 카마크로다파
라야나흐=욕망과 분노를 바치는; 이한테=힘쓰다; 카마보가 아르
탐=감각적인 즐거움; 안야예나=비합법적인 수단으로; 아르타산츠
얀=부의 축적.
수백의 바람의 끈에 묶여 욕망과 분노를 바치며
그들은 감각적인 즐거움을 위해
정의롭지 않은 수단으로 부를 축적하고 안일을 도모한다.

13 इदमद्य मया लब्धमिदं प्राप्स्ये मनोरथम् ।
इदमस्तीदमपि मे भविष्यति पुनर्धनम् ॥ १३

이다마드야 마야 라브다미담 프라프스예 마노라탐 |
이다마스티다마피 메 바비쉬야티 푸나르다남 |13|

이담=이것; 아드야=오늘; 마야=나로 인해; 라브담=얻은; 이담=이
것; 프라프스예=얻은 것이다; 마노라탐=욕망; 이담=이것; 아스티
=이다; 이담=이것; 아피=또한; 메=나를; 바비쉬야티=될 것이다;
푸나흐=다시; 다남=부.
"이것은 오늘 내가 얻은 것이다. 나는 욕망을 성취할 것이며
그것은 나의 것이다. 나는 머지않아 부자가 될 것이다."

14

असौ मया हतः शत्रुर्हनिष्ये चापरानपि ।
ईश्वरोऽहमहं भोगी सिद्धोऽहं बलवान्सुखी ॥ १४

아사우 마야 하타흐 사트루르하니쉐 차파라나피 │
이스바로하마함 보기 시또아함 발라반수키 │14│

아사우=그것; 마야=나에 의해; 하타흐=살해한; 사트루흐=적; 하니쉐=죽일 것이다; 차=그리고; 아파란=다른; 아피=또한; 이스바라흐=주; 아함=나는; 아함=나는; 보기=즐기는 자; 시따흐=완전한; 아함=나는; 발라반=강력한; 수키=행복.

"나는 그 적들을 죽일 것이다, 그리고 다른 적들 또한 없애 버릴 것이다.
나는 주인이고 나는 즐거우며 나는 성공한 자이며 강력하고 행복하다."

15

आढ्योऽभिजनवानस्मि कोऽन्योऽस्ति सदृशो मया ।
यक्ष्ये दास्यामि मोदिष्य इत्यज्ञानविमोहिताः ॥ १५

아드요아비자나바나스미 코안요아스티 사드리소 마야 │
야크쉐 다스야미 모디쉬야 이트야그야나비모히타흐 │15│

아드야흐=부유한; 아비자나반=잘 태어난; 아스미=이다; 카=누구; 안야흐=그밖에; 아스티=이다; 드리사흐=동일한; 마야=나에게; 야크쉐=희생할 것이다; 사스야미=줄 것이다; 모디쉐=즐거운 것이다; 이티=그러므로; 아그야나비모히타=무지에 의해 현혹된.

"나는 부자이고 잘 태어났다. 누가 나와 같겠는가?
나는 희생할 것이며 자선을 베풀 것이며 즐거울 것이다."

그렇게 그들은 무지에 현혹된 자는 생각한다.

16 अनेकचित्तविभ्रान्ता मोहजालसमावृताः ।
प्रसक्तः कामभोगेषु पतन्ति नरकेऽशुचौ ॥ १६

아네카치따비브란타 모하잘라사마브리타흐 |
프라사크타흐 카마보게슈 파탄티 나라케아수차우 |16|

아네가치따비브란타흐=잡다한 생각으로 어리둥절함; 모하잘라사마브리타흐=미망의; 프라사크타흐=물든, 중독된; 카마보게슈=욕망의 만족; 파탄티=떨어지다; 나라케=지옥으로; 아수타우=더러운.
잡다한 생각으로 어리둥절하며 망상의 덫에 빠졌으며
욕망을 성취하려는 중독에 그들은 더러운 지옥으로 떨어졌다.

17 आत्मसंभाविताः स्तब्धा धनमानमदान्विताः ।
यजन्ते नामयज्ञैस्ते दम्भेनाविधिपूर्वकम् ॥ १७

아트마삼바비타흐 스타브다 다나마나마단비타흐 |
야잔테 나마야그야이스테 담베나비디푸르바캄 |17|

아트마삼바비타흐=자기 자만; 스타브다흐=완고한; 다나마나마다안바타흐=부유함의 자존심과 흥분으로 가득 찬; 야잔테=행동하다; 나마야그야이흐=희생이라는 명목으로; 테=그들은; 담베나=과시로부터; 아비디푸르바캄=경전의 선포와 반대되는.
자기 자만과 완고함과 부에 대한 자존심과 흥분으로 가득 찬 그들은 희생이라는 이름으로 과시하며 경전의 가르침을 무시한다.

18

अहंकारं बलं दर्पं कामं क्रोधं च संश्रिताः ।

ममात्मपरदेहेषु प्रद्विषन्तोऽभ्यसूयकाः ॥ १८

아함카람 발람 다르팜 카맘 크로담 차 삼스리타흐 |
마마트마파라데헤슈 프라드비샨토아브야수야카흐 |18|

아삼카람=이기주의; 발람=힘; 다르팜=오만함; 카맘=탐욕; 크로담
=분노; 차=그리고; 삼스리타흐=은신하는; 맘=나에게; 아트마파라
데헤슈=자신의 몸 속과 다른 사람 속으로; 프라디바샨타흐=증오
하는; 아바야수야카흐=악의의 사람들.
이기주의와 힘과 오만함과 탐욕과 분노를 내뿜으며
이러한 악의적인 사람들은 자신과
다른 사람들 안에 있는 나를 증오한다.

19

तानहं द्विषतः क्रूरान्संसारेषु नराधमान् ।

क्षिपाम्यजस्रमशुभानासुरीष्वेव योनिषु ॥ १९

타나함 드비샤타흐 크루란삼사레슈 나라다만 |
크쉬팜야자스라마수바나수리쉬베바 요니슈 |19|

탄=그것들의; 아함=나는; 드비샤타흐=증오; 크루란=잔인한; 삼사
레슈=세상 속에서; 나라다만=사람들 사이에 나쁜 것; 키파미=세
게 내던지다; 아자트람=영원히; 아수반=비순수한 아수리슈=악마
들의; 에바=오직; 요니슈=자궁 속에.
그것들의 잔인한 증오는 세상에서 인간들 사이에서
가장 나쁜 것이며 나는 이러한 악행을 저지르는 사람들을
오직 악마의 자궁 속으로 영원히 내던진다.

20 असुरीं योनिमापन्ना मूढा जन्मनि जन्मनि ।
मामप्राप्यैव कौन्तेय ततो यान्त्यधमां गतिम् ॥ २०

아수림 요니마판나 무다 잔마니 잔마니 |
마마프라프야이바 카운테야 타토 얀트야다맘 가팀 |20|

아수림=악마의; 요님=자궁; 아판나흐=속으로; 무다흐=현혹된; 잔 마니 잔마니=태어난 후에 태어나는; 맘=나에게; 아프라프야=성취 하지 않는; 에바=여전히; 카운테야=쿤티의 아들; 타타흐=그것보 다; 얀티=떨어지다; 아다맘=내려가다; 가팀=상태.
악마의 자궁으로 들어가면서 그 현혹된 존재들은
태어난 후에 태어나면서 영원히 나에게 도달하지 않는다.
그들은 그렇게 낮은 상태로 떨어진다, 오 카운테야여.

21 त्रिविधं नरकस्येदं द्वारं नाशनमात्मनः ।
कामः क्रोधस्तथा लोभस्तस्मादेतत्त्रयं त्यजेत् ॥ २१

트리비담 나라카스예담 드바람 나사나마트마나흐 |
카마흐 크로다스타타 로바스타스마데타트라얌 트야제트 |21|

트리비담=3중의; 나라카스야=지옥의; 이담=이것; 드바람=문; 나 사남=파괴의; 아트마나흐=자아의; 카마흐=욕망; 크로다흐=분노; 타타=또한; 로바흐=탐욕; 타스마트=그러므로; 타트=이것; 프라얌 =세 가지의; 트야제트=포기해야 한다.
지옥의 문은 욕망과 분노와 탐욕의 세 겹으로 되어
자기를 파멸시킨다. 그러므로 이러한 세 가지를 포기해야만 한다.

22 एतैर्विमुक्तः कौन्तेय तमोद्वारैस्त्रिभिर्नरः ।
आचरत्यात्मनः श्रेयस्ततो याति परं गतिम् ॥ २२

에타이르비묵타흐 카운테야 타모드바라이스트리비르나라흐 |
아차라트야트마나흐 스레야스타토 야티 파람 가팀 |22|

에타흐=이것으로부터; 비무크타흐=해방된; 카운테야=쿤티의 아들; 타모드바라이흐=어둠으로 가는 문; 트리비흐=세 가지의; 나라흐=인간; 아차라티=실천; 아트마나흐=자신의; 스레야흐=선한 것; 타타흐=그런 다음; 야티=가다; 파람=지고의; 가팀=목적.
어둠으로 가는 세 겹의 문으로부터 해방된 사람은, 오 카운테야여, 자신에게 선한 것을 실천하며 지고의 행복으로 간다.

23 यः शास्त्रविधिमुत्सृज्य वर्तते कामकारतः ।
न स सिद्धिमवाप्नोति न सुखं न परां गतिम् ॥ २३

야흐 사스트라비디무트스리즈야 바르타테 카마카라타흐 |
나 사 시띠마바프노티 나 수캄 나 파람 가팀 |23|

야흐=누구; 사스트라비딤=경전의 가르침; 우트스리즈야=옆으로 던진; 바르타테=행동하다; 카마카라흐=욕망의 충동으로; 나=아니다; 사흐=그는; 시띰=완전함; 아바프로티=성취하다; 나=아니다; 수캄=행복; 나=아니다; 파람=지고의; 가팀=목적.
경전의 가르침을 무시하는 사람은 욕망의 충동에 의해 행동하며 완전함도 행복도 지고의 목적도 성취할 수 없다.

24 तस्माच्छास्त्रं प्रमाणं ते कार्याकार्यव्यवस्थितौ ।
ज्ञात्वा शास्त्रविधानोक्तं कर्म कर्तुमिहार्हसि ॥ २४

타스마짜스트람 프라마남 테 카르야카르야브야바스티타우 │
그야트바 사스트라비다노크탐 카르마 카르투미하르하시 │24│

타스마트=그러므로; 사스트람=경전; 프라마남=권위; 테=그들은;
카르야 아카르야 브야바스티타우=행해져야 하거나 행해서는 안 될
것을 결정하는; 그야트바=알려진; 사스트라비다나 우크탐=경전의
가르침으로 말하는 것; 카르마=행동; 카르툼=하는 것; 이하=여기;
아르하시=해야 한다.
그러므로 경전은 그대의 행해야 할 것과 행하지 말아야 할 것을
결정하므로 그대의 권위를 경전을 두라.
그대는 경전의 가르침이 선포하는 것을 알고
그대는 여기에서 해야 할 것을 행하라.

इति श्रीमद्भगवद्गीतासूपनिषत्सु ब्रह्मविद्यायां योगशास्त्रे
श्रीकृष्णार्जुनसंवादे दैवासुरसंपद्विभागयोगो नाम
षोडशोऽध्यायः ॥

이티 바가바드기타수파니샤트수 브라흐마비드야얌 요가사스트레
스리크리쉬나르주나삼바데 다이바수라삼파드비바가요고 나마
쇼다소아드야야흐 ││
바가바드 기타의 우파니샤드 안에 요가의 과학이며
지고의 브라만의 지식이며 스리 크리쉬나와 아르주나에 대한 대화인
제16장 다이바수라 삼파드 비바가 요가를 말한다.

제17장
스라다 트라야 비바가 요가
믿음의 세 가지 영역

이 장은 세 가지 믿음에 대해 말하고 있다.

1
अर्जुन उवाच

ये शास्त्रविधिमुत्सृज्य यजन्ते श्रद्धयान्विताः ।

तेषां निष्ठा तु का कृष्ण सत्त्वमाहो रजस्तमः ॥ १

아르주나 우바차
예 사스트라비디무트스리즈야 야잔테 스라따얀비타흐 ㅣ
테샴 니쉬타 투 카 크리쉬나 사뜨바마호 라자스타마흐 ㅣ1ㅣ

아르주나 우바차=아르주나가 말했다; 예=누구; 사스트라비띰=경전의 선포; 우트스리즈야=옆에 앉은; 야잔테=희생적인 행위; 스라따야=믿음으로; 안비타흐=부여된; 테샴=그들의; 니쉬타=상태; 투=진실로; 카=무엇; 크리쉬나=크리쉬나; 사뜨밤=선한; 아호=또는; 라자흐=행동력; 타마흐=무지의.

아르주나가 말했다.
그것들의 헌신의 본성은 무엇입니까? 오 크리쉬나여,
비록 경전의 가르침을 경시한다 해도 믿음으로 행하는 사람은 누구입니까?
그것은 선한 것과 행위와 무지 중에 무엇입니까?

제17장 스라다 트라야 비바가 요가 515

2 श्री भगवानुवाच

त्रिविधा भवति श्रद्धा देहिनां सा स्वभावजा ।

सात्त्विकी राजसी चैव तामसी चेति तां शृणु ॥ २

스리 바가바누바차
트리비다 바바티 스라따 데히남 사 스바바바자 ।
사뜨비키 라자시 차이바 타마시 체티 탐 스리누 |2|

스리비다=세 겹의; 바바티=이다; 스라따=믿음; 데히남=발현된; 사=그것; 사바바바타=고유의 본성; 사뜨비키=선함; 라자시=행동하는 사람; 차=그리고; 에바=심지어; 타마시=무지한 자; 차=그리고; 이티=그러므로; 탐=그것의; 스리누=듣다.
은총의 주께서 말하기를
발현된 믿음은 선함과, 행동하는 사람과, 무지한 사람 이렇게 세 가지의 종류의 타고난 본성이 있다. 그것에 대해 들어라.

3 सत्त्वानुरूपा सर्वस्य श्रद्धा भवति भरत ।

श्रद्धामयोऽयं पुरुषो यो यच्छ्रद्धः स एव सः ॥ ३

사뜨바누루파 사르바스야 스라따 바바티 바라타 ।
스라따마요아얌 푸루쇼 요 야츠라따흐 사 에바 사흐 |3|

사뜨바 아누루파=그의 본성과 일치한; 사르바스야=각각; 스라따=믿음; 바바티=이다; 바라타=오 바라타여; 스라따마야흐=믿음의 구성; 아얌=이것; 푸루샤흐=인간; 야흐=누구; 야트 스라따흐=믿음은 ~이다; 사흐=그는; 에바=진실로; 사흐=그것.
인간의 믿음은 본성적인 배열과 일치한다, 오 바라타여,
인간은 자신의 믿음의 본성이며 믿음은 진실로 자신이다.

스라따(Sraddha)는 믿음이며 그 믿음과 신앙은 자신을 만들어 내는 것이다. 그러한 믿음은 영혼을 정화시키며, 영적인 삶으로 높여 주는 방식이기도 하다.

4 यजन्ते सात्त्विका देवान्यक्षरक्षांसि राजासः ।
प्रेतान्भूतगणांश्चान्ये यजन्ते तामसा जनाः ॥ ४

야잔테 사뜨비카 데반야크샤라크샴시 라자사흐 |
프레탄부타가남스찬예 야잔테 타마사 자나흐 |4|

야잔테=예배하다; 사뜨비카흐=선한 사람; 데반=신들; 야크샤라크샴시=반신들과 악마들; 라자사흐=활동하는; 프레탄=귀신들; 부타가난=자연의 정신; 차=그리고; 안예=다른 것들; 야잔테=예배하다; 타마사흐=어두운; 자나흐=사람들.
선한 사람들은 신들, 동성인 사람들은 반신들과 악마들, 그 외에 암성인 사람들은 귀신이나 암흑의 존재들에게 예배한다.

5 अशास्त्रविहितं घोरं तप्यन्ते ये तपो जनाः ।
दम्भाहङ्कारसंयुक्ताः कामरागबलान्विताः ॥ ५

아사스트라비히탐 고람 타프얀테 예 타포 자나흐 |
담바항카라삼육타흐 카마라가발란비타흐 |5|

아샤트라비히탐=경전에 나오지도 않는; 고람=가혹한; 타프얀테=
고행의 실천; 테=누구; 타파흐=고행; 자나흐=인간; 담바 아함카라
삼유크타흐=위선과 이기심의; 카마라가발라 안비타흐=욕망과 집
착의 힘에 의해.
경전에 나오지도 않는 가혹한 고행을 실천하는 사람은
욕망과 집착의 힘으로 위선과 이기심을 드러낸다.

6 कर्शयन्तः शरीरस्थं भुतग्राममचेतसः ।
मां चैवान्तः शरीरस्थं तान्विद्ध्यासुरनिश्चयान् ॥ ६

카르샤얀타흐 사리라스탐 부타그라마마체타사흐 |
맘 차이반타흐 사리라스탐 탄비뜨야수라니스차얀 |6|

카르사얀타흐=괴롭히는; 사리라스탐=몸 안에서; 부타그라맘=모
든 요소들; 아체타사흐=감각 없는; 맘=나에게; 차=그리고; 에바=
심지어; 안타흐사리라스탐=몸 안에 거하는; 탄=그들에게; 비띠=
알다; 아수라니스차얀=악마적인 분석이 되는.
어리석은 사람들은 자신의 몸에 머무는 요소들을 괴롭히며 또한
그 몸에 머무는 나를 괴롭힌다.
그들은 자신들이 악마적인 것을 알게 된다.

7 आहारस्त्वापि सर्वस्य त्रिविधो भवति प्रियः ।
यज्ञस्तपस्तथा दानं तेषां भेदमिमं शृणु ॥ ७

아하라스트바피 사르바스야 트리비도 바바티 프리야흐 |
야그야스타파스타타 다남 테샴 베다미맘 스리누 |7|

아하라흐=음식; 투=실로; 아피=또한; 사르바스야=모두 사람들의;
트리비다흐=세 가지의; 바바티=이다; 프리타흐=좋아하는; 야그
야흐=희생; 타파흐=고행; 타타흐=또한; 다남=보시; 테샴=그들
이; 베담=구별; 이맘=이것; 스리누=들다
모든 사람들에게 좋아하는 음식 또한
세 가지의 종류가 있다. 그것은 희생과 고행과 보시이다.
이제 그것에 대한 차이점을 들어 보라.

8 आयुः सत्त्वबलारोग्यसुखप्रीतिविवर्धनाः ।
रस्याः स्निग्धाः स्थिरा हृद्या आहाराः सात्त्विकप्रियाः ॥ ८

아유흐 사트바발라로그야수카프리티비바르다나흐 |
라스야흐 스니그다흐 스티라 흐리드야 아하라흐 사뜨비카프리야
흐 |8|

아유흐사뜨바발라아로그야수카프리티비바르다나흐=삶의 순수함
과 힘과 건강과 즐거움과 활력을 확장시키는 것; 라스야흐=풍미 있
는 것; 스니그다흐=윤기 있는; 스티라흐=짜여진; 흐리드야흐= 일
치하는; 아하라흐= 음식; 사띠바카프리야흐=선한 자에게 소중한.
순수함과 활력과 힘과 건강과 즐거움은 삶을 확장시키며
풍미 있고 윤기가 흐르며 원기를 돋구는 짜여진 음식은
선한 사람에게 사랑받는다.

9 कट्वम्ललवणात्युष्णतीक्ष्णरूक्षविदाहिनः ।
आहारा राजसस्येष्टा दुःखशोकामयप्रदाः ॥ ९

카트바믈라라바나트유쉬나티크쉬나루크샤비다히나흐 |
아하라 라자사스예쉬타 두흐카소카마야프라다흐 |9|

카투흐=쓴; 암라흐=신; 라바나흐=짠; 아트유쉬나흐=극도로 매운; 티크쉬나흐=얼얼한; 루크샤흐=건조한; 비다히=탄; 아하라흐=음식; 라자사스야=행동하는 사람들의 음식; 이쉬타흐=사랑받는; 두흐카소카 아마야프라다흐=고통과 슬픔과 재난을 발생시키는.
쓰고 시고 짜고 몹시 맵고 얼얼하고 물기가 없고 탄 음식은 행동하는 사람들이 좋아하며 고통과 슬픔과 재난을 만들어 낸다.

10 यातयामं गतरसं पूति पर्युषितं च यत् ।
उच्छिष्टमपि चामेध्यं भोजनं तामसप्रियम् ॥ १०

야타야맘 가타라삼 푸티 파르유쉬탐 차 야트 |
우찌쉬타마피 차메드얌 보자남 타마사프리얌 |10|

야타야맘=시들은; 가타라삼=맛이 없는; 푸티=부패한; 파르유쉬탐=썩은; 차=그리고; 야트=그것; 우찌쉬탐=거절하다; 아피=또한; 차=그리고; 아메드얌=불결한; 보자남=음식; 타마사프리얌=어두운 사람들이 좋아하는.
시들고 맛이 없으며 코를 찌르는 냄새가 나며
오래되고 부패하고 불결한 음식은 어두운 자들이 좋아하는 것들이다.

11 अफलाकाङ्क्षिर्यज्ञो विधिदृष्टो य इज्यते ।
यष्टव्यमेवेति मनः समाधाय स सात्त्विकः ॥ ११ ॥

아팔라캉크쉬비르야그요 비디드리쉬토 야 이즈야테 |
야쉬타브야메베티 마나흐 사마다야 사 사뜨비카흐 |11|

아팔라 아캉크쉬비흐=열매를 욕망하지 않는 사람에 의해; 야그야흐=제물; 비디드리쉬타흐=가르침에 의해 즐거워지면서; 야흐=그것; 이즈야테=바친; 야쉬타브얌=바쳐져야 함; 에바=오직; 이티=그러므로; 마나흐=마음; 사마다야=집중된; 사흐=그것; 사뜨비카흐=선한 사람들.
희생은 선한 사람들이 행하며 그것은 오직
희생에 집중된 마음으로 그것을 위하여 가르침에 즐거워하면서
열매를 갈망하지 않는 사람에 의해 행해진다.

12 अभिसंधाय तु फलं दम्भार्थमपि चैव यत् ।
इज्यते भरतश्रेष्ठ तं यज्ञं विद्धि राजसम् ॥ १२ ॥

아비삼다야 투 팔람 담바르타마피 차이바 야트 |
이즈야테 바라타스레쉬타 탐 야그얌 비띰 라자삼 |12|

아비삼다야=찾는; 투=실로; 팔람=열매; 담바르탐=과시; 아피=또한; 차=그리고; 에바=심지어; 야트=그것; 이즈야테=바친; 바라타스레쉬타=오 바라타의 최고여; 탐=그것; 야그얌=희생; 비띠=알다; 라자삼=행동하는 사람.
보상을 바라거나 자기 만족을 위해 행해진 것은, 오 바라타의 최고여, 행동하는 사람의 희생이라는 것을 알라.

13 विधिहीनमसृष्टान्नं मन्त्रहीनमदक्षिणम् ।
श्रद्धाविरहितं यज्ञं तामसं परिचक्षते ॥ १३

비딤히나마스리쉬탄남 만트라히나마다크쉬남 |
스라따비라히탐 야그얌 타마삼 파리차크샤테 |13|

비딤히남=규율을 지키는 것 없이; 아스리쉬타 안남=음식도 나누지 않고; 만트라히남=진언(眞言); 아다크쉬탐=헌금도 바치지 않는, 사례도 하지 않는; 스라따비라히탐=믿음이 결여된; 야그얌=희생; 타마삼=어두운; 파리차크샤테=선포하다.
규율도 지키지 않고 바친 음식도 나누지 않고
진언도 하지 않고 사례도 하지 않는 믿음이 없는 희생은
어두운 사람이 되는 것이라고 선포한다.

14 देवाद्विजगुरुप्राज्ञपूजनं शौचमार्जवम् ।
ब्रह्मचर्यमहिंसा च शारीरं तप उच्यते ॥ १४

데바드비자구루프라그야푸자남 사우차마르자밤 |
브라흐마차르야마힘사 차 사리람 타파 우챠테 |14|

데바드비자 구루 프라그야 푸자남=신과 브라만과 스승과 지혜로운 이; 사우참=순수함; 아르자밤=확고한 전진; 브라흐마차르얌=금욕; 아힘사=해 끼치지 않음; 차=그리고; 사리람=몸의; 타파흐=고행; 우챠테=불리다.
신과 브라만과 스승과 지혜로운 이를 위해
순수함과 확고함과 금욕과 해를 끼치지 않는 이런 것들은
몸에 대한 참다운 고행이 된다고 말한다.

15 अनुद्वेगकरं वाक्यं सत्यं प्रियहितं च यत् ।
स्वध्यायाभ्यसनं चैव वाङ्मयं तप उच्यते ॥ १५

아누드베가카람 바크얌 사트얌 프리야히탐 차 야트 |
스바드야야브야사남 차이바 방마얌 타파 우챠테 |15|

아누드베가카람=동요의 원인이 없는; 바크얌=말하는; 사트얌=진실한; 프리야히탐=기쁨과 은혜; 차=그리고; 야트=그것; 스바다야야 아바야사남=베다의 신성한 암송과 공부; 차=그리고; 에바=또한; 방마얌=말의; 타파흐=고행; 우챠테=불리다.
남에게 동요를 일으키지 않는 말은 진실하고 즐겁고 유익하며 베다의 신성한 암송을 실천하는 것 또한 그러하다.
이런 것들은 말에 대한 고행이라고 한다.

16 मनः प्रसादः सौम्यत्वं मौनमात्मविनिग्रहः ।
भावसंशुद्धिरित्येतत्तपो मानसमुच्यत्ते ॥ १६

마나흐 프라사다흐 사움야트밤 마우나마트마비니그라하흐 |
바바삼수띠리트예타따포 마나사무챠테 |16|

마나흐 프라사다흐=마음의 평온; 사움야트밤=온화함; 마우남=고요함; 아트마비니그라하흐=자아의 제어; 바바삼수띠흐=본성의 순수함; 이티=그러므로; 에타트=이것; 타파흐=고행; 마나삼=정신의; 우챠테=불리다.
마음의 평온함과 온화함과 고요함과 자아의 제어와 순수한 성질, 이것들은 정신적인 수행이라고 한다.

17

श्रद्धया परया तप्तं तपस्तत्त्रिविधं नरैः ।

अफलाकाङ्क्षिभिर्युक्तैः सात्त्विकं परिचक्षते ॥ १७

스라따야 파라야 타프탐 타파스타트트리비담 나라이흐 |
아팔라캉크쉬비르육타이흐 사뜨비캄 파리차크샤테 |17|

스라따야=믿음으로; 파라야=가장 높은; 타프탐=실천된; 타파흐=고행; 타트=그것; 트리비담=세 가지의; 나라이흐=인간에 의한; 아팔라 아캉크쉬비흐=결과를 기대하지 않는; 유크타이흐=집중된; 사뜨비캄=선한 사람; 파리차크샤테=선포하다.
이런 세 가지의 고행은 가장 높은 믿음을 가지고
결과를 기대하지 않는 집중된 사람에 의해 실천되며
그들을 선한 사람이라고 한다.

18

सत्कारमानपूजार्थं तपो दम्भेन चैव यत् ।

क्रियते तदिह प्रोक्तं रजसं चलमध्रुवम् ॥ १८

사트카라마나푸자르탐 타포 담베나 차이바 야트 |
크리야테 타디하 프로크탐 라자삼 찰라마드루밤 |18|

사트카라 마나 푸자 아르탐=좋은 평판을 얻고 명예와 예배의 대상으로; 타파흐=고행; 담베나=위선으로; 차=그리고; 에바=심지어; 야트=그것; 크리야테=찬미받는; 타트=그것; 이하=여기에; 프로크탐=말하는; 라자삼=행동하는 사람; 찰람=불안정한; 아드루밤=일시적인.
명성을 얻고 명예와 경외의 대상으로 칭송받기 위해
위선으로 행해진 고행은 격정적인 기질의 고행이라 말해지며 그것은 불안정하며 일시적이다.

19 मूढग्राहेणात्मनो यत्पीडया क्रियते तपः ।
परस्योत्सादनार्थं वा तत्तामसमुदाहृतम् ॥ १९

무다그라헤나트마노 야트피댜 크리야티 타파흐 |
파라스요트사다나르탐 바 타따마사무다흐리탐 |19|

무다그라헤나=어리석은 관념으로부터; 아트마나흐=자아의; 야트
=그것; 피댜=고통으로; 크리야테=실천된; 타파흐=고행; 파라스
야=다른 것의; 우트마다나=파괴하는 목적을 위해; 바=또는; 타트
=그것; 타마삼=어두운 이; 우다흐리탐=선포된.
어리석은 관념으로부터 자신을 괴롭히는 고행이나
고통과 다른 이를 파멸하려는 목적을 위해 하는 고행은
어두운 자의 고행이라 부른다.

20 दातव्यमिति यद्दानं दीयतेऽनुपकारिणे ।
देशे काले च पात्रे च तद्दानं सात्त्विकं स्मृतम् ॥ २०

다타브야미티 야따남 디야테아누파카리네 |
데세 칼레 차 파트레 차 타따남 사트비캄 스므리탐 |20|

다타브얌=베푸는, 보시(布施); 이티=그러므로; 야트=그것의; 다남
=재능; 디야테=주어진; 아누파카리네=되돌릴 수 없는 사람에게;
데세=올바른 공간에서; 칼레=시간에서; 차=그리고; 파트레=합당
한 자에게; 차=그리고; 타트=그것; 다남=베풂; 사뜨비캄=선한 사

람; 스므리탐=기억되는.
베풂은 사람에게 주어진 의무이며 올바른 장소와 시간에서
갚음이 돌아오지 않는 합당한 자에게 주어진 그 베풂은
선한 사람에게 기억된다.

21 यत्तु प्रत्युपकारार्थं फलमुद्दिश्य वा पुनः ।
दीयते च परिक्लिष्टं तद्दानं राजसं स्मृतम् ॥ २१

야뚜 프라트유파카라르탐 팔라무띠스야 바 푸나흐 |
디야테 차 파리클리쉬탐 타따남 라자삼 스므리탐 |21|

야트=그것; 투=실로; 프라트유파카라트탐=되돌려받기 원하는; 팔
람=결과; 우띠샤=찾다; 바=또한; 푸나흐=다시; 디야테=주어진;
차=그리고; 파리클리쉬탐=싫어하면서; 타트=그것; 다남=베풂;
라자삼=동적인 사람; 스므리탐=기억된.
그리고 보답받기 원해서이거나 다시 돌아올 결과를 기대하면서
또는 억지로 베푸는 것은 격정적인 사람의 베푸는 것이라고 알려
졌다.

22 अदेशकाले यद्दानमपात्रेभ्यश्च दीयते ।
असत्कृतमवज्ञातं तत्तामसमुदाहृतम् ॥ २२

아데사칼레 야따나마파트레브야스차 디야테 |
아사트크리타마바그야탐 타따마사무다흐리탐 |22|

아데사칼레=잘못된 장소와 시간; 야트=그것; 다남=베푸는; 아파

트로브야흐=가치 없는 사람들; 차=그리고; 디야테=주어진; 아사트 크리탐=고려되지 않고; 타마삼=무지한 사람; 우다흐리탐=선포된.
잘못된 장소나 시간에서 가치 없는 사람에게
무모하고 모욕적으로 주는 것은 어두운 사람의 베풂이라고 한다.

23 ॐ तत्सदिति निर्देशो ब्रह्मणस्त्रिविधः स्मृतः ।
ब्राह्मणास्तेन वेदाश्च यज्ञाश्च विहिताः पुरा ॥ २३

옴 타트사디티 니르데소 브라흐마나스트리비다흐 스므리타흐 |
브라흐마나스테나 베다스차 야그야스차 비히타흐 푸라 |23|

옴 탓트 사트=옴 그것이 진리이다; 이티=그러므로; 니르베사흐= 의미; 브라흐마나흐=브라흐만의; 트리비다흐=세 가지의; 스므리타흐=선포되었다; 브라흐마나흐=브라흐마나스; 테나=그것에 의해; 베다흐=베다; 차=그리고; 야그야흐=희생; 차=그리고; 비히타흐=창조된; 푸라=이전에는.

옴 탓트 사트,
이것은 브라흐만의 세 가지의 의무가 된 것이라고 선포하였다.
그것에 의해 태초의 브라흐마나스와 베다와 희생이 만들어졌다.

옴 타트 사트(OM Tat Sat)에서 옴은 절대이며, 타트는 보편적인 그것, 사트는 실재나 진리를 말한다. 옴은 전체적인 우주적인 소리이며 나다 브라흐만(Nada Brahman)이다. 그리고 브라만은 옴의 발성이다. 타트란 '그것'이라는 의미인데 단순한 그것을 말하는 것이 아니라 브라만의 '그것' 이다. 사트는 '실체' 란 의미이며 시간과 공간과 인과에 의해 영향을 받지 않는 것이다. 브라만은 사트이다. 이 셋은 모두 절대인 브라만을 말하는 것이다.
가장 영적인 사람들을 브라흐마나스(Brahmanas)라고 한다. 이들은 베다와 희생인 야그야를 가장 잘 행하는 사람이며 베다에 속한 지식이다. 그것 중에 가장 진화적이고 발전된 것이 야그야이다. 나다 브라만은 옴 타트 사트 셋을 다 포함한다.

24 तस्मादोमित्युदाहृत्य यज्ञदानतपःक्रियाः ।
प्रवर्तन्ते विधानोक्ताः सततं ब्रह्मवादिनाम् ॥ २४

타스마도미트유다흐리트야 야그야다나타파흐크리야흐 |
프라바르탄테 비다노크타흐 사타탐 브라흐마바디남 |24|

타스마트=그러므로; 도미티=옴 그러므로; 우다흐리트야=발성하면서; 야그야 다나 타파흐 크리야흐=희생과 보시와 고행의 행동; 프라바르탄테=시작했다; 비다나 우크타흐=경전을 즐겁게; 사타탐=언제나; 브라흐마바디남=베다를 공부하는 자, 브라만을 공부하는 자.
그러므로 '옴'을 발성하면서
언제나 브라흐만, 즉 베다를 공부하는 자들은
베다에서 말하는 희생과 보시와 고행의 행위들을 행한다.

25 तदित्यनभिसंधाय फलं यज्ञतपः क्रियाः ।
दानक्रियाश्च विविधाः क्रियन्ते मोक्षकाङ्क्षिभिः ॥ २५

타디트야나미삼다야 팔람 야그야타파흐 크리야흐 |
다나크리야스차 비비다흐 크리얀테 목샤캉크쉬비흐 |25|

타트=그것; 이티=그러므로; 아나미삼다야=목표를 삼다; 팔람=결과; 야그야타파흐크리야흐=의식과 고행의 행위; 다나크리야흐=보시의; 차=그리고; 비비다흐=가지각색의; 크리얀테=행해진; 목샤 캉크쉬비흐=해탈을 원하는 자들에 의해.
'타트'를 발성하면서 해탈을 원하는 자들은
결과를 목표로 삼지 않고 의식과 보시와 고행의 행위를 행한다.

26 सद्भावे साधुभावे च सदित्येतत्प्रयुज्यते ।
प्रशस्ते कर्मणि तथा सच्छब्दः पार्थ युज्यते ॥ २६

사따베 사두바베 차 사디트예타트프라유쟈테 |
프라사스테 카르마니 타타 사짜브다흐 파르타 유쟈테 |26|

사따베=실재의 감각으로; 사두바베=선의 감각으로; 차=그리고; 사트=진리; 이티=그러므로; 에타트=이것; 프라유쟈테=사용된; 프라사스테=상서로운; 카르마니=행동; 타타=또한; 사트=진리; 사브다흐=언어; 파르타=오 파르타여; 유쟈테=사용된.
'사트'는 실재와 선의 뜻으로 사용되며 또한, 오 파르타여, '사트'는 상서로운 행위의 감각으로 사용된다.

27 यज्ञे तपसि दाने च स्थितिः सदितिः चोच्यते ।
कर्म चैव तदर्थीयं सदित्येवाभिधीयते ॥ २७

야그예 타파시 다네 차 스티티흐 사디티흐 초츠야테 |
카르마 차이바 타다르티얌 사디트예바비디야테 |27|

야그예=희생; 타파시=고행으로; 다네=보시; 차=그리고; 스티티흐=확고함; 사트=진리; 이티=그러므로; 차=그리고; 우챠테=불리다;

카르마=행동; 차=그리고; 에바=또한; 타다르티얌=이것들과 연결되었거나 지고의 상태를 위해; 사트=그것; 이티=그러므로; 에바=심지어; 아미디야테=불리다.
희생과 고행과 보시 안에서의 굳건함을 '사트' 라고 하며
그러한 것을 위한 행위 또한 '사트' 라고 한다.

28 अश्रद्धया हुतं दत्तं तपस्तप्तं कृतं च यत् । असदित्युच्यते पार्थ न च तत्प्रेत्य नो इह ॥ २८

아스라따야 휴탐 다땀 타파스타프탐 크리탐 차 야트 |
아사디트유챠테 파르타 나 차 타트프레트야 노 이하 |28|

아스라따야=믿음 없이; 휴탐=희생; 다땀=보시; 타파흐=고행; 타프탐=실천된; 크리탐=의식을 하는; 차=그리고; 야트=무엇이든지; 아사트=진리가 아닌 것; 이티=그러므로; 우챠테=불리다; 파르타=파르타; 나=아니다; 차=그리고; 타트=그것; 프레트야=차후에; 나=아니다; 이하=여기에.
믿음이 없이 행한 희생이나 보시나 고행이나 의식은 '아사트' 라 불린다.
오 파르타여, 그것은 지금이나 나중에도 아무것도 아니다.

희생인 야그야(Yagya), 보시인 다나(Dana), 고행인 타파스(Tapas)는 수행자들에게 무한 의식과 신의식으로 이끌어 준다. 그러한 것으로 이끌기 위해서 지상의 즐거움과 개인 의식을 제거하고 성스러운 완전함을 가지기 위한 믿음인 스라따(Sraddha) 없이는 아무것도 아닌 것이다. 믿음은 지상의 삶에서 영적인 순례에 가장 고귀한 것이다. 옴 타트 사트는 브라흐만을 절대, 보편적인 그것, 진리 그렇게 셋을 지칭하는 것이다.

इति श्रीमद्भगवद्गीतासूपनिषत्सु ब्रह्मविद्यायां योगशास्त्रे
श्रीकृष्णार्जुनसंवादे श्रद्धात्रयविभागयोगो नाम
सप्तदशोऽध्यायाः ॥

이티 바가바드기타수파니샤트수 브라흐마비드야얌 요가사스트레
스리크리쉬나르주나삼바데 스라따트라야비바가요고 나마
사프타다소아드야야흐 ||

바가바드 기타의 우파니샤드 안에 요가의 과학이며
지고의 브라만의 지식이며 스리 크리쉬나와 아르주나에 대한 대화인
제17장 스라따트라야 비바가 요가를 말한다.

제18장
모크샤 삼냐사 요가
내버림을 통한 해탈의 요가

    이 장은 제17장을 통해서 모든 과정을 거쳐 해탈과 내버림의 요가인 모크샤 삼냐사 요가에 도달하였다. 이 장은 크리쉬나로부터 모든 가르침을 받고 전쟁에 나서게 되는 것이다.

1 अर्जुन उवाच

संन्यासस्य महाबाहो तत्त्वमिच्छमि वेदितुम् ।

त्यागस्य च हृषीकेश पृथक्केशिनिषुदन ॥ १

아르주나 우바차
삼냐사스야 마하바호 타뜨밤이짜미 베디툼 |
트야가스야 차 흐리쉬케사 프리타께시니슈다나 |1|

아르주나 우바차=아르주나가 말했다; 삼냐사스야=내버림의; 마하바호=오 힘센 팔을 가진 이여; 타뜨밤=진리; 이차미=원하다; 베디툼=아는; 트야가스야=행동의 결과를 바라지 않는 포기; 차=그리고; 흐리쉬케사=감각을 다스리는 이; 프리타크=몇몇의; 케시니슈단=악마 케신를 죽이는 이.

아르주나가 말했다.
오 힘센 팔을 가진 이여,
나는 내버림의 진리와, 오 흐리쉬케샤여,
포기에 대해서 알기 원합니다, 오 악마 케신을 죽이는 이여.

이 절에서 삼냐사(Samnyasa)와 트야가스야(Tyagasya)는 서로 내버림(Renunciation)과 포기(Abandonment)로 번역되나 거의 같은 뜻이다. 또한 이 절에서는 크리쉬나를 힘센 팔을 가지 이인 마하바호(Mahabaho)와 감각을 다스리는 이인 흐리쉬케샤(Hrshikesha)와 악마 케신을 죽이는 이인 케시니슈단(Keshinishudan)을 동시에 말한 것은 자신에게 자신을 막는 의문을 제거해 달라는 요청이다.

제18장 모크샤 삼냐사 요가 535

2 श्री भगवानुवाच

काम्यानां कर्मणां न्यासं संन्यासं कवयो विदुः ।

सर्वकर्मफलत्यागं प्राहुस्त्यागं विचक्षणाः ॥ २

스리 바가바누바차
캄야남 카르마남 냐삼 삼냐삼 카바요 비두흐 |
사르바카르마팔라트야감 프라후스트야감 비차크샤나흐 |2|

스리 바가바누바차=스리 바가반이 말했다; 캄야남=욕망하는; 카르마남=행동의; 냐삼=내버림; 삼냐삼=내버리는; 카바야흐=현자; 비두흐=이해하다; 사르바카르마칼라트야감=행동의 결과를 포기함; 프라후=선포하다; 트야감=포기; 비차크샤나흐=현명함.
스리 바가반 말하기를
현자들은 욕망에서 오는 행위를 단념하는 것을
포기로 알고 모든 행위의 결과를 내버리는 것을
지혜 있는 이 들은 내버림이라고 말한다.

포기인 트야감은 카르마 요가에 적용이 되고 그야나 요가는 완전한 내버림이 된다.

3 त्याज्यं दोषवदित्येके कर्म प्राहुर्मनीषिणः ।

यज्ञदानतपः कर्म न त्याज्यमिति चापरे ॥ ३

트야즈얌 도샤바디트예케 카르마 프라후르마니쉬나흐 |
야그야다나타파흐 카르마 나 트야그야미티 차파레 |3|

트야즈얌=포기해야 한다; 도샤바트=사악함으로써; 이티=그러므
로; 에케=어떤; 카르마=행동; 프라후흐=선포하다; 마니쉬나흐=철
학자들; 야그야다나타파흐카르마=희생과; 보시와 고행의 행동; 나
=아니다; 트야걈=포기해야 한다; 이티=그러므로; 차=그리고;
아파레=다른 사람들.

어떤 현자들은 행위는 악한 것이니
포기해야 한다고 말하고 어떤 사람들은
희생과 보시와 고행을 포기해서는 안 된다고 말한다.

4 निश्चयं शृणु मे तत्र त्यागे भरतसत्तम ।
त्यागो हि पुरुषव्याघ्र त्रिविधः संप्रकीर्तितः ॥ ४

니스차얌 스리누 메 타트라 트야게 바라타사따마 |
트야고 히 푸루샤브야그라 트리비다흐 삼프라키르티타흐 |4|

니스차얌=결말; 스리누=듣다; 메=나의; 타트라=거기에; 트야게=
포기에 대하여; 바라타사땀=오 바라타의 최고여; 트야가흐=포기;
히=진실로; 푸루샤브야그라=오 최고의 인간이여; 트리비다흐=세
가지의 종류의; 삼프라키르티타흐=선포되었다.

나를 통해 포기에 대한 진리를 배워라, 오 바라타의 최고여,
포기는 진실로 세 가지의 종류로 선포되었다,
오 인간 중의 호랑이여.

5 यज्ञदानतपः कर्म न त्याज्यं कार्यमेव तत् ।
यज्ञो दानं तपश्चैव पावनानि मनीषिणम् ॥ ५

야그야다나타파흐 카르마 나 트야즈얌 카르야메바 타트 |
야그요 다남 타파스차이바 파바나니 마니쉬남 |5|

야그야다나타파흐카르마=희생과 보시와 고행의 행동; 나=아니다;
트야즈얌=포기해야 한다; 카르얌=행해져야 한다; 에바=실로; 타
트=그것; 야그야=희생; 다나마=보시; 타파흐=고행; 차=그리고;
에바=실로; 파바나니=정화하는 이; 마니쉬남=현명한 자의.
희생과 보시와 고행의 행동은 포기되어서는 안 되며
행해져야만 한다. 희생과 보시와 고행은
현명한 사람들을 정화시킨다.

6 एतान्यपि तु कर्माणि सङ्गं त्यक्त्वा फलानि च ।
कर्तव्यानीति मे पार्थ निश्चितं मतमुत्तमम् ॥ ६

에탄야피 투 카르마니 상감 트야크트바 팔라니 차 |
카르타브야니티 메 파르타 니스치탐 마타무따맘 |6|

에타니=이것들의; 아피=심지어; 투=그러나; 카르마니=행위; 상감
=집착; 트야크트바=포기하다; 팔람=결과; 차=그리고; 카르타브
야니=행해져야만 한다; 이티=그러므로; 메=나의; 파르타=아르주
나; 니스치탐=확실한; 마탐=신념; 우따맘=최고의.
그러나 이러한 행위들도 집착과 결과를 포기하고
행해져야 한다, 오 파르타여,
이것은 나의 확고한 최고의 신념이다.

이 희생과 보시함과 고행이 집착과 결과를 기대하지도 않으며 행해질 때 해탈을 향하는 데 방해받지 않을 것이다.

7 नियतस्य तु संन्यासः कर्मणो नोपपद्यते ।
मोहात्तस्य परित्यागस्तामसः परिकीर्तितः ॥ ७

니야타스야 투 삼냐사흐 카르마노 노파파드야테 |
모하따스야 파리트야가스타마사흐 파리키르티타흐 |7|

니야타스야=의무; 투=진실로; 삼냐사흐=포기; 카르마니=행위의; 나=아니다; 우파파드야; 테=적당하다; 모하트=망상으로부터; 타스야=동일함의; 파리트야가흐=포기; 타마사흐=어두운 이; 파리키르티타흐=선포되다.
진실로 어떤 의무에 대한 행위를 포기하는 것도 올바르지 않으며 그렇게 망상에 인한 포기는 어두운 이들이 말하는 것이다.

8 दुःखमित्येव यत्कर्म कायक्लेशभयात्त्यजेत् ।
स कृत्वा राजसं त्यागं नैव त्यागफलं लभेत् ॥ ८

두흐카미트예바 야트카르마 카야클레사바야뜨야제트 |
사 크리트바 라자삼 트야감 나이바 트야가팔람 라베트 |8|

두흐캄=고통의; 이티=그러므로; 에바=심지어; 야트=그것의; 카르마=행위; 카야클레사바야트=신체상의 고통의 두려움으로부터; 트야제트=포기; 사흐=그는; 크리트바=행하는; 라자삼=행동하는 사람; 트야감=포기; 나=아니다; 에바=심지어; 트야가팔람=포기의 결과; 라베트=얻다.
육체의 고통의 두려움으로 인해 행동을 포기한다면 그는
행동하는 사람을 포기하였기에 그것으로부터 결과를 얻을 수 없다.

9 कार्यमित्येव यत्कर्म नियतं क्रियतेऽर्जुन ।
सङ्गं त्यक्त्वा फलं चैव स त्यागाः सात्त्विको मतः ॥ ९

카르야미트예바 야트카르마 니야탐 크리야테아르주나 |
상감 트야크트바 팔람 차이바 사 트야가흐 사뜨비코 마타흐 |9|

카르얌=행동해야 하는; 이티=그러므로; 에바=심지어; 야트=그것;
카르마=행위; 니야탐=의무의; 크리야테=행동한; 아르주나=아르
주나; 상감=집착; 트야크트바=포기하는; 팔람=결과; 차=그리고;
에바=심지어; 사흐=그것; 트야가흐=포기; 사뜨비카흐=선한 사람
들; 마타흐=생각된다.
주어진 일을 오직 의무로 알고, 오 아르주나여,
집착을 버리고 결과에 기대함이 없이 행하는 사람은
선한 사람의 포기라고 말한다.

10 न द्वेष्ट्यकुशलं कर्म कुशले नानुषज्जते ।
त्यागी सत्त्वसमाविष्टो मेधावी छिन्नसंशय ॥ १०

나 드베쉬트야쿠살람 카르마 쿠살레 나누샤짜테 |
트야기 사뜨바사마비쉬토 메다비 친나삼사야흐 |10|

나=아니다; 드베쉬티=증오하다; 아쿠살람=불쾌한; 카르마=행위;

쿠살레=일치된 존재; 나=아니다; 아누샤짜테=집착된; 트야기=포기한 자; 사뜨바사마비쉬타흐=선에 의해 퍼진; 메다비=지식; 친나삼사야흐=의심이 흩어지면서.
포기하는 자는 선과 확고한 이해에 도달하며
의심이 사라져 즐겁지 않은 일에도 혐오하지 않고
즐거운 일에도 집착하지 않는다.

11 न हि देहभृता शक्यं त्यक्तुं कर्माण्यशेषतः । यस्तु कर्मफलत्यागी स त्यागीत्यभिधीयते ॥ ११ ॥

나 히 데하브리타 사크얌 트야크툼 카르만야셰샤타흐 |
야스투 카르마팔라트야기 사 트야기트야비디야테 |11|

나=아니다; 히=진실로; 데하브리타=육체를 지닌 자; 사크얌=가능한; 트야크툼=포기하는; 카르마니=행위; 아셰샤타흐=전체적으로; 야흐=누구; 투=그러나; 카르마팔라트야기=행동의 결과를 포기한; 사흐=그는; 트야기=포기하는 자; 이티=그러므로; 아비디야테=불리다.
몸을 가진 자가 완전히 행위을 포기하는 것은 불가능하다.
그러나 행위의 결과를 포기한 사람은 포기한 존재로 불린다.

12 अनिष्टमिष्टं मिश्रं च त्रिविधं कर्मणः फलम् । भवत्यत्यागिनां प्रेत्य न तु संन्यासिनां क्वचित् ॥ १२ ॥

아니쉬타미쉬탐 미스람 차 트리비담 카르마나흐 팔람 |
바바트야트야기남 프레트야 나 투 삼냐시남 크바치트 |12|

아니쉬탐=불쾌한; 이쉬탐=유쾌한; 미스람=섞인; 차=그리고; 트리비담=세 가지의 카르마니=행동의; 팔람=열매; 바바티=생기다; 아트야기남=포기하지 않는 사람; 프레트야=죽은 후에; 나=아니다; 투=그러나; 삼냐시남=포기하는 사람의; 크치트=영원히.

행동의 결과를 포기하지 않은 사람이 죽은 후에는
바람직한 것, 바람직하지 않은 것, 그 둘이 혼합된 것
그 세 가지가 나타나지만 포기한 존재에게서는
영원히 아무것도 남지 않는다.

13 पञ्चैतानि महाबाहो कारणानि निबोध मे । सांख्ये कृतान्ते प्रोक्तानि सिद्धये सर्वकर्मणाम् ॥ १३

판차이타니 마하바호 카라나니 니보다 메 |
삼크예 크리탄테 프로크타니 시따예 사르바카르마남 |13|

판차=다섯의; 에타니=이것들의; 마하바호=오 힘센 팔을 가진 이여; 카라나니=원인; 니보다=배우다; 메=나로부터; 삼크예=삼크야에서; 크리탄테=모든 행동의 끝; 프로크타니=선포된; 시따예=성취함을 위해; 사르바카르마남=모든 행동의.

나로부터 배워라, 오 힘센 팔을 가진 이여,
모든 행위의 성취함에 이러한 다섯 가지의 요소들은
행위의 끝을 말하는 삼크야의 가르침이다.

14 अधिष्ठानं तथा कर्ता करणं च पृथग्विधम् ।
विविधाश्च पृथक्चेष्टा दैवं चैवात्र पञ्चमम् ॥ १४

아디쉬타남 타타 카르타 카라남 차 프리타그비담 |
비비다스차 프리타크체쉬타 다이밤 차이바트라 판차맘 |14|

아디쉬타남=자세와 몸; 타타=또한; 카르타=행하는 자; 카라남=
감각들; 차=그리고; 프리타그비담=다양한; 비비다흐=다양한; 차
=그리고; 프리타크=다른; 체쉬타흐=기능들; 다이밤=존재하는 신
위; 차=그리고; 에바=심지어; 아트라=여기; 판차맘=다섯번째.
몸과, 행위자와, 다양한 감각들과,
다양한 종류의 다른 기능들, 그리고
다섯번째가 존재하는 신위들이다.

15 शरीरवाङ्मनोभिर्यत्कर्म प्रारभते नरः ।
न्याय्यं वा विपरीतं वा पञ्चैते तस्य हेतवः ॥ १५

사리라방마노비르야트카르마 프라바테 나라흐 |
냐이얌 바 비파리탐 바 판차이테 타스야 헤타바흐 |15|

사리라 바크 마노비흐=몸과 말과 마음에 의해; 야트=무엇이든지;
카르마=행위; 프라바테=행위하다; 나라흐=인간; 냐이얌=옳은; 바
=또한; 비파리탐=반대; 바=또한; 찬차=다섯; 에테=이것들의; 타
스야=이것의; 헤타바흐=원인.
인간이 그 몸으로나 말이나 마음으로 행하는 것은
무엇이든지 옳은 것이나 그른 것이나 할 것 없이
이러한 다섯 가지는 그것의 원인이 된다.

16 तत्रैवं सति कर्तारमात्मानं केवलं तु यः ।
पश्यत्यकृतबुद्धित्वान्न स पश्यति दुर्मतिः ॥ १६

타트라이밤 사티 카르타라마트마남 케발람 투 야흐 |
파스야트야크리타부띠트반나 사 파샤티 두르마티흐 |16|

타트라=거기에; 에밤=그러므로; 사티=존재; 카르타람=행위자로서; 아트마남=자아; 케발람=홀로; 투=실로; 야흐=누구; 파스야티=보다; 아크리타부띠트바트=이해하기 위해 노력하지 않기 때문에; 나=아니다; 사흐=그는; 파샤티=보다; 두르마티흐=이지가 퍼진.

그러므로 여기에서 행위자를 순수한 참나로 보는 이는
그의 이성적인 판단이 부족하여 참으로 보지 못하는 이이다.

17 यस्य नाहंकृतो भवो बुद्धिर्यस्य न लिप्यते ।
हत्वापि स इमाँल्लोकान्न हन्ति न निबध्यते ॥ १७

야스야 나함크리토 바보 부띠르야스야 나 리프야테 |
하트바피 사 이맘로칸나 한티 나 니바드야테 |17|

야스야=누구의; 나=아니다; 아함크리타흐=이기적인; 바바흐=관념; 부띠흐=이지; 야스야=누구를; 나=아니다; 리프야테=감염된; 하트바=죽임당한; 아피=심지어; 사흐=그는; 이맘=이것들의; 로칸=사람들; 나=아니다; 한티=죽이다; 나=아니다; 니바드야테=속박된.

나란 이기적인 관념으로부터 벗어난 사람과
그의 이성이 오염되지 않는 사람은
이 세상 사람들을 죽인다 하더라도 죽인 것이 아니며
거기에 속박되지도 않는다.

"이 세상 사람들을 죽인다고 하여도 죽인 것이 아니고"라는 말은 초월적인 견지에서 크리쉬나가 아르주나에게 장수로서 사회적인 정의와 우주적인 목적을 성취하려는 이 상황에서 행해야 될 의무를 말하는 것이다. 또한 자신의 의식은 초월적인 것과 하나되어 나오는 것이며 악한 행위는 무지함과 잘못된 견해로 인하여 나오는 것이라고 말하는 것이다.

18 ज्ञानं ज्ञेयं परिज्ञाता त्रिविधा कर्मचोदना । करणं कर्म कर्तेति त्रिविधः कर्मसंग्रहः ॥ १८

그야남 그예얌 파리그야타 트리비다 카르마초다나 |
카라남 카르마 카르테티 트리비다흐 카르마삼그라하흐 |18|

그야남=지식; 그예얌=알 수 있는; 파리그야타=아는 사람; 트리비다=3중의; 카르마초다나=행동의 충동; 카라남=기관; 카르마=행위; 카르타=행위자; 이티=그러므로; 트리비다흐=3중의 카르마; 삼프라하흐=행동의 기본.
지식과 지식의 대상 그리고 아는 자는
세 가지의 행동의 요인을 형성한다. 그리고
수단과 대상과 행위자는 세 가지의 행동의 구성 요소이다.

19 ज्ञानं कर्म च कर्ता च त्रिधैव गुणभेदतः । प्रोच्यते गुणसंख्याने यथावच्छृणु तान्यपि ॥ १९

그야남 카르마 차 카르타 차 트리다이바 구나베다타흐 |
프로챠테 구나삼크야네 야타바쯔리누 탄야피 |19|

그야남=지식; 카르마=행위; 차=그리고; 카르타=행위자; 차=그리고; 트리다=세 종류의; 에바=오직; 구나베다타흐=속성의 차이점에 따라; 프로챠테=선포된; 구나삼크야네=속성들의; 이론으로; 야타바트=충분히; 스리누=듣다; 타니=그들에게; 아피= 또한.
지식과 행위와 행위자는 물질의 속성들의 차이점에 따라 오직 세 종류 속성의 이론이라고 말한다. 그것들이 있는 것처럼 그것들에 대해 충분히 들어보라.

20 सर्वभूतेषु येनैकं भावमव्ययमीक्षते ।
अविभक्तं विभक्तेषु तज्ज्ञानं विद्धि सात्त्विकम् ॥ २०

사르바부테슈 예나이캄 바바마브야야미크샤테 |
아비바크탐 비바크테슈 타즈그야남 비띠 사뜨비캄 |20|

사르바부테슈=모든 존재 안에; 예나=그것에 의해; 에캄=존재; 부밤=실재; 아브야얌=파괴할 수 없는; 이크샤테=보다; 아비바크탐=영감을 주다; 비바크테슈=분리되는; 타트=그것; 그야남=지식; 비띠=알다; 사뜨비캄=선한.
모든 존재들 안에 하나의 불변하는 상태
분리되는 것 안에 분리되지 않는 지식은 선이 되는 것을 알라.

21 पृथक्त्वेन तु यज्ज्ञानं नानाभावान्पृथग्विधान् ।
वेत्ति सर्वेषु भूतेषु तज्ज्ञानं विद्धि राजसम् ॥ २१

프리타크트베나 투 야즈그야남 나나바반프리타그비단 |
베띠 사르베슈 부테슈 타즈그야남 비띠 라자삼 |21|

프리타크트베나=서로 다른 것처럼; 투=그러나; 야트=그것; 그야
남=지식; 나나바반=다양한 실재; 프리타그비단=구별된 종류; 베
띠=알다; 사르베슈=모든 것 안에; 부테슈=존재 안에; 타트=그것;
그야남=지식; 비띠=알다; 라자삼=행동하는.

그러나 모든 존재들 안에서 개별성으로 인하여
서로 다른 존재를 알아보는 지식이 있으니
그것이 행동적이라는 것을 안다.

22 यत्तु कृत्स्नवदेकस्मिन्कार्ये सक्तमहैतुकम् ।
अतत्त्वार्थवदल्पं च तत्तामसमुदाहृतम् ॥ २२

야뚜 크리트스나바데카스민카르예 사크타마하이투캄 |
아타뜨바르타바달팜 차 타따마사무다흐리탐 ‖22‖

야트=그것; 투=그러나; 크리트스나바트=마치 전체인 것처럼; 에
카스민=유일한; 카르예=결과; 사크탐=집착된; 아하이투캄=이성
이 없는; 아타뜨바르타바트=진리의 기초 없이; 알팜=하찮은; 차=
그리고; 타트=그것; 타마삼=어두운; 우다흐리탐=선포된.

그리고 마치 그것이 전체인 것처럼
하나의 결과에만 집착하며 이성이 없으며
진리의 기초가 없는 좁은 지식은 어두운 것이라고 말한다.

23 नियतं सङ्गरहितमरागद्वेषतः कृतम् ।
अफलप्रेप्सुना कर्म यत्तत्सात्त्विकमुच्यते ॥ २३

니야탐 상가라히타마라가드베샤타흐 크리탐 |

아팔라프레프수나 카르마 야따트사뜨비카무챠테 |23|

니야탐=정해진; 상가라히탐=집착으로부터 벗어난; 아라가드베샤타흐=사랑이나 증오 없이; 크리탐=행위한; 아팔라프레프수나=결과의 욕망이 결여됨으로써; 카르마=행위; 야트=그것; 타트=그것; 사뜨비캄=선한; 우챠테=선포된.
결과를 바라지 않고 집착으로부터 벗어나고
애정도 미움도 없는 정해진 행위는 선하다고 선포되었다.

24 यत्तु कामेप्सुना कर्म साहंकारेण वा पुनः । क्रियते बहुलायासं तद्राजसमुदाहृतम् ॥ २४

야뚜 카메프수나 카르마 사함카레나 바 푸나흐 |
크리야테 바훌라야삼 타드라자사무다흐리탐 |24|

야트=그것; 투=그러나 카메프수나=욕망에 의해; 카르마=행위; 사함카레나=이기주의로; 바=또한; 푸나흐=다시; 크리야테=행해진; 바훌라야삼=많은 노력으로; 라자삼=활동적인 사람; 우다흐리탐=선포된.
그러나 욕망을 성취하기 위해서나 이기심 때문이거나
많은 노력에 의해 행해진 것은 활동적이라고 말한다.

25 अनुबन्धं क्षयं हिंसामनपेक्ष्य च पौरुषम् । मोहादारभ्यते कर्म यत्तत्तामसमुच्यते ॥ २५

아누반담 크샤얌 힘사마나페크쉬야 차 파우루샴 |

모하다라브야테 카르마 야따따마사무챠테 |25|

아누반담=결과; 아얌=손실; 힘삼=상해; 아나페크쉬야=관심 없이;
차=그리고; 파우루샴=자신의 능력; 모하트=망상으로부터; 아라브
야테=맡아진; 카르마=행위; 야트=그것; 타트=그것; 타마삼=무지
한; 우챠테=선포된.
결과와 손실과 상해와 능력에 대한 주의 없이
망상으로부터 시작된 행위는 어두운 것이라고 말한다.

26 मुक्तसङ्गोऽनहंवादी धृत्युत्साहसमन्वितः ।
सिद्ध्यसिद्ध्योर्निर्विकारः कर्ता सात्त्विक उच्यते ॥ २६

묵타상고아나함바디 드리트유트사하사만비타흐 |
시뜨야시뜨요르니르비카라흐 카르타 사뜨비카 우챠테 |26|

묵타상가흐=집착으로부터 벗어난; 아나함바디=이기적이지 않은;
드리티 우트사하사만디타흐=확고함과 열정이 부여된; 시디 아시
뜨요흐=성공이나 실패에; 니르비카라흐=영향받지 않는; 카르타=
행위자; 사뜨비카흐=선한 자; 우챠테=불린다.
집착으로부터 벗어나고 이기적이지 않으며 확고함과 열정을 가지고
성공이나 실패에 영향받지 않는 행위자는 선한 자라로 불린다.

27 रागी कर्मफलप्रेप्सुर्लुब्धो हिंसात्मकोऽशुचिः ।
हर्षशोकान्वितः कर्ता राजसः परिकीर्तितः ॥ २७

라기 카르마팔라프레프수를루브도 힘사트마코아수치흐 |

제18장 모크샤 삼냐사 요가 549

하르샤소칸비타흐 카르타 라자사흐 파리키르티타흐 |27|

라기=열렬한; 카르마팔라프레프수흐=행위의 결과를 열망하는; 루브다흐=탐욕; 심사트마카흐=잔혹한; 아수치흐=비순수한; 하르샤소카 안비타흐=즐거움과 슬픔에 따라 휩쓸리는; 카르타=행위자; 라자사흐=행동력; 파리키르티타흐=불리다.
행동의 결과를 얻기 원하는 열렬함과 탐욕과 잔인함과
비순수함과 기쁨과 슬픔에 따라 움직이는 행위자는
행동력을 일으킨다고 한다.

28 अयुक्तः प्राकृतः स्तब्धः शठो नैष्कृतिकोऽलसः । विषादी दीर्घसूत्री च कर्ता तामस उच्यते ॥ २८

아육타흐 프라크리타흐 스타브다흐 사토 나이쉬크리티코알라사흐 |
비샤디 디르가수트리 차 카르타 타마소 우챠테 |28|

아유크타흐=확고함 없이; 프라크리타흐=저속한; 스타브다흐=굽힘없이; 사타흐=속이는; 나이쉬크리티파흐=악의적인; 알라사흐=게으른; 비샤디=낙심하는; 디르가수트리=미루는; 차=그리고; 카르타=행위자; 타마사흐=어두운; 우챠테=말하다.
확고하지 않고 저속하며 완고하며 속임수를 쓰며
악의적이며 게으르며 좌절하며 지연시키는 그런 행위자는
어두운 것이라고 말한다.

29 बुद्धेर्भेदं धृतेश्चैव गुणतस्त्रिविधं शृणु ।
प्रोच्यमानमशेषेण पृथक्त्वेन धनञ्जय ॥ २९

부떼르베담 드리테스차이바 구나타스트리비담 스리누 |
프로챠마나마세셰나 프리타트크베나 다난자야 |29|

부띠흐=이지의; 베담=분할; 드리테흐=확고함의; 차=그리고; 에바
=심지어; 구나타흐=성질에 따라; 트리비담=세 가지의; 스리누=
듣는다; 프로챠마남=내가 말하는 것처럼; 아세셰나=충분히; 프리
타크트베나=뚜렷하게; 다난자야=부의 정복자.

내가 그것들에 대해 각각 몇 번이고 말한 것처럼
속성들에 따른 이해와 확고함에 대한 세 가지 차이점을
들어보라, 오 다난자야여.

30 प्रवृत्तिं च निवृत्तिं च कार्याकार्ये भयाभये ।
बन्धं मोक्षं च या वेत्ति बुद्धिः सा पार्थ सात्त्विकी ॥ ३०

프라브리띰 차 니브리띰 차 카르야카르예 바야바예 |
반담 목샴 차 야 베띠 부띠흐 사 파르타 사뜨비키 |30|

프라브리띰=행동의 길; 차=그리고; 니브리띰=포기의 길; 차=그리
고; 카르야 아카르예=해야 하는 것과 하지 말아야 하는 것; 바야 아
바예=두려움과 두려움이 없는 것; 반담=속박 목샴=해탈; 차=그리
고; 야=그것; 베띠=알다; 부띠흐=이지; 사=그것; 파르타=아르주
나; 사뜨비키=선한.

행동의 길과 포기의 길을 알고 옳고 그른 것을 알며
두려움과 두려움이 없는 상태를 알고 속박과 해탈을 아는 것은,

오 파르타여, 그것은 선이라고 한다.

31 यया धर्ममधर्मं च कार्यं चाकार्यमेव च ।
अयथावत्प्रजानाति बुद्धिः सा पार्थ राजसी ॥ ३१

야야 다르마마다르맘 차 카르얌 차카르야메바 차 |
아야타바트프라자나티 부띠흐 사 파르타 라자시 |31|

야야=그것에 대한; 다르맘=정의; 아다르맘=정의가 아닌; 차=그리고; 카르얌=해야 하는 것; 차=그리고; 아카르얌=하지 말아야 할 것; 에바=심지어; 차=그리고; 아야타바트=그릇되게; 프라자나티=이해하다; 부띠흐=지식; 사=그것; 파르타=오 파르타여; 라자시=행동하는.

정의와 정의가 아닌 것, 해야 할 것과 하지 말아야 할 것을
곡해하여 받아들이도록 하는 지식은, 오 파르타여,
그것은 행동력 때문이다.

32 अधर्मं धर्ममिति या मन्यते तमसावृता ।
सर्वार्थान्विपरीतांश्च बुद्धिः सा पार्थ तामसी ॥ ३२

아다르맘 다르마미티 야 만야테 타마사브리타 |
사르바르탄비파리탐스차 부띠흐 사 파르타 타마시 |32|

아다르맘=정의가 아닌 것; 다르맘=정의; 이티=그러므로; 야=그것; 만야테=생각하다; 타마사=어둠에서; 아드리타=싸여진; 사르바르탄=모든 생각들; 비파리탄=오해하다; 차=그리고; 부띠흐=지

성; 사=그것; 파르타=오 파르타여; 타마시=어두운.
어둠에 싸여 정의가 아닌 것이 정의로 여기며
곡해된 방식으로 모든 생각을 바라보는 것 그러한 지성은,
오 파르타여, 어두운 것이다.

33 धृत्या यया धारयते मनः प्राणेन्द्रियक्रियाः ।
योगेनाव्यभिचारिण्या धृतिः सा पार्थ सात्त्विकी ॥ ३३

드리트야 야야 다라야테 마나흐 프라넨드리야크리야흐 |
요게나브야비차린야 드리티흐 사 파르타 사뜨비키 |33|

드리트야=확고함에 의해; 야야=그것에 의해; 야라야테=잡다; 마나흐 프라나 인드라야크리야=마음과 호흡과 감각의 기능들; 요게나=요가에 의해; 아브야비차린야=빗나가지 않는; 드리티흐=확고함; 사=그것; 파르타=아르주나; 스뜨비키=선.
요가를 통하여 마음과 호흡과 감각의 기능들이 제어되며
그것으로 인한 확고함은, 오 파르타여, 그것은 선한 것이다.

34 यया तु धर्मकामार्थान्धृत्या धारयतेऽर्जुन ।
प्रसङ्गेन फलाकाङ्क्षी धृतिः सा पार्थ राजसी ॥ ३४

야야 투 다르마카마르탄드리트야 다라야테아르주나 |
프라상게나 팔라캉크쉬 드리티흐 사 파르타 라자시 |34|

야야=그것; 투=그러나; 다르마카마 아르탄=욕망과 부의 정의; 드리트야=확고함에 의해; 다라야테=잡다; 아르주나=아르주나; 프라

상게나=집착으로부터; 팔라캄크쉬=행동의 결과에 대한 욕망; 드리티호=확고함; 사=그것; 파르타=오 파르타여; 라자시=행동력.
그러나, 오 아르주나여, 행동의 결과를 바라며
의무와 욕망과 부의 집착에 의한 확고함은, 오 파르타여,
그것은 행동력이 된다.

35 यया स्वप्नं भयं शोकं विषादं मदमेव च । न विमुञ्चति दुर्मेधा धृतिः सा पार्थ तामसी ॥ ३५

야야 스바프남 바얌 소캄 비샤담 마다메바 차 |
나 비문차티 두르메다 드리티호 사 파르타 타마시 |35|

야야=그것에 의한; 스반프남=잠; 바얌=두려운; 소캄=슬픔; 비샤담=절망한; 마담=자만; 에바=실로; 차=그리고; 나=아니다; 비문차티=포기; 두르메다=어리석은 사람; 드리티호=확고함; 사=그것; 파르타=오 파르타여; 타마시=어두운.
어리석은 사람이 잠과 공포심과 슬픔과 절망과
자만심마저도 포기하지 않는 것으로, 오 파르타여,
그것은 어둠이 된다.

36 सुखं त्विदानीं त्रिविधं शृणु मे भरतर्षभ । अभ्यासाद्रमते यत्र दुःखन्तं च निगच्छति ॥ ३६

수캄 트비다님 트리비담 스리누 메 바라타르샤바 |
아브야사드라마테 야트라 두흐칸탐 차 니가차티 |36|

수캄=기쁜; 투=실로; 이다남=이제; 트리비담=세 가지의; 스리누
=듣다; 메=나에게; 바라타르샤바=바라타의 최고; 아브야사트=실
천으로부터; 라마테=기뻐하다; 야트라=그것 안에; 두흐칸탐=고통
의 끝; 차=그리고; 리가짜티=성취하다.

그리고, 오 바라타의 최고여, 이제부터 나에게
기쁨의 세 종류에 대하여 들어라. 그것 안에서 인간은
오랜 실천에 의한 기쁨을 맞이하게 되며 슬픔의 끝에 도달한다.

37 यत्तदग्रे विषमिव परिणमेऽमृतोपमम् । तत्सुखं सात्त्विकं प्रोक्तमात्मबुद्धिप्रसादजम् ॥ ३७

야따다그레 비샤미바 파리나메아므리토파맘 |
타트수캄 사뜨비캄 프로크타마트마부띠프라사다잠 |37|

아드=그것; 타트=그것; 아그레=첫번째; 비샤=독약; 이바=~처럼;
파리나메=끝에서; 암리타 우파맘=신성한 음료처럼; 타트=그것;
수캄=기쁜; 사뜨비캄=선한; 프로크탐=선포되다; 아트마부띠프라
사다잠=자아를 실현하기 위해 마음의 순수함에서 태어난.

처음에는 독약 같지만 마지막에는 신성한 음료처럼 되는 것을
선이 되는 행복이라고 하며, 그것은 자아를 실현하기 위한
이지의 순수함에서 탄생한다.

38 विषयेन्द्रियसंयोगाद्यत्तदग्रेऽमृतोपमम् । परिणामे विषमिव तत्सुखं राजसं स्मृतम् ॥ ३८

비샤옌드리야삼요가드야따다그레아므리토파맘 |

파리나메 비샤미바 타트수캄 라자삼 스므리탐 |38|

비샤야 인드리야 삼요가트=대상에 감각 기관의 연결하면서; 야트
=그것; 타트=그것; 아그레=처음에; 아므리타 우파맘=신성한 음료
처럼; 파리나메=마지막에; 비샴=독; 이바=~처럼; 타트=그것; 수
캄=기쁨; 라자삼=행동력; 스므리탐=선포된.
대상의 감각과 연결되면서 일어난 기쁨은 처음에는
신성한 음료와 같지만 마지막에는 독과 같다.
그것을 행동력에 의한 것이라고 한다.

39 यदाग्रे चानुबन्धे च सुखं मोहनमात्मनः । निद्रालस्यप्रमादोत्थं तत्तमसमुदाहृतम् ॥ ३९

야다그레 차누반데 차 수캄 모하나마트마나흐 |
니드랄라스야프라마도땀 타따마사무다흐리탐 |39|

야트=그것; 아그레=처음에; 차=그리고; 아누반데=결국에; 차=그
리고; 수캄=기쁨; 모하남=속이는; 아트마나흐=자아의; 니드라 알
라스야 프라마다 우트얌=잠과 나태와 부주의함으로부터 일어난;
타트=그것; 타마삼=어두운; 우다흐리탐=선포된.
처음과 마지막 그 양쪽을 현혹시키고 잠과 게으름과
부주의함으로부터 일어난 것은 어두운 것이 된다고 선포된다.

40 न तदस्ति पृथिव्यां वा दिवि देवेषु वा पुनः ।
सत्त्वं प्रकृतिजैर्मुक्तं यदेभिः स्यात्त्रिभिर्गुणैः ॥ ४०

나 타다스티 프리티브얌 바 디비 데베슈 바 푸나흐 |
사뜨밤 프라크리티자이르묵탐 야데비흐 스야뜨리비르구나이흐
|40|

나=아니다; 타트=그것; 아스티=이다; 프리티브얌=지상에; 바=또한; 비디=천상에; 데베슈=신들; 바=또한; 푸나흐=다시; 사뜨밤=존재; 프라트리티자이흐=자연의 탄생; 묵탐=자유; 야트=그것; 에비흐=이것들로부터; 스야트=아마도; 트리비흐=세 가지로부터; 구나이흐=성질들에 의한.

지상이나 천상에서나 또한 신들 사이에서나
자연에서 생긴 이 세 가지의 속성들로부터
자유로운 존재는 하나도 없다.

41 ब्राह्मणक्षत्रियविशां शूद्राणां च परंतप ।
कर्माणि प्रविभक्तानि स्वभावप्रभवैर्गुणैः ॥ ४१

브라흐마나크샤트리야비샴 수드라남 차 파람타파 |
카르마니 프라비박타니 스바바바프라바바이르구나이흐 |41|

브라흐마나크샤트리야비샴=브라흐만과 크샤트리야와 바이샤; 수드라남=수드라의; 차=또한; 파람타파=오 파람타파여; 카르마니=의무; 프라비박타니=분배된; 스바바바프라바바이흐=자신의 본성으로 태어난; 구나이흐=성질들에 의한.

브라만과 크샤트리야, 바이샤, 수드라의 의무는

오 적들을 괴롭히는 이여, 그들이 소유한 본성에서 나온
속성들에 따라 나누어진다.

브라만 · 크샤트리야 · 바이샤 · 수드라는 각각 사제 · 군인 · 상인 · 천민을 말한다. 크리쉬나는 인도의 힌두 사회에서 존재하는 네 가지의 구별 또는 계급에 대해서 말하고 있는데, 이것을 스바다르마(Svadharma)라고 한다. 그것은 원래 자신의 삶의 의무를 말하는 것이며 유전적인 혈통에 따라 결정된 것이 아니다. 모든 시대마다 자신의 의무나 계급은 존재하기 마련이다. 그러나 계급으로 인해 인간이 수직적인 상하 관계로서 억압하거나 종속된다면 올바른 계급이나 의무제도는 아닐 것이다. 의무나 계급은 자신의 방향을 정해 주는 것이다. 만약 자신의 인생에 있어서 삶의 방향이 정해진다면 가는 길이 더욱 강해질 것이며 삶의 성취를 이루기도 쉬워질 것이다.

42 शमो दमस्तपः शौचं क्षान्तिरार्जवमेव च ।
ज्ञानं विज्ञानमास्तिक्यं ब्रह्मकर्म स्वभावजम् ॥ ४२

사모 다마스타파흐 사우참 크샨티라르자바메바 차 |
그야남 비그야나마스티크얌 브라흐마카르마 스바바바잠 |42|

사마흐=맑은; 다모흐=자아 제어; 타파흐=고행; 사우참=순수함; 크샨티흐=용서; 아르자밤=올바른; 에바=심지어; 차=그리고; 그야남=지식; 비그야남=실현; 아스티크얌=신에 대한 믿음; 브라흐마카르마=브라흐마의 의무; 스바바바잠=본성으로 태어남.
투명하며 자아를 절제하며 고행과 순수함과 용서와 올바름과
지식과 실현과 미래에 대한 믿음 이러한 것들은
브라흐마의 의무이며 그러한 본성을 가지고 태어난다.

43 शौर्यं तेजो धृतिर्दाक्ष्यं युद्धे चाप्यपलायनम् ।

दानमीश्वरभावश्च क्षात्रं कर्म स्वभावजम् ॥ ४३

사우르얌 테조 드리티르다크쉬얌 유떼 차프야팔라야남 |
다나미스바라바바스차 크샤트람 카르마 스바바바잠 |43|

사우르얌=용맹; 테자흐=훌륭함; 드리티흐=확고함; 다크쉬얌=민첩함; 유떼=전쟁터에서; 차=그리고; 아피=또한; 아팔라야남=달아나지 않는; 다남=관대함; 이스바라바바흐=군주다운; 차=그리고; 크샤트람=크샤트리야; 카르마=본성의 탄생.
영웅적인 행위나 용맹함과 확고함 그리고
기량과 전쟁에서 달아나지 않음과 관대함과 군주다움은
군인의 의무이며 그러한 본성으로 태어난다.

44 कृषिगौरक्ष्यवाणिज्यं वैश्यकर्म स्वभावजम् ।

परिचर्यात्मकं कर्म शूद्रस्यापि स्वभावजम् ॥ ४४

크리쉬가우라크쉬야바니쟘 바이스야카르마 스바바바잠 |
파리차르야트마캄 카르마 수드라스야피 스바바바잠 |44|

크리쉬가우라크쉬야바니쟘=농사와 소치기와 장사; 바이스야카르마=바이샤의 의무; 스바바바잠=본성의 탄생; 파리차르야트마캄=봉사로 이루어진; 카르마=행위; 수드라스야=수드라의; 아피=또한; 스바바바잠=본성의 탄생.
농사와 소치기와 장사는 상인들의 의무이며
그들은 그러한 본성을 가지고 태어났다.
봉사로 이루어진 행위는 상인들이 타고난 본성이다.

45 स्वे स्वे कर्मण्यभिरतः संसिद्धिं लभते नरः ।
स्वकर्मनिरतः सिद्धिं यथा विन्दति तच्छृणु ॥ ४५

스베 스베 카르만야비라타흐 삼시띰 라바테 나라흐 |
스바카르마니라타흐 시띰 야타 빈다티 타쯔리누 |45|

스베=자신 안에서; 스베=자신 안에서; 카르마니=의무; 아비라타흐=헌신한; 삼시띰=안전함; 라바테=성취하다; 나라흐=인간; 스바카르마=자신의 의무에 속한; 시띰=완전함; 야타=어떻게; 빈다티=찾다; 타트=그것; 스리누=듣다.
각자의 의무에 헌신하는 사람은 최고의 완전함을 성취한다.
자신의 의무에 속한 자는 완전함을 성취하니,
그대는 그것에 대해 들어라.

46 यतः प्रवृत्तिर्भूतानां येन सर्वमिदं ततम् ।
स्वकर्मणा तमभ्यर्च्य सिद्धिं विन्दति मानवः ॥ ४६

야타흐 프라브리띠르부타탐 예나 사르바미담 타탐 |
스바카르마나 타마브야르츠야 시띰 빈다티 마나바흐 |46|

야타흐=그것들로부터; 프라브리띠흐=진화; 부타남=존재의; 예나=그들에 의해; 사르밤=모든; 이담=이것; 타탐=퍼져 있는; 스바카르마나=자신의 의무 안에서; 탐=그에게; 아브야르츠야=예배하는; 시띰=완전함; 빈다티=성취하다; 마나바흐=인간.
그는 모든 존재의 진화로부터 모든 것이 퍼져 있는 것에 의해
자신의 의무로서 그에게 예배하면서 완전함을 성취한다.

47 श्रेयान्स्वधर्मो विगुणः परधर्मात्स्वनुष्ठितात् ।
स्वभावनियतं कर्म कुर्वन्नाप्नोति किल्बिषम् ॥ ४७

스레얀스바다르모 비구나흐 파라다르마트스바누쉬티타트 |
스바바바니야탐 카르마 쿠루반나프노티 킬비샴 |47|

스레얀=더 좋은; 스바다르마흐=자신의 의무; 비구나흐=불완전함을 통해; 파라다르마트=다른 의무보다; 수 아누쉬티타트=잘 행해진; 스바바바니야탐=자신의 본성에 의해; 카르마=행위; 쿠르반=행하는; 나=아니다; 아프노티=침입; 킬비샴=죄.
불완전함으로 다른 의무를 잘 행하는 것보다
자신의 의무를 다하는 것이 더 낫다.
자신의 본성에 의해 정해진 의무를 하는 자는 죄를 짓지 않는다.

48 सहजं कर्म कौन्तेय सदोषमपि न त्यजेत् ।
सर्वारम्भा हि दोषेण धूमेनाग्निरिवावृताः ॥ ४८

사하잠 카르마 카운테야 사도샤마피 나 트야제트 |
사르바람바 히 도셰나 두메나그니리바브리타흐 |48|

사하잠=함께 태어난 카르마 행위; 카운테야=쿤티의 아들; 사도샴=결점과; 아피=심지어; 나=아니다; 트야제트=포기해야 하는; 사르바 아람바흐=모든 의무들; 히=~위해; 도셰나=악에 의해; 두메나=연기에 의해; 아그니흐=불; 이바=~처럼; 아브리타흐=덮여 있는.
타고난 본성에 의하여 결정된 의무는
결함이 있다 하더라도 버리지 말지어다.
오 카운테야여, 모든 일들은 마치 불이 연기에 덮여 있듯이 결점으로 덮여 있기 때문이다.

49 असक्तबुद्धिः सर्वत्र जितात्मा विगतस्पृहः ।
नैष्कर्म्यसिद्धिं परमां संन्यासेनाधिगच्छति ॥ ४९

아사크타부띠흐 사르바트라 지타트마 비가타스프리하흐 |
나이쉬카름야시띰 파라맘 샨냐세나디가짜티 |49|

아사크타부띠흐=집착하지 않는 이성; 사르바타=어느 곳에서나;
지타트마=참나를 정복한 사람; 비가타스프리하흐=욕망에서 벗어
난 사람; 나이쉬캄르야시띰=행위에서 벗어나; 이루어진 완전함;
파라맘=초월의; 삼냐세나=포기에 의해; 아디가짜티=성취하다.
집착하지 않는 이성을 가진 참나를 정복한 사람은
어느 곳에서나 욕망으로부터 벗어나고
포기함에 의해 행위로부터 벗어난 완전한 초월의 상태를 성취한다.

50 सिद्धिं प्राप्तो यथा ब्रह्म तथाप्नोति निबोध मे ।
समासेनैव कौन्तेय निष्ठा ज्ञानस्य या परा ॥ ५०

시띰 프라프토 야타 브라흐마 타타프노티 니보다 메 |
사마세나이바 카운테야 니쉬타 그야나스야 야 파라 |50|

시띰=완전함; 프라프타흐=성취한; 야타=~처럼; 브라흐마=브라
흐만; 타타=그것; 아프로티=얻다; 니보다=배우다; 메=나의; 사마
세나=간단히; 에바=심지어; 카운테야 쿤티의 아들; 니쉬타=상태;
그야나스야=지혜의; 야=그것; 파라=가장 높은.

완성에 이르러서 그가 어떻게 브라흐만에 이르는지 간단히 들어
보라.
오 쿤티의 아들이여, 그것이 지혜의 가장 높은 경지이다.

51 बुद्ध्या विशुद्धया युक्तो धृत्यात्मानं नियम्य च ।
शब्दादीन्विषयांस्त्यक्त्वा रागद्वेषौ व्युदस्य च ॥ ५१

부뜨야 비수따야 육토 드리트야트마남 니얌야 차 |
사브다딘비샤얌스트야크트바 라가드베샤우 브유다스야 차 |51|

부뜨야=이지로; 비수따야=순수한; 유크타흐=마음을 통제하는; 드리트야=제어된; 차=그리고; 사브다딘=소리와 그밖의 것; 비샤얀=감각의 대상; 트야크트바=멈추는; 라가드베샤우=집착과 증오; 브유다스야=포기하는; 차=그리고.

순수한 이성으로 마음을 통제하고 자신을 제어시키고
소리와 그 외의 감각의 대상을 버리고 집착과 증오함을 떠나서

52 विविक्तसेवी लघ्वाशी यतवाक्कायमानसः ।
ध्यानयोगपरो नित्यं वैराग्यं समुपाश्रितः ॥ ५२

비비크타세비 라그바시 야타바까야마나사흐 |
드야나요가파로 니트얌 바이라그얌 사무파스리타흐 |52|

비비크타세비=고독함 속에 거하는; 라그바시=적게 먹는; 야타바까야마나사흐=말과 몸과 마음이 정복된; 드야나요가파라흐=명상과 집중에 잠긴; 니트얌=언제나; 바이라그얌=평정; 니트얌=언제

나; 사무파스리타흐=은신하는.
고독함 속에 거하며 적게 먹으며 말과 몸과 마음을 정복하고
언제나 명상과 집중에 잠겨 평정함으로.

53 अहङ्कारं बलं दर्पं कामं क्रोधं परिग्रहम् ।
विमुच्य निर्ममः शान्तो ब्रह्मभूयाय कल्पते ॥ ५३

아함카람 발람 다르팜 카맘 크로담 파리그라함 |
비무챠 니르마마하 산토 브라흐마부야야 칼파테 |53|

아함카람=이기주의; 발람=힘; 다르팜=오만함; 카맘=욕망하다; 크로담=화난; 파리그라함=탐욕; 비무챠=포기한; 니르마마하=브라흐만이 되기에; 칼파테=적합한.
이기심과 난폭함과 오만함과 욕망과 증오와 재산과
나의 것이라는 관념으로부터 벗어나 평화로운 그는
브라흐만이 되기에 적합한 자이다.

54 ब्रह्मभूतः प्रसन्नात्मा न शोचति नकाङ्क्षति ।
समः सर्वेषु भूतेषु मद्भक्तिं लभते पराम् ॥ ५४

브라흐마부타하 프라산나트마 나 소차티 나캉크샤티 |
사마하 사르베슈 부테슈 마드바크팀 라바테 파람 |54|

브라흐마부타하=브라흐만이 되다; 프라산나 아트마=고요한 마음; 나=아니다; 소찬티=슬픔; 나=아니다; 캉크샤티=욕망; 사마하=동일함; 사르베슈=모든; 부테슈=존재에게; 마드바크팀=나에 대한

헌신; 라바테=얻다; 파람=지고의.
브라흐만이 되어 고요한 마음으로 슬픔도 욕망도 없이
모든 존재와 동일한 그는 나에 대한 지고의 헌신에 이른다.

55 भक्त्या मामभिजानाति यावान्यश्चास्मि तत्त्वतः । ततो मां तत्त्वतो ज्ञात्वा विशते तदनन्तरम् ॥ ५५

박트야 마마비자나티 야반야스차스미 타뜨바흐 |
타토 맘 타뜨바토 그야트바 비사테 타다난타람 |55|

박트야=헌신에 의한; 맘=나에게; 아비자나티=알다; 야반=무엇; 야흐=누구; 차=그리고; 아스미=이다; 타뜨바트=진실 안에서; 그야트바=알고 있는; 비사테=들어가다; 타트=그것; 아난타람=그후에.
헌신으로 인해 진리 안에서 나를 아는 자는
내가 무엇이며 내가 누구인지 진리 안에서 나를 알고 즉시
내 안에 들어온다.

56 सर्वकर्माण्यपि सदा कुर्वाणो मद्व्यपाश्रयः । मत्प्रसादादवाप्नोति शाश्वतं पदमव्ययम् ॥ ५६

사르바카르만야피 사다 쿠르바노 마드브야파스라야흐 |
마트프라사다다바프노티 사스바탐 파다마브야얌 |56|

사르바카르마니=모든 행위들; 아피=또한; 사다=언제나; 쿠르바노흐=하는; 마드브야파스라야흐=나에게 은신하는; 마트프라사다트=나의 영광에 의한; 아바프노티=얻는다; 사스바탐=영원한; 파담=

거주; 아브야얌=불멸의.
끊임없이 모든 행동을 하며 무슨 일이 생기든지 나에게 은신하면서
나의 영광에 의해 영원한 불멸의 상태에 도달한다.

57 चेतसा सर्वकर्माणि मयि संन्यस्य मत्परः ।
बुद्धियोगमुपाश्रित्य मच्चित्तः सततं भव ॥ ५७

체타사 사르바카르마니 마이 삼냐스야 마트파라흐 |
부띠요가무파스리트야 마찌따흐 사타탐 바바 |57|

체타사=마음속으로; 사르바카르마니=모든 행위들; 마이=내 안에서; 삼냐샤=포기하는; 마트파라흐=최고의 목적으로 나를; 부띠요감=분별의 요가; 우파스리트야=의지한; 마찌따흐=나에게 확립된 마음으로; 사타탐=언제나; 바바=존재하다.
마음속으로 나에게 모든 행위를 포기하면서
나를 최고의 목적으로 여기고 분별의 요가에 의지하며
나에게 확립된 마음으로 행동하라.

58 मच्चित्तः सर्वदुर्गाणि मत्प्रसादात्तरिष्यसि ।
अथ चेत्त्वमहङ्कारान्न श्रोष्यसि विनङ्क्ष्यसि ॥ ५८

마찌따흐 사르바두르가니 마트프라사다따리쉬야시 |
아타 체뜨바마항카란나 스로쉬야시 비낭크쉬야시 |58|

마찌따흐=나에게 확고한 마음으로; 사르바두르가니=모든 장애들; 마트프라사다트=나의 영광에 의해; 타리쉬야시=넘어야 한다; 아타

=이제; 체트=만일; 트밤=당신에게; 아함카라트=이기심으로부터;
나=아니다; 스리쉬야시=들으면서; 비낭크쉬야시=사라져야 한다.
나에게 확립된 마음으로 그대는 나의 영광에 의해
모든 장애를 넘어야 한다. 그러나 그대가 이기심 때문에
내 말을 듣지 않는다면 그대는 파멸될 것이다.

59 यदहङ्कारमाश्रित्य न योत्स्य इति मन्यसे ।
मिथ्यैष व्यवसायस्ते प्रकृतिस्त्वां नियोक्ष्यति ॥ ५९

야다항카라마스리트야 나 요트스야 이티 만야세 |
미트야이샤 브야바사야스테 프라크리티스트밤 니요크쉬야티 |59|

야트=만일; 아함카람=이기적인; 아스리트야=은신을 취한; 나=아니다; 요트스예=싸울 것이다; 이티=그러므로; 만야세=생각; 미트야=헛된; 에샤흐=이것; 브야바사야흐=분석하다; 테=그대의; 프라크리티흐=본성; 트밤=그대에게; 니요크쉬야티=강요할 것이다.
만일 아집으로 가득 차서 그대가 싸우지 않겠다는
헛된 생각을 한다 해도 그것은 그대의 판단일 뿐이며
그대의 물질적인 본성은 그대에게 싸우도록 시킬 것이다.

60 स्वभावजेन कौन्तेय निबद्धः स्वेन कर्मणा ।
कर्तुं नेच्छसि यन्मोहात्करिष्यस्यवशोऽपि तत् ॥ ६०

스바바바제나 카운테야 니바따흐 스베나 카르마나 |
카르툼 네짜시 얀모하트카리쉬야스야바소아피 타트 |60|

제18장 모크샤 삼냐사 요가 567

스바바바제나=소유한 본성에서; 태어난 카운테야=쿤티의 아들;
니바따흐=의무가 있는; 스베나=소유한; 카르마니=행동에 의해;
카르툼=행하는 것; 나=아니다; 이짜시=소망하는; 야트=그것; 모
하트=망상으로부터; 카리쉬야시=해야 한다; 아바사흐=도움 없이;
아피=또한; 타트=그것.

오 카운테야여, 그대는 본성으로 태어난 행동에 구속되어
그대가 미혹된 생각으로 하고자 원치 않는 바를
그대는 할 수 없이 하게 될 것이다.

61 ईश्वरः सर्वभूतानां हृद्देशेऽर्जुन तिष्ठति ।
भ्रामयन्सर्वभूतानि यन्त्रारूढानि मायया ॥ ६१

이스바라흐 사르바부타남 흐리떼세아르주나 티쉬타티 |
브라마얀사르바부타니 얀트라루다니 마야야 |61|

이스바라흐=인격적인 신; 사르바부타남=모든 존재들의; 흐리떼세
=가슴으로; 아르주나=아르주나; 티쉬타티=거하다; 브라마얀=순
환하는 원인; 사르바부타니=모든 존재들; 얀트라 아루다니=틀에
맞게 앉아 있는; 마야야=환영으로.

모든 존재의 가슴에 거하는 주는, 오 아르주나여,
그의 환영에 의해 모든 존재들은
마치 틀에 맞추어져 있는 것처럼 회전한다.

62 तमेव शरणं गच्छ सर्वभावेन भारत ।
तत्प्रसादात्परां शान्तिं स्थानं प्राप्स्यसि शाश्वतम् ॥ ६२

타메바 사라남 가짜 사르바바베나 바라타 |
타트프라사다트파람 산팀 스타남 프라프스야시 사스바탐 |62|

탐=그에게; 에바=심지어; 사라남 가짜=안식을 취하다; 사르바베나=그대의 모든 존재와; 바라타=바라타; 타트프라사다트=그의 영광에 의해; 파람=지고의; 산팀=평화; 스타남=거주; 프라프스야시=얻어야 한다; 사스바탐=영원한.
그에게서 안식을 구하라, 오 바라타여,
그대의 모든 마음으로 그의 영광에 의해 그대는
지고의 평화와 영원한 상태를 얻을 것이다.

63 इति ते ज्ञानमाख्यातं गुह्याद्गुह्यतरं मया ।
विमृश्यैतदशेषेण यथेच्छसि तथा कुरु ॥ ६३

이티 테 그야나마크야탐 구흐야드구흐야타람 마야 |
비므리샤이타다세셰나 야테짜시 타타 쿠루 |63|

이티=그러므로; 테=그대에게; 그야남=지혜; 아크야탐=선포되었다; 구흐야트=비밀보다; 구흐야타람=더한 비밀; 마야=나에 의해; 비므리샤=반영된; 테타트=이것; 아세셰나=완전히; 야타=~처럼; 이짜시=소망하다; 타타=그렇게; 쿠루=행동하다.
그러므로 모든 심오한 것들보다 더욱 심오한 지혜는
나에 의해 선포되었다. 그것을 완전히 반영하여
그대가 선택하였듯이 행동하라.

그대가 선택하였듯이 행동하라는 것은 자신의 스스로 일어나는 자유 의지의 마음을 존중해 주는 것이다. 진정한 스승은 큰 방향과 비전과 자신감을 불어넣어 줄 뿐이다. 그러한 자유 의지가 바로 자신의 엄청난 노력에 힘을 실어 주고 어떠한 난관도 물리치는 절대적인 힘이 되는 것이다.

64 सर्वगुह्यतमं भूयः शृणु मे परमं वचः ।
इष्टोऽसि मे दृढमिति ततो वक्ष्यामि ते हितम् ॥ ६४

사르바구흐야타맘 부야흐 스리누 메 파라맘 바차흐 |
이쉬토아시 메 드리다미티 타토 바크쉬야미 테 히탐 |64|

사르바구흐야타맘=모든 것의 최고의 비밀; 부야흐=다시; 스리누=듣다; 메=나의; 파라맘=지고의; 바차흐=언어; 이쉬타흐=사랑하는; 아시=이다; 메=나에 대하여; 드리담=극진히; 이티=그러므로; 타타흐=그러므로; 바크쉬야미=말할 것이다; 테=그대의; 히탐=유익한.

나의 지고의 말과 모든 것의 가장 심오한 비밀을 다시 들어라.
그대는 나의 사랑을 받는 자이니 나는
그대에게 무엇이 유익한 것인지 말할 것이다.

65 मन्मना भव मद्भक्तो मद्याजी मां नमस्कुरु ।
मामेवैष्यासि सत्यं ते प्रतिजाने प्रियोऽसि मे

만마나 바바 마드바크토 마드야지 맘 나마스쿠루 |
마메바이쉬야시 사트얌 테 프라티자네 프리요아시 메 |65|

만마나흐=나에게 확립된 마음으로; 바바=존재하다; 마따크타흐=나에게 헌신하는; 마드야지=나에게 예배하는; 맘=나를; 나마스쿠루=절하다; 맘=나에게; 에바=심지어; 에쉬야시=올 것이다; 사트얌=진리; 테=그대에게; 프라티자네=약속하다; 프리야흐=사랑하는; 아시=이다; 메=나의.

나에게 마음을 확립하라. 나에게 헌신하며 나에게 예배하고
내 앞에 절하라. 그렇게 그대는 나에게로 올 것이다.
이것은 그대에게 주는 나의 증표이니
그대가 나를 사랑하기 때문이다.

66 सर्वधर्मान्परित्यज्य मामकं शरणं व्रज ।
अहं त्वा सर्वपापेभ्यो मोक्षयिष्यामि मा शुचः ॥ ६६

사르바다르마나파리트야즈야 마메캄 사라남 브라자 |
아함 트바 사르바파페브요 목샤이쉬야미 마 수차흐 |66|

사르바다르만=모든 의무들; 파리트야즈야=포기한; 맘=나에게; 에캄=홀로; 사라남=은신; 브라자=취하다; 아함=나는; 트바=그대에게; 사르바파페브야흐=모든 죄로부터; 모하이쉬야미=해방될 것이다; 마=아니다; 수차흐=슬퍼하다.

모든 행동을 포기하라, 그리고 내 안에서 홀로 안식을 취하라.
나는 모든 죄로부터 자유롭게 할 것이며 슬프지 않게 할 것이다.

67 इदं ते नातपस्काय नाभक्ताय कदाचन ।
न चाशुश्रूषवे वाच्यं न च मां योऽभ्यसूयति ॥ ६७

이담 테 나타파스카야 나박타야 카다차나 |
나 차수스루샤베 바츠얌 나 차 맘 요아브야수야티 |67|

이밤=이것; 테=그대에 의해; 나=아니다; 아타파카야=고행하지 않는 사람에게; 나=아니다; 아바크타야=헌신하지 않는 사람에게; 카다차나=심지어; 나=아니다; 차=그리고; 아수스루샤베=봉사하지 않는 사람에게; 바츠얌=말한 것; 나=아니다; 차=그리고; 맘=나에게; 야흐=누구; 아브야수야티=흠잡다.

그대는 이것을 고행을 하지 않으며 헌신하지 않으며
봉사하지 않으며 나에 대해 나쁜 말을 하는 자들,
그 누구에게도 말하지 말지니라.

68 य इदं परमं गुह्यं मद्भक्तेष्वभिधास्यति ।
भक्तिं मयि परां कृत्वा मामेवैष्यत्यसंशयः ॥ ६८

야 이담 파라맘 구흐얌 마드바크테쉬바비다스야티 |
바크팀 마이 파람 크리트바 마메바이쉬야트야삼사야흐 |68|

야흐=누구; 이담=이것; 파라맘=지고의; 구흐얌=비밀; 마드바크테슈=나의 헌신자들에게; 아비다스야티=선포할 것이다; 바크팀=헌신; 마이=나에게; 파람=지고의; 크리트바=행동하는; 맘=나에게; 에바=심지어; 에쉬야티=올 것이다; 아삼사야흐=의심 없이.

나를 지고의 헌신으로 대하는 자에게
이 최고의 비밀을 가르쳐 주는 이가 있다면

그러한 헌신 자들은 의심 없이 나에게로 올 것이다.

69 न च तस्मन्मनुष्येषु कश्चिन्मे प्रियकृत्तमः ।
भविता न च मे तस्मादन्यः प्रियतरो भुवि ॥ ६९

나 차 타스만마누쉬예슈 카스친메 프리야크리따마흐 |
바비타 나 차 메 타스마단야흐 프리야타로 부비 |69|

나=아니다; 차=그리고; 타스마트=그보다; 마누쉬예슈=사람들 사이에; 카스치트=어떤; 메=나의; 프리야크리따마흐=극진히 봉사하는 사람; 바비타=존재할 것이다; 나=아니다; 차=그리고; 메=나에 대한; 타스마트=그보다; 안야흐=또 다른; 프리야타라흐=사랑하는 사람; 부비=지상에.

사람들 중에 그보다 더 내가 좋아하는 사람은
있을 수 없고 세상에서 그 사람보다 더 나의 사랑을
받을 사람은 없을 것이다.

70 अध्येष्यते च य इमं धर्म्यं संवादमावयोः ।
ज्ञानयज्ञेन तेनाहमिष्टः स्यामिति मे मतिः ॥ ७०

아드예쉬야테 차 야 이맘 다름얌 삼바다마바요흐 |
그야나야그예나 테나하미쉬타흐 스야미티 메 마티흐 |70|

아드예쉬야테=연구할 것이다; 차=그리고; 야흐=누구; 이맘=이것;
다름얌=성스러운; 삼바담=대화; 아바요흐=우리의; 그야나야그예나=지혜의 희생에 의해; 테나=그에 의해; 아함=나는; 이쉬타흐=

예배한; 스얌=되었을 것이다; 이티=그러므로; 메=나의; 마티흐=
확신.
그리고 그는 성스러운 우리의 이야기를 연구할 것이며 그에 의해
나는 지혜의 희생으로 예배될 것이라고 나는 확신한다.

71 श्रद्धावाननसूयश्च शृणुयादपि यो नरः ।
सोऽपि मुक्तः शुभाँल्लोकन्प्राप्नुयात्पुण्यकर्मणाम् ॥ ७१

스라따바바나수야스차 스리누야다피 요 나라흐 |
소아피 묵타흐 수밤로칸프라프누야트푼야카르마남 |71|

스라따바반=진리의 완전함; 아나수야흐=악의로부터 벗어난; 차=
그리고; 스리누야트=들을 것이다; 아피=또한; 야흐=누구; 나라흐
=사람; 사흐=그는; 아피=또한; 묵타흐=해방된; 수반=행복한; 로
칸=세상들; 프라프누야트=도달할 것이다; 푼야카르마남=옳은 행
동의.
그리고 이러한 진리의 완전함을 듣고 실로
사악함에서 해방된 사람들은 정의의 상서로운 세상을 얻을 것이다.

72 कच्चिदेतच्छ्रुतं पार्थ त्वयैकाग्रेण चेतसा ।
कच्चिदज्ञानसंमोहः प्रनष्टस्ते धनञ्जय ॥ ७२

카찌데타쯔루탐 파르타 트바야이카그레나 체타사 |
카찌다그야나삼모하흐 프라나쉬타스테 다난자야 |72|

카찌트=~인지 아닌지; 에타트=이것; 스루탐=듣다; 파르타=프라

타의 아들; 트바야=그대에 의해; 에카그레나=하나에 집중된; 체타사=마음에 의해; 카치트=~인지 아닌지; 아그야나삼모하흐=무지의 현혹; 프라나쉬타흐=파괴된; 테=그대의; 다남자야=부의 정복자.
그대는, 오 파르타여, 마음으로 깊이 있게 내 말을 들었는가?
그대의 무지한 환상이 사라졌는가, 오 다남자야여.

73 अर्जुन उवाच

नष्टो मोहः स्मृतिर्लब्धा त्वत्प्रसादान्मयाऽच्युत ।

स्थितोऽस्मि गतसन्देहः करिष्ये वचनं तव ॥ ७३

아르주나 우바차
나쉬토 모하흐 스므리티레브다 트바트프라사단마야아츄타 ǀ
스티토아스미 가타산데하흐 카리쉬예 바차남 타바 ǀ73ǀ

아르주나 우바차=아르주나가 말했다; 나쉬타흐=파괴된; 모하흐=망상; 스므리티흐=기억; 라브다=얻어진; 트바트프라사다트=그대의; 영광으로부터 마야=나에 의해; 아츄타=나눠지지 않는; 성스러운 본성; 스티타흐=확고함; 아스미=이다; 가타산데하흐=의심으로부터 벗어난; 카리쉬예=할 것이다; 바차남=세상; 타바=그대의.
아르주나가 말하기를
나의 환상은 파괴되었습니다. 나는 당신의 영광을 통하여
나의 기억을 다시 얻었습니다, 오 아츄타여.
나는 확고하며 의심으로부터 자유롭습니다.
나는 당신의 말씀에 따라 행동할 것입니다.

이 절은 마치 한 사람이 높은 산을 정복하거나 어떠한 일을 끝내고 통쾌하게 말하는 것처럼 기타의 주체적인 주인공 아르주나가 말하는 기타의 거

대한 대양은 마치 하나의 형상으로 표현되는 아름다움을 보여주고 있다. 그는 제18장의 모든 괴로운 터널과 많은 의문을 넘어서 찬란한 광명의 기쁨을 만끽하여 표현하는 것이다. "나의 환상은 깨어졌습니다, 당신의 은혜로 나는 기억을 다시 얻었습니다, 분리되지 않는 이여, 나는 확고하며 의심으로부터 벗어났으며 자유롭고, 그대의 말에 따르겠습니다"라고 말하고 있다.

여기에서 "기억이 난다"라는 것은 진정한 삶의 실체는 자기 자신과 가장 다를 바 없는 모습이며, 그것에 대한 기억은 어딘가에서 새로 가지고 오는 것이 아니라는 것이다.

아르주나는 많은 과정을 통하여 기타의 큰 흐름의 아름다운 완성을 주 크리쉬나와 함께 위대한 우주적인 드라마로 연출하였다. 이러한 기타의 완성은 삶을 성취하려고하는 많은 구도자와 고통받는 영혼에 영원한 귀감이 되고자 하는 것이다.

74 संजय उवाच

इत्यहं वासुदेवस्य पार्थस्य च महात्मनः ।
संवादमिममश्रौषमद्भुतं रोमहर्षणम् ॥ ७४

삼자야 우바차
이트야함 바수데바스야 파르타스야 차 마하트마나흐 |
삼바다미마마스라우샤마드부탐 로마하르샤남 |74|

삼자야 우바차=삼자야가 말했다; 이티=그러므로; 아함=나는; 바수데바스야=크리쉬나 파르타스야=아르주나, 프리타의 아들; 차=그리고; 마하트마나흐=높은 정신의; 삼바담=대화; 이맘=이것; 아스라우샴=들었다; 아드부탐=놀라운; 로마하르샤남=머리털이 곤두서는.

삼자야가 말하기를

그런 다음에 나는 바수데바와 위대한 정신의 프리타의 아들의 놀
라운
이야기를 듣고 머리털이 곤두서는 전율이 일어났습니다.

75 व्यासप्रसादाच्छ्रुतवानेतद्गुह्यमहं परम् । योगं योगेश्वरात्कृष्णात्साक्षात्कथयतः स्वयम् ॥

브야사프라사다쯔루타바네타드구흐야마함 파람 |
요감 요게스바라트크리쉬나트사크샤트카타야타흐 스바얌 |75|

브야사프라사다트=브야사의 영광을 통하여; 스루타반=나는 들었
다; 에타트=이것; 구흐남=비밀; 아함=나는; 파람=지고의; 요감=
요가; 요게스바라트=요가의 주로부터; 크리쉬나트=크리쉬나로부
터; 사크샤트=곧바로; 카타야타흐=선포된; 스바얌=스스로.
브야사의 영광을 통하여 나는
지고의 가장 심오한 요가의 비밀을 요가의 주(主), 크리쉬나가
스스로 선포하는 것을 바로 들었습니다.

76 रजन्संस्मृत्य संस्मृत्य संवादमिममद्भुतम् । केशवार्जुनयोः पुण्यं हृष्यामि च मुहुर्मुहुः ॥ ७६

라잔삼스므리트야 삼스므리티야 삼바다미마마드부탐 |
케샤바르주나요흐 푼얌 흐리쉬야미 차 무후르무후흐 |76|

라잔=오 왕이여; 삼스므리트야=기억하는; 삼스므리트야=기억하
는; 삼바담=대화; 이맘=이것; 아드부탐=놀라운; 케샤바르주나요

흐=크리쉬나와 아르주나; 푼얌=거룩한; 흐리쉬야미=즐겁다; 차=
그리고; 무후흐=다시; 무후흐=다시.
오 왕이시여, 내가 이렇게 놀랍고 영광스러운
케사바와 아르주나의 대화를 들은 것을 끊임없이
기억하면서 나는 더욱더 기쁩니다.

77 तच्च संस्मृत्य संस्मृत्य रूपमत्यद्भुतं हरेः । विस्मयो मे महान्राजन्हृष्यामि च पुनः पुनः ॥ ७७

타짜 삼스므리트야 삼스므리트야 루파마트야드부탐 하레흐 |
비스마요 메 마한라잔흐리쉬야미 차 푸나흐 푸나흐 |77|

타트=그것; 차=그리고; 삼스므리트야=기억하는; 삼스므리트야=
기억하는; 루팜=형상; 아트야드부탐=놀라운; 하레흐=하리의; 비
스마야흐=놀랍다; 메=나의; 마한=위대한; 라잔=오 왕이여; 흐리
쉬야미=즐거워하다; 차=그리고; 푸나흐=다시; 푸나흐=다시.
그리고 내가 하리의 최고의 놀라운 형상을 기억하는 것처럼
위대함은 나의 놀라움입니다, 오 왕이시여,
나는 끊임없이 즐겁습니다.

78 यत्र योगेश्वरः कृष्णो यत्र पार्थो धनुर्धरः । तत्र श्रीर्विजयो भूतिर्ध्रुवा नीतिर्मतिर्मम ॥ ७८

아트라 요게스바라흐 크리쉬노 야트라 파르토 다누르다라흐 |
타트라 스리르비자요 부티르드루바 니티르마티르마마 |78|

야트라=어디든지; 요게스바라흐=요가의 주; 크리쉬나흐=크리쉬나; 야트라=어디든지; 파르타흐=아르주나; 다누르다라흐=활 쏘는 사람; 타트라=거기에; 스리흐=번영; 비자야흐=승리; 부티흐=행복; 드루바=확고하다; 니티흐=덕행; 마티흐=확신; 마마=나의.

요가의 주 크리쉬나가 있는 곳은 어디든지,
활을 휘두르는 자 파르타가 있는 곳은 어디든지,
번영과 승리와 행복과 완전한 덕행이 있을 것을 나는 확신합니다.

इति श्री महाभारते शतसाहस्रयां संहितायां वैयासिक्यां भीष्मपर्वणि श्रीमद्भगवद्गीतासूपनिषत्सु ब्रह्मविद्यायां योगशास्त्रे श्रीकृष्णार्जुनसंवादे मोक्षसंन्यासयोगो नाम अष्टादशोऽध्यायः ॥

이티 스리 마하바라테 사타사하스르얌 삼히타얌 바이시크얌 비쉬마파르바니
스리마드바가바드기타수파니사투스 브라흐마비드얌 요가사스트레
스리크리쉬나르주나삼바데 모크샤삼야사요고 마마
아쉬타다소아드야야흐

브야사에 의해 노래불려진 많은 분량의 성스러운 마하바라타 안에 비쉬마 파르바로 알려진 브라흐만의 지식이자, 바가바드 기타의 우파니샤드 안에
스리 크리쉬나와 아르주나의 대화로 나타난 요가의 과학이며
마지막 장인 제18장을 말하였다.

ॐ तत् सत् ॥
옴 타트 샤트 ॥

산스크리트 발음

모음

अ A
आ Ā (길게)
इ I
ई Ī (길게)
उ U
ऊ Ū (길게)
ऋ Ṛi
ॠ Ṛī (길게)
ऌ Li̤
ए E
ऐ AI
ओ O
औ AU
अं AM (주로 ㅁ 또는 ㄴ 받침)
अः AH

자음

1. 후음　क ka　ख kha　ग ga　घ gha　ङ ṅa
2. 구개음　च cha　छ chha　ज ja　झ jha　ञ ña　य ya　श śa
3. 반설음　ट ṭa　ठ ṭha　ड ḍa　ढ ḍha　र ra　ष sha
4. 치음　त ta　थ tha　द da　ध dha　न na　ल la　स sa
5. 순음　प pa　फ pha　ब ba　भ bha　म ma　व va
6. 기음　ह ha

〈참고〉
이 책에 발음된 산스크리트어에서
'모음'
A와 Ā는 모두 '아' 로,
I와 Ī는 모두 '이' 로,
U와 Ū는 모두 '우' 로,
Ṛi와 Ṛī는 모두 '리' 로 표기하였으며,
'자음'
ka와 kha 발음은 모두 '카' 로 표기하였으며
ga와 gha 발음은 모두 '가' 로,
ja와 jha 발음은 모두 '자' 로,
ta와 tha, ṭa와 ṭha 발음은 모두 '타' 로,
cha와 chha 발음은 모두 '차' 로,
da와 dha, ḍa와 ḍha 발음은 모두 '다' 로,
pa와 pha 발음은 모두 '파' 로,
ba와 bha와 va 발음은 모두 '바' 로,
s와 śa 발음은 모두 '사' 로, sha 발음은 '샤' 로 표기하였다. 그리고
Na와 ña 발음은 모두 '나' 로, ṅa 발음은 주로 'o' 받침으로 표기하였다.

수행적인 관점으로 본 인도철학과
바가바드 기타

　인도철학의 근원은 베다로부터 기인하고 있다. 베다는 심오한 '뜻'과 '음' 둘 다 중요하다. 베다의 어원은 '아는 것의 지혜'를 말한다. 이 경전을 이해하려면 다른 경전과 마찬가지로 그 자신의 의식 수준에 따라 다르게 인식되는 것이다. 베다는 다양한 베다가 있는데 크게 나뉘어서 네 가지로 말한다. 베다가 정립된 시기에 대한 정확한 기록이 없다. 하지만 학술적으로는 B.C. 3000년 이전으로 알려져 있다. 여러 베다 중에 가장 오래된 베다는 리그 베다(Rig Veda)이다. 역사적으로는 베다를 아리안족들이 가져온 영적인 찬가라고도 말한다. 사마 베다(Sama Veda)와 야주르 베다(Yajur Veda)는 제식과 찬가이며 아타르바 베다(Atharva Veda)는 그 후에 정립되어 다듬어진 경전이다.

　베다와 함께 우파니샤드는 B.C. 800년 전부터 정립되었다. 우파니샤드의 뜻은 "스승에게 가까이 다가가 배우는 것"을 말한다. 우파니샤드는 2백여 개가 되며 가장 알려진 중요한 우파니샤드는 삼카라가 주석한 열 개의 우파니샤드가 알려져 있다. 베다나 우파니샤드의 음과 깊은 뜻을 깊은 명상과 함께 표현하는 이를 판디트(Pandit)라고 한다. 그들의 학문적인 배경과 깊은 의식 수준에 따라 베다의 깊이는 달라진다. 그런 이유는 판디트의 의식 수준에서 나오는 '음가'가 그것을 '직관적으로 해석하는 것'과 같다는 것이 베다의 현주소이기 때문이다.

　출가수행자들인 스와미나 일반적인 삶을 사는 재가수행자들은 이러한 베다와 우파니샤드의 직관적인 체험과 함께 이론적인 공부를 병행한다. 베다와 본 경전은 삼히타(Samhita)와 브라흐마나(Brahmana), 아란야카(Aranyaka) 세 가지를 말한다. 삼히타(Samhita)는 베다의 핵심을 말하며 만트라(Mantra), 즉 창조적인 소리를 표현하였다. 브라흐마나는 푸자(Puja) 의식과 제례 의식에 따라야 하는 절차를 말하며, 인간의 삶의 네 주기에서 행해져야 하는 네 가지의 과정 및 절차를 포함한다. 그것은 학습기인 브라흐마차리(Brahma-chari), 사회적인 활동의 시기인 그리하스타(Grihastha), 숲속이나 고요한 장소에서 수행에 전념하는 바나프라스타(Vanaprastha), 모든 소유와 속박을 벗어나 궁극적인 절대와 만나는 산야신(Sanyasin)의 기간으로 나뉜다. 아란야카는 깊은 숲속이나 동굴에서 수행으로 몰입해 들어가는 우파니샤드의 가르침과 일맥상통한다.

베다는 크게 베당가(Vednga)와 우팡가(Upanga)로 나뉜다. 베당가는 지식을 펼치는 것이며 우팡가는 지식으로 접근하는 것이다. 그 두 지식 체계가 모든 지식 체계에 포함되는 것이다.

펼쳐지는 지식인 베당가에는 여섯 가지로 나누어진다. 첫번째는 베다의 만트라 음가를 보존하는 식샤(Siksha)이다. 두번째는 브야카라나(Vyakarana)로서 음의 문법이다. 세번째는 음의 길이나 음조를 말하며는 찬다스(Chandas)이다. 네번째는 음의 의미를 말하는 니룩탐(Niruktam)이다. 다섯번째는 조티사(Jothisha)인데 음를 보는 것이다. 여섯번째는 칼파(Kalpa), 즉 음과 뜻을 행함으로써 정화하는 것이다.

접근하는 지식인 우팡가는 스므르티, 푸라나와 다르사한인 여섯 철학 체계를 가지고 있다.

스므르티는 기억을 말하는데 스므르티 경전은 마누(Manu)법전과 네 가지의 우파베다(Upa Veda)가 있다. 그 네 가지는 인도 전통의학인 아유르 베다(Ayur Veda), 군사학인 다누르 베다(Danur Veda), 전통음악인 간다르바 베다(Gandarva Veda), 경제와 정치를 말하는 아루타 사스트라(Aruta Sastra)이다.

푸라나는 18마하 푸라나, 18우파 푸라나가, 그리고 이사 푸라나(Isa Purana)가 있는데 이것이 인도의 가장 유명한 대서사시인 라마야나(Ramayana)와 마하바라타(Mahabarata)이다. 이 마하바라타 안에 바가바드 기타가 있는데 이것은 베다와 우파니샤드로 표현된 모든 인도철학의 수르티, 스므르티, 푸라나남의 경전과 여섯 철학 체계인 다르사한을 아우르는 위대한 경전인 것이다.

여섯 철학 체계의 첫번째는 고타마(Gotama)에 의해 정립된 니야야가 있다. 그것은 열여섯 가지의 검증 체계를 통하여 지식을 확립시키는 지식검증법이 있으며 논리학의 원조이다.

두번째는 바이쉐시카인데 칸아다(Kanada)에 의해 정립되었으며 특수한 특성을 유추하고 사색하는 것이다. 즉 땅·물·불·공간·시간·공간의 방향, 마음과 영혼 등 특수한 분야를 고찰하는 것이다.

세번째는 삼크야인데 카필라(Kapila)에 의해 정립되었으며 지식의 배열을 통해 정리된 객관적인 지식이다.

네번째는 요가이며 파탄잘리(Patanjali)에 의해 정립되었고 즉각적인 지식 획득의 수단이다. 지식 획득의 수단으로는 여덟 가지의 과정이 있는데 해야 되는 것, 하지 말아야 하는 것, 몸의 자세, 호흡법, 감각의 통제, 마음의 집중, 명상, 삼매이다.

다섯번째는 카트마 미맘사 또는 푸르바 미맘사이며 자이미니(Jaimini)에 의해 확립되었다. 행동 양식을 깊이 있게 탐구해 들어가는 것이다. 베다의 제식이나 만트라를 전달하는 과정이 정립되어 있다.

여섯번째는 베단타이며 브야사에 의해 정립되었다. 베단타는 베다의 진수이며 끝을 상징한다. 삶의 직접적인 인지와 분별력, 무집착을 통하여 마음을 통제하고, 믿음을 가지고 마음의 균형을 이룬 다음 해탈을 얻는 것이다.

인도철학의 위대한 배경에는 고대로부터 위대한 스승들의 전통이 있다는 것이다. 많은 위대한 스승들이 있지만 브야사는 인도철학의 등대이며 인도철학의 중심에 있다. 그에 의해 베다가 네 개로 정립되었으며 마하바라타 즉 바가바드 기타가 씌어진 것이다. 브야사가 바로 인도철학의 중심에 있다고 해도 과언이 아닐 것이다. 그후에 또 하나의 스승이 있으니 바로 삼카라이다. 삼카라는 인도철학을 새롭게 일으킨 위대한 인물이다. 그는 브라마 수트라(Brama Sutra)와 열 개의 핵심된 우파니샤드와 바가바드 기타를 주석하였으며 인도철학과 힌두 사상과 종교를 정립하였다.

그리고 이 두 위대한 수행자가 바가바드 기타에서 하나로 만나게 되는 것이다. 바가바드 기타는 인도철학을 대변하는 위대한 경전이다.

바가바드 기타에 나오는 요가의 종류

바가바드 기타에서 크리쉬나가 가르치는 요가의 종류는 모든 요가를 다 포함한다. 알려진 요가나 비전되는 모든 요가는 이 기타 안에 숨겨져 있으며 비전된 가르침은 스승들의 몫이다.

삼크야 요가   삼크야 요가는 삼크야 철학에 의해 절대와 상대를 파악하게 해주는 크리쉬나의 가르침이다.

카르마 요가   카르마 요가는 존재를 파악하기 위한 행위를 말한다. 행위에서 가장 위대한 행위는 바로 야그야라고 하는 희생적인 행위인데 최고의 행위는 마음이 초월적인 곳으로 가려는 행위라고 말한다.

그야나 요가   그야나 요가는 지혜를 가지고 수행을 하는데 이 수행법은 우주적인 의식인 니르비칼파 삼매가 정착되어야만 제대로 수행할 수 있으며, 재가자보다는 출가적인 성향이 강해서 일반인보다는 출가수행자들에게 적합하다.

삼냐사 요가   삼냐사 요가는 내맡김이나 완전한 포기를 말하는 수행인데, 모든 수행자가 진정으로 그의 수준이 높은 의식에 정착이 되었을 때 진행되는 수행법이다.

라자 비드야 요가   절대에 확립하여 세 구나를 지켜보는 수행법이다.

박티 요가   절대에 헌신으로 몰입하는 수행법이다.

스리 크리쉬나(Sri Krishna)에 대해서

 크리쉬나는 바가바드 기타의 핵심 인물이다. 바가바드 기타에서 크리쉬나는 철학과 사상과 명상 수행의 대상으로 등장한다. 힌두교에서 크리쉬나는 3대 신중의 하나인 비쉬누 신의 화신으로 등장한다. 그의 전 생애를 세밀하게 표현한 여러 경전들이 있으니 바로 마하바라타이다. 리그 베다와 다른 베다에도 그에 대하여 언급하고 있다. 찬도캬 우파니샤드(7. 96. 13-14)에서도 크리쉬나에 대해서 언급하였으며, 마하바라타의 해석서인 하리밤사(Harivamsa)에서도 그에 대하여 자세히 언급하였다. 바가바드 프라나인 스리마드 바가바탐은 그의 모든 의식적인 과정까지 포함하여 표현하였으며 비쉬누 프라나에서도 그의 생애를 표현하였다. 그에 대한 구전이나 연극이 표현되는 곳은 그가 실제로 존재하였고 역사적인 유물이 있었던 북인도의 우타르 푸라데쉬 · 비히르 · 하리야나 · 델리 · 구자라트에서 많이 발견된다. 바가바드 푸라나 10. 1. 22에는 "창조의 신인 브라마는 여러 신들에게 전달하기를 크리쉬나가 지상에 도래하기 전에 모든 신들에게 알리고 그의 지상에서의 시간에 대한 짐을 덜어주기 위한 노력을 하였다. 크리쉬나의 가계인 야두의 많은 친인척들인 그의 할아버지와 아들들에게 신들은 전달하였다"라고 표현하였다. 크리쉬나는 기원전 3228년경에 마투라라는 왕국에서 바수데바 왕과 데바키 사이의 여덟번째 아이로 태어났다. 그의 어린 시절은 마투라 근처인 브린다반에서 그의 형제인 발라라마(Balarama)와 같이 성장하였다. 그때 영적인 동반자이며 그를 칭송하며 부르는 만트라에 나오는 라다(Radha)를 만난다. 그는 다시 마투라로 와서 왕자로 있으면서 판다바의 형제들과 친교를 가진다. 그후에 그는 비스마카(Bhishmaka) 왕의 딸인 룩미니(Rukmini)와 결혼하여 지금의 구자라트인 드와라카(Dwaraka)에서 왕국을 다스린다. 그는 바가바드 기타에 나오는 쿠루크셰트라의 전쟁을 참가하고 돌아와 드와라카에서 36년 동안 왕국을 다스리고 나무 밑에서 명상을 하고 있는데 사냥꾼이 사슴인 줄 알고 활을 쏘아 화살이 그의 발에 맞는다. 마하바라타의 마우살라 파르바(Mausala Parva)에는 사냥꾼이 크리쉬나의 발에 닿았을 때는 창조와 소멸의 모든 체험이 일어났다고 하였다. 그렇게 크리쉬나는 몸을 떠났다. 하지만 그는 그를 생각하는 헌신자나 수행자들의 가슴과 마음에 남아 있다.

쿠루크셰트라(Kurukshetra) 전쟁에 대해서

바가바드 기타는 현학적인 철학을 가르치려고 하는 철학서나 단순히 영생을 논하는 종교 경전이 아니다. 기타에서 벌어지는 상황은 바로 눈앞에 적을 죽여야만 하는 것이다. 그렇지 않으면 자신이 죽을 수밖에 없는 처절한 전쟁 기록서이며 전쟁터에서의 살벌하고 처절한 전쟁 교본이다. 이 치열한 전쟁터에서 어떻게 하든지 승리로 이끄는 데 합당한 말을 짧은 시간 안에 가르치고 배워야 하는 것이다. 선악이나 실상과 비실상이라는 말을 넘어서 적군의 모든 심리를 파악하고 승리해야만 한다. 그 적군이 비록 형제나 스승이라 하더라도 이 기타의 상황 안에서는 조금의 여유도 없는 것이다. 그러한 가운데 삶의 방향을 정하고 마음을 집중시켜야만 하는 것이다. 사실상 어떠한 전쟁에서도 그러할 것이다. 이 전쟁은 대략 기원전 3200년에서 3100년 사이에 벌어졌다고 하며 전쟁터는 지금의 북인도 지역의 수도인 뉴델리 북쪽의 하리야나 주의 넓은 들녘이다. 전쟁의 결과는 두료다나와 판다바 군대의 전쟁에서 숫자의 열세를 물리치고 판다바의 군대가 승리하였다. 양쪽 군대의 진영을 살펴보면 두료다나쪽의 사령관은 비쉬마이며 판다바의 사령관은 드리스타쥼나이다. 두료다나 측의 장수로는 비쉬마, 드로나, 카르나, 두료다나, 아쉬와타마 등이며 판다바의 측의 장수로는 아르주나 · 비마 · 유디스티라 · 나쿨라 · 사하데바 등이다. 양쪽의 군대 규모나 숫자는 두료다나 군대는 11 아크사우히니(Aksauhini), 즉 240만 명 정도이며 아르주나 군대는 7 아크사우히니, 즉 150만 명 정도이다. 여기에서 1 아크사우히니는 21870대의 전차와 21870마리의 코끼리와 65610마리의 말과 109350명의 보병을 말한다고 한다. 지금으로서 정확한 숫자는 알 수 없지만 인도 사람들의 상징과 허풍을 제거한다 하더라도 그 당시에 벌어진 규모는 엄청난 인원과 물량이 소모된 전쟁이었을 것이다. 그러나 이 전쟁의 법칙이 서로의 합의하에 정해졌다. 첫째, 해가 뜨면 싸우고 해가 지면 싸우지 않는다. 둘째,

큰 군대가 개인을 공격하지 않는다. 셋째, 항복하거나 부상당한 군인을 공격하지 않는다. 넷째, 무기가 없는 군인을 죽이지 않는다. 다섯째, 의식이 없는 군인을 죽이지 않는다는 것 등이다.

  이 쿠루크셰트라 전쟁은 18일 동안 벌어졌으며 두료다나측에는 생존자가 아쉬와타마 · 크리파 · 크리타바르마(Kritavarma) 3명이었으며, 판다바측에는 판다바의 다섯 형제와 크리쉬나와 사트야키(Satyaki) 7명뿐이었다.

삼매(Samadhi)에 대해서

　삼매에 대해서 파악하지 못한다면 바가바드 기타 및 다른 경전을 바라보는 데 시각 차이가 있을 수 있다. 요가 수트라나 우파니샤드 및 다른 경전을 보는 입장도 마찬가지일 것이다. 많은 수행자들이 다양한 삼매에 대해서 말하고 있다. 그리고 종교나 종파 그리고 다양한 수행 체계의 전통에 따라 다르게 해석하나 기본적으로 알려진 것은 비슷하며 의식의 수준을 일곱 가지로 보고 있다. 이 삼매에 대하여 경전에는 여러 표현을 하여 남아 있으나 정확하게 말한 사람들은 근대에 들어와 라마크리쉬나와 라마나 마하리쉬 스와미 브라마난드 사라스와티, 그리고 마하리쉬 마헤시 요기 등이다.

　첫번째 상태는 깨어 있는 의식 상태이며 산스크리트어로 자가리타(Jagarita), 두번째 상태는 꿈꾸는 상태이며 스바프남(Svapnam), 세번째 상태는 수쉬프티(Sushputi)인 잠자는 상태이다. 이 세 상태와는 다른 상태가 만두캬 우파니샤드에서 말하는 투리야(Turiya) 초월 의식인데 삼매는 그 초월 의식의 다양한 상태를 잠자고 꿈꾸고 깨어 있는 상대적인 상태와 함께 존재하며, 또한 대상의 지각 상태와 함께 존재하는 것이다. 네번째는 삼매 중에 첫 과정인 사비칼파 삼매(Savikalpa Samadhi)는 명상이나 초월적인 상태는 체험되었으나 활동하는 도중에는 잊혀진다. 일반적으로는 초월 의식이나 순수 의식으로 표현된다. 그러나 그 삼매가 계속 반복됨으로써 다섯번째인 니르비칼파 삼매(Nirvikalpa Samadhi), 즉 우주 의식이라고 불리는 상태가 도래하는데 이것은 자신이 잠을 자거나, 꿈을 꾸거나, 깨어 있거나 언제나 삼매가 유지되는 것을 말한다. 그 상태에서 더욱 발전되면 여섯번째인 케발라 니르비칼파 삼매(Kevala Nirvikalpa Samadhi)에 도달하는데 우주 의식이 더욱 발전된 상태이며 그 상태는 자신의 인지력이 더욱 발전되어 대상을 보다 더 섬세하게 바라볼 수 있는 것이다. 마지막으로 사하자 삼매(Sahaja Samadhi)가 있는데 이것은 주관과 객관이 온전히 하나 되고 전체가 되며 통일되고 통합

되는 의식을 말한다. 이것이 인간 의식의 궁극적인 목표이다. 바가바드 기타에서 스리 크리쉬나는 700절 밖에 안 되는 짧은 경전 안에 삶의 모든 과정의 가장 고통스러운 과정부터 가장 높은 의식 상태 전체를 보여주고 표현하였다. 그러기에 이 경전은 종교와 문화와 관계없이 시간이 흘러도 계속 존재하게 하는 이유인 것이다.

각 주

1) 추천의 글=삼카라(Samkara, 788-820)는 인도의 세 경전인 우파니샤드와 바가바드 기타와 브라마 수트라를 정립하였으며 불교 이후에 인도 사상을 새롭게 정립한 인도에서 가장 뛰어난 수행자이다. 라마누자(Ramanuja, 1017-1137)는 헌신적인 박티(Bhakti) 사상을 퍼트린 수행자이며 삼카라와 함께 많은 저서와 수행 체계를 남겼다.

2) 1장 2절=자나카 왕과 성자 야즈나발캬에 대한 이야기는 브리하드아란야캬 우파니샤드에 세밀하게 나온다. 자신의 왕국을 바쳐서 진리의 가르침을 받으려는 자나카 왕의 이야기는 유명한 일화이다. 라마크리쉬나 어록에서 발췌.

3) 12절=논어(論語)의 위정(爲政) 전통문화연구회, 성백효.

4) 20절=인도의 2대 서사시인 라마야나의 주인공은 라마이며 라마를 도와 승리로 이끈 장수가 원숭이 신인 하누만이다. 이 라마야나는 중국의 서유기(西遊記)를 탄생시키는 역할을 하였다.

5) 35절=가야트리 만트라(Gayatri Mantra)는 인도에서 아주 보편적으로 알려진 수행 만트라이다. 신과 영혼과 인간의 세 가지 세계를 풍요롭게 해준다는 만트리 소리이다. 리그 베다 3장 62. 10에 나오며 브리하드란야카 우파니샤드 5장 14. 1에 나오며 찬도캬 우파니샤드 2장 23절과 3장 12절에도 나온다.

6) 2장 2절=라마크리쉬나(1836-1886)는 근대 인도의 사상에 많은 영향을 주었다. 라마크리쉬나 자서전(The gospel of Sri Ramakrishna)은 마헨드라 굽타(Mahendra Gupta)에 의해 씌어짐.

7) 11절=장자(壯子) 내편(內篇)의 5편의 덕충부(德充符)와 잡편(雜篇)의 23편 경상초(庚桑楚), 32편 열어구(列禦寇), 을유문화사, 김학주 옮김.

8) 40절=가장 큰 장애물이며 강력한 악마를 물리치는 북인도의 대중적인 여신인 두르가를 찬미하는 700소절의 경전인 두르가 사프사티(Durga Sapsati)를 말하며 데비 마하틈얌(Devi Mahatmyam)이라고도 알려짐.

9) 44절=카비르(Kabir, 1440-1518)는 인도의 중세 초월적이며 신비주의 시인이며 이슬람과 힌두교와 시크교에 영향을 많이 주었다. 근대에 타고르에 많은 영향을 주어 그의 시와 노래에 많은 영향을 주었다. 까비르 시집, 지혜의 나무

박지명 옮김.

10) 47절=파탄잘리, 요가 수트라 4장 33절, 박지명 옮김, 동문선 근간.

금강경(金剛經) 18장 일체동관문(一體同觀分)에서 과거심불가득 현재심불가득 미래심불가득(過去心不可得 現在心不可得 未來心不可得)이란 "과거의 마음, 현재의 마음, 미래의 마음으로도 얻을 수 없다"는 것이다.

11) 52절=라마크리쉬나 자서전에서 발췌.

12) 59절=라마크리쉬나 어록.

13) 60절=삿트 치트 아난다(Sat Chit Ananda)는 삿트는 절대적인 치트는 의식 상태이며 아난다는 지복을 말하며 절대적인 지복 의식 상태를 말함.

14) 66절=스와미 브라마난드 사라스와티(Swami Bramanand Saraswati, 1870-1953)는 근대 인도의 사상과 수행 체계를 정립하고 삼카라촤리야 전통을 이었으며 현대의 대중적인 명상인 초월명상(Traanscendental Meditation)의 창시자인 마하리쉬 마헤시 요기(Maharishi Mahesh Yogi)의 스승임.

15) 3장 4절=만두캬 우파니샤드 12절.

장자 내편(內篇)의 18편의 지락(至樂).

16) 16절=이사 우파니샤드 1절.

17) 6장 17절=중용(中庸)의 성인(聖人)의 도(道), 금성문화사, 유정기 옮김.

18) 8장 13절=만두캬 우파니샤드 1절.

19) 10장 19절=우다바 기타(Udhava Gita)는 크리쉬나가 그의 헌신자인 우다바에게 가르침의 진수를 전달하는 것을 기록한 경전이며 바가바트 푸라나의 열한번째 장에 나오는 것을 뽑아서 경전을 만들었음.

20) 15장 1절=카타 우파니샤드 3부 1장.

참고 문헌

⟨The Bhagavad Gita⟩ Adi Sankarachary, Samata Books, 1995.
⟨The Bhagavad Gita⟩ Swami Chidbhavananda, Sri Ramakrishna Tapovanam, 1991.
⟨The Bhagadgita⟩ S. Radakrishnan, Blackie & Son Publishers, 1983.
⟨Bhagavad Gita⟩ Maharishi Maheshi Yogi, Arkana, 1990.
⟨Perennial Psychology of the Bhagavad Gita⟩ Swami Rama, The Himalayan International Institute of Yoga Science and Philosophy, 1985.
⟨Srimad Bhagavad Gita⟩ Richa Prakashan, Richa Prakashan, 1998.
⟨The Bhagavadgita⟩ Dr. Shakuntala Rao Sastri, Bhartiya Vidya Bhavan, 1993.
⟨The Bhagavad Gita⟩ Swami Sivananda, The Divine Life Society, 1995.
⟨Bhagavad Gita as it is⟩ Bhaktivedanta Swami Prabhupada, The Bhaktivedanta Book Trust, 1986.
⟨Bhagavad Gita⟩ Swami Tripurari, Mandala, 2001.
⟨The Bhagavad Gita⟩ Ramananda Prasad, Motilal Banarsidass Publishers, 1995.
⟨The teaching of the Bhagavad Gita⟩ Swami Dayananda, Vision Books, 1993.
⟨바가바드 기타⟩ 길희성 옮김, 현음사, 2001.
⟨바가바드 기타⟩ 함석헌 주석, 한길사, 1999.
⟨Madukya Upanishad⟩ Swami Sarvananda, Sri Ramakrishna Math, 2000.
⟨Isa Upanishad⟩ Swami Sarvananda, Sri Ramakrishna Math, 2000.
⟨The Brihadaranyaka Upanishad⟩ Swami Sivananda, The Divine Life Society, 1985.
⟨우파니샤드 1,2⟩ 이재숙 옮김, 한길사, 2001.
⟨Encylopedia of Indian Philosophies 1-8 Volume⟩ Larson & Bhattacharya, Motial Banarsidass, 1987.
⟨나에게로 떠나는 인도명상여행⟩ 박지명 지음, 하남, 1999.
⟨요가⟩ 박지명 옮김, 하남, 1991.

산스크리트 용어

A

아드바이타(Advaita): 둘이 아닌, 불이(不二).
아드바이타 베단타(Advaita Vedanta): 둘이 아닌 하나를 말하는 사상 체계임, 불이일원론(不二一元論).
아그니(Agni): 불, 인도 신화의 불의 신.
아함(Aham): 나, 에고.
아함카라(Ahamkara): 나라는 의식, 에고 의식.
아힘사(Ahimsa): 남을 해치지 않는 생각과 행위.
아카르마(Akarma): 무행위(無行爲), 행위하지 않는.
암리타(Amrita): 감로, 신주(神酒), 희열의 체험.
아닌디(Ananta); 무한한.
아파리그라하(Aparigraha): 무소유.
아사트(Asat): 존재하지 않은.
아스미타(Asmita): 에고이즘, 나라는 것.
아수라(Asura): 악마.
아비드야(Avidya): 무지, 무명(無明).
아카샤(Akasha): 공간 요소, 에테르.
아난다(Ananda): 희열, 법열.
아사나(Asana): 자세, 좌법.
아트마(Atma): 참나.

B

바가반(Bhagavan): 신, 신성한.
바가바타(Bhagavata): 신성함을 칭송하는 것.

박티(Bhakti): 헌신.
베다(Veda): 인도에서 가장 오래된 경전이며 리그·사마·야주르·아타르바 베다가 있다.
브라마(Brahma): 인도의 주요 세 신중에 하나이며 창조의 신.
부흐(Buh): 지상계.
부바흐(Bvah): 영적인 세계.
비자(Bija): 씨앗, 근원.
브라흐마차리(Brahmachari): 청청한.
브라흐만(Brahman): 절대적인 실체.
부띠(Buddhi): 이지, 이성.

C

차크라(Chakra): 인간의 몸 안에 내재된 에너지 중심.
치트(Chit): 의식.

D

다나(Dana): 배우는 것.
다르사한(Dharsahan): 진리를 파악하는 철학과 수행 체계, 인도의 여섯 철학 체계.
다야(Daya): 자비, 동정심.
데하(Deha): 육체적인 몸.
다라나(Dharana): 집중.
다르마(Dharma): 삶의 올바른 길.
드야나(Dyana): 명상.
디브야(Divya): 성스러운.
드비자(Dvija): 두 번 태어난 이, 힌두 신화에서 네 가지의 계급에서 세 계급인 브라만·크샤트리야·바이샤를 칭함.

E

에카(Eka): 하나.

에밤(Evam): 그래서, 이러한 방법으로.

G

가야트리(Gayatri): 베다 만트라 중의 주요한 만트라.

구나(Guna): 자연의 속성이며 세 가지가 있는데 긍정적인 사뜨바(Sattva), 부정적인 타마스(Tamas), 동적인 라자스(Rajas)를 말함.

구루(Guru): 스승, 정신적인 가르침을 주는 스승.

구루 만트라(Guru Mantra): 구루에 의해 전달되는 만트라.

그야나(Gyana): 지혜.

그야나 요가(Gyana Yoga): 지혜의 요가.

H

하누만(Hanuman): 라마야나에서 라마의 헌신자이며 라마를 돕는 원숭이 신.

하리(Hari): 악을 물리치는 존재이며 나라야나와 크리쉬나의 이름.

하타 요가(Hata Yoga): 육체적인 몸을 통제하고 정화하는 요가이며 아사나 · 프라나야마 · 반다 · 무드라 · 크리야의 체계.

흐리다야(Hridaya): 가슴.

I

이담(Idam): 이것.

인드라(Indra): 천상의 신들의 통치자, 감각의 신.

이사(Isa): 신을 지칭하는 말.

J

자그라트(Jagrat): 깨어 있는 상태.

자나카(Janaka) 왕: 고대 인도의 왕이며 자신의 정신적인 자유를 위해 자신의 왕국을 바칠 정도로 신심이 있었다.

잔마(Janma): 탄생.

자파(Japa): 만트라의 반복.

자야(Jaya): 승리.

지바(Jiva): 개인적인 영혼.

지반묵타(Jivanmukta): 이생에서 자유나 해탈을 얻은 이.

죠티흐(Jotih): 광명의.

K

칼라(Kala): 시간.

칼리 유가(Kali Yuga): 어둠의 시대.

칼파(Kalpa): 창조의 신인 브라마의 하루, 겁(劫)으로도 번역됨.

카마(Kama): 욕망.

카르마(Karma): 행위, 업(業).

카르마칸다(Karmakanda): 베다에서 제식을 다루는 분야.

카루나(Karuna): 동정심.

케발라(Kevala): 독립적인.

크리파(Kripa): 자비, 은총.

크샤나(Ksana): 순간.

L

락시미(Laksimi): 부의 여신.

라야 요가(Laya Yoga): 개인적인 영혼을 지고의 영혼으로 몰입하는 방법, 쿤달리니 요가라고도 한다.

릴라(Lila): 우주를 환영(幻影)으로 보는 것.

로카(Loka): 세상.

M

마하(Maha): 거대한, 위대한.

마하트(Mahat): 자연인 프라크리티로부터 첫번째의 본성.

마하트마(Mahatma): 위대한 영혼.

마나스(Manas): 마음.

만트라(Mantra): 성스러운 소리.

마르가(Marga): 길.

마우나(Mauna): 침묵 수행.

마야(Maya): 환영, 없는 것을 있다고 착각하는 힘.

미맘사(Mimamsa): 사물의 탐구이며 베다의 지혜를 논리적으로 사색하는 학문 체계.

모크샤(Moksha): 해탈, 자유.

무니(Muni): 성자.

무르티(Murti): 형상, 우상.

N

나라다(Narada): 고대의 성자였으며 나라다 박티 수트라라는 경전을 남겼음.

나마(Nama): 이름.

나마루파(Namarupa): 이름과 형태.

나라야나(Narayana): 비쉬누 신의 화신이며 물 위에 잠자며 모든 존재에 편재되어 있다는 뜻임.

니드라(Nidra): 잠, 요가 수행에서 깊은 잠과 꿈을 포함하여 몰입하는 과정.

니르바나(Nirvana): 해탈을 말하며 모든 상대를 넘어선, 적멸(寂滅).

니르비자(Nirbija): 씨앗이 없는, 인상이 없는.

니르비칼파 사마디(Nirvikalpa Samadhi): 인상의 씨앗이 사라진 상태이며 우주 의식이라고 함.

니르구나(Nirguna): 속성들을 넘어선.

니트야(Nitya): 영원한.

니야마(Niyama): 여덟 가지의 라자 요가의 하나이며 절제, 신에 대한 예배, 경전 공부, 고행, 만족함, 안과 밖의 정화를 행하는 것.

니야야(Nyaya): 인도 여섯 수행 체계 중의 하나.

O

옴(OM): 절대를 상징하는 단어나 소리.

옴 타트 사트(OM Tat Sat): 브라만의 명시, 성스러운 축복의 발성.

P

파드마(Pdma): 연꽃, 차크라의 이름.
판디트(Pandit): 학자, 지혜로운 이.
파라(Para): 지고의.
파라마트마(Paramatma): 지고의 참나.
프라카사(Prakasa): 빛.
프라크리티(Prakriti): 자연, 물질의 원인.
프라나(Prana): 대기에 존재하는 에너지.
프라나야마(Pranayama): 호흡법.
프라사드(Prasad): 은총, 축복.
푸자(Puja): 예배.
푼야(Punya): 미덕.
푸르나(Purna): 완전한, 충만한.
푸루샤(Purusha): 초월적인 존재.
푸루쇼타마(Purushotama): 지고의 인간.

R

라자스(Rajas): 자연의 활동적인 요소.
리쉬(Rishi): 진리를 아는 이.
루파(Rupa): 형태.

S

사브다(Sabda): 소리.
사다카(Sadhaka): 영적인 구도자.
사두(Sadhu): 출가수행자.
사하자(Sahaja): 자연, 진리.
사하자 사마디(Sahaja Samadhi): 자연스럽게 상대와 절대가 둘이 아닌 브라만 의식 상태.
사하스라라(Sahasrara): 머리 꼭대기에 있는 천 개의 연꽃.
샥티(Shakti): 에너지, 힘, 신성한 힘의 움직임.

사마(Sama): 마음의 고요함.

사마디(Samadhi): 초월 의식, 마음이 완전히 하나로 몰입됨.

사마타(Samata): 마음의 균형된 상태.

삼카라(Samkara): 인도의 수행 체계를 정립하고 우파니샤드, 바가바드 기타, 브라마수트라 및 다양한 경전을 주석을 달고 썼으며 삼카라촤리야 전통을 세웠음.

삼스카라(Samskara): 인상.

삼야마(Samyama): 완전한 통제.

사나타나(Sanatana): 영원.

산토샤(Santosha): 만족.

삼야사(Samyasa): 속세로부터 떠남.

사리라(Sarira): 몸.

사르바(Sarva): 전체.

사스미타(Sasmita): 개인의 느낌과 함께.

삿트(Sat): 실상, 진리.

사뜨바(Sattva): 빛, 순수, 실체.

사트야(Satya): 진리.

사우차(Saucha): 정화.

사비칼파(Savikalpa): 개인적인 의식.

사비칼파 사마디(Savikalpa Samadhi): 유상삼매, 아는 자, 아는 대상, 아는 과정이 같이 있는 삼매.

시띠(Siddhi): 완전한, 초능력.

스므르티(Smrti): 기억.

스라다(Sradha): 믿음.

스리(Sri): 성스러운, 부, 번영.

스루티(Sruti): 절대적인 경전인 베다를 말함.

수카(Suka): 기쁨, 행복.

슈크데바(Shukdeva): 베다를 정립한 브야사의 아들이며 출가 수행자의 표본.

순다라(Sundara); 아름다운.

순야(Sunya): 텅 빈, 진공.

스바프나(Svapna): 꿈.

스바루파(Svarupa): 본질.

시바(Siva): 일반적으로는 파괴의 신으로 알려져 있으며 위대한 신이라는 마하데바라고도 한다.

T

타마스(Tamas): 무지, 어둠.

탄트라(Tantra): 비전된 에너지와 만트라 수행의 특별한 방법.

트야가스야(Tyagasya): 내버림.

타뜨바(Tattva): 실체, 진리.

투리야(Triya): 초의식의 상태.

U

우파니샤드(Upanishad): 베다의 지식의 부분이며 궁극적인 실현과 진리를 다루는 것, 200여 개의 우파니샤드가 있으며 12개의 주요 우파니샤드가 있다.

우파사나(Upasana): 가까이 앉는 이, 예배하는.

V

바수데바(Vasudeva): 크리쉬나의 이름이며 모든 것 안에 머무는 이라는 뜻임.

바크(Vak): 말.

바이쿤다(Vaikunda): 비쉬누 신의 거주지이며 인간의 궁극적인 해탈을 예정하는.

바이라그야(Vairagya): 무집착.

바루나(Varuna): 물의 신이며 물의 요소.

바유(Vayu): 바람의 신, 호흡.

베다(Veda): 인도 아리안족에 의해 가장 권위적이며 어떤 사람에 의해 씌어진 것이 아니기 때문에 주관적인 것에 의해 개입되지 않는다고 함. 베다가 잊혀질 때 깨달은 이인 리쉬들이 다시 일으킨다. 베다의 경전의 소리의 형태는 같은 방법과 질서로 표현되지 않기 때문에 영원하다고 한다.

베당가(Vedanga): 여섯 가지의 베당가인 식샤 · 칼파 · 브야카라나 · 니룩타 · 찬다스 · 죠티샤를 말함.

베단타(Vedanta): 베다의 끝, 불이일원론을 말함.

비칼파(Vikalpa): 상상.

비베카(Viveka): 실상과 비실상의 분별.

브리띠(Vritti): 생각의 흐름.

브야나(Vyana): 프라나의 다섯 기능의 하나이며.

브야사(Vyasa): 베다를 정립하고 마하바라타를 쓴 저자이며 동명이인으로는 브라마 수트라의 저자를 말하기도 한다.

Y

야그야(Yagya): 희생.

야그야발갸(Yagyavalgya): 브리하드아란야카 우파니샤드에서 자나카 왕에게 깨달음의 지혜를 가르쳐 준 수행자.

야마(Yama): 정의의 수호자이며 죽음의 신이며 라자 요가의 첫번째 가지를 말함.

요가(Yoga): 합일된, 지고의 존재와 하나가 되는 이라는 뜻이며 파탄잘리가 정립한 철학과 수행시스템 카르마 · 박티 · 삼키야 · 라자 · 그야나 요가 등이 있다.

요가 마야(Yoga Maya): 성스러운 환영의 힘.

요가루다(Yogaruda): 요가에 확립된 이.

요가 육타(Yogayukta): 요가를 통해 연결된 요가에 확립된 이를 말함.

요기(Yogi): 요가를 수행하는 자이며 요가를 정통한 이를 말하기도 한다.

유가(Yuga): 시간의 측정단위의 하나이며 사트 · 크리타 · 드리타라 · 칼리 유가의 네 가지 유가를 만들어 냄.

육티(Yukti): 합일되는 요가, 능숙한.

박지명

영남대 국문과를 졸업하고 인도 명상과 이론에 관심을 가지고 오랫동안 공부하였다. 인도에 오랫동안 머물며 스승 아래 인도 명상과 산스크리트 경전을 공부하였으며, 현재는 히말라야 명상센터와 산스크리트문화원을 세워 명상과 인도의 경전을 가르치고 있다. 그 외에도 인도명상과 요가에 관한 다양한 책을 저술하거나 번역하였다.

저서:《나에게로 떠나는 인도명상여행》
《젊음을 되찾는 기적의 건강법》 등.

역서:《히말라야의 성자들》
《요가란 무엇인가》
《요가-그 황금빛 만남》
《카비르 시, 물속에 물고기가 목마르다 한다》
《21세기 자연 건강 시리즈》 외 다수

히말라야명상센터
(www.sanskrit.or.kr; 02-747-3351)

문예신서
331

스리마드 바가바드 기타

초판발행 : 2007년 2월 1일

東文選
제10-64호, 78. 12. 16 등록
110-300 서울 종로구 관훈동 74번지
전화 : 737-2795

편집설계 : 李姃旻

ISBN 978-89-8038-593-5 94150

【東文選 現代新書】

1 21세기를 위한 새로운 엘리트	FORESEEN 연구소 / 김경현	7,000원
2 의지, 의무, 자유 — 주제별 논술	L. 밀러 / 이대희	6,000원
3 사유의 패배	A. 핑켈크로트 / 주태환	7,000원
4 문학이론	J. 컬러 / 이은경·임옥희	7,000원
5 불교란 무엇인가	D. 키언 / 고길환	6,000원
6 유대교란 무엇인가	N. 솔로몬 / 최창모	6,000원
7 20세기 프랑스철학	E. 매슈스 / 김종갑	8,000원
8 강의에 대한 강의	P. 부르디외 / 현택수	6,000원
9 텔레비전에 대하여	P. 부르디외 / 현택수	10,000원
10 고고학이란 무엇인가	P. 반 / 박범수	8,000원
11 우리는 무엇을 아는가	T. 나겔 / 오영미	5,000원
12 에쁘롱 — 니체의 문체들	J. 데리다 / 김다은	7,000원
13 히스테리 사례분석	S. 프로이트 / 태혜숙	7,000원
14 사랑의 지혜	A. 핑켈크로트 / 권유현	6,000원
15 일반미학	R. 카이유와 / 이경자	6,000원
16 본다는 것의 의미	J. 버거 / 박범수	10,000원
17 일본영화사	M. 테시에 / 최은미	7,000원
18 청소년을 위한 철학교실	A. 자카르 / 장혜영	7,000원
19 미술사학 입문	M. 포인턴 / 박범수	8,000원
20 클래식	M. 비어드·J. 헨더슨 / 박범수	6,000원
21 정치란 무엇인가	K. 미노그 / 이정철	6,000원
22 이미지의 폭력	O. 몽젱 / 이은민	8,000원
23 청소년을 위한 경제학교실	J. C. 드루엥 / 조은미	6,000원
24 순진함의 유혹 [메디시스賞 수상작]	P. 브뤼크네르 / 김웅권	9,000원
25 청소년을 위한 이야기 경제학	A. 푸르상 / 이은민	8,000원
26 부르디외 사회학 입문	P. 보네위츠 / 문경자	7,000원
27 돈은 하늘에서 떨어지지 않는다	K. 아른트 / 유영미	6,000원
28 상상력의 세계사	R. 보이아 / 김웅권	9,000원
29 지식을 교환하는 새로운 기술	A. 벵토릴라 外 / 김혜경	6,000원
30 니체 읽기	R. 비어즈워스 / 김웅권	6,000원
31 노동, 교환, 기술 — 주제별 논술	B. 데코사 / 신은영	6,000원
32 미국만들기	R. 로티 / 임옥희	10,000원
33 연극의 이해	A. 쿠프리 / 장혜영	8,000원
34 라틴문학의 이해	J. 가야르 / 김교신	8,000원
35 여성적 가치의 선택	FORESEEN연구소 / 문신원	7,000원
36 동양과 서양 사이	L. 이리가라이 / 이은민	7,000원
37 영화와 문학	R. 리처드슨 / 이형식	8,000원
38 분류하기의 유혹 — 생각하기와 조직하기	G. 비뇨 / 임기대	7,000원
39 사실주의 문학의 이해	G. 라루 / 조성애	8,000원
40 윤리학 — 악에 대한 의식에 관하여	A. 바디우 / 이종영	7,000원
41 흙과 재 [소설]	A. 라히미 / 김주경	6,000원

42	진보의 미래	D. 르쿠르 / 김영선	6,000원
43	중세에 살기	J. 르 고프 外 / 최애리	8,000원
44	쾌락의 횡포·상	J. C. 기유보 / 김웅권	10,000원
45	쾌락의 횡포·하	J. C. 기유보 / 김웅권	10,000원
46	운디네와 지식의 불	B. 데스파냐 / 김웅권	8,000원
47	이성의 한가운데에서—이성과 신앙	A. 퀴노 / 최은영	6,000원
48	도덕적 명령	FORESEEN 연구소 / 우강택	6,000원
49	망각의 형태	M. 오제 / 김수경	6,000원
50	느리게 산다는 것의 의미·1	P. 쌍소 / 김주경	7,000원
51	나만의 자유를 찾아서	C. 토마스 / 문신원	6,000원
52	음악적 삶의 의미	M. 존스 / 송인영	근간
53	나의 철학 유언	J. 기통 / 권유현	8,000원
54	타르튀프/서민귀족〔희곡〕	몰리에르 / 덕성여대극예술비교연구회	8,000원
55	판타지 공장	A. 플라워즈 / 박범수	10,000원
56	홍수·상〔완역판〕	J. M. G. 르 클레지오 / 신미경	8,000원
57	홍수·하〔완역판〕	J. M. G. 르 클레지오 / 신미경	8,000원
58	일신교—성경과 철학자들	E. 오르티그 / 전광호	6,000원
59	프랑스 시의 이해	A. 바이양 / 김다은·이혜지	8,000원
60	종교철학	J. P. 힉 / 김희수	10,000원
61	고요함의 폭력	V. 포레스테 / 박은영	8,000원
62	고대 그리스의 시민	C. 모세 / 김덕희	7,000원
63	미학개론—예술철학입문	A. 셰퍼드 / 유호전	10,000원
64	논증—담화에서 사고까지	G. 비뇨 / 임기대	6,000원
65	역사—성찰된 시간	F. 도스 / 김미겸	7,000원
66	비교문학개요	F. 클로동·K. 아다-보트링 / 김정란	8,000원
67	남성지배	P. 부르디외 / 김용숙	개정판 10,000원
68	호모사피언스에서 인터렉티브인간으로	FORESEEN 연구소 / 공나리	8,000원
69	상투어—언어·담론·사회	R. 아모시·A. H. 피에로 / 조성애	9,000원
70	우주론이란 무엇인가	P. 코올즈 / 송형석	8,000원
71	푸코 읽기	P. 빌루에 / 나길래	8,000원
72	문학논술	J. 파프·D. 로쉬 / 권종분	8,000원
73	한국전통예술개론	沈雨晟	10,000원
74	시학—문학 형식 일반론 입문	D. 퐁텐 / 이용주	8,000원
75	진리의 길	A. 보다르 / 김승철·최정아	9,000원
76	동물성—인간의 위상에 관하여	D. 르스텔 / 김승철	6,000원
77	랑가쥬 이론 서설	L. 옐름슬레우 / 김용숙·김혜련	10,000원
78	잔혹성의 미학	F. 토넬리 / 박형섭	9,000원
79	문학 텍스트의 정신분석	M. J. 벨멩-노엘 / 심재중·최애영	9,000원
80	무관심의 절정	J. 보드리야르 / 이은민	8,000원
81	영원한 황홀	P. 브뤼크네르 / 김웅권	9,000원
82	노동의 종말에 반하여	D. 슈나페르 / 김교신	6,000원
83	프랑스영화사	J. -P. 장콜라 / 김혜련	8,000원

84	조와(弔蛙)	金敎臣 / 노치준·민혜숙	8,000원
85	역사적 관점에서 본 시네마	J. -L. 뢰트라 / 곽노경	8,000원
86	욕망에 대하여	M. 슈벨 / 서민원	8,000원
87	산다는 것의 의미·1—여분의 행복	P. 쌍소 / 김주경	7,000원
88	철학 연습	M. 아롱델-로오 / 최은영	8,000원
89	삶의 기쁨들	D. 노게 / 이은민	6,000원
90	이탈리아영화사	L. 스키파노 / 이주현	8,000원
91	한국문화론	趙興胤	10,000원
92	현대연극미학	M. -A. 샤르보니에 / 홍지화	8,000원
93	느리게 산다는 것의 의미·2	P. 쌍소 / 김주경	7,000원
94	진정한 모럴은 모럴을 비웃는다	A. 에슈고엔 / 김웅권	8,000원
95	한국종교문화론	趙興胤	10,000원
96	근원적 열정	L. 이리가라이 / 박정오	9,000원
97	라캉, 주체 개념의 형성	B. 오질비 / 김 석	9,000원
98	미국식 사회 모델	J. 바이스 / 김종명	7,000원
99	소쉬르와 언어과학	P. 가데 / 김용숙·임정혜	10,000원
100	철학적 기본 개념	R. 페르버 / 조국현	8,000원
101	맞불	P. 부르디외 / 현택수	10,000원
102	글렌 굴드, 피아노 솔로	M. 슈나이더 / 이창실	7,000원
103	문학비평에서의 실험	C. S. 루이스 / 허 종	8,000원
104	코뿔소 [희곡]	E. 이오네스코 / 박형섭	8,000원
105	지각—감각에 관하여	R. 바르바라 / 공정아	7,000원
106	철학이란 무엇인가	E. 크레이그 / 최생열	8,000원
107	경제, 거대한 사탄인가?	P. -N. 지로 / 김교신	7,000원
108	딸에게 들려 주는 작은 철학	R. 시몬 셰퍼 / 안상원	7,000원
109	도덕에 관한 에세이	C. 로슈·J. -J. 바레르 / 고수현	6,000원
110	프랑스 고전비극	B. 클레망 / 송민숙	8,000원
111	고전수사학	G. 위딩 / 박성철	10,000원
112	유토피아	T. 파코 / 조성애	7,000원
113	쥐비알	A. 자르댕 / 김남주	7,000원
114	증오의 모호한 대상	J. 아순 / 김승철	8,000원
115	개인—주체철학에 대한 고찰	A. 르노 / 장정아	7,000원
116	이슬람이란 무엇인가	M. 루스벤 / 최생열	8,000원
117	테러리즘의 정신	J. 보드리야르 / 배영달	8,000원
118	역사란 무엇인가	존 H. 아널드 / 최생열	8,000원
119	느리게 산다는 것의 의미·3	P. 쌍소 / 김주경	7,000원
120	문학과 정치 사상	P. 페티티에 / 이종민	8,000원
121	가장 아름다운 하나님 이야기	A. 보테르 外 / 주태환	8,000원
122	시민 교육	P. 카니베즈 / 박주원	9,000원
123	스페인영화사	J.- C. 스갱 / 정동섭	8,000원
124	인터넷상에서—행동하는 지성	H. L. 드레퓌스 / 정혜욱	9,000원
125	내 몸의 신비—세상에서 가장 큰 기적	A. 지오르당 / 이규식	7,000원

126 세 가지 생태학	F. 가타리 / 윤수종	8,000원
127 모리스 블랑쇼에 대하여	E. 레비나스 / 박규현	9,000원
128 위뷔 왕 〔희곡〕	A. 자리 / 박형섭	8,000원
129 번영의 비참	P. 브뤼크네르 / 이창실	8,000원
130 무사도란 무엇인가	新渡戶稻造 / 沈雨晟	7,000원
131 꿈과 공포의 미로 〔소설〕	A. 라히미 / 김주경	8,000원
132 문학은 무슨 소용이 있는가?	D. 살나브 / 김교신	7,000원
133 종교에 대하여—행동하는 지성	존 D. 카푸토 / 최생열	9,000원
134 노동사회학	M. 스트루방 / 박주원	8,000원
135 맞불·2	P. 부르디외 / 김교신	10,000원
136 믿음에 대하여—행동하는 지성	S. 지제크 / 최생열	9,000원
137 법, 정의, 국가	A. 기그 / 민혜숙	8,000원
138 인식, 상상력, 예술	E. 아카마츄 / 최돈호	근간
139 위기의 대학	ARESER / 김교신	10,000원
140 카오스모제	F. 가타리 / 윤수종	10,000원
141 코란이란 무엇인가	M. 쿡 / 이강훈	9,000원
142 신학이란 무엇인가	D. 포드 / 강혜원·노치준	9,000원
143 누보 로망, 누보 시네마	C. 뮈르시아 / 이창실	8,000원
144 지능이란 무엇인가	I. J. 디어리 / 송형석	10,000원
145 죽음—유한성에 관하여	F. 다스튀르 / 나길래	8,000원
146 철학에 입문하기	Y. 카탱 / 박선주	8,000원
147 지옥의 힘	J. 보드리야르 / 배영달	8,000원
148 철학 기초 강의	F. 로피 / 공나리	8,000원
149 시네마토그래프에 대한 단상	R. 브레송 / 오일환·김경온	9,000원
150 성서란 무엇인가	J. 리치스 / 최생열	10,000원
151 프랑스 문학사회학	신미경	8,000원
152 잡사와 문학	F. 에브라르 / 최정아	10,000원
153 세계의 폭력	J. 보드리야르·E. 모랭 / 배영달	9,000원
154 잠수복과 나비	J. -D. 보비 / 양영란	6,000원
155 고전 할리우드 영화	J. 나카시 / 최은영	10,000원
156 마지막 말, 마지막 미소	B. 드 카스텔바자크 / 김승철·장정아	근간
157 몸의 시학	J. 피죠 / 김선미	10,000원
158 철학의 기원에 관하여	C. 콜로베르 / 김정란	8,000원
159 지혜에 대한 숙고	J. -M. 베스니에르 / 곽노경	8,000원
160 자연주의 미학과 시학	조성애	10,000원
161 소설 분석—현대적 방법론과 기법	B. 발레트 / 조성애	10,000원
162 사회학이란 무엇인가	S. 브루스 / 김경안	10,000원
163 인도철학입문	S. 헤밀턴 / 고길환	10,000원
164 심리학이란 무엇인가	G. 버틀러·F. 맥마누스 / 이재현	10,000원
165 발자크 비평	J. 글레즈 / 이정민	10,000원
166 결별을 위하여	G. 마츠네프 / 권은희·최은희	10,000원
167 인류학이란 무엇인가	J. 모나한·P. 저스트 / 김경안	10,000원

168 세계화의 불안	Z. 라이디 / 김종명	8,000원
169 음악이란 무엇인가	N. 쿡 / 장호연	10,000원
170 사랑과 우연의 장난〔희곡〕	마리보 / 박형섭	10,000원
171 사진의 이해	G. 보레 / 박은영	10,000원
172 현대인의 사랑과 성	현택수	9,000원
173 성해방은 진행중인가?	M. 이아퀴브 / 권은희	10,000원
174 교육은 자기 교육이다	H.-G. 가다머 / 손승남	10,000원
175 밤 끝으로의 여행	L.-F. 쎌린느 / 이형식	19,000원
176 프랑스 지성인들의 '12월'	J. 뒤발 外 / 김응모	10,000원
177 환대에 대하여	J. 데리다 / 남수인	13,000원
178 언어철학	J. P. 레스베베르 / 이경래	10,000원
179 푸코와 광기	F. 그로 / 김응권	10,000원
180 사물들과 철학하기	R.-P. 드루아 / 박선주	10,000원
181 청소년이 알아야 할 사회경제학자들	J.-C. 드루앵 / 김종명	8,000원
182 서양의 유혹	A. 말로 / 김응권	10,000원
183 중세의 예술과 사회	G. 뒤비 / 김응권	10,000원
184 새로운 충견들	S. 알리미 / 김영모	10,000원
185 초현실주의	G. 세바 / 최정아	10,000원
186 프로이트 읽기	P. 랜드맨 / 민혜숙	10,000원
187 예술 작품─작품 존재론 시론	M. 아르 / 공정아	10,000원
188 평화─국가의 이성과 지혜	M. 카스티요 / 장정아	10,000원
189 히로시마 내 사랑	M. 뒤라스 / 이용주	10,000원
190 연극 텍스트의 분석	M. 프뤼네르 / 김덕희	10,000원
191 청소년을 위한 철학길잡이	A. 콩트-스퐁빌 / 공정아	10,000원
192 행복─기쁨에 관한 소고	R. 미스라이 / 김영선	10,000원
193 조사와 방법론─면접법	A. 블랑셰·A. 고트만 / 최정아	10,000원
194 하늘에 관하여─잃어버린 공간, 되찾은 시간	M. 카세 / 박선주	10,000원
195 청소년이 알아야 할 세계화	J.-P. 폴레 / 김종명	9,000원
196 약물이란 무엇인가	L. 아이버슨 / 김정숙	10,000원
197 폭력─'폭력적 인간'에 대하여	R. 다둔 / 최윤주	10,000원
198 암호	J. 보드리야르 / 배영달	10,000원
199 느리게 산다는 것의 의미·4	P. 쌍소 / 김선미·한상철	7,000원
300 아이들에게 설명하는 이혼	P. 루카스·S. 르로이 / 이은민	8,000원
301 아이들에게 들려주는 인도주의	J. 마무 / 이은민	근간
302 아이들에게 설명하는 죽음	E. 위스망 페랭 / 김미정	8,000원
303 아이들에게 들려주는 선사시대 이야기	J. 클로드 / 김교신	8,000원
304 아이들에게 들려주는 이슬람 이야기	T. 벤 젤룬 / 김교신	8,000원
305 아이들에게 설명하는 테러리즘	M.-C. 그로 / 우강택	8,000원
306 아이들에게 들려주는 철학 이야기	R.-P. 드루아 / 이창실	8,000원

【東文選 文藝新書】

1 저주받은 詩人들	A. 뻬이르 / 최수철·김종호	개정근간

2	민속문화론서설	沈雨晟	40,000원
3	인형극의 기술	A. 훼도토프 / 沈雨晟	8,000원
4	전위연극론	J. 로스 에반스 / 沈雨晟	12,000원
5	남사당패연구	沈雨晟	19,000원
6	현대영미희곡선(전4권)	N. 코워드 外 / 李辰洙	절판
7	행위예술	L. 골드버그 / 沈雨晟	절판
8	문예미학	蔡 儀 / 姜慶鎬	절판
9	神의 起源	何 新 / 洪 熹	16,000원
10	중국예술정신	徐復觀 / 權德周 外	24,000원
11	中國古代書史	錢存訓 / 金允子	14,000원
12	이미지 — 시각과 미디어	J. 버거 / 편집부	15,000원
13	연극의 역사	P. 하트놀 / 沈雨晟	절판
14	詩 論	朱光潛 / 鄭相泓	22,000원
15	탄트라	A. 무케르지 / 金龜山	16,000원
16	조선민족무용기본	최승희	15,000원
17	몽고문화사	D. 마이달 / 金龜山	8,000원
18	신화 미술 제사	張光直 / 李 徹	절판
19	아시아 무용의 인류학	宮尾慈良 / 沈雨晟	20,000원
20	아시아 민족음악순례	藤井知昭 / 沈雨晟	5,000원
21	華夏美學	李澤厚 / 權 瑚	20,000원
22	道	張立文 / 權 瑚	18,000원
23	朝鮮의 占卜과 豫言	村山智順 / 金禧慶	28,000원
24	원시미술	L. 아담 / 金仁煥	16,000원
25	朝鮮民俗誌	秋葉隆 / 沈雨晟	12,000원
26	타자로서 자기 자신	P. 리쾨르 / 김웅권	29,000원
27	原始佛敎	中村元 / 鄭泰爀	8,000원
28	朝鮮女俗考	李能和 / 金尙憶	24,000원
29	朝鮮解語花史(조선기생사)	李能和 / 李在崑	25,000원
30	조선창극사	鄭魯湜	17,000원
31	동양회화미학	崔炳植	18,000원
32	性과 결혼의 민족학	和田正平 / 沈雨晟	9,000원
33	農漁俗談辭典	宋在璇	12,000원
34	朝鮮의 鬼神	村山智順 / 金禧慶	12,000원
35	道敎와 中國文化	葛兆光 / 沈揆昊	15,000원
36	禪宗과 中國文化	葛兆光 / 鄭相泓·任炳權	8,000원
37	오페라의 역사	L. 오레이 / 류연희	절판
38	인도종교미술	A. 무케르지 / 崔炳植	14,000원
39	힌두교의 그림언어	안넬리제 外 / 全在星	9,000원
40	중국고대사회	許進雄 / 洪 熹	30,000원
41	중국문화개론	李宗桂 / 李宰碩	23,000원
42	龍鳳文化源流	王大有 / 林東錫	25,000원
43	甲骨學通論	王宇信 / 李宰碩	40,000원

44	朝鮮巫俗考	李能和 / 李在崑	20,000원
45	미술과 페미니즘	N. 부루드 外 / 扈承喜	9,000원
46	아프리카미술	P. 윌레뜨 / 崔炳植	절판
47	美의 歷程	李澤厚 / 尹壽榮	28,000원
48	曼茶羅의 神들	立川武藏 / 金龜山	19,000원
49	朝鮮歲時記	洪錫謨 外 / 李錫浩	30,000원
50	하 상	蘇曉康 外 / 洪 熹	절판
51	武藝圖譜通志 實技解題	正 祖 / 沈雨晟・金光錫	15,000원
52	古文字學첫걸음	李學勤 / 河永三	14,000원
53	體育美學	胡小明 / 閔永淑	18,000원
54	아시아 美術의 再發見	崔炳植	9,000원
55	曆과 占의 科學	永田久 / 沈雨晟	8,000원
56	中國小學史	胡奇光 / 李宰碩	20,000원
57	中國甲骨學史	吳浩坤 外 / 梁東淑	35,000원
58	꿈의 철학	劉文英 / 河永三	22,000원
59	女神들의 인도	立川武藏 / 金龜山	19,000원
60	性의 역사	J. L. 플랑드렝 / 편집부	18,000원
61	쉬르섹슈얼리티	W. 챠드윜 / 편집부	10,000원
62	여성속담사전	宋在璇	18,000원
63	박재서희곡선	朴栽緖	10,000원
64	東北民族源流	孫進己 / 林東錫	13,000원
65	朝鮮巫俗의 硏究(상・하)	赤松智城・秋葉隆 / 沈雨晟	28,000원
66	中國文學 속의 孤獨感	斯波六郎 / 尹壽榮	8,000원
67	한국사회주의 연극운동사	李康列	8,000원
68	스포츠인류학	K. 블랑챠드 外 / 박기동 外	12,000원
69	리조복식도감	리팔찬	20,000원
70	娼 婦	A. 꼬르뱅 / 李宗旼	22,000원
71	조선민요연구	高晶玉	30,000원
72	楚文化史	張正明 / 南宗鎭	26,000원
73	시간, 욕망, 그리고 공포	A. 코르뱅 / 변기찬	18,000원
74	本國劍	金光錫	40,000원
75	노트와 반노트	E. 이오네스코 / 박형섭	20,000원
76	朝鮮美術史硏究	尹喜淳	7,000원
77	拳法要訣	金光錫	30,000원
78	艸衣選集	艸衣意恂 / 林鍾旭	20,000원
79	漢語音韻學講義	董少文 / 林東錫	10,000원
80	이오네스코 연극미학	C. 위베르 / 박형섭	9,000원
81	중국문자훈고학사전	全廣鎭 편역	23,000원
82	상말속담사전	宋在璇	10,000원
83	書法論叢	沈尹默 / 郭魯鳳	16,000원
84	침실의 문화사	P. 디비 / 편집부	9,000원
85	禮의 精神	柳 肅 / 洪 熹	20,000원

86	조선공예개관	沈雨晟 편역	30,000원
87	性愛의 社會史	J. 솔레 / 李宗旼	18,000원
88	러시아미술사	A. I. 조토프 / 이건수	22,000원
89	中國書藝論文選	郭魯鳳 選譯	25,000원
90	朝鮮美術史	關野貞 / 沈雨晟	30,000원
91	美術版 탄트라	P. 로슨 / 편집부	8,000원
92	쿤달리니	A. 무케르지 / 편집부	9,000원
93	카마수트라	바쨔야나 / 鄭泰爀	18,000원
94	중국언어학총론	J. 노먼 / 全廣鎭	28,000원
95	運氣學說	任應秋 / 李宰碩	15,000원
96	동물속담사전	宋在璇	20,000원
97	자본주의의 아비투스	P. 부르디외 / 최종철	10,000원
98	宗敎學入門	F. 막스 뮐러 / 金龜山	10,000원
99	변 화	P. 바츨라빅크 外 / 박인철	10,000원
100	우리나라 민속놀이	沈雨晟	15,000원
101	歌訣(중국역대명언경구집)	李宰碩 편역	20,000원
102	아니마와 아니무스	A. 융 / 박해순	8,000원
103	나, 너, 우리	L. 이리가라이 / 박정오	12,000원
104	베케트연극론	M. 푸크레 / 박형섭	8,000원
105	포르노그래피	A. 드워킨 / 유혜련	12,000원
106	셸 링	M. 하이데거 / 최상욱	12,000원
107	프랑수아 비용	宋 勉	18,000원
108	중국서예 80제	郭魯鳳 편역	16,000원
109	性과 미디어	W. B. 키 / 박해순	12,000원
110	中國正史朝鮮列國傳(전2권)	金聲九 편역	120,000원
111	질병의 기원	T. 매큐언 / 서 일·박종연	12,000원
112	과학과 젠더	E. F. 켈러 / 민경숙·이현주	10,000원
113	물질문명·경제·자본주의	F. 브로델 / 이문숙 外	절판
114	이탈리아인 태고의 지혜	G. 비코 / 李源斗	8,000원
115	中國武俠史	陳 山 / 姜鳳求	18,000원
116	공포의 권력	J. 크리스테바 / 서민원	23,000원
117	주색잡기속담사전	宋在璇	15,000원
118	죽음 앞에 선 인간(상·하)	P. 아리에스 / 劉仙子	각권 15,000원
119	철학에 대하여	L. 알튀세르 / 서관모·백승욱	12,000원
120	다른 곳	J. 데리다 / 김다은·이혜지	10,000원
121	문학비평방법론	D. 베르제 外 / 민혜숙	12,000원
122	자기의 테크놀로지	M. 푸코 / 이희원	16,000원
123	새로운 학문	G. 비코 / 李源斗	22,000원
124	천재와 광기	P. 브르노 / 김웅권	13,000원
125	중국은사문화	馬 華·陳正宏 / 강경범·천현경	12,000원
126	푸코와 페미니즘	C. 라마자노글루 外 / 최 영 外	16,000원
127	역사주의	P. 해밀턴 / 임옥희	12,000원

128	中國書藝美學	宋 民 / 郭魯鳳	16,000원
129	죽음의 역사	P. 아리에스 / 이종민	18,000원
130	돈속담사전	宋在璇 편	15,000원
131	동양극장과 연극인들	김영무	15,000원
132	生育神과 性巫術	宋兆麟 / 洪 熹	20,000원
133	미학의 핵심	M. M. 이턴 / 유호전	20,000원
134	전사와 농민	J. 뒤비 / 최생열	18,000원
135	여성의 상태	N. 에니크 / 서민원	22,000원
136	중세의 지식인들	J. 르 고프 / 최애리	18,000원
137	구조주의의 역사(전4권)	F. 도스 / 김웅권 外 Ⅰ·Ⅱ·Ⅳ 15,000원 / Ⅲ	18,000원
138	글쓰기의 문제해결전략	L. 플라워 / 원진숙·황정현	20,000원
139	음식속담사전	宋在璇 편	16,000원
140	고전수필개론	權 瑚	16,000원
141	예술의 규칙	P. 부르디외 / 하태환	23,000원
142	"사회를 보호해야 한다"	M. 푸코 / 박정자	20,000원
143	페미니즘사전	L. 터틀 / 호승희·유혜련	26,000원
144	여성심벌사전	B. G. 워커 / 정소영	근간
145	모데르니테 모데르니테	H. 메쇼닉 / 김다은	20,000원
146	눈물의 역사	A. 벵상뷔포 / 이자경	18,000원
147	모더니티입문	H. 르페브르 / 이종민	24,000원
148	재생산	P. 부르디외 / 이상호	23,000원
149	종교철학의 핵심	W. J. 웨인라이트 / 김희수	18,000원
150	기호와 몽상	A. 시몽 / 박형섭	22,000원
151	융분석비평사전	A. 새뮤얼 外 / 민혜숙	16,000원
152	운보 김기창 예술론연구	최병식	14,000원
153	시적 언어의 혁명	J. 크리스테바 / 김인환	20,000원
154	예술의 위기	Y. 미쇼 / 하태환	15,000원
155	프랑스사회사	G. 뒤프 / 박 단	16,000원
156	중국문예심리학사	劉偉林 / 沈揆昊	30,000원
157	무지카 프라티카	M. 캐넌 / 김혜중	25,000원
158	불교산책	鄭泰爀	20,000원
159	인간과 죽음	E. 모랭 / 김명숙	23,000원
160	地中海	F. 브로델 / 李宗旼	근간
161	漢語文字學史	黃德實·陳秉新 / 河永三	24,000원
162	글쓰기와 차이	J. 데리다 / 남수인	28,000원
163	朝鮮神事誌	李能和 / 李在崑	근간
164	영국제국주의	S. C. 스미스 / 이태숙·김종원	16,000원
165	영화서술학	A. 고드로·F. 조스트 / 송지연	17,000원
166	美學辭典	사사키 겡이치 / 민주식	22,000원
167	하나이지 않은 성	L. 이리가라이 / 이은민	18,000원
168	中國歷代書論	郭魯鳳 譯註	25,000원
169	요가수트라	鄭泰爀	15,000원

170	비정상인들	M. 푸코 / 박정자	25,000원
171	미친 진실	J. 크리스테바 外 / 서민원	25,000원
172	玉樞經 硏究	具重會	19,000원
173	세계의 비참(전3권)	P. 부르디외 外 / 김주경	각권 26,000원
174	수묵의 사상과 역사	崔炳植	근간
175	파스칼적 명상	P. 부르디외 / 김웅권	22,000원
176	지방의 계몽주의	D. 로슈 / 주명철	30,000원
177	이혼의 역사	R. 필립스 / 박범수	25,000원
178	사랑의 단상	R. 바르트 / 김희영	20,000원
179	中國書藝理論體系	熊秉明 / 郭魯鳳	23,000원
180	미술시장과 경영	崔炳植	16,000원
181	카프카─소수적인 문학을 위하여	G. 들뢰즈·F. 가타리 / 이진경	18,000원
182	이미지의 힘─영상과 섹슈얼리티	A. 쿤 / 이형식	13,000원
183	공간의 시학	G. 바슐라르 / 곽광수	23,000원
184	랑데부─이미지와의 만남	J. 버거 / 임옥희·이은경	18,000원
185	푸코와 문학─글쓰기의 계보학을 향하여	S. 듀링 / 오경심·홍유미	26,000원
186	각색, 연극에서 영화로	A. 엘보 / 이선형	16,000원
187	폭력과 여성들	C. 도펭 外 / 이은민	18,000원
188	하드 바디─할리우드 영화에 나타난 남성성	S. 제퍼드 / 이형식	18,000원
189	영화의 환상성	J.-L. 뢰트라 / 김경온·오일환	18,000원
190	번역과 제국	D. 로빈슨 / 정혜욱	16,000원
191	그라마톨로지에 대하여	J. 데리다 / 김웅권	35,000원
192	보건 유토피아	R. 브로만 外 / 서민원	20,000원
193	현대의 신화	R. 바르트 / 이화여대기호학연구소	20,000원
194	회화백문백답	湯兆基 / 郭魯鳳	20,000원
195	고서화감정개론	徐邦達 / 郭魯鳳	30,000원
196	상상의 박물관	A. 말로 / 김웅권	26,000원
197	부빈의 일요일	J. 뒤비 / 최생열	22,000원
198	아인슈타인의 최대 실수	D. 골드스미스 / 박범수	16,000원
199	유인원, 사이보그, 그리고 여자	D. 해러웨이 / 민경숙	25,000원
200	공동 생활 속의 개인주의	F. 드 생글리 / 최은영	20,000원
201	기식자	M. 세르 / 김웅권	24,000원
202	연극미학─플라톤에서 브레히트까지의 텍스트들	J. 셰레 外 / 홍지화	24,000원
203	철학자들의 신	W. 바이셰델 / 최상욱	34,000원
204	고대 세계의 정치	모제스 I. 핀레이 / 최생열	16,000원
205	프란츠 카프카의 고독	M. 로베르 / 이창실	18,000원
206	문화 학습─실천적 입문서	J. 자일스·T. 미들턴 / 장성희	24,000원
207	호모 아카데미쿠스	P. 부르디외 / 임기대	29,000원
208	朝鮮槍棒敎程	金光錫	40,000원
209	자유의 순간	P. M. 코헨 / 최하영	16,000원
210	밀교의 세계	鄭泰爀	16,000원
211	토탈 스크린	J. 보드리야르 / 배영달	19,000원

212	영화와 문학의 서술학	F. 바누아 / 송지연	22,000원
213	텍스트의 즐거움	R. 바르트 / 김희영	15,000원
214	영화의 직업들	B. 라트롱슈 / 김경온·오일환	16,000원
215	소설과 신화	이용주	15,000원
216	문화와 계급─부르디외와 한국 사회	홍성민 外	18,000원
217	작은 사건들	R. 바르트 / 김주경	14,000원
218	연극분석입문	J.-P. 링가르 / 박형섭	18,000원
219	푸코	G. 들뢰즈 / 허 경	17,000원
220	우리나라 도자기와 가마터	宋在璇	30,000원
221	보이는 것과 보이지 않는 것	M. 퐁티 / 남수인·최의영	30,000원
222	메두사의 웃음/출구	H. 식수 / 박혜영	19,000원
223	담화 속의 논증	R. 아모시 / 장인봉	20,000원
224	포켓의 형태	J. 버거 / 이영주	16,000원
225	이미지심벌사전	A. 드 브리스 / 이원두	근간
226	이데올로기	D. 호크스 / 고길환	16,000원
227	영화의 이론	B. 발라즈 / 이형식	20,000원
228	건축과 철학	J. 보드리야르·J. 누벨 / 배영달	16,000원
229	폴 리쾨르─삶의 의미들	F. 도스 / 이봉지 外	38,000원
230	서양철학사	A. 케니 / 이영주	29,000원
231	근대성과 육체의 정치학	D. 르 브르통 / 홍성민	20,000원
232	허난설헌	金成南	16,000원
233	인터넷 철학	G. 그레이엄 / 이영주	15,000원
234	사회학의 문제들	P. 부르디외 / 신미경	23,000원
235	의학적 추론	A. 시쿠렐 / 서민원	20,000원
236	튜링─인공지능 창시자	J. 라세구 / 임기대	16,000원
237	이성의 역사	F. 샤틀레 / 심세광	16,000원
238	朝鮮演劇史	金在喆	22,000원
239	미학이란 무엇인가	M. 지므네즈 / 김웅권	23,000원
240	古文字類編	高 明	40,000원
241	부르디외 사회학 이론	L. 핀토 / 김용숙·김은희	20,000원
242	문학은 무슨 생각을 하는가?	P. 마슈레 / 서민원	23,000원
243	행복해지기 위해 무엇을 배워야 하는가?	A. 우지오 外 / 김교신	18,000원
244	영화와 회화: 탈배치	P. 보니체 / 홍지화	18,000원
245	영화 학습─실천적 지표들	F. 바누아 外 / 문신원	16,000원
246	회화 학습─실천적 지표들	F. 기블레 / 고수현	근간
247	영화미학	J. 오몽 外 / 이용주	24,000원
248	시─형식과 기능	J. L. 주베르 / 김경온	근간
249	우리나라 옹기	宋在璇	40,000원
250	검은 태양	J. 크리스테바 / 김인환	27,000원
251	어떻게 더불어 살 것인가	R. 바르트 / 김웅권	28,000원
252	일반 교양 강좌	E. 코바 / 송대영	23,000원
253	나무의 철학	R. 뒤마 / 송형석	29,000원

254 영화에 대하여—에이리언과 영화철학	S. 멀할 / 이영주	18,000원
255 문학에 대하여—행동하는 지성	H. 밀러 / 최은주	16,000원
256 미학 연습—플라톤에서 에코까지	임우영 外 편역	18,000원
257 조희룡 평전	김영회 外	18,000원
258 역사철학	F. 도스 / 최생열	23,000원
259 철학자들의 동물원	A. L. 브라 쇼파르 / 문신원	22,000원
260 시각의 의미	J. 버거 / 이용은	24,000원
261 들뢰즈	A. 괄란디 / 임기대	13,000원
262 문학과 문화 읽기	김종갑	16,000원
263 과학에 대하여—행동하는 지성	B. 리들리 / 이영주	18,000원
264 장 지오노와 서술 이론	송지연	18,000원
265 영화의 목소리	M. 시옹 / 박선주	20,000원
266 사회보장의 발명	J. 동즐로 / 주형일	17,000원
267 이미지와 기호	M. 졸리 / 이선형	22,000원
268 위기의 식물	J. M. 펠트 / 이충건	18,000원
269 중국 소수민족의 원시종교	洪 熹	18,000원
270 영화감독들의 영화 이론	J. 오몽 / 곽동준	22,000원
271 중첩	J. 들뢰즈·C. 베네 / 허희정	18,000원
272 대담—디디에 에리봉과의 자전적 인터뷰	J. 뒤메질 / 송대영	18,000원
273 중립	R. 바르트 / 김웅권	30,000원
274 알퐁스 도데의 문학과 프로방스 문화	이종민	16,000원
275 우리말 釋迦如來行蹟頌	高麗 無寄 / 金月雲	18,000원
276 金剛經講話	金月雲 講述	18,000원
277 자유와 결정론	O. 브르니피에 外 / 최은영	16,000원
278 도리스 레싱: 20세기 여성의 초상	민경숙	24,000원
279 기독교윤리학의 이론과 방법론	김희수	24,000원
280 과학에서 생각하는 주제 100가지	I. 스탕저 外 / 김웅권	21,000원
281 말로와 소설의 상징시학	김웅권	22,000원
282 키에르케고르	C. 블랑 / 이창실	14,000원
283 시나리오 쓰기의 이론과 실제	A. 로슈 外 / 이용주	25,000원
284 조선사회경제사	白南雲 / 沈雨晟	30,000원
285 이성과 감각	O. 브르니피에 外 / 이은민	16,000원
286 행복의 단상	C. 앙드레 / 김교신	20,000원
287 삶의 의미—행동하는 지성	J. 코팅햄 / 강혜원	16,000원
288 안티고네의 주장	J. 버틀러 / 조현순	14,000원
289 예술 영화 읽기	이선형	19,000원
290 달리는 꿈, 자동차의 역사	P. 치글러 / 조국현	17,000원
291 매스커뮤니케이션과 사회	현택수	17,000원
292 교육론	J. 피아제 / 이병애	22,000원
293 연극 입문	히라타 오리자 / 고정은	13,000원
294 역사는 계속된다	G. 뒤비 / 백인호·최생열	16,000원
295 에로티시즘을 즐기기 위한 100가지 기본 용어	J. -C. 마르탱 / 김웅권	19,000원

296	대화의 기술	A. 밀롱 / 공정아	17,000원
297	실천 이성	P. 부르디외 / 김웅권	19,000원
298	세미오티케	J. 크리스테바 / 서민원	28,000원
299	앙드레 말로의 문학 세계	김웅권	22,000원
300	20세기 독일철학	W. 슈나이더스 / 박중목	18,000원
301	횔덜린의 송가 〈이스터〉	M. 하이데거 / 최상욱	20,000원
302	아이러니와 모더니티 담론	E. 벨러 / 이강훈·신주철	16,000원
303	부알로의 시학	곽동준 편역 및 주석	20,000원
304	음악 녹음의 역사	M. 채넌 / 박기호	23,000원
305	시학 입문	G. 데송 / 조재룡	26,000원
306	정신에 대해서	J. 데리다 / 박찬국	20,000원
307	디알로그	G. 들뢰즈·C. 파르네 / 허희정·전승화	20,000원
308	철학적 분과 학문	A. 피퍼 / 조국현	25,000원
309	영화와 시장	L. 크레통 / 홍지화	22,000원
310	진정성에 대하여	C. 귀논 / 강혜원	18,000원
311	언어학 이해를 위한 주제 100선	G. 시우피·D. 반람돈크/이선경·황원미	18,000원
312	영화를 생각하다	S. 리앙드라 기그·J. -L. 뢰트라/김영모	20,000원
313	길모퉁이에서의 모험	P. 브뤼크네르·A. 팽키엘크로 / 이창실	12,000원
314	목소리의 結晶	R. 바르트 / 김웅권	24,000원
315	중세의 기사들	E. 부라생 / 임호경	20,000원
316	武德—武의 문화, 武의 정신	辛成大	13,000원
317	욕망의 땅	W. 리치 / 이은경·임옥희	23,000원
318	들뢰즈와 음악, 회화, 그리고 일반 예술	R. 보그 / 사공일	20,000원
319	S/Z	R. 바르트 / 김웅권	24,000원
320	시나리오 모델, 모델 시나리오	F. 바누아 / 유민희	24,000원
321	도미니크 이야기—아동 정신분석 치료의 실제	F. 돌토 / 김승철	18,000원
322	빠딴잘리의 요가쑤뜨라	S. S. 싸치다난다 / 김순금	18,000원
323	이마주—영화·사진·회화	J. 오몽 / 오정민	25,000원
324	들뢰즈와 문학	R. 보그 / 김승숙	20,000원
325	요가학개론	鄭泰爀	15,000원
326	밝은 방—사진에 관한 노트	R. 바르트 / 김웅권	15,000원
327	中國房內秘籍	朴淸正	35,000원
328	武藝圖譜通志註解	朴淸正	30,000원
329	들뢰즈와 시네마	R. 보그 / 정형철	20,000원
330	현대 프랑스 연극의 이론과 실제	이선형	20,000원
331	스리마드 바가바드 기타	S. 브야사 / 박지명	24,000원
1001	베토벤: 전원교향곡	D. W. 존스 / 김지순	15,000원
1002	모차르트: 하이든 현악4중주곡	J. 어빙 / 김지순	14,000원
1003	베토벤: 에로이카 교향곡	T. 시프 / 김지순	18,000원
1004	모차르트: 주피터 교향곡	E. 시스먼 / 김지순	18,000원
1005	바흐: 브란덴부르크 협주곡	M. 보이드 / 김지순	18,000원
1006	바흐: B단조 미사	J. 버트 / 김지순	18,000원

번호	제목	저자/역자	가격
1007	하이든: 현악4중주곡 Op.50	W. 딘 주트클리페 / 김지순	18,000원
1008	헨델: 메시아	D. 버로우 / 김지순	18,000원
1009	비발디: 〈사계〉와 Op.8	P. 에버렛 / 김지순	18,000원
2001	우리 아이들에게 어떤 지표를 주어야 할까?	J. L. 오베르 / 이창실	16,000원
2002	상처받은 아이들	N. 파브르 / 김주경	16,000원
2003	엄마 아빠, 꿈꿀 시간을 주세요!	E. 부젱 / 박주원	16,000원
2004	부모가 알아야 할 유치원의 모든 것들	N. 뒤 소수아 / 전재민	18,000원
2005	부모들이여, '안 돼'라고 말하라!	P. 들라로슈 / 김주경	19,000원
2006	엄마 아빠, 전 못하겠어요!	E. 리공 / 이창실	18,000원
2007	사랑, 아이, 일 사이에서	A. 가트셀·C. 르누치 / 김교신	19,000원
2008	요람에서 학교까지	J.-L. 오베르 / 전재민	19,000원
3001	〈새〉	C. 파글리아 / 이형식	13,000원
3002	〈시민 케인〉	L. 멀비 / 이형식	13,000원
3101	〈제7의 봉인〉 비평 연구	E. 그랑조르주 / 이은민	17,000원
3102	〈쥘과 짐〉 비평 연구	C. 르 베르 / 이은민	18,000원
3103	〈시민 케인〉 비평 연구	J. 루아 / 이용주	15,000원
3104	〈센소〉 비평 연구	M. 라니 / 이수원	18,000원
3105	〈경멸〉 비평 연구	M. 마리 / 이용주	18,000원

【기 타】

제목	저자/역자	가격
모드의 체계	R. 바르트 / 이화여대기호학연구소	18,000원
라신에 관하여	R. 바르트 / 남수인	10,000원
說 苑 (上·下)	林東錫 譯註	각권 30,000원
晏子春秋	林東錫 譯註	30,000원
西京雜記	林東錫 譯註	20,000원
搜神記 (上·下)	林東錫 譯註	각권 30,000원
경제적 공포(메디치賞 수상작)	V. 포레스테 / 김주경	7,000원
古陶文字徵	高 明·葛英會	20,000원
그리하여 어느날 사랑이여	이외수 편	4,000원
너무한 당신, 노무현	현택수 칼럼집	9,000원
노력을 대신하는 것은 없다	R. 쉬이 / 유혜련	5,000원
노블레스 오블리주	현택수 사회비평집	7,500원
딸에게 들려 주는 작은 지혜	N. 레흐레이트너 / 양영란	6,500원
떠나고 싶은 나라―사회문화비평집	현택수	9,000원
미래를 원한다	J. D. 로스네 / 문 선·김덕희	8,500원
바람의 자식들―정치시사칼럼집	현택수	8,000원
사랑의 존재	한용운	3,000원
산이 높으면 마땅히 우러러볼 일이다	유 향 / 임동석	5,000원
서기 1000년과 서기 2000년 그 두려움의 흔적들	J. 뒤비 / 양영란	8,000원
서비스는 유행을 타지 않는다	B. 바게트 / 정소영	5,000원
선종이야기	홍 희 편저	8,000원
섬으로 흐르는 역사	김영회	10,000원

■ 세계사상	창간호~3호: 각권 10,000원 /	4호: 14,000원
■ 손가락 하나의 사랑 1, 2, 3	D. 글로슈 / 서민원	각권 7,500원
■ 십이속상도안집	편집부	8,000원
■ 얀 이야기 ① 얀과 카와카마스	마치다 준 / 김은진·한인숙	8,000원
■ 어린이 수묵화의 첫걸음(전6권)	趙 陽 / 편집부	각권 5,000원
■ 오늘 다 못다한 말은	이외수 편	7,000원
■ 오블라디 오블라다, 인생은 브래지어 위를 흐른다	무라카미 하루키 / 김난주	7,000원
■ 이젠 다시 유혹하지 않으련다	P. 쌍소 / 서민원	9,000원
■ 인생은 앞유리를 통해서 보라	B. 바게트 / 박해순	5,000원
■ 자기를 다스리는 지혜	한인숙 편저	10,000원
■ 천연기념물이 된 바보	최병식	7,800원
■ 原本 武藝圖譜通志	正祖 命撰	60,000원
■ 테오의 여행 (전5권)	C. 클레망 / 양영란	각권 6,000원
■ 한글 설원 (상·중·하)	임동석 옮김	각권 7,000원
■ 한글 안자춘추	임동석 옮김	8,000원
■ 한글 수신기 (상·하)	임동석 옮김	각권 8,000원

【만 화】

■ 동물학	C. 세르	14,000원
■ 블랙 유머와 흰 가운의 의료인들	C. 세르	14,000원
■ 비스 콩프리	C. 세르	14,000원
■ 세르(평전)	Y. 프레미옹 / 서민원	16,000원
■ 자가 수리공	C. 세르	14,000원
▨ 못말리는 제임스	M. 톤라 / 이영주	12,000원
▨ 레드와 로버	B. 바세트 / 이영주	12,000원
▨ 나탈리의 별난 세계 여행	S. 살마 / 서민원	각권 10,000원

【동문선 주네스】

■ 고독하지 않은 홀로되기	P. 들레름·M. 들레름 / 박정오	8,000원
■ 이젠 나도 느껴요!	이사벨 주니오 그림	14,000원
■ 이젠 나도 알아요!	도로테 드 몽프리드 그림	16,000원

【조병화 작품집】

■ 공존의 이유	제11시집	5,000원
■ 그리운 사람이 있다는 것은	제45시집	5,000원
■ 길	애송시모음집	10,000원
■ 개구리의 명상	제40시집	3,000원
■ 그리움	애송시화집	7,000원
■ 꿈	고희기념자선시집	10,000원
■ 넘을 수 없는 세월	제53시집	10,000원
■ 따뜻한 슬픔	제49시집	5,000원
■ 버리고 싶은 유산	제1시집	3,000원

■ 사랑의 노숙	애송시집	4,000원
■ 사랑의 여백	애송시화집	5,000원
■ 사랑이 가기 전에	제5시집	4,000원
■ 남은 세월의 이삭	제52시집	6,000원
■ 시와 그림	애장본시화집	30,000원
■ 아내의 방	제44시집	4,000원
■ 잠 잃은 밤에	제39시집	3,400원
■ 패각의 침실	제 3시집	3,000원
■ 하루만의 위안	제 2시집	3,000원

【이외수 작품집】

■ 겨울나기	창작소설	7,000원
■ 그대에게 던지는 사랑의 그물	에세이	8,000원
■ 그리움도 화석이 된다	시화집	6,000원
■ 꿈꾸는 식물	장편소설	7,000원
■ 내 잠 속에 비 내리는데	에세이	7,000원
■ 들 개	장편소설	7,000원
■ 말더듬이의 겨울수첩	에스프리모음집	7,000원
■ 벽오금학도	장편소설	7,000원
■ 장수하늘소	창작소설	7,000원
■ 칼	장편소설	7,000원
■ 풀꽃 술잔 나비	서정시집	6,000원
■ 황금비늘 (1·2)	장편소설	각권 7,000원

東文選 文藝新書 203

철학자들의 신

빌헬름 바이셰델
최상욱 옮김

　바이셰델의 《철학자들의 신》은 철학의 역사를 통해 나타난 신에 대한 다양한 해석들을 다루고 있다. 이를 위해 저자는 철학과 신학의 관계를 분석하고 있으며, 이때 철학적 신학은 철학이나 신학 그 어느 한편으로 경도되지 않아야 함을 강조하고 있다. 이를 통해 저자는 특정한 성향이나 교리에 얽매이지 않은 포용적이고 자유로운 신에 대한 해석을 독자들에게 제시하려고 한다. 그리고 이러한 전제를 바탕으로 저자는 고대 그리스 정신에서의 신에 대한 이해를 출발점으로 하여 교부시대, 중세와 근대, 그리고 니체와 하이데거의 신에 대한 이해를 철학사적인 맥락에서 소개하고 있다.
　이러한 그의 노력은 다른 책이 줄 수 없는 몇 가지 강점을 지닌다. 우선 이 책을 통해 독자들은 '신'이란 단어가 인간의 역사를 통해 변화 혹은 확대되어 왔음을 확인할 수 있다. 그리고 이러한 확인을 통해 독자는 신이란 개념의 의미 역시 인간의 역사적 상황과 사유구조에 걸맞게 드러났음을 이해할 수 있을 것이다. 또한 이러한 이해는 신에 대한 우리의 고착된 확신을 반성하는 기회를 줄 수 있을 것이다. 흔히 우리는 신에 대해 자유로운 사고보다는 무비판적으로 주어진 확신에 안주할 때가 많은데, 이 책을 통해 우리는 신에 대한 인간의 이해가 매우 다양하고 상이했음을 알 수 있을 것이다. 그리고 이러한 앎은 독자들로 하여금 배타적인 신관으로부터 자유로워지는 기회를 제공할 것이다.

東文選 文藝新書 252

일반교양강좌

에릭 코바
송대영 옮김

본《일반 교양 강좌》는 오늘날 발생하고 있는 시사 문제에 접근하기 위한 **기본 입문서**인 동시에, 대부분의 시험에서 채택하는 '철학 및 교양' 구술시험을 위한 요약 정리 참고서로도 도움이 되도록 하였다. 따라서 시험에 임박해 있거나, 이 과목에 많은 시간을 투자할 수 없는 수험생들이 이용하기에 알맞을 것이다. 이 책의 내용은 사고(思考)의 방향을 제시하기보다는 사고 작용을 돕도록 구성된 것이며, 각 주제들──권위 · 교외 · 행복 · 형벌 · 계약 · 문화…… 노동 · 노령──를 4단계로 나누어 구성하였다.

먼저 **정의하기** 항목에서는 기존의 개념에 대한 역사적이고 언어학적인 접근을 시도하였다.

두번째 **내용 구성하기** 항목에서는 문제 제기에 대해 논술 요약 형식으로 간결하게 내용을 전개하고자 한다.

세번째 **심화하기** 항목에서는 전적으로 주제에 대한 기존 시각에서 소개된 철학 서적에서 주제의 내용과 직접적으로 연관된 세부 내용을 인용하고자 한다.

마지막으로 **시사화하기** 항목에서는 우리의 연구에 합당한 개념을 담고 있는 '놀랄 만한' 철학적 모티프를 현재 일어나고 있는 시사 문제 속에서 찾고자 할 것이다.